Klemens Unger · Karin Geiger · Sabine Tausch (Hrsg.)

Brücke zum Wunderbaren
Von Wallfahrten und Glaubensbildern

Ausdrucksformen der Frömmigkeit in Ostbayern

Brücke zum Wunderbaren

Von Wallfahrten und Glaubensbildern
Ausdrucksformen der Frömmigkeit in Ostbayern

Herausgegeben von Klemens Unger, Karin Geiger und Sabine Tausch

Begleitband zur Ausstellung
im Historischen Museum der Stadt Regensburg
15. April bis 06. Juli 2014

SCHNELL + STEINER

Abb. vordere Umschlagseite: Klosterarbeit mit Mariengnadenbild (Kat.-Nr. 69)
Abb. rückwärtige Umschlagseite: Josef und Barbara Winkler (Abb.-Nr. 21)

Der Katalog und die Ausstellung wurden gefördert durch

 und

Ausstellung

Schirmherr
Rudolf Voderholzer, Bischof von Regensburg

Kuratorinnen
Karin Geiger M. A. und Sabine Tausch M. A.

Ausstellungsgestaltung
Donhauser Postweiler Architekten, Magnus Postweiler, Bernhard Büttner, Freiburg i. Br. / Regensburg

Bibliografische Information der Deutschen Nationalbibliothek:
Die Deutsche Nationalbibliothek verzeichnet diese Publikation
in der Deutschen Nationalbibliografie; detaillierte bibliografische
Daten sind im Internet über <http://dnb.dnb.de> abrufbar.

1. Auflage 2014
© Verlag Schnell & Steiner GmbH
Leibnizstr. 13, 93055 Regensburg, Deutschland
Redaktion: Karin Geiger und Sabine Tausch
Lektorat: Barbara Polaczek
Umschlaggestaltung: Anna Braungart, Tübingen
Satz und Druck: Erhardi Druck GmbH, Regensburg

ISBN 978-3-7954-2877-8

Alle Rechte vorbehalten. Ohne ausdrückliche Genehmigung
des Verlages ist es nicht gestattet, dieses Buch oder Teile daraus
auf fotomechanischem oder elektronischem Weg zu vervielfältigen.

Weitere Informationen zum Verlagsprogramm erhalten Sie unter:
www.schnell-und-steiner.de

Die Museen der Stadt Regensburg sind auf der städtischen Homepage vertreten:
www.regensburg.de/kultur

Inhalt

Geleitwort 8
+Rudolf Voderholzer, Bischof von Regensburg

Vorwort 9
Klemens Unger, Kulturreferent der Stadt Regensburg

Vorwort 11
Karin Geiger und Sabine Tausch, Kuratorinnen

Magische Momente 13
Peter Herramhof

Einführung

Volksfrömmigkeit
Eine Hinführung 17
Walter Hartinger

Himmlischer Beistand – heilige Fürsprecher

Gott und alle Heiligen
Göttliche Gnaden und Helfer in der Not 31
Alois Möstl

Kruzifixa
Die gekreuzigte St. Wilgefortis/Ontcommer, S. Liberata, hl. Kümmernis 37
Ulrike Wörner

Katalog 42

Leben in Not

Das prekäre Dasein
Existentielle Sorgen und Nöte in der Frühen Neuzeit 61
Frank Matthias Kammel

Katalog 68

Glaubensgegenwart im Alltag

Zuhause
Das fromme Wohnen 87
Christine Aka

Schutz und Segen
Helfender Schmuck im katholischen Umfeld 97
Christine Aka

Katalog 106

Wallfahrten in Ostbayern

»Pilgern boomt(e)«
Kleine Streifzüge durch die Wallfahrtsgeschichte Ostbayerns 145
Barbara Michal

Die Wallfahrt zur schwangeren Muttergottes am Bogenberg und ihre »Wiederentdeckung«
Alt und neu zugleich 155
Barbara Michal

Kößlarn
Manifestationen eines Wallfahrtsortes 163
Ludger Drost

»Wo sind denn meinen lieben Kinder aus Böhmen so lange geblieben?«
Die grenzüberschreitende Wallfahrt Neukirchen b. Hl. Blut 171
Günther Bauernfeind

Katalog 178

Religiöse Massenproduktion: Votive und Hinterglasbilder

Votivgaben
Hilfe im Unglück 195
Thomas Raff

»… 2 Stück Abendmahl zu 18 Kreuzer das Stück …«
Wunderbare und wundertätige Hinterglasbilder 201
Margit Berwing-Wittl

Die hölzernen Votivtafeln
Anmerkungen zur Herstellungstechnik und zum Erscheinungsbild 211
Annette Kurella

Katalog 216

Eisen für den Kettenlöser: Die Verehrung des hl. Leonhard in Ostbayern

Der hl. Leonhard
Vom Gefangenen- zum Bauernpatron 241
Hans Würdinger

Katalog 248

Regensburg: katholische Frömmigkeit in einer evangelischen Reichsstadt

Einiges über nachmittelalterliche Frömmigkeit in Regensburg
Von der Reformationszeit bis zur Aufklärung 265
Peter Morsbach

Wie der Wunderheiler und Exorzist Johann Joseph Gaßner (1727–1779) den Teufel austrieb und dadurch die Gemüter seiner Zeitgenossen erhitzte
Vom Vordringen der Aufklärung und dem wankenden Glauben
an die Macht des Bösen 273
Daniel Drascek

Die Votivwand in der Maria-Läng-Kapelle
Moderne Frömmigkeit im Schatten des Domes 281
Nikolas Wollentarski

Katalog 286

Der theologische Hintergrund

Die Heiligung des Alltags
Andachtsgegenstände zwischen Dogma und Aberglaube 299
Wolfgang Neiser

Die Regensburger Sammlung

Hans Herramhof (1923–2012)
Von der Lust und Last des Sammelns 307
Karin Geiger und Sabine Tausch

Anhang

Literatur 315

Archivalien 324

Autoren 325

Bildnachweis 326

Leihgeber 327

Dank 328

Geleitwort

Es entspricht der Natur des Menschen, der eine Einheit von Leib und Seele, von Körper und Geist darstellt, dass nicht bereits das Wissen um das Schöne oder die Schönheit an sich sein Herz erfreut, sondern dass er danach strebt, sie sinnlich wahrzunehmen. Erhebende Musik will gehört, ein guter Wein geschmeckt werden. Ein weiterer Gesichtspunkt, der die Natur des Menschen bestimmt, ist seine Sozialität. Der Mensch ist ein Gemeinschaftswesen. In vielen Alltagssituationen wird uns ganz deutlich, dass unser Leben durch die Beziehung zu anderen Menschen geprägt ist und dass die Gemeinschaft mit anderen Menschen unser Leben bereichert. Denken wir zum Beispiel an Sport: Weder das aktive noch das passive Sporttreiben ist ohne Gemeinschaft vorstellbar.

Als eine »Frucht« dieses leib-geistigen, sozialen Wesens des Menschen kann man alles verstehen, was unter dem Begriff »Kultur« zusammengefasst wird. Es ist der Bereich, in dem der Mensch aus sich heraus sein Leben und seine Welt gestaltet und prägt, wo er Formen des Zusammenlebens und der Wirklichkeitsbewältigung schafft. Dabei kann man nicht nur an Kunst in ihren vielfältigen Ausprägungen denken, sondern auch an die vielen Formen von menschlichen Zusammenschlüssen in Vereinen, Verbänden, Zirkeln oder Ähnlichem.

Dem gegenüber steht in gewisser Weise die Liturgie der Kirche. In ihr tritt dem Menschen etwas Vorgegebenes entgegen. Die Liturgie, die in der Feier des Todes und der Auferstehung Jesu Christi, der Eucharistiefeier, ihr Fundament und ihren Angel- und Höhepunkt hat, ist in ihrem Kern nicht von Menschen gemacht, sondern, und darin liegt auch ihre tiefe Bedeutung, die Form des Lobes und Dankes, die Gott selbst uns geschenkt hat. In ihr bleibt Gott, der in seinem Sohn Jesus Christus Mensch geworden war, in der Welt gegenwärtig, um sie zu verwandeln und zu heiligen bis zu ihrer Vollendung in ihm.

Diese beiden Formen menschlichen Tuns, Kultur und Liturgie, lassen sich nicht voneinander trennen. Zwischen ihnen besteht ein Verhältnis, das je nach geschichtlicher Stunde schwanken kann zwischen Spannung und wechselseitiger Bereicherung und Vertiefung. Dabei stellt die Volksfrömmigkeit – oder wie das Zweite Vatikanische Konzil sagt, »die Andachtsübungen des christlichen Volkes« (Liturgiekonstitution Sacrosanctum concilium, Nr. 13) – eine Brücke dar zwischen Kultur und Liturgie, zwischen Menschenwerk und Gotteswerk. Sie hilft dabei, die universale Erfahrung des Heiles, die der Mensch in der liturgischen Feier macht, zu übersetzen in die jeweiligen kulturellen Eigenheiten und Besonderheiten. »Volksfrömmigkeit ist der Humus, ohne den die Liturgie nicht gedeihen kann.« (Joseph Ratzinger, Der Geist der Liturgie. Eine Einführung, in: ders., Theologie der Liturgie. Die sakramentale Begründung christlicher Existenz [Joseph Ratzinger Gesammelte Schriften 11], Freiburg 2008, 29–194, hier 171). Vor der oftmals negativen Sicht der Volksfrömmigkeit, die deren Auswüchse wie zum Beispiel Aberglaube, Magie und Fanatismus überbetont, macht sich Joseph Ratzinger in seinem 2000 erstmals erschienenen Buch »Der Geist der Liturgie« für die glaubensstärkende und glaubensvitalisierende Bedeutung dieser Glaubenspraxis stark. Sie hilft dem Menschen, die Glaubenserfahrung zu verinnerlichen und sie in einer ihm verständlichen Art und Weise auszudrücken.

In Bayern sind wir dankbar, dass wir einen reichen Schatz an gelebter und traditionell geformter Religiosität vorfinden und pflegen dürfen. Die Ausstellung »Brücke zum Wunderbaren« bietet uns hierzu einen ausführlichen und vielseitigen Einblick sowohl in gegenwärtige als auch vergangene und vielleicht auch vergessene Formen der ostbayerischen Volksfrömmigkeit.

Ein herzliches Vergelt's Gott allen, die am Zustandekommen der Ausstellung und des Kataloges beteiligt waren.

+Rudolf Voderholzer
Bischof von Regensburg

Vorwort

Seit jeher stützt sich der Mensch abseits der komplexen Theologie auf seinen ganz individuell geformten Glauben – um alltägliche Probleme zu bewältigen oder ganz einfach das Leben zu meistern. Er bedient sich dafür entsprechend seiner Bedürfnisse verschiedener Objekte, Mittel, Symbole oder Rituale: ein Phänomen, existent in allen Zeiten, Religionen und Kulturen. Diese im christlichen Glauben als *devotio* bezeichnete persönliche und private Glaubens- und Frömmigkeitspraxis steht im Fokus der hier dargestellten Betrachtungen. Sie basiert auf christlichen Leitideen, ist durch zeitspezifische Faktoren beeinflusst und mag zum Teil etwas von den kirchlichen Normen abdriften. Besonders in widrigen und aussichtslosen Lebenssituationen greift der Mensch auf »himmlischen Beistand« zurück, von dem er Hilfe erbittet oder ihm später für empfangene Hilfeleistungen dankt. In vergangenen Zeiten bildeten der Kult und das Bild die Brücken zu Gott. Dies manifestierte sich in den zahlreichen Votivgaben, die nicht das Heilige, sondern das symbolische und verbildlichte Opfer als »Hilfsmittel« zu den Heiligen darstellten. Brücken – sie überwinden Hindernisse und Abgründe, schaffen Verbindungen und Gemeinschaften. Regensburg wird in diesem Jahr Gastgeberin des 99. Deutschen Katholikentages sein, der ganz unter dem Motto »Mit Christus Brücken bauen« steht. Die umfangreiche Ausstellung im Historischen Museum, der diese begleitende Lektüre gewidmet ist, trägt den Titel »Brücke zum Wunderbaren – Von Wallfahrten und Glaubensbildern. Ausdrucksformen der Frömmigkeit in Ostbayern«. Zwei Formate, die damit ebenfalls eine Brücke schlagen, die mich besonders freut und im Jahr 2014 auch ein besonderes Augenmerk verdient.

In vielen Fällen mag das Lesen des vorliegenden Bandes bewirken, dass das religiöse Brauchtum, das in Vergessenheit zu geraten droht, wieder in unser Bewusstsein zurückkehrt, da man es noch aus der Kindheit oder von den Großeltern kennt. Oder aber man entdeckt, dass religiöse Bräuche noch immer als Bestandteil einer aktuellen Glaubenswirklichkeit aktiv praktiziert werden, auch wenn die Art und Weise der Ausübung oft eine unbewusste und modernere ist. Sowohl Ausstellung als auch Begleitband lassen Leser und Besucher in die religiösen Anschauungen und die Frömmigkeitspraxis unserer Vorfahren eintauchen und beleuchten die lange Tradition des religiösen Brauchtums mit örtlichem Schwerpunkt Ostbayern im 18. und 19. Jahrhundert. Die zahlreichen Objekte und Fotografien der Ausstellung zeigen Leben und Alltag der Menschen jener Zeiten, ihre Sorgen und Nöte, ihr starkes, vorbehaltloses Vertrauen auf Gott, auf alle Heiligen und den Glauben und wie man mit ihrer Hilfe der widrigen Natur, Krankheiten und dem Schicksal Herr wurde. Zur Illustration der vielschichtigen Thematik dienen der Ausstellung vornehmlich Objekte aus den Beständen des Historischen Museums Regensburg, dessen Sammlung bereits seit Begründung des Hauses einen Fokus auf die »Volkskunst« legt. Es freut mich besonders, dass einige Objekte aus diesem Fundus nun nach langer Zeit erneut präsentiert werden können. Die Sammlung wurde durch eine Auktion im Dezember 2012 sowie einer Schenkung der Erben um Objekte des Regensburger Sammlers Hans Herramhof bereichert, der sich mit unvergleichlicher Hingabe und Leidenschaft dem Sammeln volkskundlicher Gegenstände verschrieben hatte. Jene Gegenstände werden nun im Zuge der Ausstellung und des Begleitbandes erstmalig publiziert und stellen neben dem Großereignis Katholikentag den ausschlaggebenden Anlass zur Ausrichtung der Ausstellung und der Gestaltung des Begleitbandes dar. Ergänzend wurden zahlreiche Leihgaben miteinbezogen.

Ziel des vorliegenden Begleitbandes ist es, ein kompaktes Überblickswerk von bleibendem Wert zu schaffen. Aus diesem Grund wurden Wissenschaftler und Experten zur Mitarbeit angesprochen, die Thematik aus ihrer professionellen und fachlichen Sicht und dennoch allgemein verständlich und möglichst breit gefächert zu behandeln. Neben dem Bereich der Glaubensgegenwart im privaten Alltag erwarten den Leser Einblicke in das regionale Wallfahrtswesen sowie die Aspekte der Frömmigkeit in

Regensburg und die Votationspraxis der Gläubigen, auch aus theologischer Sicht. Die detaillierte Betrachtung verschiedener Einzelaspekte spannt einen weiten Bogen – von den auf Votivtafeln dargestellten täglichen und nichtalltäglichen Sorgen und Nöten der Menschen, hin zu den angerufenen himmlischen Fürsprechern, über die Eigentümlichkeiten der Leonhardswallfahrten bis hin zur Person des Regensburgers Hans Herramhof. Er hatte sich das Sammeln religiöser Volkskunst zur Lebensaufgabe gemacht. Restauratorische Notizen, die auf die Votivtafeln Bezug nehmen, runden das Ganze ab.

Erlauben Sie mir an dieser Stelle eine Reihe von Danksagungen an all jene Menschen, die die besondere Ausstellung im Historischen Museum und die Ihnen vorliegende begleitende Publikation ermöglicht und unterstützt haben. Zuallererst bedanke ich mich herzlich bei Bischof Prof. Dr. Rudolf Voderholzer für seine Bereitschaft, die Schirmherrschaft für dieses ehrgeizige Projekt zu übernehmen. Familie Herramhof danke ich nachdrücklich für die großzügige Schenkung und die tatkräftige Unterstützung unserer Ausstellungskuratorinnen. Für das Zustandekommen dieser wunderbaren Publikation möchte ich mich ganz besonders bei Prof. Dr. Joachim Fischer und der Ernst von Siemens Kunststiftung für die großzügige Förderung bedanken. Auch der Brauerei Bischofshof e. K. darf ich für ihre Unterstützung danken. Mein aufrichtiger Dank gilt den beiden Koordinatorinnen Karin Geiger und Sabine Tausch, die sich mit großer Begeisterung und Engagement ihrer Aufgabe gewidmet haben und damit die erfolgreiche Realisierung des Projektes vorangetrieben und bewirkt haben; den Architekten Magnus Postweiler und Bernhard Büttner für die eindrucksvolle Inszenierung der Ausstellung; allen Mitarbeiterinnen und Mitarbeitern des Historischen Museums, im Besonderen dem Leiter Dr. Peter Germann-Bauer, Hans Ehrenreich, Klaus Fischer, Annette Kurella, Werner Pietschmann und Michael Preischl; allen Katalogautorinnen und -autoren, namentlich Prof. Dr. Christine Aka, Günther Bauernfeind, Dr. Margit Berwing-Wittl, Prof. Dr. Daniel Drascek, Dr. Ludger Drost, Prof. Dr. em. Walter Hartinger, Dr. Frank Matthias Kammel, Annette Kurella, Barbara Michal, Prof. Dr. Peter Morsbach, Regionaldekan Alois Möstl, Wolfgang Neiser, Prof. Dr. Thomas Raff, Nikolas Wollentarski, Dr. Ulrike Wörner, Msgr. Dr. Hans Würdiger; und selbstverständlich den Leihgebern.

Mögen sich zahlreiche Leserinnen und Leser an diesem Buch erfreuen!

Klemens Unger
Kulturreferent der Stadt Regensburg

Vorwort der Kuratorinnen

Religion war stets ein wesentlicher Faktor der Kulturgeschichte und ist es noch immer. Dies ist kein speziell katholizistisches Phänomen, sondern gilt für die Gesamtheit der Glaubensrichtungen. Glaubenshaltung und Frömmigkeitspraxis wirken identitätsstiftend und prägen in ihrer jeweiligen Ausrichtung die Gesellschaft nachhaltig. Die vermittelten Wertvorstellungen und Orientierungspunkte beeinflussen und lenken die eigene Lebensführung sowie das soziale Miteinander im Alltag, aber insbesondere auch den Umgang mit Krisensituationen.

Die gelebte Frömmigkeit unserer Vorfahren ist in heutiger Zeit zum Teil aus unserem Bewusstsein gerückt. In vielen Bereichen hat sich die *praxis pietatis* verändert, wenngleich der Raum Ostbayern, gerade in ländlichen Gegenden, weiterhin eine starke Verbundenheit im und zum katholischen Leben und seinen Glaubenshandlungen aufweist.

Diese Aufsatzsammlung und Objektschau widmet sich den vielfältigen Praktiken und bildnerischen Ausdrucksformen dessen, was gemeinhin als katholische »Volksfrömmigkeit« bezeichnet wird. Im Mittelpunkt steht dabei die gelebte Glaubenspraxis des nichtklerikalen Individuums. Der zeitliche Schwerpunkt unserer Zusammenstellung liegt auf dem 18. und 19. Jahrhundert, der »großen Zeit« der Barockfrömmigkeit. Infolge der gegenreformatorischen Bestrebungen der katholischen Kirche kristallisierte sich der Barock als Blütezeit der individuellen Frömmigkeit heraus, wobei der Geist dieser Zeit in den Gläubigen trotz Aufklärung und Industrieller Revolution bis ins 19., teils auch bis ins 20. Jahrhundert hinein weiterlebte.

Der lokale Fokus liegt auf Ostbayern, einer nach dem Prozess der Konfessionalisierung traditionell katholischen Region, die im Wesentlichen dem Gebiet der heutigen Regierungsbezirke Oberpfalz und Niederbayern entspricht.

Während die obligatorischen Kirchgänge und die Bräuche rund um die Kirchenfeste im Jahreslauf Fixpunkte der Gemeinschaft der Gläubigen darstellten, war und ist die privat gelebte Frömmigkeit des Einzelnen, wenngleich gewissen Normen folgend, freier gestaltbar. Die Durchdringung des gesamten Lebens mit den katholischen Glaubensidealen schlug sich in der Einrichtung und Ausschmückung des eigenen Heimes ebenso nieder wie in der Optik von Alltagsgegenständen, zudem in der Anwendung vielfältiger Utensilien und dem Vollzug religiös motivierter Handlungen. Dazu zählte unter anderem die individuelle Wallfahrt in und infolge von Krisensituationen inklusive der Darbringung von Votivgaben am Zielort. Votive stellen wertvolle kulturgeschichtliche Zeugnisse dar: Sie dokumentieren nicht allein Einzelschicksale, indem sie die Sorgen und Nöte des Individuums vor Augen führen, sondern geben in der Masse auch Aufschluss über größere Zusammenhänge und zeittypische Probleme.

Die Vielfalt an Formen, Handlungen und bildhaften Zeugnissen der Frömmigkeit, welche die christlich-katholische Tradition über Jahrhunderte hervorgebracht hat, ist schier unermesslich. Unsere Auswahl bietet Einblicke in diese komplexe Glaubenswelt und soll die Neugierde auf das so Nahe und doch so Fremde wecken.

Nach einer Einführung zum Thema folgt die Betrachtung verschiedener Einzelaspekte rund um die Frömmigkeit des Einzelnen. Ein Bereich ist den himmlischen Ansprechpartnern des Gläubigen gewidmet, an anderer Stelle berichten Votivtafeln von den existentiellen Sorgen und Nöten ihrer Stifter. Die Glaubensgegenwart im Alltag spiegeln Heiligenbilder auf Gebrauchsgegenständen ebenso wider wie Kruzifix und Rosenkranz. Wallfahrten als ein seit jeher essentieller Bestandteil der Frömmigkeit werden exemplarisch an drei der bedeutendsten Pilgerziele der Region vorgestellt: Bogenberg, Kößlarn und Neukirchen b. Hl. Blut. Untrennbar mit Wallfahrten verbunden, werden folgend die vielfältige Materialität und äußerliche Formgebung der Votivgaben vor Augen geführt. Als Besonderheit im Zusammenhang mit der Verehrung des hl. Leonhard werden die Eisenvotive und dieser Heilige im Anschluss näher betrachtet. Zum Ende hin fällt der Blick aufgrund des lokalen Bezugs auf die katholische Frömmigkeit in der evangelischen Reichsstadt Regensburg. Der

Streifzug bietet einen kurzen historischen Überblick, erzählt vom Wirken des Wunderheilers und Exorzisten Johann Joseph Gaßner und stellt darüber hinaus gegenwärtig gelebte Frömmigkeit am Beispiel der Maria-Läng-Kapelle vor.

Einige theologische Aspekte zur Ausprägung der individuellen Frömmigkeit werden in einem weiteren Aufsatz behandelt. Ein abschließender Exkurs widmet sich dem Regensburger Sammler Hans Herramhof.

Wir möchten allen Beteiligten, die uns unterstützt und zum Gelingen der Ausstellung sowie dieses Begleitbandes beigetragen haben, unseren herzlichsten Dank aussprechen. Genannt sei zuvorderst Prof. Dr. Daniel Drascek, der uns als fachlicher Berater erste Impulse gab. Unser Dank gebührt zudem allen Autoren, die sich selbst durch die Kürze der zur Verfügung stehenden Zeit nicht abschrecken ließen und sich mit großem Engagement ihren Beiträgen widmeten. Sehr verbunden fühlen wir uns Brigitte und Peter Herramhof, die uns in offenen Gesprächen den Menschen und Sammler Hans Herramhof näherbrachten. Sein schriftlicher Nachlass wurde uns großzügig von Dr. Bernhard Lübbers als Leihgabe überlassen. Danken möchten wir ebenso den anderen leihgebenden und unterstützenden Institutionen und privaten Sammlern. Für die gute Zusammenarbeit und professionelle Betreuung bei der Erstellung dieses Bandes sind wir zudem Dr. Albrecht Weiland, Christian Gubelt sowie dem gesamten Team des Verlages Schnell & Steiner zu Dank verpflichtet. Erwähnt sei an dieser Stelle auch unsere Lektorin, Dr. Barbara Polaczek, ohne deren konstruktive Mitarbeit wir die termingerechte Fertigstellung des Buches aufgrund der kurzen Vorlaufzeit nicht hätten leisten können. Nicht zuletzt gilt unser herzlicher Dank unserem Kollegen Michael Preischl, der uns in sämtlichen Angelegenheiten stets tatkräftig zur Seite stand und mit einem Höchstmaß an Einsatzbereitschaft den Großteil der Fotoaufnahmen dieses reich bebilderten Begleitbandes erstellte. Wir möchten auch all jenen besonderen Dank sagen, die zur Realisierung der Ausstellung beigetragen haben. Neben dem Museumsleiter Dr. Peter Germann-Bauer und dem gesamten Museumsteam, vor allem der Restauratorin Annette Kurella, die trotz der kurzen Zeit die Objekte in bewährter Weise vorbereitete, gilt dies insbesondere für Magnus Postweiler und Bernhard Büttner vom Architekturbüro Donhauser Postweiler Architekten, Freiburg i. Br. / Regensburg.

Die Voraussetzungen für das Kuratieren dieser Ausstellung waren angesichts der knappen Vorbereitungszeit, der Vielschichtigkeit des Themas und der Fülle des Materials eine Herausforderung, die wir gern angenommen haben. Während der Vorbereitungen ergaben sich zahlreiche positive Kontakte. Auf unseren Fahrten zu einzelnen Orten und Museen waren wir nicht nur über die herzliche Aufnahme, sondern auch von den Häusern selbst begeistert. Durch die intensive Auseinandersetzung mit dem Thema entdeckten wir viel Neues, uns begegnete aber zugleich viel Vertrautes. Das Phänomen der katholischen Frömmigkeitspraxis ist nicht Vergangenheit, aber es ist aus dem Zentrum des Lebens der breiten Masse an den Rand gerückt. Wir hoffen, durch die Ausstellung sowie den vorliegenden Begleitband Erinnerungen und Interesse zu wecken und zu weiteren Forschungen anzuregen.

Karin Geiger und Sabine Tausch

Magische Momente

Manchmal, als wir noch Kinder waren, öffnete Vater für uns die hölzernen Türen, die einen Teil des großen Eckregals verdeckten, das mit Sammlungsstücken über und über vollgestellt war. Schon das Öffnen war ein andächtiger Moment. Es musste langsam und behutsam vollzogen werden, da die Innenseiten der Türen ebenfalls schwer mit Gegenständen behängt waren. Ohne dass schon etwas zu sehen war, vernahmen wir ganz unterschiedlich klappernde Geräusche: Hölzernes, Blechernes und Knochiges klopfte in gleichmäßigem Takt des Aufgleitens gegen die furnierten Innenwände. Ein sehr spannender Moment. Noch immer konnten wir im Dunkel des Schrankinneren nichts sehen und tauchten als nächstes in eine Wolke von Gerüchen ein. Aus dem Türspalt drang der Geruch von Wachs nach außen; dieser vermischte sich mit der abgestandenen Luft des verschlossenen Innenraumes und dem Geschmack von altem Holz.

Erst dann wurde langsam der Blick frei, eröffnete sich uns das Eingerichtete. Das Innere war wie eine Bühne inszeniert, worin die Protagonisten des religiösen Wunderglaubens eingerahmt von gedrechselten Säulen auftraten. Fest eingeschnürte Säuglinge in Wachs starrten mit trüben Fischaugen uns an; andere hatten kunstvoll bestickte Gewänder mit prächtigen Goldbordüren. Ihr Blick: hölzern und stechend. Davor weideten Tiere aus Eisen: Kühe und Pferde. Sie erinnerten uns an den großen Bauernhof, mit dem wir immer spielten, und doch blieben sie seltsam teilnahmslos und uns fremd. Flammende Madonnen, hölzerne Hände, Füße und Eingeweide hielten uns zwischen neugierigem Staunen und Beunruhigung gebannt.

Am meisten beeindruckten die Rosenkränze, die an den Türblättern hingen. Sie wippten durch das Öffnen lang nach und hingen direkt vor unseren Gesichtern. Einige glitzerten in buntem Glas, andere waren aus glänzenden Holzperlen aufgefädelt, wieder andere verstörten, da sie aus knochengrauen Natternwirbeln gefertigt waren. Das daneben hängende Herz aus bauchigem, blinkendem Blech beruhigte wieder, ebenso die bunten Bänder, an deren Enden kleine Pakete mit – wie man uns erklärte – gefalteten Briefen hingen, auf denen Gebete standen. Die Gefühle schwankten dabei zwischen mysteriös und mystisch.

So, wie sich damals die Türen vor unseren verwunderten Augen öffneten, gehen mit dieser Ausstellung die Türen des Depots der Museen der Stadt Regensburg auf, hinter denen seit vielen Jahren unzählige Schätze der religiösen Volkskunst verborgen liegen. Vater bedauerte dies immer sehr, da er viele Stücke daraus kannte. Er vertrat immer die Auffassung, dass man mit diesen Dingen leben oder dass wenigstens der Zugang zu ihnen ermöglicht sein sollte, damit sie weiter im Bewusstsein blieben. Die Hoffnung, die mit dem Wunderglauben verbunden ist, besteht ja ungebrochen. Das Bewusstsein für die heilende Kraft der Steine ist für viele auch heute von Bedeutung und gehört ganz selbstverständlich zum Alltag. Es sind nur die Formen des alten, religiösen Brauchtums aus der Mode gekommen.

Die Stadt Regensburg hat mit beachtlichem Engagement und beeindruckender Energie diese Ausstellung ins Werk gesetzt. Wir freuen uns, dass darin Stücke seiner umfangreichen Sammlung aufgenommen wurden. Es hätte ihn mit Stolz erfüllt. Für seine Familie ist es ein würdigender Abschluss seines lebenslangen Suchens und Bewahrens. Ganz in seinem Sinne können jetzt diese Dinge allen Betrachtern ihre Geschichten weitererzählen und es bleibt zu wünschen, dass sie ein Stück weit dieses kindliche Staunen in den Menschen wieder lebendig machen.

Im Namen der Familie Herramhof danke ich der Stadt Regensburg und hoffe, dass sie diese geöffnete Wunderkammer des religiösen Brauchtums auch weiterhin zugänglich halten kann. Der Ausstellung wünschen wir viel Erfolg und viele begeisterte Besucher, die das aufwendige Begleitbuch kaufen und lang in dem reichen Hausschatz lesen.

Peter Herramhof

EINFÜHRUNG

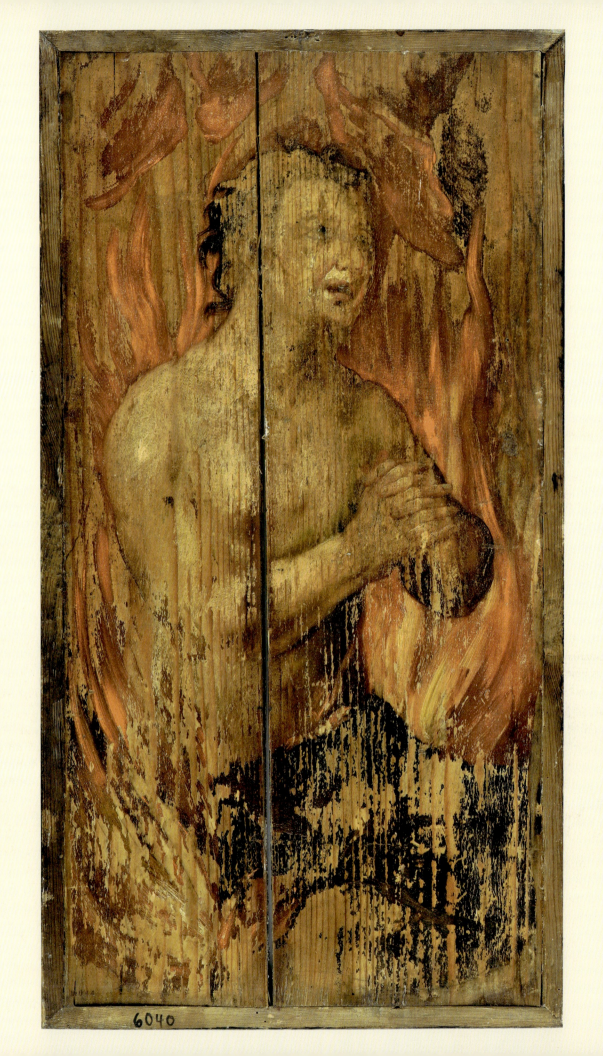

Volksfrömmigkeit

Eine Hinführung

Walter Hartinger

Streit um Begriffe und Deutungen

»›Volksfrömmigkeit‹, das gibt es nicht; es gibt nur Frömmigkeit der Gläubigen und Aberglauben der Falschgläubigen.«[1] Was Wolfgang Brückner, einer der am besten ausgewiesenen Kenner der Materie, pointiert 1997 formulierte, das war nicht einfach so dahingesagt, sondern stand am Ende einer jahrzehntelangen Diskussion um die Glaubensvorstellungen und Frömmigkeitspraxis der europäischen Bevölkerung und um deren richtige Benennung. Brückners Diktum bezog sich auf die Überzeugungen der älteren Volkskunde/Europäischen Ethnologie und die aktuellen Positionen einer Reihe von sog. »Alltags«-Historikern, die ebenfalls das Forschungsfeld des religiösen Lebens für sich entdeckten.[2]

So hat die ältere Volkskunde, deren Anfänge wir heute lieber in der Kameralistik des 18. Jahrhunderts sehen, im Gefolge der Romantik eine Verankerung aller Lebensformen der einfachen deutschen Gesellschaft in prähistorischen Zeiten glaubhaft machen wollen. Dies sollte vor allem für religiöse Überzeugungen und Aktionen gelten. Dementsprechend seien bis ins 19. und 20. Jahrhundert vielfach Glaubensvorstellungen und darauf gründende Handlungen weitergereicht worden, die sich nicht aus der herrschenden christlichen Religion speisten, sondern aus germanischen, keltischen, griechisch-römischen oder noch älteren Zeiten. Deren Summe bezeichnete man als »Volksglauben«, und wenn die Opposition zur offiziellen christlichen Kirche betont werden sollte, als »Aberglauben«, die Umsetzung in konkretes Handeln als »Volksfrömmigkeit«.[3] Das über Jahrzehnte hinweg erarbeitete zentrale Lexikon des Faches Volkskunde trug denn auch den Titel »Handwörterbuch des Deutschen Aberglaubens«[4].

Bei derlei bestelltem Forschungsfeld verwundert es nicht, dass sich diejenige Disziplin, die man als primär zuständig benennen möchte, lange Zeit überhaupt nicht und bis zur Gegenwart nur am Rande mit dem Phänomen »Volksglauben« oder »Volksfrömmigkeit« befasst hat, nämlich die Theologie.[5] Zwar hatte ein Kirchenhistoriker, Georg Schreiber, in den 30er Jahren des 20. Jahrhunderts versucht, einer kirchlich orientierten Volksforschung eine Plattform zu schaffen, war aber an den Umständen der Zeit gescheitert. Sein »Jahrbuch für Volkskunde« unter dem Titel »Volk und Volkstum« schaffte nur drei Jahrgänge von 1936 bis 1938 und wurde erst nach dem Zweiten Weltkrieg unter dem Namen »Jahrbuch für Volkskunde« (Neue Folge 1978ff.) weitergeführt, nun aber unter dominant volkskundlicher Führung (Wolfgang Brückner) und entsprechender fachlicher Zuarbeit.

Wesentliches inhaltliches Ergebnis der hier und in diesem Umfeld entstehenden Forschung war eine Abkehr von den alten volkskundlichen Prämissen einer weitgehenden Gleichsetzung von »Volksglauben« und »Aberglauben« (Fortführung vorchristlicher Glaubenselemente) und die Erkenntnis von der Durchdringung des Alltags mit den Leitideen des Christentums, mochten diese auch gelegentlich trivialisiert, falsch verstanden oder gegen veränderte Trends der Amtskirche am Leben erhalten worden sein. Bahnbrechend in dem hier zu behandelnden Zusammenhang war Lenz Kriss-Rettenbeck mit seiner Monografie »Bilder und Zeichen des religiösen Volksglaubens«.[6] Wichtig ist er für uns deshalb,

1 Arme Seele im Fegfeuer. Rückseite einer beidseitig bemalten Holztafel (Vorderseite Herz Mariä). Um 1870, aus Haselmühl b. Amberg, Oberpfälzer Volkskundemuseum Burglengenfeld, Inv.-Nr. 06040

weil im Zentrum seines Nachdenkens die Sammlung Rudolf Kriss im Bayerischen Nationalmuseum stand, eine Sammlung, der von der zeitlichen, sozialen und inhaltlichen Struktur her auch die Objekte der gegenwärtigen Ausstellung im Historischen Museum der Stadt Regensburg entsprechen.

Man könnte meinen, nach dem Durchbruch der Erkenntnis, dass das religiöse Leben der Masse der Bevölkerung im zentralen Europa sowohl in der Frühen Neuzeit wie auch in den jüngeren Epochen von der herrschenden christlichen Religion geprägt gewesen ist, hätte nichts mehr dagegen gesprochen, für diesen Sachverhalt den Begriff »Volksfrömmigkeit« zu verwenden. Doch dem war nicht so.

In einem erheblichen Teil des populären Schrifttums zu Glaubensfragen und -formen, aber auch zu Jahres-, Arbeits- und Lebensbräuchen sowie zu zahlreichen anderen Themen wird nach wie vor die Hypothese von ungeheuren zeitlichen Zusammenhängen, besonders von einem Weiterleben prähistorischer Glaubenswelten unter dem Begriff »Volksfrömmigkeit« vertreten. Der im »Handwörterbuch des Deutschen Aberglaubens« zementierte Forschungsstand ist durch den billigen Nachdruck (1987) gar zu leicht greifbar, auch für kulturhistorische Artikel in Zeitungen von heute. So feiern denn Wotan und seine Kolleginnen und Kollegen nach wie vor fröhliche Urstände, wenn es um die Erklärung von Wilder Jagd, Ostereiern, Mai- und Christbäumen, Maskenumzügen, Böllerschießen zu Neujahr und vielem anderen geht.

Fatalerweise hat sich auch ein Teil der historischen Forschung, der sich in den letzten Jahrzehnten des 20. Jahrhunderts um eine Ausweitung der Perspektive hin auf die Lebenswelten der unteren Bevölkerungsschichten bemühte, die Hypothesen von vorgestern zu eigen gemacht. Man glaubte deutlich trennen zu müssen zwischen einer Kultur der Eliten und einer davon weitgehend unberührten Kultur des Volkes, in welcher auch noch in den Jahrzehnten von Reformation und Gegenreformation zutiefst vor- und unchristliche Elemente am Leben gewesen seien.[7]

Man erfand den Begriff vom »Konfessionalisierungsparadigma«; er behauptet, der entscheidende Modernisierungsschritt zur Domestizierung der Bevölkerung, zur Verwirklichung moderner Staatlichkeit und Arbeitsmoral, aber auch zur endgültigen Christianisierung der mitteleuropäischen Massen sei erst in den letzten Jahrzehnten des 15. und in den ersten des 16. Jahrhunderts getan worden. »In den Anfängen der modernen Sozialgeschichte von Religion und Kirche dominierte die Vorstellung, von der auch ich bei der Entwicklung des Konfessionalisierungskonzeptes ausgegangen bin, dass die ländlichen Massen Europas bis dahin unter einem dünnen christlichen Firniß mehr oder weniger heidnisch geblieben und erst von den Konfessionskirchen unter Wettbewerbsdruck einseitig von oben der Magie entrissen und einem korrekten kirchlichen Christentum der einen oder anderen Art unterworfen worden seien.«[8]

Im gleichen räumlichen und zeitlichen Zusammenhang spricht Heinz Schilling noch 1988 offenbar ohne Scheu von uralten »paganen Traditionen« und einem animistisch-magischen Weltbild der ländlichen deutschen Bevölkerung.[9] Natürlich ist dem widersprochen worden.[10] Andererseits ist die neue »Erkenntnis« bereits in geschichtswissenschaftliche Handbücher eingeflossen und wird darum lange Zeit Bestand haben.[11] Unter diesen Umständen wird man Verständnis aufbringen für Wolfgang Brückners zorniges Verdikt der Nicht-Existenz von »Volksfrömmigkeit«.

Ich möchte ihm gleichwohl nicht folgen, aus verschiedenen Gründen. Zum einen ist der wissenschaftliche Diskurs nur von einem kleinen Kreis von Wissenschaftlern nachvollzogen worden, in der interessierten Öffentlichkeit wird jedoch unbelastet weiter von »Volksfrömmigkeit« gesprochen; auch der römische »Katechismus der katholischen Kirche« (deutsche Ausgabe 1993) überschreibt ein größeres Kapitel mit dem Begriff »Volksfrömmigkeit«.[12] Zum anderen ist es keineswegs zwingend, den Terminus im Sinne der älteren volkskundlichen Forschung, der populären Literatur oder neuerdings der Alltagshistorie mit den dort involvierten Hypothesen zu verwenden. Entscheidend – und dies ist das fruchtbare Ergebnis der kulturhistorischen Diskussion – ist die inhaltliche Differenzierung und Präzisierung. Und da wird es notwendig sein, den für eine erste Annäherung wohl tauglichen Wortbestandteil »Volk« im konkreten Einzelfall näher zu fassen, ihm spezifische soziale, berufliche, wirtschaftliche oder bildungsbezogene Konnotationen zu geben. Fast noch wichtiger erscheint mir die Erkenntnis, dass jedes Ding, jeder Begriff einem historischen Wandlungsprozess unterliegt. Diese Einsicht verdanken wir vor allem der sogenannten Münchner Schule von Hans Moser und Karl-Sigismund Kramer.[13]

Angewendet auf unsere Aufgabe – die Einführung zur Ausstellung – bedeutet dies, dass wir nicht von der »Frömmigkeit« oder »Volksfrömmig-

2 Alte Frau und junges Mädchen im Gebet während der Messe. Fotografie, Arthur Grimm, 1930er Jahre. bpk, Bildnummer 20042543

keit« schlechthin sprechen, sondern von zeitspezifischen Ausformungen, wie sie in den Objekten der Ausstellung vorliegen. Dies meint im Wesentlichen das 17. bis einschließlich 19. Jahrhundert; zum Ende hin werden deutliche Erosionskräfte spürbar, auf die schließlich im Zweiten Vatikanischen Konzil (1962–1965) reagiert wurde. Wir werden also auch auf Veränderungsprozesse innerhalb dieses zeitlichen Rahmens einzugehen haben.[14] Im Zentrum stehen die katholischen Landschaften Bayerns, wenngleich in der Reichsstadt Regensburg selbst und in Teilen der Oberpfalz protestantisches Leben in Sichtweite lag.

Außerhalb der Betrachtung bleiben die Verhältnisse in der Gegenwart, aber auch diejenigen im Mittelalter oder in noch älteren Zeiten; gleichwohl gilt es zu betonen, dass das religiöse Leben der katholischen Bevölkerung viele mittelalterliche Züge konserviert und weitergeführt hat. Die Reformation stellt hier nicht unbedingt einen absoluten Bruch dar. Eher kann man mit Wolfgang Brückner von »Erneuerung als selektiver Tradition« durch das Konzil von Trient sprechen.[15]

Kräfte, die Einfluss nehmen

Damit haben wir als gestaltende Kraft bereits die wichtigste benannt: die Amtskirche, für unsere Zeit unter anderem besonders wirksam durch das Konzil von Trient (1545–1563).[16] Hier wurden die entscheidenden Rahmenbedingungen gesetzt, die in einem hierarchischen System über Bischöfe, Synoden, Volksmissionen und Pfarreien flächendeckend, allzuständig und für alle erdenklichen Fragen Antworten bietend in allen Ständen, Berufen und Bildungsgruppen präsent und wirkungsvoll geworden sind. Namentlich mit Einrichtung der sogenannten Christenlehre wollte man den Zugriff auf die einfache Bevölkerung über schulischen Unterricht sowie sonn- und feiertägliche Predigtbelehrung hinaus intensivieren.[17]

Gleichwohl sollte man die Amtskirche nicht gar zu monolithisch auffassen. Die einzelnen hierarchischen Ebenen boten zahlreiche unterschiedliche Interessenslagen; ob dies nun die Bischöfe waren, die nationale Besonderheiten (etwa Lage in oder an anderskonfessionellen Territorien) gegen römischen Zentralismus zu verteidigen hatten, oder die Weltgeistlichen in vorderster Linie, die sich konfrontiert sahen mit oberhirtlichen Vorgaben zur eigenen Lebensführung, Weiterbildung und Durchsetzung neuer theologischer Einsichten oder Frömmigkeitspraktiken. Gerade die Priester entsprachen oft nicht den Vorstellungen der höherrangigen Behörden, weder in ihrer Alltagsgestaltung noch in ihrem Frömmigkeitsstil, und sollten zumindest bis in die Zeiten der Säkularisierung hinein genauso wie die von ihnen betreute Laienschar überwacht und diszipliniert werden durch ein System bischöflicher und landesherrlicher Visitationen.

Bei diesem Steuerungsinstrument, den Visitationen, kommt eine weitere Instanz in den Blick, die ebenfalls lenkend ins religiöse Leben der breiten Bevölkerung einzugreifen versuchte: der Landesherr samt seiner Bürokratie, oft konkurrierend mit den Bischöfen.[18] Bis weit ins 19. Jahrhundert hinein beanspruchte auch er Kompetenzen in der Ausgestaltung der Frömmigkeit im Lande, man denke nur an Kurfürst Maximilian I. von Bayern mit seiner Förderung des Rosenkranzgebetes und des Wallfahrtswesens.[19] Noch massiver sollten die Eingriffe werden, die mit den Mitteln der staatlichen Gewalt am Ende des 18. Jahrhunderts durchgeführt wurden, als nun von der bayerischen Bürokratie nicht nur der Sinn von Wallfahrten und geistlichen Spielen in Frage gestellt wurde, sondern auch manches andere weit verbreitete Element der Frömmigkeit, vom Hl. Grab in der Karwoche bis zur Hl.-Geist-Taube zu Pfingsten oder der Christmette und der Weihnachtskrippe.[20]

Ein bedenkenswertes Eigenleben auf dem von uns betrachteten Sektor spielten schließlich die geistlichen Orden (unter anderem Jesuiten, Kapuziner, Franziskaner, Dominikaner). Im Zuge der Gegenreformation von staatlichen und kirchlichen Instanzen im höchsten Grade gefördert – etwa bis hin zu den Plänen von Kurfürst Maximilian I., der Societas Jesu am liebsten gleich die gesamte Seelsorge in der neu gewonnenen Oberpfalz anzuvertrauen[21] –, reicht der Bogen bis zu ihrer Aufhebung und Vertreibung am Ende des 18. Jahrhunderts und partiellen Restitution bzw. Neugründung im Verlauf des 19. Jahrhunderts.[22] Jahrzehntelang hatten Ordensleute als primäre Betreuer von Gnadenstätten und als Seelsorger in den Gemeinden bei den üblichen Gottesdiensten, bei Volksmissionen und durch die Gründung und Betreuung von Laienbruderschaften erheblichen Einfluss auf religiöse Unterweisung und Formung des Frömmigkeitsstils ausgeübt, oft mehr als die Ortsgeistlichen in den Pfarreien. Gerade deswegen war es zu zahllosen Konflikten gekommen.

Soweit Erwartungen, Bedürfnisse und liebgewordene Gewohnheiten des religiösen Lebens der breiten Masse der Gläubigen betroffen waren, musste es also unterschiedliche Berührungspunkte und Frontstellungen geben. Dem Puls des Alltags am nächsten waren wohl die niederen Chargen der Geistlichkeit; ihr frommes Handeln und Denken hat sich vielfach nicht unterschieden von demjenigen der von ihnen betreuten Laiengemeinde. Ich habe keine Bedenken, sie mit einzuschließen, wenn in den Zeiten vor der Aufklärung von »Volks«-Frömmigkeit die Rede sein soll. Dies gilt während dieser Epochen auch für die Angehörigen der bürgerlichen Mittelschicht und für die Adelswelt; sie zählen sozusagen zum »Volk«, wenn es darum geht, jenseitige Hilfen für den diesseitigen Alltag zu organisieren, sein Leben auszurichten auf die Verheißung eines Lebens über den Tod hinaus.

In den Mirakelbüchern dieser Zeit finden wir den Tagelöhner neben der adeligen Dame, den fürstlichen Kammerherrn genauso vertreten wie den Kaufmann

3 Andachtsbild mit einer Darstellung aus der religiösen Herzensemblematik und Inschrift »In dem Himmel ich mich schwing Und der Welt das Vale sing«. Miniaturmalerei auf Pergament, 1755, Museen der Stadt Regensburg, G 1972/1,255. Kleinformatige Andachtsgrafik dieser Art diente häufig als Einlegebildchen für das Gebetbuch.

aus der Stadt, den Sattlermeister wie den Bauern und die Dienstmagd, aber auch den die himmlische Hilfe suchenden Mönch, die Klosterschwester, den hochrangigen Domdekan und den fürstlichen Landpfleger.²³ Die Verlassenschaftsinventare verraten uns, dass die einen wie die anderen Trost und Hilfe gefunden haben durch das Gebet vor dem Kruzifix in der Wohnstube oder vor einem Heiligenbild an der Wand, mag es auch eklatante Unterschiede geben in Anzahl und künstlerischer Qualität der Objekte.²⁴

Diese Gemeinsamkeit werden wir so selbstverständlich nicht mehr voraussetzen dürfen, wenn wir die Verhältnisse nach der Französischen Revolution betrachten; nicht nur ein erheblicher Teil der Adelswelt und des etablierten Bürgertums hat sich von dem vertrauten katholischen Frömmigkeitsmilieu verabschiedet, sondern auch manches Mitglied aus der niederen und hohen Geistlichkeit. Und wenn wir auf die Wende zum 20. Jahrhundert hin blicken, dann werden auch tiefe Gräben zwischen dem »Rest«-Volk sichtbar, nämlich der bäuerlichen und industriellen Bevölkerung.²⁵

Aber auch für die Zeiten des Barocks dürfen wir nicht schlankweg die gesamte katholische Welt in einen Topf werfen, wenn es um die *praxis pietatis* geht, die Umsetzung der religiösen Überzeugung in konkretes Handeln.²⁶ Zu sehr fanden eigentlich die ganze Zeit hinweg Theologen und hohe Geistliche Verbesserungsbedarf in religiösem Wissen und frommem Tun der Ränge unter ihnen, geistlichen wie nichtgeistlichen. Es waren vielfach die Mitglieder von Ordensgemeinschaften, welche Ohr und Hand am katholischen »Fußvolk« hatten, dieses versorgten mit religiösem Gebrauchsgut und Anregungen für frommes Alltagshandeln und darum ihrerseits in kritische Distanz zur offiziellen Amtskirche gerieten.²⁷

Der Geltungsbereich von »Volk« kann also ganz unterschiedlich sein je nach Interessenslage und Zeitstellung. Für die große Masse der Laien in den unteren und mittleren Schichten der Gesellschaft bedeutete dies, dass sie es mit unterschiedlichen Partnern zu tun hatte, gelegentlich mächtige Unterstützung fand, oft aber auch heftigen Gegenwind. Zeiten des Zentraldirigismus wechselten ab mit solchen des Mächtegleichgewichts der obrigkeitlichen Instanzen, boten dann Chancen für die Bildung oder Konservierung eigener Formen des frommen Lebens. Vor allem musste man gewärtig sein, nicht nur von den evangelischen Mitchristen im Land der *abgötterey* und des *papistischen haidenthums*²⁸ bezichtigt zu werden, sondern auch von der eigenen Obrigkeit bescheinigt zu bekommen, dass man dem »Aberglauben«, also einer Form des falschen Glaubens, anhänge. Wissenschaftliche Retrospektive kann zeigen, dass so eine Verbindungslinie gelegt wurde zu zweifelhaften Hypothesen unserer Tage.²⁹

Die Warnung vor unbedachtem Gebrauch des Terminus »katholische Volksfrömmigkeit« mag so stehen bleiben, auch wenn wir im Folgenden sie nicht mehr in jedem Fall wiederholen, wenn es nun darum geht, einige inhaltliche Aspekte zu verdeutlichen. Es gibt trotz aller Wandlungsfähigkeiten und -notwendigkeiten des Lebens auch einige Konstanten, die über größere Zeitspannen hinweg Geltung hatten. Da ist zum einen die im Großen und Ganzen sich nicht ändernde katholische Kirche und Theologie nach dem Tridentinum. Und zum anderen haben sich die Bedürfnisse von Menschen, die im Prinzip von der Notwendigkeit durchdrungen waren, das diesseitige Leben auf ein übermächtiges Jenseits auszurichten, in der betrachteten Epoche nicht grundlegend gewandelt.

Besonderheiten katholischer Frömmigkeit

So haben viele Menschen die theologische Vorgabe internalisiert, dass eigentliches Ziel des Menschen nicht primär die Führung des irdischen Lebens, sondern dessen Ausrichtung auf das ewige Heil sein müsse.³⁰ Ein misslungenes Leben führt in die ewige Ferne von Gott, ein gelungenes in dessen jenseitige Anschauung. Himmel und Hölle also sind die erwartbaren Fernziele christlichen Daseins. Sie geben jeder menschlichen Handlung Wert oder Unwert und letzte Orientierung und sind darum die Basis für jedes religiöse Denken und Handeln. Davon wird noch ausführlicher die Rede sein.

Für die Formung der spezifisch katholischen Variante des frommen Betens und Tuns aber sollte eine theologische Ansicht wichtig werden, die sich seit dem 10. Jahrhundert zu festigen begann und auch durch das Konzil von Trient bestätigt wurde: die Lehre vom Fegefeuer.³¹ Bei einigermaßen realistischer Betrachtung der eigenen Taten und ihrer Motive musste jeder christliche Gläubige damit rechnen, einmal diesen Läuterungsprozess durchleben zu müssen. Es hat den Anschein, dass über lange Phasen des christlichen Mittelalters und der Frühen Neuzeit hinweg eher die Angst vor Verdammung zu Hölle und Fegefeuer das Leben vieler Gläubiger geprägt hat als die Freude über die in Jesus sichtbar gewordene Frohbotschaft und die Gewissheit der Erlösung.

Diese eher negative Gestimmtheit hat gleichwohl manche guten Taten gezeugt. Vor allem zahlreiche Aktionen christlicher Nächstenliebe verdanken ihr Entstehen der Hoffnung, so einen wirksamen Schatz an Hilfen für das Jenseits zu erwerben. Da gegen die Zweifel der Reformatoren die katholische Kirche davon überzeugt blieb, dass es auch möglich sei, Verstorbene teilhaftig zu machen an den Wirkungen von guten Werken, wurde auch diese Gruppe einbezogen in das fromme Tun.

Die Gesamtheit der frommen Werke zum Heil der eigenen Seele und derjenigen von lieben Verstorbenen kann man als »Seelgerät« bezeichnen. Ihnen wurden die Heilswirkungen von Gottesdiensten, Gebeten, wohltätigen Werken und Weihwasserspenden zugedacht. Im Mittelalter hatten die testamentarischen Aufwendungen reicher Kaufleute und Adeliger für diesen Zweck teilweise hypertrophe Ausmaße angenommen,[32] doch auch in unserer Epoche war diese Art von frommem Tun nicht zum Erliegen gekommen und bildete für die Amtskirche wie die Ordensgemeinschaften eine wichtige finanzielle Ressource. Profitieren aber konnte auch die Schar der armen Leute; in ihnen sah man ein Äquivalent für die armen Seelen im Fegefeuer und erwartete ihr wohltätiges Gebet für die empfangenen Spenden. Auf der Ebene der Mittellosen rangierten in dieser Zeit auch die Kinder; es ist darum kein Zufall, wenn in vielen katholischen Regionen die Kinder (eventuell besonders die Patenkinder) um die Zeit von Allerseelen mit Geschenken, etwa den Seelenspitzeln, bedacht wurden.[33]

Viele gläubige Laien dieser Zeit sorgten dafür, dass sie täglich an ihre Verpflichtung zur Fürsorge für die armen Seelen erinnert wurden. Sie hingen sich in der Wohnstube ein kleines Hinterglasbild, das leidende Seelen im Fegefeuer zeigte, neben die Tür, wo auch der obligatorische Weihwasserkessel zu finden war. Beim Verlassen der Wohnung tauchte man die Finger darein und erhoffte sich durch die Wirkung dieses Sakramentales und das Schlagen des Kreuzzeichens nicht nur Segen für die eigenen Unternehmungen, sondern durch einen Spritzer in Richtung der Armenseelentafel auch noch Hilfe gegen das Läuterungsfeuer der verstorbenen Angehörigen.[34]

Das Denken an das Leben nach dem Tod hat in der Frühen Neuzeit den Alltag vieler Menschen in erheblichem Ausmaß geprägt. Die kirchliche Lehre von der Einheit der triumphierenden Kirche (= Heilige im Himmel), der leidenden (= Seelen im Fegefeuer) und streitenden Kirche (= Menschen im Diesseits) schuf für die katholische Bevölkerung ein komplexes System von Gebeten und Fürbitten an die Heiligen, von kirchlichen Andachten sowie privaten Aktionen zum Heil der eigenen Seele, aber auch zur Hilfe für die Verstorbenen.

Nichtsdestoweniger vollzog sich das Leben der meisten Katholiken nicht ausschließlich, wahrscheinlich nicht einmal vordringlich im Denken an Tod und Jenseits, sondern in der Bewältigung des Hier und Heute. Und da stand wie zu allen Zeiten und Kulturen das anthropologische Grundbedürfnis nach körperlichem, geistigem und sozialem Wohlergehen im Vordergrund. Dieses war gefährdet – auch das nicht neu – durch Krankheit, Armut und widerstreitende Interessen der Mitmenschen. Gern wurden Aspekte dieser Trias subsumiert unter dem Begriff des »Bösen« in der Welt. Eine Besonderheit nicht nur der christlichen Religion war die Überzeugung von der leiblichen Präsenz dieses Bösen. Mit ihm wurden viele der Widerwärtigkeiten in Verbindung gebracht, denen das menschliche Leben ausgesetzt war. Der Glaube an den Teufel, seine dämonischen Helfer und deren Nachstellungen war den Katholiken dieser Zeit feste gedankliche Grundlage und Ausgangspunkt für viele konkrete Handlungen.

Primär war es Aufgabe der Kirche, die Gläubigen zu schützen vor den Anfeindungen und Einwirkungen des Bösen. Hierzu bot sie ihr Arsenal von Gottesdiensten, Weihungen und Segnungen an.[35] Ganz gleich, ob anhaltende Dürre, beständiger Regen, Verheerungen durch Mäuse oder Heuschrecken, grassierende Seuchen von Mensch oder Tier – die amtliche Kirche hatte die Fülle ihrer Maßnahmen bereit. Im Laufe der Jahrhunderte hatte man insbesondere vielen Heiligen spezielle Patronate zugedacht und erwartete deren fürbittende Hilfe bei Gott, mochte dies der hl. Leonhard sein bei krankem Vieh, die hl. Apollonia bei Zahnschmerzen oder der hl. Nikolaus bei dräuender Wassergefahr. Namentlich die Gottesmutter Maria hatte sich zu einer universellen Helferin in allen erdenklichen menschlichen Nöten entwickelt.[36]

Die Reformatoren hatten in dieser Hinsicht erhebliche Zweifel angemeldet, so dass die Verehrung der Heiligen in ihren Territorien zurückging oder weitgehend verschwand. Nicht so bei den katholischen Gläubigen! Die Internalisierung der Lehren der offiziellen Kirche führte dazu, dass man nicht nur in den Kirchenräumen allenthalben auf die Darstellung von Heiligen stieß, sondern auch in den privaten Räumen. Bildnisse und plastische Gestaltungen fand man in den Wohnstuben und Schlafkammern, an den Hauswänden und Kinderwiegen, in den Gebetbüchern und in der freien Landschaft.[37] In diesem Punkt unterschieden sich katholische und evangelische oder kalvinistische Gebiete erheblich und sichtbar.

Selbstverständlich genügte vielen katholischen Gläubigen das sozusagen amtliche Angebot an Gottesdiensten und Andachten nicht, sie ergänzten es durch private Bemühungen. Als universelles Instrument des Gebetes der Laien hatte sich schon im Spätmittelalter die Paternoster-Schnur bzw. in der endgültigen Gestalt der Rosenkranz herausgebildet.[38] Dieses Zählgerät war ideal als Begleiter bei vielen Verrichtungen des Alltags, bei weltlichen und religiösen Reisen, bei der gemeinsamen häuslichen Andacht und beim persönlichen Bittgebet. Es stellte geringe intellektuelle Anforderungen, kam dem Bedürfnis nach Vergewisserung der eigenen Anstrengungen entgegen, entsprach durch die Memorierung wichtiger Glaubenstatsachen auch den katechetischen Erwartungen der Geistlichkeit und konnte mit intentionaler Widmung allen erdenklichen Anliegen des Einzelnen dienlich gemacht werden. Wen wundert es da, dass das öffentliche Tragen eines Rosenkranzes in der Hand oder an der Kleidung gleichsam als Ausweis guter Katholizität gesehen wurde, bot er doch durch die Fertigung in mehr oder minder wertvoller Ausführung (Silberfiligran, Granatsteine, Elfenbein, Korallen, Halbedelsteine etc.) auch noch seinem Träger oder seiner Trägerin die Chance, sich selbst und die wirtschaftliche Potenz anschaulich darzustellen. Das Drängen des Kurfürsten Maximilian, jeden Katholiken zu nötigen, sich einen Rosenkranz zu beschaffen oder ihm einen durch pfarrliche Stiftungen zukommen zu lassen, wurde bereits erwähnt.

Manche Glashütte des Bayerischen Waldes spezialisierte sich auf die Produktion von »Paterln« – Glasperlen –, um die starke Nachfrage an Rosenkränzen zu bedienen.[39] Und in Neukirchen b. Hl. Blut entstand in hausindustrieller Arbeitsteilung bereits im 17. Jahrhundert ein Produktionszentrum, das bis auf den heutigen Tag noch existiert.[40] Hier sowie in der näheren und weiteren Umgebung wurden Hinterglasbilder gefertigt mit Armenseelenmotiven oder Heiligendarstellungen und so die frommen Bedürfnisse der Katholiken im weiten Umkreis versorgt.[41]

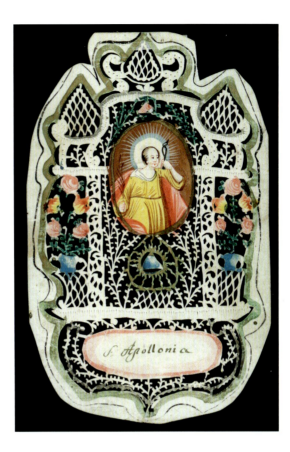

4 Kleines Andachtsbild, sogenanntes »Spitzenbild« mit der hl. Apollonia, Helferin gegen Zahnleiden. Pergament, gekreidet, 1. Hälfte 18. Jahrhundert, Museen der Stadt Regensburg, G 1972/1,39

Das katholische Frömmigkeitsleben hatte also durchaus auch ökonomische Auswirkungen. Dies galt insbesondere für manche Konzentrationspunkte, an denen die Gläubigen teilweise in großen Massen zusammenströmten: die Gnadenstätten. Der hier kumulierenden katholischen Bilderverehrung und der besonderen Andachtsform des prozessualen gemeinsamen Gehens, des Wallfahrens, werden sich noch einige Beiträge dieses Bandes widmen. Uns soll es vorläufig genügen festzustellen, dass in aller Regel die Wallfahrtsorte auch Umschlagplätze gewesen sind für religiöses Gebrauchsgut, das die Katholiken in ihren Alltagsnöten einsetzten. Hier konnte man sich eindecken mit einer Kopie des Gnadenbildes, besonders geweiht vielleicht oder am Original angerührt, das man zu Hause in den Herrgottswinkel stellte oder auf einen kleinen Privataltar. Hier fand man die Bildnisse manches Heiligen, gemalt oder geschnitzt, als Kupferstich oder Gebetbuchbildchen; hier gab es natürlich Rosenkränze, aber auch manchen kleinen Anhänger für die individuellen Vorlieben, einen Sebastian vielleicht oder Christophorus, mächtige Helfer wider den plötzlichen Tod. Votivgaben wurden ganz sicher angeboten – aus Wachs, aus Eisen, aus Silberblech, damit man seine Anliegen möglichst drastisch direkt am Gnadenort verdeutlichen konnte.

Für den Alltag zu Hause wollten viele auf einen religiösen Gegenstand vertrauen, den man unter Umständen beständig mit sich führte oder zumindest griffbereit im Hause aufbewahrte, ein Agnus Dei vielleicht aus dem Restwachs der Osterkerze in der Kirche, ein Breverl mit eingenähten Gebetszetteln und geweihten Dingen, eine Kerze aus schwarzem Wachs – gut gegen heraufziehende Gewitter –, Benedictus-Pfennige, Caravaca- und andere Kleinkreuze usw.[42] All dies wurde für dienlich erachtet gegen den bösen Feind und seine Helfer unter den Mitmenschen.

Denn eine Besonderheit der Glaubensüberzeugungen dieser Epoche, bei Katholiken wie bei Protestanten, bei Laien wie bei vielen Geistlichen, war die Vorstellung, auch manche Menschen vermöchten mit Anrufung und Hilfe des Bösen ihren Nachbarn Schaden zuzufügen, sich selbst aber ungebührliche Vorteile verschaffen. Bis weit ins 18. Jahrhundert hinein war man überzeugt, solche Machenschaften nachweisen und die Betroffenen juristisch zur Rechenschaft ziehen zu können.[43] Altbayern stand zwar nicht im Zentrum dieser Art von Hexenverfolgungen, doch blieb es auch nicht verschont davon und hat noch in der ersten Hälfte des 18. Jahrhunderts in Freising einen Prozess gegen Kinder und Jugendliche erlebt, dessen Verlauf uns heute sprachlos und zutiefst betroffen macht.[44] War damit auch der Kulminationspunkt hierzulande überschritten, so blieb doch der Glaube an die Macht des Bösen und seiner Freunde unvermindert am Leben. Damit aber bestand nach wie vor Bedarf an geweihten und ungeweihten geistlichen Hilfsmitteln, mit denen man sich der Zugriffe des Bösen erwehren konnte. In den späten Jahrzehnten des 18. Jahrhunderts haben geistliche und weltliche Oberbehörden vieles davon als »Aberglauben« klassifiziert, unter Umständen in den Pförtnerstuben manches Kapuzinerklosters, wo derlei auch vertrieben worden ist, konfiszieren und verbrennen lassen,[45] doch blieben solche Dinge noch lang in Gebrauch. Diese Vorgänge verweisen uns noch einmal auf die wechselnden Inhalte und sozialen Horizonte dessen, was wir unter »Volksfrömmigkeit« zusammenfassen.[46]

Gerade im Zusammenhang mit der Abwehr von Schäden, die man vom Bösen selbst oder einem seiner menschlichen Helfer ausgehen sah, konnte es durchaus auch vorkommen, dass man zu Handlungen, Formeln, zauberhaften Sprüchen und Dingen griff, die zu keiner Zeit die Approbation der kirchlichen Behörden oder der »amtlichen« Theologie erfahren hatten. Das meiste war kirchlichen Gebeten und Handlungen abgeschaut oder leitete seine geglaubte Wirkung aus der Nähe zu derlei Zeremonien ab, oder aber es speiste sich aus schriftlichen Überlieferungen und mantischen Praktiken, mit denen sich mancher dubiose Zauberkünstler der Zeit ganz offiziell, wohlgelitten und -ausgestattet in den Labors von Königen und Fürsten versuchte.[47] Aus dunklen germanischen Zeiten kam da nichts, aber in skeptischer Distanz zur Kirche verlief manches, wie uns die Belege aus den Hexen-, Zauber- und Schadensprozessen offenbaren.

Die Versuchung, sich selbst durch magische Praktiken zu helfen, wird wohl in keiner Gesellschaft völlig auszurotten sein; zu evident war die Erfahrung, dass kirchliche Hilfen zur rechten Zeit auch wirkungslos geblieben sind. Trotzdem gab in den allermeisten nachweisbaren Fällen für solche Arten von Selbsthilfe das kirchliche Ritual den Rahmen ab; man denke nur an die drastischen Abläufe von amtlichen Exorzismen und an die gedanklichen Schwierigkeiten, die manche kirchliche Lehre, zum Beispiel beim Dogma von der Transsubstantiation in jeder Messe, den Gläubigen abverlangte. Da konnte schon die Vorstellung wachsen, es komme lediglich auf den rechten Vollzug mancher »Zauber«-Handlung an, vor allem wenn man dabei nicht vergaß, eine heilige Anzahl von Kreuzeszeichen zu schlagen (drei, sieben, zwölf) oder im Extremfall den Teufel anzurufen, an dessen Existenz und Kraft auch der Pfarrer, Klosterbruder und mancher hochrangige Theologe glaubte.

Das Problem mit dem Begriff der »Volksfrömmigkeit« wird hier noch einmal überdeutlich. Zu keiner Zeit in der von uns betrachteten Epoche waren solche dubiosen Praktiken der Kern des religiösen Lebens der Masse der Laien. Auch dort, wo mit erheblichem organisatorischen Aufwand, etwa unter Kurfürst Maximilian I., der es in Glaubensdingen sehr genau nahm,[48] Untersuchungen angestellt wurden, musste man feststellen, dass das Denken und Handeln der Laien im tolerierbaren christkatholischen Rahmen verlief, mochte das abrufbare theologische Wissen auch teilweise sehr bescheiden sein.[49]

Natürlich hatte das Auftreten der Reformatoren auch in der breiten Masse für erhebliche Irritationen und Verunsicherungen im persönlichen Frömmigkeitsstil gesorgt, namentlich dort, wo innerhalb weniger Jahrzehnte den Menschen wiederholter Konfessionswechsel abverlangt worden war

(wie in der heutigen Oberpfalz). Aber auch nachher, als die konfessionellen Grenzen durch das Prinzip des *cuius regio eius religio* für lange Zeit festgezurrt worden waren, blieben evangelische Mitchristen und deren Frömmigkeitsleben in Sichtweite. Mitten im katholisch gebliebenen Niederbayern konnte 1671 *Thomas Steiger, Burger und Cramer in offentlichen Würthshaus* folgende *fräventliche Reden* gebrauchen: *Ob dann das Weyhwasser auch dienstlich sein und sogar die armen Sellen helffen solle, und wann es seye, warumben man nit ganze Zuber voll Weyhwasser uf die Greber schitten thue.*[50] Damit waren zwei Eckpunkte katholischen Frömmigkeitslebens jener Zeit in Frage gestellt: der Glaube an die möglichen Hilfen für die verstorbenen Seelen und die Wirkung des geweihten Wassers.

Es bedurfte schon einiger Anstrengungen der geistlichen und weltlichen Obrigkeiten, bis sich die Situation wieder beruhigt hatte. Aber durch die Verschränkung der konfessionell unterschiedlichen Territorien waren kleine Ausfluchten aus der sozialen oder amtlichen Kontrolle des jeweiligen Frömmigkeitslebens möglich. So wissen wir von Katholiken, die durch einen Gang ins protestantische Ausland die ungeliebten Fast- und Abstinenzgebote zu Hause zu umgehen wussten. Andererseits haben manche protestantischen Männer und Frauen durch Anschluss an einen katholischen Wallfahrtszug die liebgewordene Heiligenverehrung und die Hoffnung auf Wundererfahrung am Leben erhalten.[51]

Gerade diese Offenheit für das Wunder, die Bereitschaft, das Hereinwirken jenseitiger Kräfte direkt und greifbar zu genießen, wird man als Spezifikum katholischer Frömmigkeit in der barocken und eine Weile auch noch in der nachbarocken Phase bezeichnen können. So wurden Heiligenverehrung und Wallfahrtskult am Leben erhalten. Letzterer dürfte um die Mitte des 18. Jahrhunderts sogar seinen absoluten Höhepunkt erreicht haben, und dies, obwohl sich nun merklich die gebildeten Stände von ihm zu distanzieren begannen. Als kurz nach 1700 als erste die geistlichen Oberbehörden in den süddeutschen Bistümern Verbote gegen das *allgemeine Geläuf* auszusprechen begannen, ergriffen die Landesherren und deren Bürokratie zwar noch die Partei des »gemeinen Volkes«. Bald aber verabschiedeten sich auch sie aus der Koalition. Am Ende des Jahrhunderts mussten viele Gnadenstätten dem gemeinsamen Druck der Amtskirche und der staatlichen Administration erliegen.[52] Verschwunden ist das Wallfahrtswesen deswegen nicht, doch es hat seinen Charakter geändert; es wurde von einer Frömmigkeitsform, die

5 Gebetszettel »Innbrünstiger Seufzer zu Jesus, Maria und Josef«. Kupferstich, koloriert, 18. oder 1. Hälfte 19. Jahrhundert. Museen der Stadt Regensburg, G 1963/13,59

als Markenzeichen des Katholischen zeitweise von den Vertretern der Kirche und des Staates aufs innigste gefördert worden war, zu einer Angelegenheit der Laien mit überwiegend privater Organisation, mit verminderter sozialer Reichweite und teilweise auch inhaltlicher Veränderung.

Für uns ergibt sich aus dieser Beobachtung die Möglichkeit, darüber zu reflektieren, was denn trotz aller Wandlungsprozesse durchgängige formale Kennzeichen des allgemeinen katholischen Frömmigkeitslebens vom 16. bis zum Ende des 19. Jahrhunderts gewesen sind. Dominant erscheint mir das eklatante Bedürfnis nach sensitiver Erfahrung des Jenseitigen; man brauchte Bilder und viele andere greifbare Dinge, um sich der himmlischen Hilfe zu vergewissern. Mögen fromme Geistliche und Schriftsteller aus dem Laienstand allmählich auch ein beachtliches katholisches Erbauungsschrifttum hervorgebracht haben,[53] die katholische Konfession ist in dieser Zeit nie so eindeutig Schriftglaube geworden wie die evangelische oder kalvinistische.[54]

Natürlich waren Gottesdienste, Andachten und Segnungen zentral auch für die katholische Frömmigkeit – wie für andere christliche Konfessionen. Hier aber kam noch ein Arsenal von geistlichen Spielen hinzu, bei denen nicht die theoretische Information, sondern die emotionale Einstimmung und Öffnung für Religiöses leitend gewesen sind. Solche liturgienahen Spiele und Umzüge begleiteten das katholische Kirchenjahr von Weihnachten und Dreikönig über Passionszeit und Fronleichnamsprozession bis hin zu verschiedenen Heiligenfesten.[55] Dietz-Rüdiger Moser wollte sogar glauben machen, dass auch der Karneval im Kern nichts anderes gewesen sei als eine besondere Form der katechetischen Unterweisung.[56] Als ein Großteil dieser sinnenfrohen frommen Verrichtungen, die zudem vom aktiven Mitmachen der Laien lebten, den obrigkeitlichen – zuvorderst geistlichen – Verboten zum Opfer fielen, dauerte es gar nicht lang, bis sich die Laien zumindest die figurenreichen Krippenbauten, die man ihnen in den Kirchen nicht mehr zur Betrachtung bot, in die eigenen Wohnzimmer holten.[57] Und als ab der Mitte des 19. Jahrhunderts die evangelischen Landschaften mit Christbäumen und Adventskränzen ihrerseits einen Hauch von Schaufrömmigkeit gerierten, da haben die Katholiken wie selbstverständlich diese Neuerungen sofort in ihren frommen Alltag integriert.[58]

Der Bürgermeister von Regen machte sich 1762 Gedanken über Wert und Unwert von derlei visuellen Frömmigkeitsübungen innerhalb und außerhalb der Kirchen, als eine große Verbotswelle die katholischen Pfarreien überrollte:

Ja es verschaffen auch manchesmahl bey ain- oder andern sonderbahr und yberhaubts bey dem in hiesiger Waldrefier wohnent grob und ainfältigen Paurnvolck sothane Passions-Exhibitiones größeren Seelennutzen als die sünnreichiste Predigt, dann dieselben bey vorseyender Unaufmörcksamkeit bey einem Ohr hinein, bey dem anderen aber widerumben bedauerlichist fruchtlos und ohne Vergiessung eines Zähers hinausgehen, gar vielle aber, wo nit die mehriste wegen allzugroßer Mattigkeit der durch harte Arbeith abgematteten Glieder die ganz Predig hindurch schlaffen, von dem persönlich vorgestälten bitteristen Leyden und Todt Jesu Christi aber mehrer fassen und zu Haus ihren Kindern wegen sichtbahrlicher Vorstöllung leichter erklären und eintrucken künen.[59]

Es wird hier ein Grundkonflikt der Vermittlung religiöser Sachverhalte sichtbar: Soll man auf intellektuelle Durchdringung oder auf emotionale Bewegung setzen? Vermitteln Einsicht oder Anschauung und Meditation die stärkere und bleibendere religiöse Erfahrung? Wir wollen und können diese Frage nicht entscheiden. Jedenfalls hat man in der nachreformatorischen katholischen Kirche der jeweils zweiten Variante Raum zur Entfaltung gegeben. Sie ist auf fruchtbaren Boden gefallen. Was die Bilderverehrung angeht, so deutet alles darauf, dass diese von der ungebildeten Laienschar zusammen mit Vertretern der Orden den theologischen Vordenkern der Amtskirche abgetrotzt worden ist.[60] Die Theologie hat erst im Nachhinein das theoretische Gerüst geliefert, um dem Bedürfnis nach greifbarer Erfahrung des Jenseitigen eine verträgliche Basis zu verschaffen.

Mögliches Fazit

In der von uns untersuchten Zeitspanne nahm in der katholischen Frömmigkeit jedenfalls die Bildwelt einen zentralen Platz ein. Man bereicherte seine Wohnräume mit Bildern und anderen greif- und sichtbaren Zeichen aus der Sphäre des Glaubens: Im Herrgottswinkel der Stube fand man nicht nur eine Figur des Gekreuzigten, sondern oft auch noch Abbildungen von Heiligen, den Rosenkranz, das Gebetbuch mit vielen eingelegten Bildchen, an der Stubentür den Weihwasserkessel mit einem Armenseelentaferl, und in den Kammern dienten nicht selten die Schränke, Truhen und Wiegen als Malfläche für Religiöses. Außerhalb des Hauses ging es weiter; namentlich in wohlhabenderen Landschaften konnte die Hauswand nicht nur in einer Nische eine Figur Mariens oder eines anderen hilfreichen Patrons aufnehmen, sondern auch noch Raum bieten für sakrale Malerei. Straßen und Wege waren oft gesäumt von Kapellen und Kreuzwegen, von Marterln, Bildstöcken, Arma-Christi-Kreuzen, Sühnekreuzen sowie bemalten und beschrifteten Totenbrettern[61], samt und sonders stumme oder beredte Aufforderungen zum Gebet, vor allem für jene, die plötzlich aus dieser Welt hatten scheiden müssen, ohne ihre Seelen vorher mit Gott ins Reine gebracht zu haben. Wir sprechen von einer Sakrallandschaft, die dem aufmerksamen Menschen fast in jedem Augenblick das Gefühl vermittelte, sich in einer jenseitig bestimmten Welt zu bewegen.

Höhepunkte dieser auf Gott hin ausgerichteten Umgebung waren die Gnadenstätten. Nach der Überzeugung der Zeit waren sie Orte, an denen man die Nähe zum Jenseits und dessen Hilfen besonders augenfällig erfahren konnte. In den Jahrhunderten nach dem hohen Mittelalter waren sie in deutschen Landen so zahlreich, dass man über kurze Distanzen fast überall schnell zu einem solchen Brennpunkt der göttlichen Nähe gelangen konnte. Vielfach waren die Wege hin zu diesen Fixpunkten der Frömmigkeit nach- oder vorgezeichnet durch eine System von Bildstöcken, das die Anschauung von Gnadenort und Gnadenbild auch in die Umgebung trug.[62]

Gleichwohl wäre es verkehrt, diese Welt der religiösen Bilder, Gnadenstätten und dinglichen Zeichen verstehen zu wollen als ein Mittel der Indienstnahme des Jenseitigen für die eigenen diesseitigen Zwecke. Lenz Kriss-Rettenbeck hat uns überzeugend gezeigt, dass sehr wohl auch einfache Gemüter in der Lage sind zu metaphorischem und symbolischem Denken und dass nicht jeder abgebetete Rosenkranz oder jede aufgehängte Votivtafel nach dem Sinn des *do ut des* zu interpretieren ist.[63] Die durchgängige Haltung der katholischen Christen dieser Zeit war die vertrauensvolle Anheimstellung unter den – manchmal unerklärlichen – Willen Gottes. Freilich vertraute man auf die fürbittende Hilfe der Heiligen und war offen für jede Art von Wunder. Diese Hoffnung war auf die Gnadenstätten hin konzentriert: Sobald ein Ort zu »zeichnen« begann,[64] war die Basis für ein mögliches Aufblühen als Zentrum des frommen Zulaufs, des »geistlichen Geläufs« gegeben, doch die weitere Existenz der Gnadenstätten war geprägt von der Realität des Nicht-Geschehens von Wundern. Die Mirakelberichte mit ihren positiven Meldungen verzerren da das Bild; die allermeisten Wallfahrer mussten ohne manifeste Erhörung oder Heilung – ohne die Erfahrung des Wunders – den Heimweg antreten. Es spricht für die Internalisierung christlicher Grundüberzeugungen, dass sie dies taten, ohne mit Kirche, Glauben und Heiligenverehrung zu brechen, sondern sich abzufinden mit der Tatsache, dass Menschen ihr Heil nicht verdienen, schon gar nicht erzwingen können, sondern dass es ihnen geschenkt werden muss.

---

1 Brückner 1997 (2000), S. 91. Vgl. ebenso Brückner/Korff/Scharfe 1986 (dort auch reichhaltige Literatur).
2 Guter geraffter Überblick über die Definitionsproblematik bei Pötzl 1999. Von Pötzl stammen auch die Beiträge zum gleichen Lemma in den Bdn. 2 und 3 des Handbuches der Bayerischen Kirchengeschichte.
3 Grundsätzlich hierzu, auch mit weiterführender Literatur Hartinger 1992b.
4 Bächtold-Stäubli/Hoffman-Krayer 1927–1942 (Nachdruck 1987).
5 Hierzu zahlreiche Aufsätze in Brückner 2000. Annäherungen aus theologischer Sicht u. a. in Baumgartner 1979. Dinzelbacher/Bauer 1990.
6 Kriss-Rettenbeck 1971a. Vgl. Gockerell 1995.
7 Muchembled 1982; Ginzburg 1980.
8 Reinhard 1995, S. 449.
9 Schilling 1988, S. 316f.
10 Ziegler 1997; Hartinger 2002.
11 Lanzinner 2001.
12 Brückner 1993.
13 Moser 1985; Bausinger/Brückner 1969.
14 Eine hervorragende Orientierung bietet Dinzelbacher 2007. Vgl. auch Ausst.-Kat. Regensburg 2003.
15 Brückner 1978.
16 Ganzer 1994.
17 Schrems 1929.
18 Helm 1993; Löffler/Ruppert 2006.
19 Albrecht 1998.
20 Brittinger 1938.
21 Gegenfurtner 1977.
22 Spindler 1966–1975, Bd. 4,1 (1974).
23 Kramer 1951; König 1939/40.

24 Lischke 1991.
25 Soeben legte Peter Hersche eine subtile Untersuchung zur allerjüngsten Zeit in der Schweiz vor, deren Ergebnisse jedoch aufschlussreich sind auch für die vorausgehende Epoche und für andere Regionen: Hersche 2013. Vergleichbar auch Wiebel-Fanderl 1993.
26 Überragend als Hinführung Hersche 2006.
27 Hausberger 1989; Ott 1961; Baumgartner 1963.
28 Beliebte Schimpfwörter in den Zeiten der militanten Auseinandersetzung von Reformation und Gegenreformation.
29 Brückner/Korff/Scharfe 1986.
30 Auf die Konsequenzen für die Interpretation der Lebenszeit weist immer wieder Imhof 1988 hin.
31 Le Goff 1991; Hartinger 1979; Wurster/Loibl 2000.
32 Hartinger 1993a.
33 Burgstaller 1970.
34 Haller 1980.
35 Böcher 1970; Franz 1909.
36 Dies ist das Ergebnis der Auswertung zahlreicher Mirakelbücher, s. u. a. Pötzl 1994.
37 Schmidt 1966a; Pötzl 1996.
38 Ritz 1962.
39 Haller 1975.
40 Baumann 1978; Hartinger 1971.
41 Schuster 1975b; Haller 1973; Ritz 1972.
42 Münsterer 1983; Brauneck 1979.
43 Behringer 1988; Behringer 1987; Schormann 1981; Kunze 1982.
44 Subtile Aufarbeitung auf unterschiedlichen Denk- und Wirkebenen, die zum Kern von Hexenglauben und -verfolgung führt, durch Beck 2011.
45 Siemons 2002.
46 Blessing 1986.
47 Grundsätzlich hierzu Daxelmüller 1993. Mit Beispielen für die Oberpfalz Ernst 2008. S. auch Moser 1992; Harmening 1979.
48 Berühmt ist sein *Landtgebott wider die Aberglauben, Zauberey, Hexerei und andere sträffliche Teufelskünsten* aus dem Jahr 1611, publiziert bei Behringer 1988.
49 Hartinger 2010.
50 Staatsarchiv Landshut, Rep. 160, V 4, F 744 (Marktkammerrechnung Pfaffenberg 1671).
51 Guth 1990.
52 Hartinger 1992a.
53 Brückner 2000, dort besonders Abschnitt B.
54 Auf Ansätze zu einer vergleichbaren Bewegung hat Martin Scharfe aufmerksam gemacht; Scharfe 1968.
55 Moser 1993; Harvolk 1983/84.
56 Moser 1986.
57 Grundlegend noch immer Berlinger 1955. Ansonsten gibt es unzählige Regionalstudien.
58 Weber-Kellermann 1978; Bausinger 1970.
59 Schreiben an das zuständige Pflegamt vom 1. März 1762, Archiv des Bistums Passau, OA N. 789. Hierzu auch Hartinger 1990a.
60 Hartinger 1989.
61 Haller 1990; Hartinger 1990b.
62 Scharfe/Schenda/Schwedt 1967; Dünninger/Schemmel 1980; Kerkhoff-Hader 2012; Ausst.-Kat. Passau 1975.
63 Kriss-Rettenbeck 1978; Kriss-Rettenbeck 1971a und b.
64 Staber 1955; Baumer 1977.

HIMMLISCHER BEISTAND – HEILIGE FÜRSPRECHER

Gott und alle Heiligen

Göttliche Gnaden und Helfer in der Not

Alois Möstl

Wer eine bayerische Barockkirche betritt, ist überwältigt von den zahlreichen Heiligenfiguren darin. Um Ordnung in die Vielfalt zu bringen, um die Anbetung von der Verehrung zu unterscheiden und um die Religiosität jener Zeit besser verstehen zu können, soll dieser kleine Artikel eine Orientierung bieten. Deshalb folgt er der Abfolge der Ausstellungsexponate (Gott – Maria – Heilige) in »Brücke zum Wunderbaren«.

Die Hl. Dreifaltigkeit

Das höchste und erhabenste Geheimnis unseres christlichen Glaubens ist der eine Gott in drei Personen, wobei die Bezeichnung »Dreieinigkeit« die Einheit der göttlichen Personen, der Name »Dreifaltigkeit« auf ihre Verschiedenheit hindeutet. Auch wenn das Konzil zu Konstantinopel 381 das Mysterium der Wesensgleichheit von Gottvater, Gottsohn und Gott Hl. Geist als Glaubenssatz formuliert hat,[1] ist die Trinität uns göttlich offenbart. Christus selbst hat sie uns mitgeteilt. Er umschreibt damit das tiefste und größte Gottesbild überhaupt: Gott will bei uns Wohnung nehmen.

Wie aber die Dreifaltigkeit abbilden? Hat nicht Gott angeordnet, kein Bildnis von ihm zu machen? An dieses Gebot halten sich noch heute die Juden und die Muslime. Christus aber hat diese Bestimmung aufgehoben, als er sagte: »Wer mich gesehen hat, hat den Vater gesehen«.[2] Jesus ist das wahre Abbild Gottes. Ihn dürfen wir sehen und abbilden.

In der ostbayerischen Gegend wird relativ spät die Dreifaltigkeit in Bildern dargestellt, und diese haben Seltenheitswert.[3] Es mag seinen Grund darin haben, dass die tiefsinnigen Denkmodelle schwer in eine volksnahe Frömmigkeit zu übertragen waren. So versuchte man im Mittelalter, die heilige Dreifaltigkeit als Einheit von drei Gesichtern wiederzugeben; vier Augen sollten ihre Allgegenwart vermitteln (Kat.-Nr. 3). Papst Urban VIII. allerdings verbot 1628 diese Darstellungsweise als Dreigesicht,[4] auch wenn sie sich noch eine Zeit lang in Dorfkirchen hielt.

Leichter lässt sich die Hl. Dreifaltigkeit darstellen als Gnadenstuhl: Gott Vater hält das Kreuz mit seinem Sohn in den Händen, darüber schwebt der Hl. Geist als Taube (Kat.-Nr. 2). Dieser Bildtypus heißt Gnadenstuhl, weil der Gekreuzigte das Erbarmen des Vaters gegenüber den Menschen zeigt.

Christusbilder

Auffallend ist, dass in unserer Gegend weniger der triumphierende Christus mit Weltkugel und Zepter verehrt wurde, sondern der leidende Gottessohn (Kat.-Nrn. 4–7). Das hat einen konkreten Hintergrund: Die Bevölkerung lebte von der Landwirtschaft, es gab schlechte Erntejahre. Seuchen und Naturkatastrophen waren die Regel, man war machtlos bei Krankheiten, wurde immer wieder von Kriegszügen und Verwüstungen heimgesucht. Was lag näher, als sich an den gepeinigten Gottessohn zu halten?

Bei den Darstellungen des Heilands an der Geißelsäule blickt uns der von Schmerz gezeichnete Jesus ins Gesicht. Sein Körper weist blutige Striemen auf, Spuren der Geißelung.[5] Das Gnadenbild

6 Hinterglasbild mit Mariahilf-Darstellung (vgl. Kat.-Nr. 10)

7 »Der Leidende Jesus so in der Grufft zu München verehret wird«. Kupferstich, 2. Hälfte 18. Jahrhundert. Museen der Stadt Regensburg, G 1972/1,812

des gegeißelten Heilands in der Wieskirche ist das bekannteste Beispiel.

Da die Passionsgeschichte Jesu in den Evangelien recht knapp gehalten ist, malte sich die Bevölkerung die sogenannten »geheimen Leiden Jesu« aus.[6] Es gab davon 15 an der Zahl. Auch die Kreuzwegstationen zählen drei Zusammenbrüche Jesu unter dem Kreuz auf, die in den Passionsberichten nicht erwähnt sind. Man verehrte Christus in der Rast, auch »Christus im Elend« oder »Herrgottsruhbild« genannt: Der leidende, dornengekrönte Jesus sitzt mit Rohrkolben und Purpurmantel und zeigt blankes Elend, er wartet auf sein Verhör bei Pilatus. Zu dieser Darstellungsgruppe gehören auch der Erbärmdechristus oder das Ecce-Homo-Bildnis.

Auf eine tausendjährige Tradition blickt die Verehrung der Kindheit Jesu zurück. Von Bernard von Clairvaux, Franz von Assisi und Antonius von Padua sind Erzählungen mit dem Jesuskind überliefert. In der Barockzeit war es hauptsächlich die Karmelitin Theresa von Avila, die auf ihren Reisen eine kleine Statue des Jesuleins bei sich trug. Von Spanien brachte der Karmeliterorden die Verehrung zunächst nach Böhmen, von dort ging die Darstellung des »Prager Jesuleins« um die ganze Welt (Kat.-Nr. 8).[7] Mit der Rechten segnet der kostbar bekleidete Jesusknabe die Gläubigen, in der Linken hält er ein Vögelchen, einen Apfel, ein Buch, ein Kreuz oder eine Weintraube. Diese Attribute sind als Hinweise auf Stellen in den Evangelien oder auch außerhalb der Bibel zu verstehen. Das Prager Jesulein durfte das ganze Jahr über an seinem Platz bleiben.

Maria, die Königin aller Heiligen

Höher als alle Heiligen steht die Gottesmutter Maria. Seit dem Konzil zu Ephesus 451[8] ist ihre Verehrung ein fester Bestandteil der Kirche. Damals wurde ihr der Titel Gottesmutter dogmatisch zuerkannt. Aber auch andere Glaubenssätze widmen sich ihr und ihre Verehrung in der Bevölkerung ist vielfältig. Deshalb existieren unzählige Darstellungen Mariens in verschiedenen ikonografischen Zusammenhängen.

Oft ist Maria zum Beispiel als Immaculata zu sehen. Diese Darstellung ist leicht zu erkennen: Maria steht, in der Regel ohne Kind, mit dem Fuß auf dem Kopf einer sich um die Weltkugel windenden Schlange, dem Symbol der Erbsünde (Kat.-Nr. 13). Das Motiv basiert auf dem Glaubenssatz der Unbefleckten Empfängnis, der nichts mit Sexualität zu tun hat, auch nichts mit der Geburt Jesu aus der Jungfrau. Er bedeutet vielmehr, dass Maria – auf natürliche Weise von ihren Eltern Anna und Joachim gezeugt und geboren – als einziger Mensch vom ersten Augenblick an ohne Erbsünde war.[9] Dafür gibt es sogar ein eigenes kirchliches Fest: Mariä Empfängnis, auch Hochfest der ohne Erbsünde empfangenen Jungfrau und Gottesmutter Maria genannt. Es wird am 8. Dezember gefeiert, neun Monate vor dem Fest Mariä Geburt. Was aber ist Erbschuld? Wieso musste Maria davon frei sein? Niemand kann leugnen, dass unsere Welt vom Bösen durchsetzt ist. So aber wollte Gott seine Schöpfung nicht haben. Es hat sich vielmehr etwas zwischen Gott und den Menschen gelegt, eine Art Nebel, ein Schleier. Wir nennen das die Erbsünde, an der jeder Mensch auch ohne eigenes Zutun Anteil hat. Mit der Geburt seines Sohnes Jesus Christus hat Gott den Neuanfang vorbereitet. Dieses Mysterium klingt deutlich in der Bibel an, da der Engel zu Maria sagt: »Du bist voll der Gnade«[10]. Die Gnadenfülle, die Gott ihr zuspricht, bedeutet, dass Maria alles, was sie ist, aus reiner Gnade ist – frei von der Erbsünde.

8 Maria zertritt mit ihrem Fuß die Schlange, das Symbol der Erbsünde (Detail; vgl. Kat.-Nr. 13)

Gottes ewiger Sohn hätte durchaus Mensch werden können wie jeder von uns auch, durch die Liebe der Eltern. Aber Gott hat einen anderen Weg gewählt.[11] Nicht weil die normale Zeugung nicht würdig genug gewesen wäre, sondern weil Gott einen radikalen Neuanfang mit dieser Welt wollte, einen zweiten Schöpfungsakt. Jesus ist der Anfang einer neuen Menschheit, er ist der neue Adam. Wer also biologische Probleme hinter der Jungfrauengeburt sieht, ist zum eigentlichen Sinn noch nicht vorgedrungen. Es geht um Gottes Neuanfang mit der sündigen Welt.

Eine weitere auf einem Dogma beruhende Darstellung ist die der Himmelfahrt Mariens. Auch wenn dies im Volksmund so heißt: Die Kirche unterscheidet zwischen Christi Himmelfahrt (aktiv) und der Aufnahme Mariens in den Himmel (passiv) mit Leib und Seele.[12] Wie aber ist dies zu verstehen? Nicht nur unsere Seele wird einmal zu Gott gelangen, denn eine Seele allein ist noch kein Mensch. Auch der Leib gehört zu unserer Person. Der Glaubenssatz besagt, dass einmal unsere ganze Person, mit Leib und Seele, bei Gott sein wird mit allem, was wir hier erlebt haben an Freude, Schmerz und Leid. All dies wird in Gott hinein gerettet und vollendet. Was an Maria geschah, wird einmal uns allen zuteil.

Abgesehen von diesen Darstellungen haben sich in der Frömmigkeit einzelne Bildtypen entwickelt, die als Gnadenbilder Mariens bezeichnet werden. Die Brauchtumsforschung teilt sie in Gattungen ein, zum Beispiel die Loreto-Bilder, die Motive Maria vom Guten Rat, Mariahilf, Maria in der Hoffnung, die Schöne Madonna, die Pietà oder die Schwarze Madonna, dazu die neueren Darstellungen der Lourdes- oder Fatima-Madonna.[13]

In Ostbayern sehr beliebt ist das Mariahilfbild, welches auf eine Anrufung Mariens in der Litanei als »Maria Hilfe der Christen« zurückgeht (Kat.-Nrn. 10, 11). Das Original, das Maria voller Zärtlichkeit zeigt, befindet sich in Innsbruck und stammt von Lucas Cranach. Eine Legende besagt, er habe es zu Wittenberg unter Luthers Augen gemalt.[14] Ungezählte Kopien der Mariahilf-Darstellung wurden angefertigt und sind über das ganze Land in Kirchen, Kapellen und Herrgottswinkeln verstreut. So konnte das gläubige Volk in Notzeiten, bei Kriegen und Seuchen die Hilfe und Fürbitte Mariens erflehen. Besonders die Mariahilf-Wallfahrt zu Passau ist ein zentrales Ereignis in Ostbayern.

Die Pietà (lat.: Frömmigkeit, Mitleid), auch Vesperbild genannt, zeigt Maria als Schmerzensmutter (Mater Dolorosa) mit dem Leichnam des vom Kreuz abgenommenen Jesus (Kat.-Nr. 9). Die Szene entspricht der vorletzten Station der Kreuzwegandacht. Die Bezeichnung »Vesperbild« beruht auf der Vorstellung, dass Maria zur Zeit des Abendgebetes, das heißt zur Stunde der liturgischen Vesper, ihren Sohn in den Schoß gelegt bekam. Eines der bekanntesten Bildwerke dieses Typus ist Michelangelos Pietà im Petersdom zu Rom.

Weitaus seltener ist das Bildmotiv der stillenden Maria anzutreffen (Kat.-Nr. 12). Die Maria Lactans zeigt die wahre Menschheit Jesu, der eben auch von seiner Mutter genährt wurde.

Öfter hingegen findet sich die Mondsichelmadonna, auch Apokalyptische Madonna oder Madonna im Strahlenkranz genannt. Die Darstellung geht auf den Bericht der apokalyptischen Frau in der

9 Pietà-Darstellung (Detail; vgl. Kat.-Nr. 9)

Gott und alle Heiligen ■ 33

10 Der hl. Erasmus (Detail; vgl. Kat.-Nr. 16)

Offenbarung des Johannes zurück.[15] Diese Frau wird in der Exegese mit Maria identifiziert. Die Mutter Gottes steht in den Darstellungen auf der Mondsichel, oft hält sie das Jesuskind in ihren Armen. Zunächst wurde statt der Sichel ein Vollmond mit Gesicht gezeigt. Mit dem Sieg über das Osmanische Reich 1571 in der Seeschlacht von Lepanto und der folgenden Einführung des Rosenkranzfestes – der Gedenktag war ursprünglich Unserer Lieben Frau vom Sieg gewidmet – wurde der Vollmond zunehmend von einer Mondsichel ersetzt, die von der Madonnenfigur zertreten wird.

Die Heiligen, unsere Freunde im Himmel

»Katholiken beten die Heiligen an!« Diese Behauptung hält sich hartnäckig. Ist das wirklich so? Nein, denn Anbetung gebührt nur Gott, er allein ist heilig. Aber Ehrfurcht und Verehrung bringen wir auch Anderen entgegen, Heiligen wie Menschen. Wir halten die Bilder von Verwandten in Ehren, tragen sie manchmal sogar als Medaillen an der Halskette; Eltern stellen zuhause Bilder ihrer Kinder auf. Auch bitten wir gute Freunde um ihr Gebet, um Fürbitte bei sorgenvollen Anliegen. Der Kirchenlehrer Thomas von Aquin (um 1225–1274) unterscheidet strikt die Anbetung Gottes von der Verehrung der Heiligen. Außerdem gibt es die besondere Verehrung, die der Jungfrau Maria entgegengebracht wird, die sogenannte Hyperdulie.[16]

Wenn wir die Heiligen verehren, geht es nicht um Tote, sondern um Lebende. Die Heiligen leben bei Gott. Als unsere Freunde im Himmel sind sie uns zur Hilfe gegeben. Ihren Glanz haben die Heiligen aber allein von Gott. Darf man sie um Hilfe anrufen? Christus selbst erhöht die Heiligen: »Wenn einer mir dienen will, folge er mir nach; und wo ich bin, dort wird auch mein Diener sein. Wenn einer mir dient, wird der Vater ihn ehren.«[17]

Von Anfang an haben die Christen Heilige verehrt. Der hl. Stephanus wird bereits in der Bibel genannt, er ist der erste Märtyrer.[18] Die frühen Heiligen waren in der Regel Märtyrer, die sich eher zum Tode verurteilen ließen, als ihrem Glauben abzuschwören.[19] Im Mittelalter waren sie allgegenwärtig. Jedes Dorf, jede Region, jedes Handwerk hatte seinen himmlischen Schutzpatron, man pilgerte zu ihren Gräbern, feierte ihre Feste, vertraute ihnen Sorgen und Gesundheit an und bat um Fürsprache bei Gott. Das kirchliche Lehramt versuchte mitunter, den blühenden Kult einzudämmen. Jedenfalls gab es das ganze Mittelalter hindurch lediglich 79 offizielle Heiligsprechungen; im Vergleich dazu hat allein Papst Johannes Paul II. 1338 Seligsprechungen und 482 Heiligsprechungen vorgenommen. Es gibt inzwischen über 10000 von der Kirche anerkannte Heilige, von denen Ausstellung und Katalog nur eine kleine Auswahl präsentieren können.

Deutliches Zeichen für die Hilfe unserer Fürsprecher vom Himmel her sind die Votivbilder, oft sind sie mit dem Hinweis *ex voto* (lat.: wegen eines Gelübdes) versehen. Man begegnet ihnen in Wallfahrtskirchen, es sind teilweise kostbare Stücke auf Holz oder hinter Glas gemalt, versprochen in höchster Not.[20] Votivgaben wurden auch in Form von Wachs oder Silber gespendet, es gibt sogar Votivkirchen und Votivsäulen. Bekanntes Beispiel für ein Votiv sind die Passionsspiele in Oberammergau, die auf das wundersame Ende einer Pestepidemie zurückgehen.

Jeden Tag ehrt die Kirche ihre Heiligen. Ihre Zahl ist so groß, dass es keine Möglichkeit gibt, alle Heiligenfeste in gleicher Weise zu begehen. Deshalb gibt es verschiedene Stufen der Feierlichkeit und eine Hierarchie der Heiligen – die himmlische Hierarchie.

Die Heiligenverehrung nahm umso mehr zu, je größer die Not in der Bevölkerung wurde. Hoch oben in der Hierarchie standen deshalb die vierzehn Nothelfer (Kat.-Nr. 14). Man setzte sie der menschlichen Ohnmacht bei Schicksalsschlägen und Katastrophen entgegen. Die Zahl Vierzehn entstand wohl durch die Verdoppelung der heiligen Zahl Sieben.[21] Den einzelnen Heiligen wies man Aufgabenbereiche zu. So wird bis heute Florian, der in der Enns ertränkt wurde, bei Feuersgefahr angerufen. Und der Volksmund reimte: »St. Margareta mit Wurm, St. Barbara mit Turm, St. Katharina mit Radl, das sind die heiligen drei Madl«.

Regensburg ist der Ausgangspunkt für die Nothelferverehrung. Das Nothelferfenster in der Nordwand des Regensburger Domes dürfte eine der frühesten Darstellungen dieses Themas überhaupt sein, es wird das Jahr 1330 genannt. Auch die Regensburger Dominikanerkirche kennt eine Nothelferdarstellung. Weltbekannt ist die Wallfahrtskirche Vierzehnheiligen. Natürlich präsentiert auch die Ausstellung »Brücke zum Wunderbaren« eine Reihe von Nothelferbildern, so die hll. Veit oder Erasmus (Kat.-Nrn. 15, 16). Wollen uns diese Darstellungen etwas sagen? Ja: Der Heilige hat eine Vergangenheit, der Sünder eine Zukunft. Als schwache Menschen sind wir eingeladen, unser Leben noch besser zu machen, damit auch wir erlangen, wofür Gott uns geschaffen hat.

1 Denzinger/Hünermann 1999, D 2800–2804.
2 Joh 14,9. Auch alle weiteren Bibelzitate stammen aus der Einheitsübersetzung.
3 Utz 1989, S. 15.
4 Art. Dreifaltigkeit, in: LThK 1957–1968, Bd. 3 (1959), Sp. 543–563.
5 Utz 1989, S. 16.
6 Gockerell 1993.
7 Royt 1995.
8 Denzinger/Hünermann 1999, D 2800–2804.
9 Beinert 2008.
10 Lk 1,28.
11 Lk 1,26–38; Mt 1,18–24.
12 Scheffczyk 2000.
13 Utz 1989, S. 26–30.
14 Utz 1989, S. 27.
15 Offb 12,1–6a.
16 Scheffczyk 2003, S. 201–213.
17 Joh 12,26.
18 Apg 7,59.
19 Bichler 2009, S. 9.
20 Utz 1989, S. 32–43.
21 Bichler 2009, S. 10–13.

Kruzifixa

Die gekreuzigte St. Wilgefortis/Ontcommer, S. Liberata, hl. Kümmernis

Ulrike Wörner

Der Kruzifixus zeigt einen Mann am Kreuz. In der westlichen Kultur verbindet sich dieses Motiv nahezu ausschließlich mit der Passion und Auferstehung Jesu Christi. Nachdem das Toleranzedikt Kaiser Konstantins von 313 das Christentum als Religion anerkannt und seine Mutter Helena 328 die drei »wahren« Kreuze unter dem Aphroditetempel in Jerusalem gefunden hatte,[1] wurde die Kreuzesstrafe als im vorchristlichen Altertum weit verbreitete Form der Exekution unter Kaiser Theodosius I. (379–395) abgeschafft.[2] Dass der Kreuzigungstod zum Privileg und Alleinstellungsmerkmal des Religionsstifters Jesus Christus wurde, zeigt z. B. eine Legende aus dem 6. Jahrhundert, der zufolge der Apostel Petrus auf eigenen Wunsch mit dem Kopf nach unten gekreuzigt wurde.[3] In den Anfängen der Kreuzeskunst – erst ab dem 6. Jahrhundert – wurden dann aber Bildnisse des Kreuzes nicht zuerst als Darstellungen eines profanen Marterinstruments oder als historisch geltenden Tatsachen verstanden, das Kreuz wurde vielmehr zum umfassenden Symbol christlicher Glaubensinhalte abstrahiert.[4]

Eine Kruzifixa, die Figur einer Frau am Kreuz also, kann daher von vielen nur als Blasphemie und Provokation oder im Falle der Kunst als ein modischer »Zeitgeist-Gag« verstanden werden, und dies, obwohl Kreuzigungsdarstellungen auch von Frauen auf reale Kreuzigungen von der Antike bis ins 20. Jahrhundert zurückzuführen sind. Märtyrerinnen wie die hl. Blandina in Lyon oder die hl. Eulalia in Barcelona sind realiter und nicht nur *in effigie* am Kreuz gestorben.[5] Das Bildmotiv der Frau am Kreuz reicht ins 12. Jahrhundert zurück, und ihre wohl älteste Darstellung ist ein Relief der (ebenfalls historischen) hl. Julia von Korsika auf einem Kapitell, heute im Museo di Santa Giulia in Brescia.[6]

Weibliche Heilige am Kreuz

Eine der bekanntesten gekreuzigten Heiligen, deren Kult seit ca. 1400 in Europa weit verbreitet war, ist St. Wilgefortis (vom Lateinischen *virgo fortis* abgewandelt) – im romanischen Sprachbereich S. Liberata, in den Niederlanden Ontcommer, im deutschen Sprachraum hl. Kümmernis genannt. Obwohl sie in den Acta Sanctorum geführt wurde – ihr Festtag ist der 20. Juli –, ist sich die Forschung heute darüber einig, dass sie wie der hl. Georg oder die großen Jungfrauenheiligen Barbara, Margareta und Katharina nie gelebt hat. Deren Legenden bilden auch die Vorlage für die Kernaussagen ihrer »Biografie«: Sie sei die im Geheimen getaufte Tochter eines heidnischen Königs gewesen, der ihre Heirat mit wiederum einem Heiden durch Gefängnishaft habe erzwingen wollen. In ihrer Notlage habe sie Christus darum gebeten, sie so zu verunstalten, dass kein Mann sie mehr begehre. Darauf mit weiblichen wie mit männlichen Geschlechtsattributen (meist einem Bart) ausgestattet, habe sie der Vater zur Strafe das Martyrium erleiden und sie christusgleich kreuzigen lassen.[7] Ihre Bildnisse auf Miniaturen in Stundenbüchern des Hochadels, auf Kirchenfresken und Altargemälden – etwa dem eines Hieronymus Bosch von

11 Reliquienkreuz mit der hl. Kümmernis (Detail; vgl. Kat.-Nr. 20)

12 Ontcommer-Figur im Coletinenkloster in Brügge

1505, heute im Museo del Palazzo Ducale in Venedig –, in Form von Plastiken für den Gebrauch in Frauenklöstern und Beginenniederlassungen sowie als Großskulpturen an Wallfahrtsorten, wie z. B. in der Kirche von Neufahrn bei Freising, mitsamt den dazugehörigen Votivbildern sind, obwohl sie in Gegenreformation und Aufklärung versteckt oder vernichtet wurden, bis heute unzählig viele. Eines der ältesten Beispiele ist die Figur der Ontcommer aus dem Kloster der Coletinen, also einem Reformzweig der Klarissen, in Brügge (Abb. 12).[8] An diesem Ort des frühen flämischen Wilgefortiskultes ab dem 15. Jahrhundert hat sich die Verehrung dieser Ontcommerfigur mit einer Prozession am 20. Juli jeden Jahres sowie einem 40-Tage-Ablass bis in die 30er Jahre des 20. Jahrhunderts erhalten.[9] Die aus Holz geschnitzte Figur mit nacktem Oberkörper und deutlich zu sehender weiblicher Brust, mit Bart und schulterlangem schwarzen Haar sowie einem knielangen Lendenrock ist ans Kreuz genagelt. Angetan ist sie mit einem prächtigen, mit Lilienornamenten versehenen Kleid mit Gürtel, einer Perlschnur um den Hals und einer Perlenkrone auf dem Kopf.

Vor diesem Hintergrund ist ein Reliquienkreuz des 17./18. Jahrhunderts (Kat.-Nr. 20) zu sehen. Die Figur der hl. Kümmernis mit dem nackten Korpus entspricht im Typus ganz derjenigen der Ontcommer des Coletinenklosters. So kann mit Sicherheit angenommen werden, dass auch sie entsprechend bekleidet wurde – ein Phänomen, das häufig bei Gnadenfiguren zu beobachten ist. Die Tatsache, dass es sich bei der Ausstattung des Kreuzes im Innern des Längsbalkens um eine sogenannte Klosterarbeit handelt, verweist darauf, dass auch dieser Kultgegenstand offensichtlich ein klösterliches Andachtsobjekt war. In Regensburg befand sich früher ebenfalls ein Exemplar dieses Types der Gnadenfigur, und zwar im Kloster der Dominikanerinnen zum Heiligen Kreuz.[10] Der Volkskundler Johann Nepomuk Sepp berichtet in seinem Altbayerischen Sagenschatz von 1876, dass das Objekt, soweit man sich erinnere, mit einem Lendentuch bekleidet, am Oberkörper bloß war, weshalb die Nonnen es mit Leinwand verhüllten. Es sei aber seiner Zeit unter einer der letzten Priorinnen fortgegeben worden und nicht wieder zum Vorschein gekommen.[11]

Gerade im Zusammenhang mit klösterlichen Lebensformen von Frauen diente also die Kultfigur als eine Projektionsfläche persönlicher Lebensentwürfe, hier der Imitatio Christi im Sinne der Leidensmystik. Der Exzess solcher religiöser Praktiken sowie das damit verbundene Problem der »Selbstheiligung« seien hier nicht bewertet, schon gar nicht psychologisch. Doch sahen Frauen früherer Zeiten – Mystikerinnen, Nonnen, Beginen wie auch Frauen »aus dem Volk« – in solchen »privaten« und von Liturgie und Sakramenten unabhängigen Frömmigkeitsformen offensichtlich eine Möglichkeit der Stärkung ihres psychischen wie spirituellen Daseins und damit ihrer Person insgesamt. Durch die Imitatio Christi erwarben sie, die als kultisch unrein galten, Geschlechteregalität im »Gottesdienst« und durch ihre Gemeinschaft mit Christus im Leiden konnten sie über die »Schwäche ihres Geschlechts« triumphieren.[12] Die hl. Wilgefortis/Ontcommer hatte Vorbildfunktion, sie war die Vorbildfigur schlechthin. Das Bild einer Gekreuzigten verkörpert den weiblichen Anteil am Heilsplan Gottes sowie Vorstellungen eines »weiblichen Christus«.

Solche Ideen sind ja längst »keine gedanklichen oder sprachlichen Chimären« mehr, sondern inzwischen durchaus in der Theologie verbreitet.[13] Doch wird der Blick auf eine gekreuzigte Frau geschlechtsspezifisch oft unterschiedlich ausfallen: Mag er beim Mann eher voyeuristischer Natur sein, so sucht der weibliche Blick zuerst die Möglichkeiten der Identifikation bzw. die theologie- und frömmigkeitsgeschichtlichen Bezüge.

Abschließend sei die Aufmerksamkeit noch auf ein seltenes Attribut dieses Frauenkreuzes gelenkt, nämlich auf den Hammer am unteren Teil des Längsbalkens. Im Auktionskatalog zur Versteigerung des Reliquienkreuzes von 2012 wird er als alleinstehendes Attribut betrachtet und im Sinne der mythologischen Volkskunde als Hammer des Gottes Thor interpretiert.[14] Nach dem sogenannten Thrymlied in der Edda musste Thor zu einer List greifen, nachdem ihm die Riesen seinen Hammer entwendet hatten und ihn allein im Austausch mit der Göttin Freya wieder aushändigen wollten. Da diese sich weigerte, zu den Riesen zu gehen, reiste Thor selbst als Frau verkleidet zu ihnen und erhielt – als die vermeintliche Braut – den Hammer als Morgengabe zurück. Nach dem Handwörterbuch des deutschen Aberglaubens, auf das sich der Verfasser des Beitrags im Auktionskatalog bei allen Aussagen beruft, sei die hl. Kümmernis in der vorliegenden Darstellung aufgrund der Nacktheit der Figur und der Tatsache, dass sie ihre Schuhe »verschenkt«, zudem als eine »Verschmelzung« mit der Figur der nackten Liebesgöttin Aphrodite zu sehen. Kontinuitäten, wie sie in solchen Interpretationen konstruiert werden, sind aber nicht belegbar und wohl zuvorderst der Germanenbegeisterung und den Mythologisierungsbedürfnissen der Volkskundler des 19. und 20. Jahrhunderts geschuldet. Doch gab es auch im kirchlichen Bereich Votivhämmer, zumeist in Marienkirchen, und zwar als Symbole der Fruchtbarkeit und damit als Opfergaben von Frauen mit der Bitte um Kindersegen.[15] In einem solchen Kontext überrascht eine Übertragung des Hammermotivs auf eine Kümmernis-Statue nicht, war sie doch in der sogenannten Volksreligion als »Weiber-Leonhard« für sämtliche Gebetsanliegen von Frauen zuständig. Sollten dem Reliquienkreuz aber noch andere verlorengegangene Attribute beigegeben worden sein, nämlich solche, die den Arma Christi, also den Leidenswerkzeugen zuzurechnen sind, so ist der Hammer allgemein als Symbol des Martyriums zu sehen.[16]

Ein weiteres Objekt mit dem Motiv der hl. Kümmernis ist ein Votivbild von 1845/55 aus Stadleck im Landkreis Rottal-Inn und damit aus einer Region Südbayerns, in der die Kümmernisverehrung stark ausgeprägt war (Kat.-Nr. 21).[17] In der dortigen Wallfahrtskapelle der Muttergottes von der immerwährenden Hilfe wurde die Kümmernis früher zusam-

13 Hl. Kümmernis. Holzschnitt aus Kloster Tegernsee, Augsburg, um 1470/80. Bayerische Staatsbibliothek München, Clm 19802, fol. 237 r

Kruzifixa ■ 39

14 Hl. Kümmernis mit hl. Antonius von Padua und hl. Leonhard. Fotodruck nach dem Original Votivbild, das sich seit einigen Jahren wieder bei den Besitzern in Spöttberg befindet. Stadtmuseum Bad Tölz, Inv.-Nr. 003536

men mit der Gottesmutter verehrt. Die Ikonografie des Votivbildes orientiert sich an der Bildtradition der frühen Wilgefortis/Kümmernis-Darstellungen, wie sie z. B. in einem Holzschnitt von 1470/80 aus dem Kloster Tegernsee überliefert wird (Abb. 13). Typisch dafür ist nicht nur die Tatsache, dass die Heiligenfigur ans Kreuz gebunden ist, sondern auch das Fehlen legendärer Personen, wie z. B. des Vaters bzw. des Bräutigams. Nur das goldene Krönchen erinnert daran, dass es sich bei der Heiligen um eine Königstochter handelt. Interessant ist die Anordnung der Figuren auf dem Votivbild: Deutet man den Teil des Bildes in bzw. über den Wolken als die himmlische Welt, so leuchtet ein, dass ihm Maria und Christus zugeordnet sind, nicht aber die Bittende. Dass aber die hl. Kümmernis Teil des unteren Bereiches und damit der irdischen Welt sein soll, widerspricht ihrer Stellung als einer der *virgines capitales*, die wie Maria über die Macht der Interzession verfügen, was bedeutet, dass Gott ihnen keiner ihrer Bitten abschlagen kann.[18] Eine solche Anordnung könnte darauf verweisen, dass sich die dargestellte junge Frau dieser Heiligen besonders nahe fühlt und sich von ihr das größte Verständnis für ihre (Frauen-)Angelegenheiten erwartet.

Kümmernis und Volto Santo

Das Votivbild aus Stadleck zeigt im Vergleich zu einem aus Bad Tölz (Abb. 14) und vielen anderen Darstellungen auch nicht die Figur eines knieenden musizierenden Spielmanns, dem die Heilige vom Kreuz herab ihre beiden Schuhe »schenkt«. Gerade die sogenannte Spielmannlegende, die sich im Fortgang der Legendenentwicklung zunehmend um die Kultfigur rankte, führte aber in der deutschsprachigen Forschung dazu, dass die Kultfigur der hl. Kümmernis als reine Sekundärbildung gedeutet wurde. Die Volkskundler Gustav Schnürer und Joseph Maria Ritz waren es, die 1934 in einer umfassenden historischen Studie und Materialsammlung an Bildern, Quellen und Berichten die Kultfigur der Heiligen wie die ihr zugeschriebene Spielmannlegende »entmythologisierten«.[19] Beides beruhe auf einem reinen Missverständnis und sei eine »Übernahme« vom Volto Santo in Lucca, einer voll bekleideten romanischen Christusfigur am Kreuz aus dem frühen 13. Jahrhundert. Dessen Bildsprache sei in gotischer Zeit nicht mehr »verstanden« und in das Bild einer weiblichen Heiligen umgedeutet worden. Ihr Kult habe erst im 15. Jahrhundert in Holland seine Anfänge genommen. Nach dieser Theorie sind missinterpretierte romanische Kruzifixe die alleinige Vorlage für die Kultfigur, und als einer der bedeutendsten Belege für die Konfusion von Volto Santo und Kümmernis/Ontcommer wird ein Holzschnitt von Hans Burgkmair aus dem Jahr 1507 herangezogen, der tatsächlich das Bild des ersten mit Name und Legende der zweiten vermengt.

Die Dominanz dieser »Transformationstheorie« führte vor allem in der deutschen Forschung dazu, dass jegliche autonome Tradition des Kultes einer Wilgefortis/Kümmernis/Ontcommer negiert und sämtliche Figuren einer gekreuzigten Frau (mit oder ohne androgynem Charakter) allein einer solchen Fehlinterpretation zugeschrieben wurde. Eine solche Verengung der Sichtweise ist heute zwar nicht mehr haltbar, doch hat sie immer noch Wirkung: »Das als heilend empfundene Bild wird [...] entzaubert, mehr noch, es wird zu einem nicht existierenden Bild.«[20] Die aufgeklärte Einstellung, die die Kultfigur allein als Missverständnis deutet, beschädigt diese nämlich in ihrem Kern insofern, als mit dem Verlust ihres autonomen Charakters auch jeder Gedanke an einen weiblichen Anteil am Erlösungsgeschehen strikt zurückgewiesen wird.

1 Walker 1993, S. 574.
2 Vgl. Ploetz 1998, S. 280–285 (Red.).
3 Art. Petrus Apostel, in: LCI 1968–1976, Bd. 8, Sp. 158–174, hier Sp. 159 (Wolfgang Braunfels).
4 Vgl. Art. Kreuz, in: LCI 1968–1976, Bd. 2, Sp. 562–590 (Red.), hier Sp. 564 und Taf. 1.
5 Ein Bild aus dem Dokumentarfilm »Auction of Souls« von 1919 zeigt 16 armenische Mädchen, die im Zuge des armenischen Genozids durch die Türken in Malatia lebend ans Kreuz genagelt worden waren. Ibrahim 2013.
6 Vgl. Zänker 1989, S. 43: »In ein langes, gegürtetes Gewand gekleidet, das ihr als Schleier vom Kopf bis an die Füße herabfällt, steht sie [Julia] mit ausgebreiteten Armen am Kreuz, links und rechts wird sie mit angedeuteten Marterwerkzeugen von je einem Peiniger traktiert.«
7 Vgl. Art. Kümmernis, in: LCI 1968–1976, Bd. 7, Sp. 353–355, hier Sp. 353 (Alfred Weckwerth); Schnürer/Ritz 1934, S. 1–10 und S. 14.
8 Schnürer/Ritz 1934, S. 260, halten sie für eine derbe Kopie eines roman. Kreuzes aus dem 16. Jahrhundert.
9 Vgl. Schnürer/Ritz 1934, S. 260.
10 Der Volkskundler Johann Nepomuk Sepp berichtet 1876 in seinem »Altbayerischen Sagenschatz«: »Hier hängt oder steht wenigstens seit dem 15. Jahrhundert St. Kümmernis nackt am Kreuz mit vier Nägeln befestigt, beide Füße auf einem Postament. Das Haupthaar ist in Flechten gebunden, um das Kinn ziehet ein Bart bis zu den Ohren. Das weibliche Antlitz hat einen schmerzhaften Ausdruck, der Mund ist geöffnet, die Augen geschlossen, der ganze Körper von Blut überronnen. […] Es haftet die Erinnerung daran, daß die Heilige der Gegenstand der höchsten Verehrung, die Zuflucht der trüben Seelen war und die Klosterfrauen einst vor diesem Bild Disziplin genommen, […]. Jetzt hängt das Kreuz in der 1223 gebauten, nunmehr neu hergestellten Sixt-Kapelle.« Sepp 1876, S. 176, zit. nach Schnürer/Ritz 1934, S. 287–288. – Nach Freytag/Hosang 1930–1932, Bd. 2, S. 59–60 war die hl. Kümmernis einst auch im Regensburger Dom zu finden. Der Altar mit der bildlichen Darstellung ihrer Legende fiel jedoch, wie vieles andere, den von Ludwig I. 1835 angeordneten Purifizierungsmaßnahmen zum Opfer.
11 Vgl. Schnürer/Ritz 1934, S. 288. Das Kloster besitzt jetzt noch ein Kümmernisgemälde vom Typus des 18. Jahrhunderts, auf dem die bärtige und gekrönte Figur ganz bekleidet ist. Die alte Kultfigur, zu der man sich heute im Kloster – auf Nachfrage – nicht äußert oder nicht mehr erinnert, könnte also der im Coletinenkloster in Brügge sehr ähnlich gewesen sein. Eine direkte Verbindung dorthin lässt sich zwar nicht nachweisen, doch wird sie von den Forschern des 18. Jahrhunderts im Bereich der Volkskunst angenommen. Tatsache ist, dass der Kult sehr früh nach Bayern gekommen ist, regierten doch von 1324 bis 1433 unter der Herzogin Jakobäa die Wittelsbacher in Seeland und Hennegau (Flandern) und blieben auch danach dem Land durch Heirat verbunden.
12 So gab es eine Reihe frommer, später heiliggesprochener Frauen, die sich als Gekreuzigte oder in der Umarmung des Kreuzes darstellen ließen, so Birgitta von Schweden, Gertrud von Nivelles oder Margareta von Antiochien. Auch die Stigmatisierung, »objektives« Merkmal der Imitatio Christi, wurde in den folgenden Jahrhunderten weitgehend ein exklusives Merkmal weiblicher Mystikerinnen. Vgl. Friesen 2001, S. 32.
13 Zänker 1989, S. 7.
14 Vgl. Auktion Herramhof 2012, Reliquienkreuz, Auktionsnr. 692 (Jakob Wünsch). Der Autor beruft sich auf den Art. Kümmernis in: Bächtold-Stäubli/Hoffmann-Krayer 1927–1942 (1987), Bd. 5, Sp. 807–810 (A. Wrede).
15 Art. Hammer, in: LCI 1968–1976, Bd. 2, Sp. 211 (L. H. D. van Looveren). Mit dieser Beobachtung ist natürlich nicht erklärt, wie der Hammer auch im christlichen Bereich zum Fruchtbarkeitssymbol werden konnte, so dass auch das LCI den Hammer des Gottes Thor als Erklärung bemüht, allerdings mit einem Fragezeichen versehen.
16 Art. Arma Christi, in: LCI 1968–1976, Bd. 1, Sp. 183–187, hier Sp. 184 (Red.).
17 So z. B. in Altötting, von wo aus man bis in die heutige Zeit fast jährlich eine Wallfahrt zur Kümmernis-Kapelle in Burghausen organisierte.
18 Art. Virgines capitales, in: LCI 1968–1976, Bd. 8, Sp. 573 (Friederike Tschochner).
19 Schnürer/Ritz 1934.
20 Schweizer-Vüllers 1997, S. 125.

1 Votivtafel mit der Hl. Dreifaltigkeit

Eichlberg bei Hemau (Lkr. Regensburg, Oberpfalz), erste Hälfte 19. Jahrhundert
Mischtechnik auf Holz, 22,9 x 17,9 x 2 cm
Museen der Stadt Regensburg, K 1935/176,1

Dem gängigen Aufbau entsprechend, zeigt die untere Hälfte der Votivtafel den Anlass des Verlöbnisses, die obere, den festgefügten Innenraum auflösend, die angerufene überirdische Macht. Als Votantin erscheint eine in einem Bett liegende, offenbar kranke Frau mit Schlafhaube und gefalteten Händen. Sie wendet sich nicht an einen Heiligen oder Maria als Fürsprecher, sondern an die höchste Instanz: die Hl. Dreifaltigkeit. Gottvater und Sohn, Ersterer mit Weltkugel und Zepter, Letzterer mit dem Kreuz als Zeichen seiner Passion, thronen in Menschengestalt auf Wolken, zwischen ihnen schwebt die Taube des Hl. Geistes. Diese Art der Darstellung erfuhr seit dem Barock enorme Verbreitung und repräsentiert den wohl bekanntesten Trinitätsbildtypus. Prägend wirkte Tizian, im Rückgriff auf ältere Vorbilder, der mit seinem »Triumph der Dreifaltigkeit« (1554; Museo del Prado, Madrid; Originaltitel: »La Gloria«) eine für die Gegenreformation und die programmatischen Kirchenausstattungen im Barock geradezu prädestinierte Bildformel des siegreichen dreifaltigen Gottes – gern auch in Verbindung mit der Marienkrönung – lieferte. Vielfach folgte die Darstellung Christi dabei allerdings einer von Rubens eingeführten Modifikation, die der beabsichtigten Aussage noch mehr entsprach: Er nahm Christus das körperverhüllende Gewand und versah ihn mit den Wundmalen des Auferstandenen (1605, Altarbild aus der Santissima Trinità; Palazzo Ducale, Mantua). Die gezielte Förderung der »Vorzeige-Trinitas« äußerte sich auch im Verbot »unwürdiger« älterer Bildtypen der Hl. Dreifaltigkeit wie dem Dreigesicht (vgl. Kat.-Nr. 3).

In Ostbayern gibt es eine Reihe von Dreifaltigkeitskirchen, oft mit Wallfahrten verbunden, darunter der Herkunftsort dieser Tafel, der Eichelberg bei Hemau, auf den am Dreifaltigkeitssonntag nach Pfingsten traditionell Tausende von Gläubigen pilgern. Eine der bekanntesten ist aber sicherlich die Kappel bei Waldsassen, in der das Prinzip der Dreifaltigkeit eine beeindruckende architektonische Umsetzung fand.

Art. Dreifaltigkeit, in: RDK, Bd. 4 (1958), Sp. 414–448 (Bauerreiß OSB/Feldbusch/Guldan), bes. Sp. 440; Gockerell 2009, S. 131.   st/kg

2 Hl. Dreifaltigkeit als Gnadenstuhl

Außergefild/Kvilda (Böhmen), 19. Jahrhundert
Hinterglasmalerei, gerahmt, 42,7 x 31 x 1,2 cm
Museen der Stadt Regensburg, K 1938/18

Ein bis in die Zeit des Barocks sehr beliebtes Motiv war die Darstellung der Hl. Dreifaltigkeit als Gnadenstuhl. Dieser Bildtypus zeigt den für gewöhnlich thronenden Gottvater, der den gekreuzigten Sohn frontal vor sich hält: Er präsentiert Christus, der für die Sünden der Menschheit gestorben ist. Die Taube des Hl. Geistes ist an verschiedenen Positionen, jedoch immer auf der vertikalen Mittelachse, zu finden: aus dem Mund Gottvaters hervorkommend, über oder zwischen den Häuptern der ersten und zweiten göttlichen Person oder aber vor dem Leib Christi, wie auf dem vorliegenden Hinterglasbild. Bis ins 18. Jahrhundert behielt der in der deutschen Kunst seit dem 12. Jahrhundert vorkommende Bildtypus seine Form nahezu unverändert bei. Vor dem Siegeszug der triumphalen Trinitätsdarstellungen nach Tizian war das Motiv des Gnadenstuhls weit verbreitet, wurde von diesem aber schließlich zumindest aus der sogenannten »Hochkunst« verdrängt. Nichtsdestoweniger lebte der Bildtypus unter anderem in den Produktionszentren für Hinterglasbilder im Bayer- und im Böhmerwald sowie in Österreich fort. Die erhoffte Wirksamkeit des Gnadenstuhls als Hausschutz – allein oder in Kombination mit diversen Schutzpatronen als »großer Haussegen« – garantierte Verkaufserfolge. Als konkrete Vorlage diente dabei in der Regel das Gnadenbild vom Sonntagberg, einem der bedeutendsten Wallfahrtsorte Niederösterreichs. Die hier gezeigte Umsetzung des unbenannten Malers aus dem grenznahen

böhmischen Außergefild/Kvilda ist diesem Vorbild recht frei nachempfunden: Gottvater besitzt einen grünen Dreiecknimbus, die thronende Haltung ist aufgrund der reduzierten Ausführung nur zu erahnen. Die stilisierten Blumen in den oberen Zwickeln sind eine typische Zierform der Hinterglasmalerei.

Art. Dreifaltigkeit, in: RDK, Bd. 4 (1958), Sp. 414–448 (Bauerreiß OSB/Feldbusch/Guldan), bes. Sp. 435–436; Gockerell 2009, S. 132.

kg

3 Hl. Dreifaltigkeit als Dreigesicht

Haibühl bei Lam (Lkr. Cham, Oberpfalz), um 1840
Hinterglasmalerei, gerahmt, 38,8 x 28,2 x 1,6 cm
Museen der Stadt Regensburg, K 1936/176

Das gesamte Spektrum der Trinitätsdarstellungen umfasst Bildideen unterschiedlichster Art. Es reicht von einfachen Symbolen über formelhafte, oft durch Textzugaben konkretisierte Konstruktionen bis hin zu Darstellungstypen wie dem Gnadenstuhl oder dem Triumph der Trinitas.

Bereits in der Frühzeit des Christentums begann die Suche nach einer plausiblen bildhaften Umsetzung des Mysteriums der Dreifaltigkeit: der Wesensgleichheit der drei göttlichen Personen. Eines der ältesten und zugleich bekanntesten Symbole ist das gleichseitige Dreieck, das allerdings erst in der Neuzeit, oft in Verbindung mit einem Auge, zum Gottessymbol schlechthin avancierte. Auf der Basis der Dreizahl gründet auch die Fülle mehr oder weniger komplexer Konstruktionen der Gotik wie der Dreipass, zudem einige tiersymbolische Motive, etwa drei kreisförmig angeordnete und an den drei gemeinsamen Ohren verbundene Hasen. Parallel zu diesen sinnbildlichen Umsetzungen entstanden – in Anlehnung an die alttestamentliche Bibelstelle Gen 18,1–16 (Besuch der drei Männer bei Abraham) – figürliche Trinitätsmotive, die vom Bemühen der Annäherung an die menschliche Gestalt unter der Prämisse der Konformität zeugen: drei sich gleichende Männer, drei miteinander verbundene Männerkörper, ein Mann mit drei Köpfen und schließlich das auch Tricephalus genannte Dreigesicht (vgl. dazu auch den Aufsatz von Wolfgang Neiser in diesem Band).

Darstellungsformen dieser Art waren, wohl aufgrund des darin in einprägsamer und leicht verständlicher Form umgesetzten Trinitätsgeheimnisses, äußerst populär. Von theologischer Seite war spätestens im Barock die Betonung der Dreiheit nicht länger gewünscht. Schon 1628 verbot Papst Urban XIV. unter dem Vorwurf

Himmlischer Beistand – heilige Fürsprecher

der Häresie die Darstellung des Tricephalus ausdrücklich – jedoch mit leidlichem Erfolg. 1745 erfolgte schließlich die explizite Warnung Papst Benedikts XIV. vor dem Drei-Männer-Typus. Tatsächliche Auswirkungen hatten die Erlasse kaum: Gerade in der katholischen Durchschnittsbevölkerung erfreute sich insbesondere das Dreigesicht weiterhin großer Beliebtheit. Wie bei diesem Museumsstück handelt es sich bei den meisten erhaltenen Beispielen um Hinterglasmalereien, die der privaten Andacht dienten.

Art. Dreifaltigkeit, in: RDK, Bd. 4 (1958), Sp. 414–448 (Bauerreiß OSB/Feldbusch/Guldan), bes. Sp. 415–420, 428–429, 432; Gockerell 2009, S. 131–135; Art. Dreikopfgottheit, in: RDK, Bd. 4 (1958), Sp. 501–512 (Georg Troescher), bes. Sp. 506–507. kg

4 Christus in der Rast (Christus im Elend)

Schönstein (Lkr. Straubing-Bogen, Niederbayern), 19. Jahrhundert
Hinterglasbild, gerahmt, 41 x 31,5 x 3 cm
Museen der Stadt Regensburg, K 1931/87,1

Inschrift: *Jesus in der Ruhe*

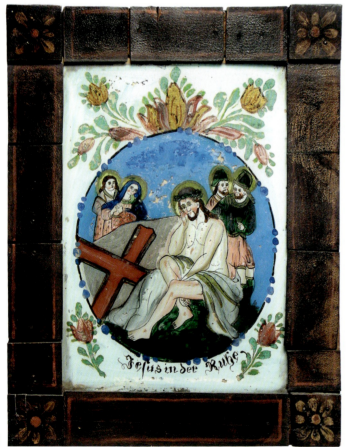

4

Die Person Jesus Christus war in ihrer zugleich göttlichen wie menschlichen Natur Inspiration für zahlreiche, äußerst vielfältige bildhafte Umsetzungen. Mit Abstand am häufigsten kamen seit jeher Motive rund um die Leidensgeschichte und die Osterereignisse zur Darstellung, allen voran Christus am Kreuz, der Kruzifixus, als Höhepunkt seiner Passion und Hingabe für die Menschen. Darüber hinaus hält die neutestamentliche Überlieferung des Christuslebens noch eine große Auswahl an weiteren Bildvorlagen bereit, etwa Szenen aus der Kindheit, wie die Geburt, oder Begebenheiten nach der Auferstehung, wie etwa die Himmelfahrt Christi.

Neben den im Neuen Testament beschriebenen Ereignissen des Christuslebens entwickelte sich eine Reihe von Bildmotiven, die keine biblische Textgrundlage haben, sondern aus der Erbauungsliteratur des ausgehenden Mittelalters schöpften, die Glaubensinhalte und -formen kommentierte und auf die Förderung der Frömmigkeit sowie die korrekte Ausübung der *praxis pietatis* ausgelegt war. Ein wesentliches Element darin ist die Veranschaulichung der menschlichen Schwächen und der Leiden Christi, die darauf zielte, Mitleid zu erregen, im Sinne der *religio carnalis*, der »sensitiven Frömmigkeit«. Die wohl bekanntesten bildhaften Umsetzungen sind der über der Zeit stehende Schmerzensmann einerseits, versehen mit den Wundmalen und Zeichen der Passion, aber doch lebend, und der Christus in der Rast (auch Christus im Elend oder Christus in der Ruhe genannt) andererseits, inszeniert als Momentaufnahme des auf dem Weg zur Kreuzigung, dem Ende seines Menschseins, innehaltenden und sein Leid beklagenden Heilands. Das Hinterglasbild zeigt Jesus in der mit Abstand häufigsten Variante der für diesen Bildtypus charakteristischen Körperhaltung: sitzend, das dornengekrönte Haupt in die Hand gestützt – nicht als bloßes Zeichen der Erschöpfung, sondern als Trauergebärde. Das Kreuz hat der nur mit einem Lendentuch Bekleidete abgelegt, im Hintergrund harren links die Muttergottes und Maria Magdalena der Dinge, rechts warten zwei Schergen. Überwiegend erscheint der Christus in der Rast als isolierte dreidimensionale Figur. Umso bemerkenswerter ist die Umsetzung im vorliegenden Hinterglasbild, das sicherlich einst der privaten Andacht diente.

Gockerell 2009, S. 79; Art. Christus im Elend (Christus in der Rast) und Herrgottsruhbild, in: RDK, Bd. 3 (1954), Sp. 644–658 (Gert von der Osten), bes. Sp. 644–646. kg

5 Christus auf dem Dreikant

Haibühl bei Lam (Lkr. Cham, Oberpfalz), um 1800
Hinterglasmalerei, gerahmt, 56 x 45 cm
Museen der Stadt Regensburg, K 1936/173

Inschrift: *An jungsten tag Wird alles offen bahr.*

Himmlischer Beistand – heilige Fürsprecher

Das Thema des Christus im Kerker entstammt der Beschreibung der erstmals im 15. Jahrhundert erwähnten »Geheimen Leiden« (auch: Unbekannte Leiden), die sich den Begebenheiten in der Nacht nach der Gefangennahme widmet. Die Evangelien berichten nur knapp vom Verhör im Haus des Kaiphas und von Misshandlung und Verspottung am Abend, enthalten aber keine Informationen über die Nacht vor der Verurteilung. Diese »Lücke« in der Passionsgeschichte füllte die seit dem Spätmittelalter verbreitete und zunehmend ausgeschmückte Annahme der nächtlichen Einkerkerung und weiterer Folter Christi im Haus des Kaiphas. Besonders in der Barockfrömmigkeit wurden die nun insgesamt 15 Geheimen Leiden zum beliebten Bildthema, das über Andachtsbilder und Gebetsheftchen, die in verschiedenen Fassungen kursierten, weite Verbreitung fand. Als Inspirationsquelle für die eigene Vorstellungskraft sollten die Abbildungen größtmögliches Mitleid erregen und so über die Gefühlsebene das religiöse Empfinden beeinflussen. Was die Art der Folterungen angeht, so spiegeln diese weitgehend einst tatsächlich angewandte Methoden. Dies ist auch bei diesem Christus auf dem Dreikant der Fall, der durch ein schräges Brett im Rücken bei durch Fesseln nach vorn gezogenen Beinen in einer äußerst qualvollen Position gehalten wird. Der üblichen Darstellungsweise gemäß trägt der Kerkerchristus ein blaues, körperverhüllendes Gewand. Den Bildtypus der Ankettung in Schräglage prägte vermutlich das Gnadenbild des Leidenden Heilands, das sich in der um 1805 niedergelegten Gruftkirche in München befand (vgl. Abb. 7).

Art. Christus im Kerker, in: RDK, Bd. 3 (1954), Sp. 687–692 (Hans Martin von Erffa), bes. Sp. 687–690; Gockerell 1995, S. 90–99; Art. Passionsfrömmigkeit, in: TRE 1993–2006, Bd. 26, S. 722–764 (Ulrich Köpf), bes. S. 745–746. kg

6 Christus an der Geißelsäule

Süddeutschland, um 1700
Alabaster, gefasst und teils vergoldet, 35,5 x 16,5 x 15 cm
Museen der Stadt Regensburg, K 1936/210

Inschrift (Sockel): *Ego in Flagella potatus sum Psal XXX VII F XVIV*; rückseitig signiert: *A H*

6

Den Geheimen Leiden im Kerker ist im Regelfall auch die seit dem Barock äußerst populäre Darstellung der isolierten Gestalt Christi an der Geißelsäule zuzuordnen. Nach ihnen wurde Jesus in der Nacht vor der Kreuzigung an eine Säule gefesselt und malträtiert. Im Wesentlichen sind zwei Grundtypen des vor allem im süddeutsch-österreichischen Raum verbreiteten und oft in Nischen oder Grotten positionierten Geißelchristus zu unterscheiden: der stehende, ein langes, meist blaues Gewand tragende und der kniende, nur mit dem Lendentuch bekleidete Heiland. Außer diesen entwickelten sich diverse Varianten, etwa mit der Schulterwunde, die als Zeichen des Kreuztragens zeitlich nach der apokryphen Kerkerhaft anzusetzen wäre, und Mischformen, die bei fehlendem Hinweis auf den Aufenthaltsort auch auf die kanonisch überlieferte, von Pilatus am Morgen der Verurteilung befohlene Geißelung (Joh 19,1) bezogen werden können. Dies ist bei der hier vorgestellten Kleinplastik der Fall, die den seiner Kleider beraubten Gefangenen in stehender Haltung, gebunden an eine hüfthohe Säule präsentiert.

Die meisterlich gearbeitete Alabasterskulptur ist zeitlich noch vor dem sogenannten Wies-Heiland einzuordnen, der wohl bekanntesten, häufig kopierten Umsetzung dieses Darstellungstypus (vgl. Kat-Nr. 7). Von jenem unterscheidet die Figur jedoch unter anderem die überkreuzte Haltung der mit Seilen fixierten Hände. Zudem ist Christus hier lediglich an den Handgelenken gebunden, während der Wies-Heiland mit eisernen Oberarmschellen und massiven, über die Schultern gelegten Ketten gefesselt ist. Bis in kleinste Details fein ausgearbeitet, wirkt der an sich schlanke, athletische Körper gezeichnet von den bereits durchlebten Qualen, hält aber ungebrochen stand. Dem Künstler, der die Skulptur rückseitig mit den Initialen *A H* signierte, gelang in diesem Werk eine harmonische Verbindung des Ideals barocker Ästhetik mit dem Ausdruck des Leidens.

Art. Christus im Kerker, in: RDK, Bd. 3 (1954),Sp. 687–692 (Hans Martin von Erffa), bes. Sp. 690–692; Gockerell 1995, S. 92, 99–101.

kg

7 Christus an der Geißelsäule

Bayerischer Wald, erste Hälfte 19. Jahrhundert
Holz, gefasst, Eisen, 42,5 x 19,5 x 13,4 cm
Museen der Stadt Regensburg, K 1967/2

Ein gänzlich anderes Gepräge hat, trotz desselben Themas, dieser Geißelchristus, der dem um 1730 entstandenen Wies-Heiland (Wieskirche bei Steingaden, Oberbayern) nachempfunden ist. Dieser wurde früh Ziel einer rege frequentierten Wallfahrt, binnen weniger Jahre gelangte das Gnadenbild zu enormer Popularität. Auf Repliken desselben gründeten sich verschiedentlich wiederum »Wies«-Wallfahrten, wie im oberpfälzischen Grub bei Moosbach, deren Einzugsgebiet bis ins benachbarte Böhmen und nach Österreich reichte.

Die laienhafte, als grob zu bezeichnende Ausführung verrät die zweifelsohne fehlende Ausbildung des Urhebers – die Herstellung von bildnerischen Arbeiten in Eigenproduktion wurde und wird im Bayerischen Wald traditionell gepflegt. Unabhängig von der künstlerischen Qualität ist die Umsetzung nichtsdestoweniger gelungen, die Leiden Christi sind augenscheinlich. Zahlreiche über den Körper verstreute Blutmale zeugen von den bereits erfolgten Misshandlungen, während der Gesichtsausdruck Schicksalsergebenheit erahnen lässt. Die aufrecht stehende Figur befindet sich innerhalb einer nischenartigen, von vier Säulen getragenen Baldachinarchitektur und ist mit den für den Wies-Christus typischen Oberarmfesseln an die Geißelsäule gebunden. Diese ist hier allerdings nicht schräg, sondern frontal positioniert, zudem fehlt die um den Hals gelegte Kette. In Anbetracht der abgewandelten Details diente als konkrete Vorlage wohl eine der zahllosen Repliken des gegeißelten Heilands von der Wies und nicht das Original selbst.

7

Art. Christus im Kerker, in: RDK, Bd. 3 (1954),Sp. 687–692 (Hans Martin von Erffa), bes. Sp. 690–692; Gockerell 1995, S. 92, 99–101.

kg

8 Kopie des Prager Jesuleins

Süddeutschland, zweite Hälfte 18. Jahrhundert
Holz, gefasst, teils vergoldet, 54 x 26 x 17 cm
Museen der Stadt Regensburg, K 1978/53

8

In Christus findet sich ein Universaladressat, dem jegliche Votionsanliegen vorgebracht werden können; entsprechend beliebt waren und sind mit ihm verbundene Wallfahrten. Der Großteil der Christus-Gnadenbilder steht in unmittelbarem Zusammenhang mit der Leidensgeschichte. Eine Ausnahme bilden lediglich die Jesuskind-Wallfahrten, so auch jene zum Prager Jesulein (auch: Prager Kindl), einer Wachsfigur des 16. Jahrhunderts mit einer Garnitur wechselbarer Kleider, die seit dem 17. Jahrhundert in der Karmelitenklosterkirche Maria de Victoria in Prag als wundertätig verehrt wird. Durch die Attribute der Krone und der Weltkugel sowie den Segensgestus zeichnet sich dieses Jesulein als kindlicher Weltheiland aus, eine Darstellungsweise, die bereits im 15. Jahrhundert geprägt wurde. Wie in anderen Fällen sollten auch hier zahlreiche Nachbildungen die Wirkung des »Karmeliterjesuleins« weitertragen. So besitzt beispielsweise auch die Regensburger Ordensniederlassung St. Joseph eine Replik. Das Exemplar in den Museen der Stadt Regensburg ist im Gegensatz zum wächsernen, mit Textilien bekleideten Vorbild im Ganzen aus Holz gefertigt und farbig gefasst.

Ursprünglich stammen die plastischen, anziehbaren Christkind-Darstellungen aus dem Bereich der Nonnenklöster, wo die »Trösterlein«, die dem Heimweh der Novizinnen entgegenwirken sollten, nachweisbar seit dem 14. Jahrhundert verehrt wurden. Unter der Bezeichnung »Himmlischer Bräutigam« waren sie zudem Sinnbild der mystischen Vermählung mit Christus. Das Kindlwiegen, ein weihnachtlicher Brauch, wurde auch für den privaten Bereich adaptiert. Lang bevor Christbaum und Krippe die Stube schmückten, schaukelte und sang man dabei das gefatschte Jesuskind in seiner Wiege in den Schlaf.

Gockerell 1995, S. 74–76, 99; Art. Christkind, in: RDK, Bd. 3 (1954), Sp. 590–608 (Hans Wentzel), bes. Sp. 590–592, 596. kg

9 Votivtafel: Pietà mit Votantenpaar

Niederbayern, 1727
Mischtechnik auf Holz, 16,5 x 35,5 x 3,4 cm
Museen der Stadt Regensburg, K 1958/20,2

Die querformatige Votivtafel stammt aus der Wallfahrtskirche zu Weißenberg im Landkreis Bogen. Ein Spruchband mit den Worten *1.727. EX.VOTO* gibt das Jahr des Gelöbnisses an. In der unteren Bildsphäre erscheint das kniende Votantenpaar mit gefalteten Händen und Rosenkränzen, wie es bittend zur Pietà in den Wolken blickt. Dieser Bildtypus, der Marien- und Christusverehrung vereint, nimmt ab dem 14. Jahrhundert seinen Aufschwung. Die auch als Vesperbild bezeichnete Darstellungsform zeigt Maria als Schmerzensmutter mit dem Leichnam ihres Sohnes auf dem Schoß. Das Motiv zählt zu den Sieben Schmerzen Mariens.

Zahlreiche Objekte belegen, dass Maria die populärste Fürsprecherin für sämtliche Anliegen unterschiedlicher Personengruppen ist. In ihrer Funktion als Mutter Jesu wird sie dennoch in erster Linie von Frauen und in Kinderangelegenheiten angerufen.

Ab dem 12. Jahrhundert mehren sich in Bayern bildliche Mariendarstellungen, doch erst die Gegenreformation und das Konzil von Trient (1545–1563) ließen diese Entwicklung zu einem Höhepunkt gelangen. Nun war es erwünscht und offiziell erlaubt, Heilige und ihre Bilder zu präsentieren und zu verehren. In dieser Zeit erreichten auch Marienwallfahrten ihre Blütezeit, die durch jüngere, beispielsweise nach den Visionen von Lourdes 1858 und Fatima 1913, stetig am Leben erhalten wurden.

Gockerell 2009, S. 137–152. st

10 Mariahilf-Bild (Amberger Typus)

Franziskus Roth (1756–1824)
Winklarn (Lkr. Schwandorf, Oberpfalz), 1814
Hinterglasmalerei, gerahmt, 74 x 54 cm
Museen der Stadt Regensburg, K 1984/57

Inschrift: *O. Maria Es ist Unerhört Den du verlast der Dich veröhrt. Anno. 1814.* Signiert: *F. Rott.*

Das Hinterglasbild repräsentiert die Amberger Variante einer der beliebtesten neuzeitlichen Mariendarstellungen: das insbesondere im süddeutsch-österreichischen Raum enorm populäre und in unzähligen Andachts- und Votivbildern reproduzierte Mariahilf-Gnadenbild. Kennzeichnend für diesen Bildtypus ist vor allem die unverwechselbare Körperhaltung des nackten Jesuskindes, aber auch die sich in Gestik, Mimik und Nähe ausdrückende innige Verbundenheit zwischen Mutter und Kind.

Das Motiv geht zurück auf ein von Lucas Cranach d. Ä. nach 1537 geschaffenes Madonnenbild, das zum Inbegriff des wundertätigen Mariengnadenbildes schlechthin avancierte und europaweit verbreitet wurde. Inspirationsquellen für seine Komposition waren zum einen die Bildformel der byzantinischen Marienikone Eleusa (Erbarmerin), zum anderen die Anrufung der Gottesmutter als Hilfe der Christen in der Lauretanischen Litanei. Durch Erzherzog Leopold V. (1586–1632) gelangte das Gemälde 1611 vom sächsischen Hof in Dresden zunächst nach Passau und 1625 nach Innsbruck, wo es später seinen heutigen Platz im Dom erhielt. In Passau

Wirkung weitertragen und wurden oft wiederum Ziel bedeutender Wallfahrten, so beispielsweise auch jene auf den Mariahilfberg bei Amberg, die anlässlich der Pestepidemie 1633/34 gestiftet wurde. In ihrer prunkvollen Inszenierung als Himmelskönigin unterscheidet sich die Amberger Madonna deutlich von der schlichten, bescheidenen Schönheit und Intimität des Cranach'schen Originals. Diese barocke, katholizistische Tendenz zu Ausschmückung und Prachtentfaltung kommt in manchen der späteren Nachahmungen noch stärker zum Tragen. Dies ist der Fall beim Hinterglasbild des Winklarner Malers Franziskus Roth, das im Wesentlichen der Amberger Madonna nachempfunden ist, in seiner Gestaltungsfreude aber eine gewisse Kreativität und wohl auch den Einfluss weiterer Mariahilf-Darstellungen verrät – etwa in der Gestaltung der Kronen oder in der Zutat der Vorhangdraperie. Nichtsdestoweniger bleibt das Urbild auch hier unverkennbar. Von der Bildaussage der stillen, unprätentiösen Komposition des Lutherfreundes Cranach, in der sich die Einflüsse reformatorischen Gedankengutes manifestierten, haben sich gegenreformatisch geprägte Umsetzungen dieser Art allerdings weit entfernt.

Luther 1980; Schuster 1973, S. 30–43. kg

allerdings verblieb, in einer drei Jahre zuvor über der Stadt errichteten Kapelle, eine relativ getreue Kopie des Cranach'schen Werkes (vgl. Kat.-Nr. 11), die schnell zum beliebten Wallfahrtsziel aufstieg. Beide Werke galten als wundertätige Gnadenbilder, wobei das Passauer Abbild das Original bald an Bedeutung übertraf. Die politischen Entwicklungen unterstützten diese Tendenz. Die Innsbrucker Madonna stand, gefördert durch die Habsburger, im Dreißigjährigen Krieg (1618–1648) auf dem Höhepunkt ihrer Verehrung. Während der Zweiten Wiener Türkenbelagerung 1683 aber betete der nach Passau geflüchtete Kaiser Leopold I. angeblich tagtäglich vor der dortigen Kopie um die Befreiung der Stadt. Als die Osmanen – nach der Legende unter dem Schlachtruf »Mariahilf!« – am Kahlenberg tatsächlich geschlagen wurden, schien der Zusammenhang offensichtlich: Maria hatte Wunder gewirkt, die Christenheit durch ihre Fürsprache um himmlischen Beistand gesiegt.

Die hochherrschaftliche Verehrung und vielzählige Mirakelberichte verhalfen beiden Gemälden, insbesondere aber dem Passauer Mariahilf-Bild zu überregionaler Berühmtheit, wobei zahllose Andachtsbildchen für den Privatgebrauch die weite Verbreitung unterstützten. Etliche mehr oder weniger freie Nachbildungen sollten die

11 Mariahilf zu Passau

Passau (?, Niederbayern), erste Hälfte 17. Jahrhundert
Miniaturmalerei auf Pergament, 7,2 x max. 4,5 cm (Bildmaß)
Museen der Stadt Regensburg, G 1972/1,1120

Inschrift: *S: Mar: Passaui:*

Diese kleine Andachtsgrafik vermittelt eine gute Vorstellung vom Gnadenbild der Wallfahrtskirche Mariahilf ob Passau. Vom Cranach'schen Original im Innsbrucker Dom unterscheidet die Passauer Kopie im Grunde lediglich die verhaltene Umsetzung des transparenten Schleiers, ein schwierig zu malendes Detail, an dem sich die Meisterschaft des gebürtigen Oberfranken Lucas Cranach d. Ä. (1472–1553) ablesen lässt. Der unbekannte Künstler der Miniaturmalerei hat diesen wiederum stärker betont, er muss also nicht nur das Passauer Gnadenbild, sondern auch dessen Vorbild gekannt haben.

Für den Hausgebrauch bestimmte Andachtsbildchen wie dieses, aber wesentlich mehr noch die seriell hergestellten und massenhaft vertriebenen Druckerzeugnisse, sorgten dafür, dass eine Vielzahl christlicher Bildmotive weithin Bekanntheit erlangte. Neben Abbildungen wundertätiger Gnadenbilder waren gefühlsbetonte Themen besonders gefragt, etwa Szenen aus der Passion Christi oder persönlich ansprechende Marienbilder wie die Schutzmantelmadonna. kg

12 Maria lactans (nährende Madonna)

Neukirchen b. Hl. Blut (Lkr. Cham, Oberpfalz), 19. Jahrhundert
Hinterglasmalerei, gerahmt, 43,8 x 33 x 1,5 cm
Museen der Stadt Regensburg, K 1931/87,2

Inschrift (Rahmen): *Hl. Maria bitt für uns*

Im Gegensatz zum vielfach kopierten und verehrten Mariahilf-Bild nach Cranach finden sich Abbildungen der Maria lactans, der stillenden Gottesmutter, auf regionalen Andachts- und Votivbildern nur sehr selten. Wie der Großteil westlicher Mariendarstellungen entstand auch dieses Motiv in Anlehnung an eine byzantinische Ikone, wobei das Bild der nährenden Mutter sich bereits in Ägypten findet. Biblische Grundlage des Bildtypus ist ein Vers des Lukasevangeliums: »Selig die Frau, deren Leib dich getragen und deren Brust dich genährt hat.« (Lk 11,27). Der innige Moment zwischen Mutter und Kind offenbart die menschliche Natur der Inkarnation Gottes in Christus und veranschaulicht damit prägnant eine der theologischen Kernaussagen. Zudem enthält es den moralisierenden Hinweis, das eigene Kind im Idealfall selbst zu stillen und dies nicht einer Amme zu überlassen. Während das Sujet zunächst vor allem in der Ostkirche und in Rom, im Lauf der Spätgotik aber auch in vielen anderen Regionen Europas häufig dargestellt wurde, spielte es in Bayern nur eine untergeordnete Rolle. Eines der wenigen erhaltenen Regensburger Beispiele, entstanden um 1440, schmückt den Dreifaltigkeitsaltar im nördlichen Seitenschiff der Basilika St. Emmeram. Die nach dem Stifter des Bildes benannte Strauß-Madonna verrät den Einfluss der Lucca-Madonna des Niederländers Jan van Eyck. Das herausragende Werk ist vermutlich identisch mit dem 1729 als *Unser Liebe Frau im Glaß* bezeichneten Gnadenbild, [...] *wohin schon von Alters her die gebährende Frauen in Anligenheiten ihrer Brüsten grosses Vertrauen geschöpfft / und allda jederzeit gefunden / was sie gesucht* [...] (Goudin/Vogl 1729, S. 341). So fungierte die Maria lactans insbesondere bei Erkrankungen der Brust respektive Stillbeschwerden, etwa einer Mastitis, als Ansprechpartnerin. Das hier gezeigte, im grenznahen Neukirchen b. Hl. Blut hergestellte Hinterglasbild belegt als Beispiel späterer Zeit, dass der Bildtypus trotz der relativen Seltenheit auch in den ländlichen Regionen Ostbayerns bekannt war und in der popularen Glaubenspraxis Verwendung fand. Wie die Inschrift auf dem Rahmen verrät, wurde das Bild in der Hoffnung gewidmet, durch die Maria lactans Hilfe zu erlangen. Häufig wurden bei Stillproblemen oder Brusterkrankungen im Allgemeinen auch Wachsgüsse in Form einer Brust dargebracht.

Schmidt/Schmidt 2007, S. 211–212; Stadlbauer 1997, S. 536; Goudin/Vogl 1729, S. 341.

kg

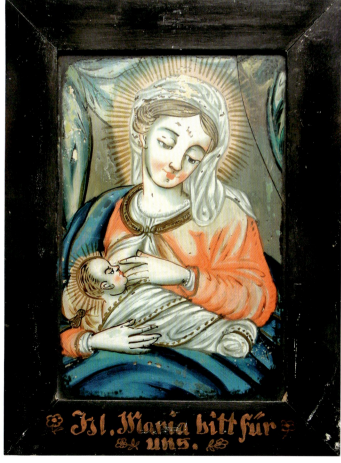

1708 durch Papst Clemens XI. (1700–1721) für die ganze Kirche eingeführt.

Die bildliche Umsetzung vollzieht sich am augenfälligsten in der Form, die auch das vorliegende Objekt aufweist und die im Barock üblich war. Die Schlange, von Maria zertreten, symbolisiert die Sünde und den Satan. Die Gottesmutter selbst steht auf der Weltkugel als Siegerin über die Sünden der gesamten Welt. Der ihr Haupt umgebende Sternenkranz, der meist durch das Symbol der Mondsichel ergänzt ist, verweist auf das apokalyptische Weib in der Offenbarung des Johannes (Offb 12).

Art. Empfängnis Mariä, unbefleckte, in: RDK, Bd. 5 (1967), Sp. 242–260 (Paul Eich); Gockerell 2009, S. 137-152.   st

13 Maria Immaculata

Niederbayern, Mitte 18. Jahrhundert
Lindenholz, gefasst, 42 x 15,5 x 18 cm
Museen der Stadt Regensburg, K 1938/57

Die vermutlich aus altem Straubinger Familienbesitz stammende bewegte barocke Skulptur zeigt Maria als sogenannte Immaculata. Durch die Bulle »Ineffabilis Deus« dogmatisierte Papst Pius IX. (1846–1878) 1854 Marias Erbsündefreiheit von Geburt an. Doch schon seit dem 14. Jahrhundert wurde das Fest der Unbefleckten Empfängnis am 8. Dezember verstärkt gefeiert. 1476 wurde das Hochfest durch Papst Sixtus IV. (1471–1484) verbindlich für Rom,

14 Die 14 Nothelfer

Raimundsreut (Gem. Hohenau, Lkr. Freyung-Grafenau, Niederbayern), zweite Hälfte 18. Jahrhundert
Hinterglasmalerei, gerahmt, 55 x 46 cm
Museen der Stadt Regensburg, K 1937/143

Dieses Hinterglasbild zeigt die Hl. Dreifaltigkeit und Maria im Kreis der meistverehrten kanonischen Heiligen. Die erhabene Position Mariens im zentralen Motiv der Marienkrönung veranschaulicht und betont ihre Sonderrolle in der Gemeinschaft der übrigen himmlischen Persönlichkeiten. Im Lauf der Zeit entwickelte sich in der Heiligenverehrung eine Systematik von mehr oder weniger fest definierten Zuständigkeitsbereichen, Überschneidungen gibt es relativ häufig. Meist standen diese Zuständigkeiten in Zusammenhang mit der Lebens- und Leidensgeschichte, der Art der Märtyrerschaft oder allgemein den Todesumständen. Nach Überzeugung der Gläubigen übernahm der jeweils gewählte Heilige bei Inanspruchnahme respektive Anrufung eine Mittlerrolle zu Gott. Da die Liste der Heiligen mehrere tausend Namen umfasst und schon früh unüberschaubar war, wurden die wichtigsten Fürsprecher in der Gruppe der 14 Nothelfer vereint. Ihren Ausgang nahm die Nothelferverehrung in Süddeutschland, maßgeblich getragen von den in den Städten ansässigen Bettelorden. Mit der Zeit dehnte sich der Einflussbereich auch auf die ländlichen Regionen aus. Der bekannteste Nothelfer-Wallfahrtsort ist zweifelsohne die Basilika Vierzehnheiligen beim oberfränkischen Bad Staffelstein.

Als älteste bildliche Darstellungen gelten drei zwischen 1310 und 1330 datierte Regensburger Beispiele: das »ältere Nothelferfenster« im Chor des Domes sowie die in Fragmenten erhaltenen Wandmalereien der Bettelordenskirchen der Dominikaner und der Minoriten. Aufgrund dieser frühen Häufung gilt Regensburg gewissermaßen als Epizentrum der Nothelferverehrung. Aus den anfangs noch unverbindlichen, oft variierten Konstellationen von Nothelfern kristallisierte sich schließlich die »Regensburger Normalreihe«

heraus, die allerdings durch das Austauschen einzelner oder mehrerer Heiliger, je nach regionaler Präferenz, durchbrochen werden kann.

Das Hinterglasbild aus Raimundsreut listet die Nothelfer der Normalreihe auf. Die meisten sind anhand ihrer Attribute eindeutig zu identifizieren. Links oben beginnend, erscheint zunächst die Gruppe der »drei heiligen Madln«: Katharina (Rad; Helferin gegen Leiden der Zunge und schwere Sprache), Margareta (Drachen; Patronin der Gebärenden) und Barbara (Kelch mit Hostie; Patronin der Bergleute und der Sterbenden). Auf diese folgen Vitus (Knabe im Kessel mit siedendem Öl; Helfer bei Epilepsie) und ein Heiliger, dessen Attribut, ein Buch mit Vogeldarstellung, nicht eindeutig ist. Mit großer Wahrscheinlichkeit handelt es sich aber um Cyriacus (angerufen gegen Anfechtung in der Todesstunde), der für gewöhnlich mit einem an der Kette geführten Teufel abgebildet wird. Anschließend folgen Achatius (Dornenkranz, Kreuz; Helfer bei Todesangst und Zweifel), Blasius (Kerze; Helfer bei Halsleiden), Erasmus (Darmspindel; Helfer bei Leibschmerzen) und Ägidius (Abtstab, Hirschkuh; angerufen für eine gute Beichte). Der daneben gezeigte Jäger stellt Eustachius (kreuztragender Hirsch; Helfer in allen schwierigen Lebenslagen) vor. Weiterhin folgen Dionysius (seinen Kopf tragend; Helfer gegen Kopfschmerz), Pantaleon (auf den Kopf genagelte Hände; Patron der Ärzte und Hebammen), Georg (Drache; Helfer gegen Seuchen) und schließlich Christophorus (das Jesuskind tragend; angerufen gegen den unvorbereiteten Tod).

Dewiel 1986, S. 149–151; Keller 1991, S. 451–452; Kirchhoff 1998, S. 1–10. kg

14

15 Votivtafel mit dem hl. Veit

Bayerbach (Lkr. Rottal-Inn, Niederbayern), 1692
Mischtechnik auf Holz, 29 x 23,2 x 2,4 cm
Museen der Stadt Regensburg, K 1957/55,6

Inschrift: *Michel franckh hat dem frosch im hals gehabt, so hat er sich alhero verlobt, so ist im geholfen worden. Ex Votto. 16.92.*

Die Patronate und Einsatzgebiete der meisten Nothelfer sind komplex angelegt, wobei meist nur ein oder zwei »Hauptaufgaben« geläufig sind, die der Fülle der Verantwortlichkeiten nicht gerecht werden. Der hl. Vitus/Veit beispielsweise hat zahlreiche Schutzfunktionen inne, unter anderem gilt er als Patron der Haustiere, aber auch von verschiedenen Zünften und Bruderschaften. Das Patronat über die Kesselmacher ist auf sein Martyrium in einem Kessel mit siedendem Öl zurückzuführen. Primär zeichnet er sich zuständig für von Krampfanfällen geprägte Erkrankungen wie Fallsucht (Epilepsie) oder den nach ihm benannten Veitstanz (Chorea Huntington). Ebenso kann er aber bei Besessenheit oder auch allgemeinen Erkrankungen von Mensch und Tier als Fürsprecher angerufen werden.

15

Im Fall dieser aus der Vituskirche in St. Veit bei Bayerbach stammenden Votivtafel brachte der Heilige die ersehnte Hilfe bei einem sehr speziellen Problem: hat dem frosch im Hals gehabt. Einer der beiden vornehmen Herren, die links auf dem Fliesenboden knien, litt also vermutlich an Heiserkeit oder einem ständigen Räusperreiz, vielleicht auch an chronischem Schluckauf und verlobte sich deshalb dem hl. Veit. Nach seiner Genesung löste er das Gelöbnis ein und stiftete diese Tafel.

Kirchhoff 1998, S. 5. kg

16 Votivtafel mit dem hl. Erasmus

Heiligenberg bei Schönau (Lkr. Rottal-Inn, Niederbayern), 1838
Mischtechnik auf Holz, 27,2 x 18,2 x 1,8 cm cm
Museen der Stadt Regensburg, K 1958/19,13

Inschrift (Kartusche): *EX VOTO 1838*

16

Den oberen Teil der Tafel füllt die Darstellung des ebenfalls dem Kreis der Nothelfer angehörenden Bischofs Erasmus von Antiochia. Wie der Großteil der Gruppe starb auch er in der Frühzeit des Christentums als Märtyrer. Aufgrund der bei ihm angewandten Foltermethode des Ausdärmens mit einer Seilwinde trägt er ein derartiges Gerät als Attribut und wird insbesondere bei abdominalen Beschwerden wie Magenschmerzen, Krämpfen und Koliken angerufen. Darüber hinaus gilt er als Helfer bei der Geburt sowie gegen Viehseuchen und wird zudem als Schutzpatron gegen Feuergefahren verehrt. Zu den unter seinem Patronat stehenden Berufsgruppen zählen die Seefahrer, die Seiler und die Drechsler.

Die um seinen Beistand bittende Orantin kniet mit Rosenkranz in den gefalteten Händen an einem Betpult. Ihre Tracht kennzeichnet sie als bäuerlich. Zwar wird der Grund ihres Verlöbnisses nicht mitgeteilt, eine körperliche Ursache ist aber anzunehmen.

Kirchhoff 1998, S. 5. kg

17 Votivtafel mit den hll. Wendelin, Franz Xaver, Johannes Nepomuk und Leonhard

Gegend von Bad Kötzting (Lkr. Cham, Oberpfalz), 1837
Mischtechnik auf Holz, 34 x 44,5 x 3 cm
Museen der Stadt Regensburg, K 1949/18,1

Inschrift: *Dieße Taffel hat verlobt. Georg Neuhmeier, Bauer von Großeigen. 1837*

Zuweilen treten auf einer Votivtafel mehrere himmlische Personen gemeinsam auf. Dies mag mit einem gemeinschaftlichen Kirchenpatrozinium in Zusammenhang stehen oder möglicherweise auch mit der konkreten Vorlage eines Gnadenbildes. Oft ist aber davon auszugehen, dass man sich durch eine breite Streuung möglichst vielseitig absichern und vielleicht auch in mehreren Anliegen zugleich Hilfe erlangen wollte.

Eine derartige Hoffnung scheint zumindest hinter dieser Votivtafel zu stehen. In der irdischen Zone unterstellt sich das Ehepaar Neuhmeier zusammen mit ihrem Viehbestand dem Schutz der vier in der himmlischen Sphäre abgebildeten Heiligen. Während Wendelin und Leonhard als die Bauern- und Viehpatrone schlechthin gelten, fällt in die Zuständigkeit Franz Xavers der Schutz gegen Sturm. Johannes Nepomuk schließlich wird vor allem bei Verleumdung und Wassergefahren um Hilfe gebeten. Wenngleich sich das oder auch die Votationsanliegen einer Konkretisierung entziehen, so dürfte die Anrufung dieser vier Heiligen einem möglichst umfassenden Schutz durch die verschiedenen Fürsprecher geschuldet zu sein.

kg

18 Votivtafel mit Marienkrönung, dem hl. Josef und armen Seelen

Niederbayern, 1827
Mischtechnik auf Holz, 44,4 x 33 x 2,6 cm
Museen der Stadt Regensburg, K 1936/11,7

Inschrift: *Eine gewiße Person, hat diese heilige Bildniß hierher gebracht und ist Ihr, durch die Gnade Gottes geholfen worden Dem Sohn Gottes, der heiligsten Dreyfaltigkeit sey Dank gesagt 18 – 27*

Neben der Hl. Dreifaltigkeit und Maria erscheinen auf der vorliegenden Tafel auch der hl. Josef – in typisch barocker Darstellung mit Lilie und dem Jesuskind auf dem Arm – sowie drei arme Seelen im Fegefeuer. Die Abbildung lässt darauf schließen, dass Josef in seiner Funktion als Patron der Sterbenden angerufen wurde, vermutlich verbunden mit der Bitte um eine gute Sterbestunde. Für denselben Wunsch stehen auch die armen Seelen. Der Widmung nach scheint sich die in das Verlöbnis gesetzte Hoffnung auch erfüllt zu haben.

Die Lehre vom Fegefeuer und den armen Seelen wurde auf dem Konzil von Florenz 1439 dogmatisiert. Demnach müssen die Seelen vor ihrer endgültigen Erlösung dort noch erlässliche Sünden abbüßen, bevor sie in den Himmel eingelassen werden. Hierzu haben sich nun im Laufe der Zeit zahlreiche Legenden, Ansichten und Praktiken entwickelt. Die Gläubigen waren überzeugt, dass man durch verschiedene fromme Taten zum einen den armen Seelen helfen könne, zum anderen aber auch sich selbst und seinem eigenen Seelenheil.

Das Spektrum der guten Werke war sehr vielfältig und reichte von Messstiftungen über Spenden, Vermächtnisse, aber auch Wallfahrten bis hin zur beliebtesten Möglichkeit, dem Gebet. Diese heiligen Handlungen nennt man auch »Seelgerät«. Die größte Blüte der Fegefeuer- und Armenseelenlehre markiert der Barock.

Gerade in der volkstümlichen Frömmigkeitspraxis war dieser Glaube fest verankert und äußerte sich auf vielerlei Arten. So bildeten sich auch alsbald Gemeinschaften wie Armenseelenbruderschaften oder die sogenannten Liebesbünde, deren Engagement rein den armen Seelen galt. Sie wurden später durch die Armenseelenvereine abgelöst, die bis ins 20. Jahrhundert existierten.

Himmlischer Beistand – heilige Fürsprecher

18

Die bildliche Wiedergabe der Armenseelenthematik variiert im Laufe der Zeit. Im frühen Mittelalter beginnt die Ikonografie mit Darstellungen des Jüngsten Gerichtes, etwas später gesellen sich zu diesen die Totentanzbilder. Dominieren anfangs figurenreiche, bewegte Darstellungen, ist im Laufe der Zeit eine deutliche Reduzierung zu beobachten, wie sie bei dem Hinterglasbild Kat.-Nr. 61 noch zu sehen sein wird. Gründe hierfür waren neben der Reformation auch das Konzil von Trient (1545–1563), das eine verständliche Einfachheit der Darstellung forderte. Wie aber besonders deutlich vorliegendes Beispiel zeigt, setzten sich die Bestimmungen erst sukzessive durch.

Trotz der Aufklärung erlebte der Armenseelenkult im 19. Jahrhundert einen erneuten Aufschwung, wofür besonders einige Orden verantwortlich waren, welche das Fegefeuer und die armen Seelen zu zentralen Inhalten bestimmten. Ausläufer des Armenseelenglaubens überdauerten bis in die heutige Zeit. So ist es beispielsweise immer noch üblich, dass Angehörige für einen Verstorbenen Messstiftungen vornehmen.

Haller 1980; Art. Armeseelen, in: RDK, Bd. 1 (1937), Sp. 1084–1988 (Philipp Maria Halm); Hartinger 1979; Keller 1991, S. 333. kg/st

19

19 Arme Seelen mit Hl. Dreifaltigkeit und Heiligen (Die Sieben Heiligen Zufluchten)

Gegend um Passau (Niederbayern), um 1760
Mischtechnik auf Leinwand, 61,4 × 46 cm (Bildmaß),
67,8 × 53,3 × 2,5 cm (Rahmenmaß)
Museen der Stadt Regensburg, K 1953/21

Das hochformatige Gemälde zeigt eine figurenreiche und bewegte Szenerie um Sünde und Erlösung. Im unteren Bereich leiden drei arme Seelen im Fegefeuer. Eine scheint dem Ende der Qualen nahe, da ein Engel sie am Arm greift, während er zum Gekreuzigten, dem Symbol der Erlösung, weist. Unmittelbar neben dieser Szene richtet der Erzengel Michael in Rüstung und mit Waage sein Flammenschwert auf die armen Seelen. Als Bezwinger des Teufels achtet er in seiner Funktion als Seelenwäger auf die gänzliche Ableistung der Sünden der Seelen, bevor sie in den Himmel aufgenommen werden. Rechts neben ihm erscheint der Erzengel Gabriel mit sanften Gesichtszügen und einer weißen Lilie in Händen.

Als Gegenpol zu den armen Seelen im Fegefeuer thront im himmlischen Bereich die Hl. Dreifaltigkeit, unter der zwei Engel eine Hostienmonstranz präsentieren, ein weiteres Zeichen der Erlösung. Auf der gegenüberliegenden Seite wohnen Heilige dem Geschehen bei. Auf einer Ebene mit dem gekreuzigten Christus ist Maria als Immaculata, frei vom Makel der Erbsünde, zu sehen, gerahmt von ihrer Mutter, der hl. Anna, und dem hl. Josef mit einer

Lilie. Ihnen schließen sich unter anderem der hl. Antonius, die hl. Klara von Assisi, der hl. Johannes Nepomuk, der hl. Franz Xaver, der hl. Thomas von Aquin und der hl. Augustinus an.

Die Andacht der Sieben Heiligen Zufluchten ist eine typische Erscheinung der barocken Frömmigkeitsbewegung, die sich in abgeschwächter Form bis in das 20. Jahrhundert erhalten hat. Bestehend aus den wichtigsten christlichen Glaubenslehren, konnten sie bei jeglichen Anliegen und Nöten angerufen werden, ähnlich wie die 14 Nothelfer. Zur Darstellung kommen stets die Hl. Dreifaltigkeit, der gekreuzigte Christus, das Allerheiligste Sakrament des Altares, die Gottesmutter Maria, Heilige, Engel und arme Seelen. Die Siebenzahl ermöglichte auch die Andacht in Form eines Wochenzyklus. Ende des 17. Jahrhunderts erscheint das Motiv erstmalig in der Malerei.

Art. Zufluchten, sieben heiligen, in: LCI 1968–1976, Bd. 4, Sp. 579–582 (M. Lechner). st

20 Reliquienkreuz mit Figur der hl. Kümmernis

17./18. Jahrhundert
Bein, im Kreuzinneren diverse Materialien, 20,3 x 8,2 x 3 cm
Museen der Stadt Regensburg, K 2012/53,38

Das Reliquienkreuz aus Bein ist mit einem Korpus besetzt, der eine nackte Frau zeigt, deren angesetzte Arme wie bei vielen älteren Frauenkreuzen dieses Typs V-förmig ausgespannt sind. Die Hände und die nebeneinandergestellten Füße sind ohne weitere Stütze an die Balken genagelt. Körper und Bauch sind weiblich gerundet, die Brüste deutlich herausgearbeitet, während das Geschlecht nur angedeutet ist. Der Kopf ist nicht geneigt und wird von Haaren umrahmt, die hinten zusammengefasst sind. Eine abschließende Erhebung über dem Scheitel lässt vermuten, dass hier eine Krone aufgesetzt war. Das – entgegen einer häufigen Ikonografie von Kümmernisfiguren – bartlose Gesicht wendet sich voll dem Betrachter zu und verrät keinerlei emotionale Bewegtheit. Eine ehemals zugehörige textile Bekleidung – dafür sprechen sowohl der Typus des Kümmerniskreuzes wie auch der Leerraum zwischen Korpus und Kreuzesstamm – ist nicht erhalten. Am unteren Teil des Längsbalkens ist schräg ein Hammer mit einem großen Kopf angebracht. Drei weitere verschlossene Löchlein lassen vermuten, dass dem Kreuz ursprünglich noch andere verlorengegangene Attribute beigegeben waren.

Der Kreuzesstamm lässt sich rückseitig durch einen Schieber öffnen. Neben einem kleinen handgeschmiedeten Nagel finden sich ein kleines Doppelkreuz, ein Marienfigürchen sowie kunstvoll gewirkte, spiralig gedrehte und verschlungene Bänder aus mit roten und weißen Perlen besetztem Silberdraht. Weiter füllen 13 winzige Blümchen und kurze Schriftbändchen mit teilweise nicht mehr erkennbaren Buchstaben den Hohlraum aus. Bei der Ausgestaltung des Innenraums des Längsbalkens handelt es sich um eine sogenannte Klosterarbeit. uw

21 Votivtafel mit Maria und der hl. Kümmernis

Stadleck (Gem. Kirchdorf a. Inn, Lkr. Rottal-Inn, Niederbayern), um 1850
Mischtechnik auf Holz, 24,3 x 19,8 x 2,7 cm
Museen der Stadt Regensburg, K 1958/20,19

Ganz traditionell gehalten, kniet links unten im Bild in einem Innenraum eine junge Frau mit gefalteten Händen und Rosenkranz an einem Betschemel. Der Blick der Figur im Halbprofil geht leicht schräg nach unten. Sie trägt ein dunkles Gewand mit weißer Schürze und weißem Brusttuch sowie ein schwarzes Halsband. Ein grünes Kränzchen mit roten Blüten weist sie als Jungfrau aus. Ihr Gebetsanliegen wendet sich offensichtlich an drei Personen: an eine thronende Maria mit Kind, an Christus am Kreuz und an die

hl. Kümmernis am Kreuz, die die größte Figur unter den Angerufenen darstellt. Die Ikonografie der Heiligen orientiert sich an frühen Wilgefortis/Kümmernis-Darstellungen: Das Haupt mit einem feinen Strahlen-Nimbus und einem goldenen Krönchen ist dem Betrachter zugeneigt, das Gesicht mit einem nur angedeuteten Bart, geschlossenen Augenlidern und einem Lächeln zeigt keinen Ausdruck von Schmerz. Die Hände und die nebeneinandergestellten Füße sind mit Stricken ans Kreuz gefesselt, auch trägt sie goldene Schuhe. Dass ihr blaues, gegürtetes langes Gewand an den Knöcheln zusammengebunden ist, ist ihrer Keuschheit geschuldet. Die Bildfläche ist durch bauschige grau-rosa Wolken horizontal zweigeteilt: Der obere linke Bereich ist Maria als Königin mit Krone und Zepter und ihrem Kind zugeordnet, der obere rechte dem gekreuzigten Christus. Der untere Bildbereich zeigt die Bittende und die eindeutig weiblich dargestellte Kümmernis. Auffällig ist die Ähnlichkeit der beiden Kreuzesfiguren, nämlich die Geneigtheit des Kopfes, die geschlossenen Augen sowie das milde Lächeln.

uw

LEBEN IN NOT

Das prekäre Dasein

Existentielle Sorgen und Nöte in der Frühen Neuzeit

Frank Matthias Kammel

Im Sommer 1796 überfielen französische Soldaten zwei Bauern auf der Flur von Arnhofen, einer einsamen, abseits des oberbayerischen Dorfes Weyarn gelegenen Hofstelle. Die französischen Revolutionstruppen unter den Generälen Jean-Victor Moreau und Jean-Baptiste Jourdan hatten das im Ersten Koalitionskrieg mit Österreich, Preußen und einigen kleineren deutschen Staaten gegen Frankreich verbündete Kurbayern in jenem Jahr besetzt. Vor allem in Oberbayern und in der Oberpfalz kam es zu blutigen Schlachten und Scharmützeln mit den kaiserlichen Streitkräften. Darüber hinaus zogen die Besatzer bis zum Abschluss des als Pfaffenhofener Vertrag bekannten Waffenstillstandes Anfang September marodierend durchs Land, bis sie unter dem zunehmenden Druck der von Erzherzog Karl geführten Österreicher wenig später wieder gen Westen zurückweichen mussten.[1] In jenem Sommer also waren in Arnhofen Franzosen aufgetaucht und hatten dort aus dem Hinterhalt des nahegelegenen Waldes die männlichen Bewohner des Einödhofes überwältigt. Überliefert wird das sicherlich im Zusammenhang wilder Requirierungen, insbesondere von Pferden, stehende Ereignis von einer Votivtafel (Abb. 16).[2] Wiewohl es für die großen Zusammenhänge der Geschichtsschreibung ohne jede Relevanz sein dürfte, besaß es für Anna Maria Schererin, die Auftraggeberin des Bildes, existentielle Bedeutung. Die Stifterin kniet im Sonntagsstaat mit Spitzenhaube in der rechten unteren Ecke der Darstellung und demonstriert ihr frommes Flehen mit einem Rosenkranz. Über ihr, in einem diagonal aufsteigenden, das Gemälde beherrschenden Streifen entfalten sich die Handgemenge zwischen den allein schon zahlenmäßig schwer überlegenen, außerdem scharf bewaffneten Soldaten in blau-roten Röcken und den beiden in Lederhosen gekleideten Landmännern. Zwei ungarische Husaren in roten Dolmanen und mit schwarzen Filztschakos, die von rechts heransprengen, waren die Akteure eines wirkungsvollen, möglicherweise sogar überaus raschen Beistandes der österreichischen Seite, könnten jedoch auch den Hinweis auf eine spätere Befreiung darstellen. Eventuell wurden die Attackierten nämlich verschleppt und als Geisel für weitere Kontributionsleistungen gefangengehalten.

Das der Votivtafel zugrunde liegende Versprechen galt dem hl. Leonhard, der der grausamen Episode auf jeden Fall zur rechten Zeit ein Ende bereitete. Der auf dem Gemälde oben rechts in Gestalt eines auf Wolken thronenden Abtes mit der signifikanten Gliederkette abgebildete Nothelfer, der in Bayern auch als Vieh- und vor allem Pferdepatron hohe Verehrung genießt, galt von alters her zunächst als Schutzheiliger der Gefangenen bzw. als Gefangenenbefreier. Sicherlich war die auf dem Votivbild porträtierte Schererin die Bäuerin von Arnhofen, die um Leib und Leben ihres Gatten und eines zweiten männlichen Mitglieds ihrer Sippe – vielleicht der Sohn, Bruder oder Schwager – gebangt und nicht zuletzt um den Viehbestand, vor allem die Pferde des Einödhofes, gefürchtet hatte. Die Tafel selbst ist allerdings schon Beleg für den glücklichen Ausgang des Schicksalsschlags.

Nöte des Landlebens

Noch mehr als die urbane Bevölkerung waren die sogar den Schutz steinerner Stadtmauern und -tore

15 Votivtafel mit Mariahilf-Gnadenbild und einem Reiter bei der Überquerung einer schadhaften Brücke (vgl. Kat.-Nr. 33)

entbehrenden Landbewohner in unruhigen Zeiten den von umherziehenden Truppen verbreiteten Schrecken des Krieges ausgesetzt. Blitzartig konnten Raub, Plünderung, vor allem aber Brandschatzung, Mord, Totschlag und Verschleppung blühende Existenzen vernichten, ganz abgesehen vom seelischen Leid, das mit diesen Schandtaten verbunden ist. Angesichts solcher wie anderer Katastrophen und nicht nur in Kriegzeiten grassierender, sondern allgegenwärtiger Nöte stand – zumindest unmittelbar – oft nur eine einzige verlässliche Instanz zur Verfügung, die ansprechbar war sowie grundsätzlich Hilfe, Trost und Rettung verhieß: der Himmel. Gott, der Jungfrau Maria oder den fürsprechenden Heiligen war es zu verdanken, wenn die Not eine Wendung nahm.

Solche Gnade hinsichtlich von französischen Soldaten requirierten Viehs widerfuhr etwa dem Bauern Georg Bachmaier in Stetten, einem Dorf nordwestlich Dachaus, während der wiederholten Besetzung Bayerns durch die Franzosen im Jahr 1800. Sein der Gottesmutter gegebenes Gelöbnis, *weil ihm durch 6 Franzosen 3 Pferd sind genommen worden*, führte laut einer Inschrift auf seinem heute im Germanischen Nationalmuseum aufbewahrten Votivbild (Inv.-Nr. Slg. Richter Vb 71) dazu, dass *der Knecht sammt den Pferden […] wieder glücklich nach Haus* kamen.³ Zumindest Leib und Leben konnte auch der ledige Bauernsohn Jacob Könneder *von S. Johannes Zell* retten, der 1798 von einem ungarischen Husaren heimtückisch überfallen, misshandelt und ausgeraubt worden war (Kat.-Nr. 22). Seiner Antonius von Padua zugeschriebenen Errettung gilt ein Täfelchen, das einst in der diesem Heiligen geweihten Wallfahrtskirche bei Simbach am Inn hing.⁴

Solche Tafeln, die die szenische Wiedergabe konkreter existentieller Nöte meist mit der Abbildung von Votanten und der jenseitigen Instanz der Anrufung, der verbalen, zumindest in der Floskel *ex voto* formalisierten Verzeichnung des Versprechens – etwa Wallfahrt, Messstiftung, Gebete, Almosen oder eben ein gemaltes Votivbild – und einer Notiz zur Erfüllung des Gebetswunsches verbinden, sind Objekte der öffentlichen Danksagung und Medien der Bekundung gnadenhaft erfahrener Hilfe gleichermaßen.⁵ Sie stellen daher zunächst aussagekräftige Zeugnisse der Frömmigkeitspraxis dar, zugleich aber mitteilsame kulturgeschichtliche Quellen zur Vergegenwärtigung des Alltagslebens vergangener Epochen. »Allgemein Menschliches«, erklärte der bekannte Volkskundler Lenz Kriss-Rettenbeck treffend, werde von solchen Darstellungen »aus der Atmosphäre des Alltags herausgehoben, gestaltet sich in Wort und Bild und wird der Nachwelt überliefert; und dies in einer Mannigfaltigkeit, wie sie kein anderes Denkmal der Geschichte bietet.«⁶ Wenngleich diese Bilder keinen Anspruch auf fotografische Wirklichkeitswiedergabe erheben, spiegeln sie Mühen und Lasten, Drangsal und Bürden, Gefährdungen, Miseren, Dürftigkeiten und Leiden, die das Leben in der Frühen Neuzeit unabänderlicher und daher bei weitem stärker als heute bestimmten, in eigentümlicher, unmittelbarer und nicht zuletzt besonders anrührender Form.

Allein anhand der Motive, das heißt der Anlässe der Darbringung von Votivbildern, lassen sich lehrreiche Rückschlüsse auf die essentiellen Beschwerlichkeiten des Lebens vor allem im ländlichen Raum, den bis ins 18. Jahrhundert etwa 70–80 % der Bevölkerung besiedelten, auf verstörende Ungewissheiten und die meistgefürchteten Verhängnisse ziehen.⁷ Bei weitem vielfältiger als die aus kriegerischen Ereignissen resultierende Drangsal spiegeln sie naturgemäß die stetige Sorge um die Sicherung des Auskommens. Zu den schlimmsten Widrigkeiten gehörten Überschwemmungen, Blitz und Feuer, die Haus und Hof zu zerstören, darüber hinaus Unwetter wie der Hagelschlag und Mäuseplagen, die Ernten zu vernichten und die Lebensgrundlagen damit entschieden einzuschränken oder gar komplett zu ruinieren drohten. Die Darstellung einer Getreide sichelnden Landfrau auf einer Tafel des frühen 19. Jahrhunderts, die sich offenbar an die in Niederbayern verehrte Wolfsindis von Reisbach wandte, dokumentiert mit dem Verlöbnis um auskömmliche Erträge der Feldarbeit auch die Befürchtung einer Missernte mit ihren Folgen, dem Hunger und den Hungerkrankheiten (Kat.-Nr. 23).

Keine weniger dramatische Auswirkung zeitigten unter Umständen die gefürchteten Viehseuchen. Bereits die Erkrankung einzelner wertvoller Haus- und Zugtiere konnte die bäuerliche Hausgemeinschaft wichtiger Notwendigkeiten und Einkünfte berauben und damit zur Bedrohung ihrer Lebensgrundlage werden. Beklemmende Sorge, hoffnungsfrohe Zuversicht und erlöste Dankbarkeit gleichermaßen liegen daher Tafeln zugrunde, die Viehbestände und ganze Herden mehr oder weniger akribisch, auf jeden Fall meist eindrucksvoll aufreihen und das Wohlergehen der Tiere auf diese Weise dem Schutz von Heiligen empfehlen. Abgezählt ließ zum Beispiel der Großaigener Bauer

16 Votivtafel mit dem Überfall französischer Soldaten auf die Einöde Arnhofen. 1796, Germanisches Nationalmuseum, Nürnberg, Inv.-Nr. Slg. Richter Vb 133.

Georg Neuhmeier 1837 seine Rinder und Pferde wiedergeben, die unter der Obhut der hll. Wendelin und Franz Xaver, Johann Nepomuk und Leonhard vorgeführt sind (Kat.-Nr. 17). Ein 1846 gemaltes Bild aus dem gleichen geographischen Raum versammelt zahlreiche Kühe und Schafe ebenfalls unter dem Protektorat des Hirtenpatrons Wendelin und zudem jenem Mariens (Kat.-Nr. 24). Auch eine Bäuerin aus Eckersberg bei Mühldorf stellte ihre ansehnliche Gänseschar 1825 dem Wohlwollen der Schmerzhaften Mutter anheim (Kat.-Nr. 25). Eine Landfrau aus Oberlauterbach nächst Pfaffenhofen erbat 1834 das Wohl einer Muttersau und deren Ferkel vom Himmel (Kat.-Nr. 26) und Georg Stangl aus dem oberpfälzischen Rettenbach dasselbe 1827 für eine Kuh (Kat.-Nr. 27). Selbst wenn das Tier, dem die zentrale Exponierung im Bildfeld immense Bedeutung beimisst, nicht der einzige Wiederkäuer des flankierend knienden Bauernpaars gewesen sein sollte, hätte sein Verlust doch eine enorme ökonomische Einbuße bedeutet.

Dem Fortbestand des Viehbestandes galt ähnlich hohe Aufmerksamkeit wie dem der eigenen Sippe. In dieser Weise sorgte sich die in Oberbuchfeld in der Oberpfalz ansässige Bäuerin Barbara Kollmeir um die Erhaltung ihrer Rinderherde

Das prekäre Dasein

17 Votantin mit Mutterschwein und Ferkeln (Detail; vgl. Kat.-Nr. 26)

und versprach sich der Gottesmutter daher 1779 *wegen gewissen anligen mitt dem oxen* (Kat.-Nr. 28). Von höchster Bedeutung waren die Pferde, ihr Verlust war demzufolge eine Katastrophe, ganz egal ob durch Krankheit, Beschlagnahmung, Raub oder die kriminellen Taten von Pferderippern. Dass das Ross von Jakob Raith aus Mailenhofen 1796 vor dem Tod im Sumpf gerettet werden konnte, verkörperte also ein Himmelsgeschenk. Dem hl. Antonius schrieb man zu, dass dem Besitzer und seinem Sohn in dem misslichen Augenblick ein Kapuziner und ein französischer Infanterist tatkräftig beigesprungen waren (Kat.-Nr. 29).

Gefahren für Leib und Leben

Zu den wichtigsten Stiftungsanlässen von Votiven, in denen wirtschaftliche Lebensgrundlage und körperliches Wohlergehen der Menschen miteinander verbunden waren, zählten die Unglücksfälle verschiedenster Art, die sich bei den Verrichtungen im Haus und auf dem Hof sowie bei der Arbeit auf Feld, Flur und im Wald zu jeder Zeit ereignen konnten.[8] Verletzungen waren – beim Stand der medizinischen Wissenschaft bzw. ihrer eingeschränkten Kompetenz in mancher ländlichen oder abgelegenen Gegend – stets mit der Gefahr des tödlichen Ausgangs oder bleibender körperlicher, den harten Lebensvollzug stark einschränkender Schäden beim Versehrten behaftet. Stürze von Leitern, Heuböden und Erntewagen waren an der Tagesordnung (Kat.-Nr. 30). Auch Gelegenheiten, von Wagen überrollt oder anderweitig verletzt zu werden, gab es zur Genüge (Kat.-Nr. 31).

Nicht weniger gefährlich war der Umgang mit den Tieren. Bauern wurden von Stieren angegriffen, niedergetrampelt oder aufgespießt (Kat.-Nr. 32), durchgehende, ausschlagende oder – auf unbefestigten Wegen oder schadhaften Brücken (Kat.-Nr. 33) – stürzende Pferde gehörten zu den steten Bedrohungen von Knechten und Reitern. Nicht zuletzt ist an die in den Dörfern allgegenwärtigen Hunde zu erinnern, die auch Menschen anfielen (Kat.-Nr. 34). Ihre Bisse riefen wie jene hungriger Schweine besonders bei Kindern oft schlimme Folgen hervor. Sie waren nicht selten und nicht nur bei Tollwut lebensbedrohlich.

Besonders häufig ereigneten sich Unglücke bei Holzeinschlag und Holztransport. Umstürzende Bäume und Karrenunfälle gehörten zu den klassischen Missgeschicken; brechende Wagenräder und berstende Schlitten führten vielfach zu schweren und bleibenden körperlichen Beeinträchtigungen. Glücklich schätzte sich, wer solche Vorfälle unbeschadet überstand wie ein Andreas Marx aus der Gegend von Griesbach 1813 (Kat.-Nr. 35), wessen Wunden heilten, wer den Blutverlust verkraftete oder trotz eingebüßter Gliedmaßen zumindest am Leben

18 Von einer ansteckenden Krankheit befallene Familie (Detail; vgl. Kat.-Nr. 39)

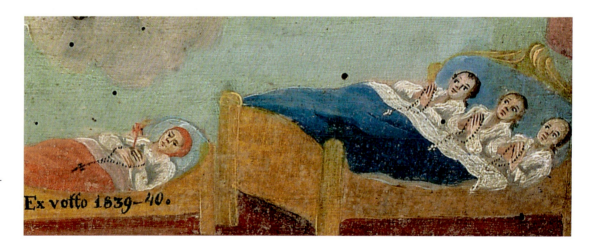

Frank Matthias Kammel

blieb wie ein Anton Attenberger, der 1831 einen Fuß verlor (Kat.-Nr. 36). Auch der Umgang mit grobem Werkzeug oder Glut, wie in Mühlen und in Schmieden (Kat.-Nr. 37), barg Fährnisse, die zu schweren oder bleibenden Schäden führen und einschneidende Konsequenzen für das eigene Auskommen oder das der Familie zeitigen konnten. Sämtliche körperlich anstrengenden Arbeiten, begonnen beim Holzhacken, schlossen entsprechende Gefahren ein, die ohne effektive medizinische Versorgung gegebenenfalls zum Äußersten führten.

Verwandte Votationsanlässe, da sie sich ebenfalls auf die physische Konstitution und damit die Grundlage körperlicher Leistungskraft oder gar den Fortbestand des irdischen Lebens schlechthin beziehen, waren Epidemien und schwere Krankheiten. Dort, wo ärztliche Kunst von vornherein machtlos war oder versagte, Medikamente oder überlieferte Heilmittel keine Wirkung zeigten, halfen nur noch das Beten und das Versprechen.[9] Durchfall und Verstopfung, Geschwüre, Geschwülste, nicht heilende Wunden und nicht zu stillende Blutungen gehörten neben Fiebern und Ausschlägen aller Art zu den häufigsten Kalamitäten des Alltags. Bettlägerigkeit war im Stande, eine ganze Familie in die Armut zu stürzen. Jene des Georg Schannra konnte der hl. Ulrich 1693 wohl nur vorübergehend, nicht aber letzten Endes vor diesem Schicksal bewahren (Kat.-Nr. 38). Nachhaltig sprang die Muttergottes von Altötting der Familie des Froschinger Webers Jakob Grinzinger bei, die 1839/40 gänzlich an einer ansteckenden Krankheit litt (Kat.-Nr. 39), allein die Mutter war der Infektion schon vor dem Verlöbnis erlegen. Den Szenen gelegentlich als isolierte Bildzeichen beigegebene Körperteile bekunden wie entsprechende plastische Votive den Sitz der Leiden, etwa in den Gliedern oder der Lunge (Kat.-Nrn. 164, 168, 175); Augen offenbaren solche an den Organen des Gesichtssinns und die von allen gefürchtete Blindheit (Kat.-Nr. 172, 173).

Wenn sich *eine gewise Person* der Muttergottes versprach, weil ihre Zehen amputiert werden mussten (Kat.-Nr. 40), so ist dies nur ein Beispiel für den höchst unsicheren Ausgang jedweder chirurgischen Intervention. Auch psychische Erkrankungen, Epilepsie und Depressionen gehörten zu den Gebrechen, derer man vor der Moderne kaum effektiv Herr zu werden verstand. So galt es als große Gnade, wenn eine Elisabeth Räbeyerin durch das Eingreifen Mariens 1765 Heilung von ihrer *Melancoley* erfuhr (Kat.-Nr. 41).

Sorgen um Kinder

Schlimmer noch war die Unfruchtbarkeit, weil sie die Alterssicherung und den Fortbestand der Sippe durch den fehlenden Erben in Frage stellte. Zudem galt das Ausbleiben von Kindern, den Indikatoren einer fruchtbaren Ehe, als Strafe Gottes für frühere Sünden und bildete daher nicht selten auch einen das Ansehen der entsprechenden Paare stark einschränkenden Makel. Als Symbole der Gebärmutter fungierende Kröten, die als signifikante Votive wie als erklärende Bildzeichen auftauchen, weisen neben den Frauenleiden selbst auch diese einschlägige Ängstigung aus (Kat.-Nr. 42); Hämmer sind die Entsprechung für das männliche Geschlecht und zugleich Dokument des auf Impotenz basierenden Grames. Insofern war es mehr als wichtig, einen geeigneten Bräutigam zu finden. 1818 zum Beispiel hatte die hl. Wolfsindis vielleicht ein diesbezügliches Einsehen mit einem Mädchen mit Jungfernkrönlein, dessen Tracht seine Herkunft vom Gäuboden verrät (Kat.-Nr. 43). Möglicherweise galt das der Tafel zugrunde liegende Gelöbnis aber auch der gewährten Heilung von einer Krankheit, der Voraussetzung, dass das Kind das heiratsfähige Alter überhaupt erreichen konnte.

Zu den größten Problemen der Vormoderne gehörten jedoch die enorm hohe Kinder- und die mit der Säuglings- eng verbundene Müttersterblichkeit.[10] Obgleich Differenzierungen nach sozialer Schicht, Berufsgruppe und einzelnen Regionen feststellbar sind, traf sie Arm und Reich, Städter wie Landbewohner grundsätzlich gleichermaßen. In der Regel überlebte die Hälfte der Kinder das 15. Lebensjahr nicht (vgl. Kat.-Nr. 47). Etwa ein Drittel aller Neugeborenen starb schon im ersten Jahr. Totgeburten waren an der Tagesordnung. Sie bedeuteten neben aller körperlichen Pein eine doppelte seelische Bürde: Ohne das Sakrament der Taufe entbehrten die Kinder der Zusicherung der ewigen Seligkeit. Eine um 1830 gemalte Votivtafel aus Pilgramsberg verdeutlicht mit den sieben sämtlich als verstorben gekennzeichneten, der Gottesmutter anheimgestellten Wickelkindern einer aus mehreren Paaren bestehenden Sippe das Ausmaß der Zustände bis ins frühe 19. Jahrhundert beispielhaft (Kat.-Nr. 44). Oft implizieren solche Bilder nicht zuletzt die Bitte um weiteren Nachwuchs.

Große Gefahren für Mutter und Kind barg bereits das Entbinden. Angesichts von Komplikationen, begrenztem medizinischem Wissen und beschränkter

19 Anheimstellung von toten Säuglingen (Detail; vgl. Kat.-Nr. 44)

Fähigkeiten der Hebammen galt diesem Akt zu Recht besondere Sorge. Die Kindsnöte waren gefürchtet, denn jede Niederkunft beinhaltete Lebensgefahren, jede glückliche Geburt war demzufolge Grund für Erleichterung und Dankbarkeit. Den Kaiserschnitt kannte man zwar seit dem 16. Jahrhundert, allerdings wandten ihn Barbiere und Wundärzte nur zur Rettung von Kindern im Kindbett gestorbener Frauen an.[11]

Unsachgemäße Manipulationen der Hebammen, etwa das lange Zeit praktizierte »Spitzen« und »Pressen«, das vermeintlich notwendige Formen des Säuglingsschädels, übersehene oder nicht stillbare Nachblutungen und Entzündungen bei den Wöchnerinnen führten wie die mangelnder Hygiene und Fürsorge geschuldeten Infektionen nicht selten zum Tode (Kat.-Nr. 45). Für mit schweren Störungen der Atmung oder der Herztätigkeit belastete Neugeborene kannte die Medizin keine Rettung. Die Anfälligkeit kleiner Kinder für ansteckende Krankheiten war naturgemäß hoch, und für zahlreiche Gebresten existierten, selbst wenn sie erkannt wurden, kaum sicher wirksame Mittel. So blieb die letzte Rettung oftmals allein das mit dem Glauben verbundene Geloben besonderer Werke (Kat.-Nr. 46).

Bei schweren Durchfallerkrankungen, Gelbsucht, von Hormonmangel und Schilddrüsenunterfunktion hervorgerufenen und aufgrund der körperlichen Veränderung des Säuglings mit dem Terminus »Wechselbalg« belegten Symptomen, aber auch bei verschluckten Gegenständen oder Eingeweidebrüchen gab es selten Hoffnung auf Überleben. Zahlreich sind die Hinweise auf die mit dem Begriff Frais oder Fraisen bezeichneten gefährlichen Zustände, die sich etwa in epileptischen Zuckungen und Augenverdrehen artikulierten (Kat.-Nr. 48).[12] Das Verschwinden dieser ein Jahr lang in Furcht zur Kenntnis genommenen Anzeichen bei Anna Margaretha Würbigin beispielsweise veranlasste die Eltern des Mädchens 1677 zur Bekundung ihres Dankes in Form eines entsprechenden Votivbilds in der Wallfahrtskirche Mariae Heimsuchung in Langwinkel bei Griesbach. Auch die Genesung von andauernder Bettlägerigkeit etwa aufgrund Parasitenbefalls, die eine vom Hufschmied Johannes Mayer 1776 gestiftete Tafel für seinen dreijährigen Sohn mitteilt, stellte zweifellos eine gewaltige Beglückung des Handwerkerhauses dar (Kat.-Nr. 49).

Kleinkinder waren daneben nicht zuletzt aufgrund mangelnder Beaufsichtigung vielfacher Gefahr ausgesetzt. Stürze von Möbeln, Treppen und aus Fenstern führten zu Schädelbrüchen. Teiche, Brunnen und Zuber bargen das Risiko des Ertrinkens. Bisse von Haustieren konnten ebenso tödlich enden wie das Verirren im Wald. Dazu kamen Folgen der üblichen robusten Erziehungsmethoden: Der vom Priesteramt in den Schweizer Archivdienst gewechselte Franz Xaver Bronner (1758–1850) aus Höchstädt bei Donauwörth zum Beispiel berichtet in seiner 1795 in Zürich edierten Autobiografie, sein Vater habe ihm einst eine so heftige Ohrfeige verabreicht, dass er fortan mit Taubheit geschlagen war. Seine Mutter gelobte bei Heilung eine Votivtafel für eine Kapelle zu stiften, zu der sie täglich *drei bis vier Wochen lang ging*, um für die Gesundung des Kindes zu beten.[13] Ihr Glaube und ihre Beharrlichkeit halfen; ihr Versprechen erzielte den gewünschten Erfolg.

Votivtafeln, diese Zeugnisse von Hilfsbedürftigkeit und Gottvertrauen, Dokumente, die uns nach der stimmigen Einschätzung des Historikers Arthur E. Imhof zu zeigen vermögen, »wie un-

20 Mutter mit ihrem verstorbenem Kind (Detail; vgl. Kat.-Nr. 47).

sere Vorfahren mit ihren Problemen fertig zu werden versuchten«,[14] überliefern uns freilich allein die Begebenheiten und Vorfälle mit glücklichem Ausgang. Mühelos ermöglichen es allerdings die Motive, auch all die zahllosen Ereignisse, Bitten und Gelöbnisse mitzudenken, die keine Gnade und daher auch keine Abbildung fanden. Schon insofern sind die volkstümlichen Gemälde mit ihren ebenso direkten wie konkreten Sujets einmal mehr höchst eindrucksvolle Mittel, den Respekt vor unseren glaubensstarken Ahnen in der Bewältigung ihres prekären Alltags zu beflügeln.

---

1 Spindler 1966–1975, Bd. 2 (1966), S. 1058–1059; Helml 1996.
2 Deneke 1979, S. 143; Ausst.-Kat. München 1980, S. 121, Kat.-Nr. 200; Brückner 2010, S. 74; Ausst.-Kat. Burghausen u. a. 2012, S. 222–223, Kat.-Nr. 1.11 (Elisabeth Vavra).
3 Deneke 1965, Kat.-Nr. 18.
4 Ausst.-Kat. Regensburg 2003, S. 406–407, Kat.-Nr. 60 (Peter Germann-Bauer).
5 Vgl. Kriss-Rettenbeck 1958; Kriss-Rettenbeck 1972, S. 75–227; Beitl 1973; Creux 1980; Hecht 2012.
6 Kriss-Rettenbeck 1958, S. 17.
7 Amereller 1965; Baer 1976; Harvolk 1979; Imhof 1998, S. 8–10, 46–48.
8 Vgl. Dülmen 1990–1994, Bd. 2 (Dorf und Stadt, 16.–18. Jahrhundert, München 1992), S. 30–44.
9 S. dazu Theopold 1978; Theopold 1988.
10 Imhof 1981; Dülmen 1990–1994, Bd. 1 (Das Haus und seine Menschen, 16.–18. Jahrhundert, München 1990), S. 80–101.
11 Theopold 1988, S. 104–116.
12 Theopold 1981, S. 107–133.
13 Zit. nach Bronner 2012, S. 7.
14 Imhof 1998, S. 9.

trägt, im Freien, vermutlich sogar in der Nähe seines Heimathofes, der direkt beim Kloster Johannszell lag. In der Rechten hält er eine Flasche mit Schraubverschluss; was genau er darin transportierte, bleibt offen. Die detaillierte Darstellung zeigt eine für die Brutalität des Verbrechens bezeichnende Momentaufnahme: Mit erhobenem Holzknüppel und stechendem Blick drängt der Husar gegen den zurückweichenden und laut Inschrift rechtschaffenen Bauernsohn vor, der bereits aus einer Platzwunde an der Stirn blutet.

Schon in der Notsituation, nicht gewiss, ob er mit dem Leben davonkommen würde, dürfte Könneder in einem Stoßgebet an den hl. Antonius das Gelübde einer Wallfahrt und der Stiftung dieser Bildtafel abgelegt haben. Der religiöse Akt der Anheimstellung unter den Schutz eines Heiligen steht ursächlich hinter jeder Votivgabe (lat. *votum*, »Verlöbnis, Gelübde«; *ex voto*, »aus Verlöbnis«). Die Darbringung ist dabei nicht als bloße materielle Danksagung zu werten, sondern dient vielmehr der öffentlichen Mitteilung – von Kriss-Rettenbeck mit einem Lehnbegriff aus der Rechtswissenschaft als »Promulgation« bezeichnet –, als ein für andere Gläubige sichtbares Zeichen des himmlischen Gnadenerweises.

Brückner 2013, S. 133–136, 139; Kriss-Rettenbeck 1958, S. 12, 98; Ausst.-Kat. Regensburg 2003, S. 406–407, Kat.-Nr. 60 (Peter Germann-Bauer). kg

22 Votivtafel des Jacob Könneder

St. Antoni bei Simbach (Lkr. Dingolfing-Landau, Niederbayern), 1798
Mischtechnik auf Holz, 32,2 x 24,3 x 2,1 cm
Museen der Stadt Regensburg, K 1958/19,5

Inschrift: *Zu S. Antoni hat sich verlobt der Tugendreiche Jacob Könneder. Lediger Baurens Sohn von S: Johannes Zell. Wegen eines Unglickes: ao. 1798*
Rückseitig mit Bleistift (Notiz des Malers oder des Votanten selbst): *Jacob Könneder Lediger Bauerns sohn von S. Johannes Zell. wurde von einem K. ungarischen Husaren überfallen, und mit Schlägen misshandelt und ausgeraubt – 1798*

Wie der erläuternde Text auf der Vorder- und ergänzend auch derjenige der Rückseite der Tafel mitteilt, wurde der unverheiratete Jungbauer Johannes Könneder im Jahr 1798 Opfer eines Raubüberfalls. Als Übeltäter wird ein »ungarischer Husar« genannt, an sich als Teil der kaiserlich-österreichischen Regimenter ein Verbündeter gegen den gemeinsamen Feind Frankreich. Nichtsdestoweniger kam es zu derartigen Übergriffen. Nach der bildlichen Schilderung ereignete sich der Anschlag auf Könneder, der seine Festtagstracht

23 Erntezeit

Wolfsindis-Kapelle Reisbach (Lkr. Dingolfing-Landau, Niederbayern), um 1825
Mischtechnik auf Holz, 23,4 x 19,5 x 2 cm
Museen der Stadt Regensburg, K 1958/20,16

Inschrift: *EX VO TO*

Die Darstellung im irdischen Bereich zeigt eine junge Frau vor einem üppigen Ährenfeld, die gerade im Begriff ist, ihre Ernte einzubringen. Als Votationsanliegen ist entsprechend die Bitte um einen ertragreichen Getreideanbau zu rekonstruieren. Vermutlich hatte die Bäuerin zuvor mit Ernteschäden zu kämpfen, denen sie durch ihr Verlöbnis zu der nicht kanonisierten Lokalheiligen Wolfsindis vorzubeugen hoffte. Vor den modernen Errungenschaften des Kunstdüngers und maschinellen Ackerbaus kam es, bedingt etwa durch Unwetter oder Schädlinge, häufig zu Missernten und daraus resultierend zu Hungersnöten, unter denen Mensch wie Tier zu leiden hatten – nach zeittypischer Vorstellung ein Schicksal, das allein die himmlischen Helfer durch ihre Fürbitte abzuwenden vermochten. kg

24 Viehverlöbnis

Bad Kötzting (Lkr. Cham, Niederbayern), 1846
Mischtechnik auf Holz, 33,6 x 25,7 x 2,1 cm
Museen der Stadt Regensburg, K 1949/18,3

Inschrift: *EXVOTO .1846.*

Auf dieser Tafel sind der oder die Votanten selbst nicht abgebildet, der irdische Bereich bleibt allein dem Vieh vorbehalten, das dem Schutz der beiden in der himmlischen Sphäre dargestellten Personen, Maria und Wendelin, unterstellt wird. Am linken Rand steht, säuberlich aufgereiht, eine kleine Herde von Rindern, deren Blick sich nach rechts richtet, zu einigen weiteren, im Gras liegenden Tieren. Diese Gruppe besteht aus einem größeren Rind und vier Schafen, darunter ein Muttertier mit Lamm. Das Bild lässt keinen eindeutigen Rückschluss auf das Votationsanliegen zu; denkbar ist, dass die liegend dargestellten Tiere von einer Seuche befallen waren, deren Heilung erbeten wurde, verbunden mit der Bitte um den Schutz des übrigen, noch gesunden, aber in Gefahr des Erkrankens befindlichen Viehbestandes.

Bedeutung und Wert des eigenen Nutzviehs in früheren Zeiten sind mit heutigem Maßstab nicht messbar; als Existenzgrundlage waren die Tiere beinahe ebenso wichtig wie die eigene Familie. Entsprechend häufig finden sich Votivtafeln mit Tierdarstellungen, manches Mal gemeinsam mit der besitzenden Familie – ein aussagekräftiges Indiz für die annähernde Gleichwertigkeit von Mensch und Tier.

Kriss-Rettenbeck 1958, S. 24–26.   kg

25 Votantin mit Gänseschar

Ecksberg/Altmühldorf (Lkr. Mühldorf a. Inn, Oberbayern), 1825
Mischtechnik auf Holz, 21 x 20,1 x 1,7 cm
Museen der Stadt Regensburg, K 1958/20,17

Inschrift: *EX VOTO 1825.*

Als Orantin im Betstuhl, mit einem Rosenkranz in den Händen, erscheint die Besitzerin dieser vielköpfigen, der sitzenden Schmerzensmutter anheimgestellten Gänseschar. Da in früheren Zeiten Klein- und Milchvieh, demgemäß Gänse ebenso wie Schweine und Kühe, zumeist in den Zuständigkeitsbereich der Frau fielen, findet sich bei diesbezüglichen Votationsanlässen oft die Bäuerin allein abgebildet.

Über die Provenienz der Tafel ist lediglich die Herkunft aus Ecksberg bekannt. Möglicherweise stammt das Bild ursprünglich

Leben in Not ■ 69

25

26

aus dem unterhalb des Ortes gelegenen Kronwidl, einer Wallfahrtskapelle zur schmerzhaften Muttergottes.

kg

26 Votantin mit Muttersau und Ferkeln

St. Andreas, Oberlauterbach (Lkr. Pfaffenhofen, Oberbayern), 1834
Mischtechnik auf Holz, 27 x 16,7 x 2,3 cm
Museen der Stadt Regensburg, K 1958/19,3

Der Fürbitte des hl. Wendelin unterstellte die kniend abgebildete Bäuerin ihr Borstenvieh. Ob die Muttersau und deren Wurf von neun Ferkeln nun zur eigenen Verwertung oder auch zum Verkauf gedacht waren – zunächst stand allein das Wohl der Tiere im Vordergrund, denn der Verlust auch nur eines einzigen hätte in jedem Fall einen großen materiellen Schaden bedeutet.

Die dargestellte Rasse ist anhand ihrer Färbung als das Halbrote Bayerische Landschwein zu identifizieren, das bis in die zweite Hälfte des 19. Jahrhunderts in Österreich und weiten Teilen Bayerns gehalten wurde. Durch effizientere Neuzüchtungen immer weiter verdrängt, starb diese robuste, meist freilaufende Art im frühen 20. Jahrhundert endgültig aus.

Jaritz 2010, S. 43.

kg

27 Votivtafel des Georg Stangl

Tannerl-Kapelle bei Rettenbach (Lkr. Cham, Oberpfalz), 1827
Mischtechnik auf Holz, 30,3 x 29,7 x 2,1 cm
Museen der Stadt Regensburg, K 1958/19,17

Inschrift: *Georg Stangl. in redenbach: anno 1827:*
In Kartusche: *EXVOTO*

In der irdischen Zone erscheinen in landschaftlicher Umgebung und einiger Entfernung voneinander der Tafelstifter und seine Frau, zwischen den beiden steht an zentraler Stelle eine Kuh, die demnach den Grund des Verlöbnisses darstellt. Das Bild stammt aus der zwischen Falkenstein und Rettenbach mitten im Wald gelegenen, auch »Tannerl« genannten Wallfahrtskapelle Zum gegeißelten Heiland. Von eben jenem, der in einem Wolkenrahmen am Himmel erscheint, hatte Georg Stangl sich Beistand für sein Anliegen erhofft, der ihm angesichts der erfolgten Wallfahrt und damit verbundenen Tafelstiftung auch zuteil wurde.

kg

28 Votivtafel der Barbara Kollmeir

Maria Hilf, Lengenbach (Gem. Deining, Lkr. Neumarkt, Oberpfalz), 1779
Mischtechnik auf Holz, 28,5 x 22,3 x 1 cm
Museen der Stadt Regensburg, K 1958/21,20

Inschrift: *anhero hat sich vorlobt die ehren geachte barbara Kollmeirin von Buchfelt, wegen gewissen anligen mitt dem oxen, EX VOTO, 1779*

Die künstlerische Umsetzung des gemalten Rahmens, gemäß dem Zeitgeschmack in Rokokomanier, verrät einen begabten Gestalter und hebt die Tafel von der Masse ab, bei der die Rahmung meist schlicht aus aufgesetzten, mehr oder weniger profilierten Holzleisten besteht; dessen ungeachtet lag auch diesem Gemälde allein die Sorge um ein Tier und ein deshalb erfolgtes Gelübde zugrunde. Die Inschrift spricht von lediglich einem Ochsen, während auf dem Gemälde derer zwei dargestellt sind. Es liegt aber nahe, hier eine Dopplung anzunehmen, die dasselbe Tier einmal krank, auf dem Boden liegend, und einmal gesund, stehend, vorstellt.

Die fiktive Verortung der Szene in einem Innenraum mit Fliesenboden und Vorhangdraperie soll keine reale Situation suggerieren, sondern den religiösen Akt des Verlöbnisses aus dem weltlichen Geschehen lösen und in den Bereich des Übernatürlichen, des Wunderbaren erheben.

Gockerell 2009, S. 201.

kg

27

29 Votivtafel des Jakob Raith

St. Anton bei Ratzenhofen (Lkr. Kelheim, Niederbayern), 1796
Mischtechnik auf Holz, 27,4 x 23,5 x 2,3 cm
Museen der Stadt Regensburg, K 1958/19,4

Inschrift: *Jakob Raith von Mailenhofen anno 1796*

Vom glücklichen Ausgang eines sicher nicht alltäglichen Ereignisses durch die Zusammenarbeit mehrerer Personen in einer außergewöhnlichen Konstellation berichtet diese Votivtafel. Unter der Ägide des hl. Antonius bemühen sich im Vordergrund vier Personen mit Seilen um die Rettung eines Pferdes, das offenbar in einem Brunnenloch steckt. Dass dies im Glauben auf himmlische Unterstützung schlussendlich auch gelang, belegt die Stiftung der Tafel. Als irdische Helfer standen dem zentral in bäuerlicher Tracht dargestellten Besitzer des Tieres, Jakob Raith, neben seinem mutmaßlichen Sohn am rechten Bildrand auch ein Kapuzinermönch sowie ein französischer Infanterist bei. In Bezugnahme auf die dem hl.

28

Leben in Not ■ 71

Antonius für seine Hilfe versprochene Wallfahrt ist im Hintergrund eine Kirche mit Barockgarten abgebildet.

Das Gemeinschaftswerk der gezeigten Personen ist insofern bemerkenswert, als ein Bayer und ein Franzose Seite an Seite für ein gemeinsames Ziel kämpfen – fällt das Entstehungsjahr der Tafel doch in die Zeit des Ersten Koalitionskriegs, als Bayern Bündnispartner Österreichs und damit Gegner der Napoleonischen Truppen war. kg

30 Votivtafel des Georg Meyer

Bayerischer Wald, 1722
Mischtechnik auf Leinwand, 48 x 69,8 x 2,4 cm
Museen der Stadt Regensburg, K 1943/26,2

Inschrift: *Ano. 1722 verlobt sich Georg Meyer mit dieser Daffel alhero zu unser lieben Frauen / welcher von einem fueter heu (durch abbrechung des wuschbaums im Zubinden) auff den kopff herunder geschossen / er aber ohn eine verletzung widerumb aufgestanden / Gott sey Tausentfältiger danck davuor gesagt.*

Unfälle beim Einbringen der Ernte oder des Heues, wie der hier geschilderte, nahmen sicher selten einen derart glücklichen Ausgang.

Trotz des Sturzes kopfüber, aus nicht geringfügiger Fallhöhe, blieb Georg Meyer völlig unverletzt. Seine Arbeit war aufgrund des instabilen Untergrundes, auf dem man leicht den Halt verlieren konnte, an sich bereits gefährlich; das Brechen des Wischbaums, einer mit einem Seil niedergebundenen Holzstange, die dem Sichern der Ladung diente, stellte allerdings ein – gewissermaßen halsbrecherisches – Risiko dar, das Meyer sicher nicht einkalkuliert hatte. kg

31 Votivtafel des Georg und der Barbara Sehlmer

Hofdorf (Lkr. Dingolfing-Landau, Niederbayern), 1759
Mischtechnik auf Holz, 28,7 x 35,4 x 2 cm
Museen der Stadt Regensburg, K 1958/21,4

Inschrift: *Zu Ehren der Selligsten Mutter gottes Maria haben sich verlobt, der Ehrbare georg Sehlmer baur, und barbara dessen Eheweib, von Rasch, aus der hoffdorffer Pfarr, wegen ein sehr grossen unglickh, so geschehen in Jahr .1759. den .7. August in der nacht da ein knecht mit scheitern nacher straubing gefahrn und ihrr Sohn, under den wagen gefallen und ihme daß bein an einn Fueß velig gebrochen, ist aber die vor bitt Maria, wider geheilt worden.*

Eine nächtliche Holzlieferung nach Straubing, bei der er den elterlichen Knecht begleiten durfte, wurde für den Sohn des Ehepaars Sehlmer zur Unglücksfahrt. Aus welchem Grund er vom Wagen fiel, der ihn nach der Bilderzählung überrollte, bleibt ungeklärt. Mitgeteilt wird aber die Art der Verletzung, die er sich infolge des Sturzes zuzog: ein Beinbruch, der aber anscheinend ohne bleibende Schäden ausheilte. Aus der Inschrift spricht eine ausgeprägte elterliche Fürsorge, wenn trotz des noch glimpflichen Ausgangs von einem *sehr grossen unglickh* die Rede ist. kg

32 Angriff eines Ochsen

Frauenbergkapelle bei Weltenburg (Lkr. Kelheim, Niederbayern), Mitte 18. Jahrhundert
Mischtechnik auf Holz, 24,6 x 20,4 x 2,6 cm
Museen der Stadt Regensburg, K 1958/21,24

Der Umgang mit Tieren gewisser Größe und Angriffskraft birgt immer Gefahren. Gerade bei nicht angeketteten Rindern war im Falle der Annäherung eine gewisse Vorsicht angebracht. Dessen war sich sicher auch diese Bäuerin bewusst, nichtsdestoweniger erlebte sie offenbar eine äußerst bedrohliche Situation. Das Bild lässt offen, ob der Stier die Frau tatsächlich attackiert hat, sie aber unverletzt

Leben in Not 73

blieb, oder ob er im Moment ihres Verlöbnisses im Stoßgebet von ihr abließ; eine schwere Verletzung durch die Hörner oder die Hufe hätte leicht den Tod zur Folge haben können.   kg

33   Gefahrvolle Reise

Maria im Steinfels, Landau (Lkr. Dingolfing-Landau, Niederbayern), 1815
Mischtechnik auf Holz, 34,8 x 27,8 x 1,8 cm
Museen der Stadt Regensburg, K 2012/53,12

Schlechte Wegverhältnisse im Allgemeinen und marode Holzbrücken im Besonderen bargen ein kaum vorhersehbares Unfallrisiko – war keine Alternative zum Überqueren von Schluchten oder Flüssen vorhanden, musste man dieses jedoch eingehen. Sichtbare Fehlstellen konnten zwar umgangen werden, morsche Bohlen allerdings waren nicht auf den ersten Blick erkennbar und drohten, unter Belastung ohne Vorwarnung nachzugeben, gerade auch durch das punktuell aufsetzende, nicht unerhebliche Gewicht eines Pferdes mit seinem Reiter. Ein Durchbrechen oder ein Fehltritt konnte den jähen Absturz bedeuten – entsprechend glücklich schätzte sich der Reisende, die gefahrvolle Überquerung durch die Anrufung Mariens unbeschadet hinter sich gebracht zu haben und stiftete sicher gern diesen offenen »Bildbrief« zum Himmel.

Kriss-Rettenbeck 1958, S. 30, 78; Brückner 2010, S. 99–100.   kg

34   Votivtafel der Maria Hiebel

Egglhausen (Gem. Pfeffenhausen, Lkr. Landshut, Niederbayern), 1702
Mischtechnik auf Holz, 23,9 x 16 x 1,2 cm
Museen der Stadt Regensburg, K 1958/19,6

Inschrift: *dises däffel hat verlobt die ehrngeachte maria hiebelin stillpeirin von eckelhausen welche ein wiediger hundt gebißen hat durch hilf S antoni beser worden amen*
Im Bild: ·1·70·2·

Schon ein scheinbar harmloser Hundebiss konnte aufgrund der häufig daraus resultierenden Wundinfektion gravierende Auswirkungen haben. Zwar gab es auch vor der Einführung des antiseptisch wirkenden, aber enorme Hautreizungen verursachenden Karbolverbandes 1865 und der Entdeckung des Penizillins 1928 diverse Behandlungsmöglichkeiten naturheilkundlicher Art, deren Wirksamkeit allerdings war nicht garantiert und manches Mal sogar kontraproduktiv. Der Heilungsprozess verlief deshalb häufig nicht optimal und war oft langwierig. Zudem drohte infolge der Entzündung die noch weitaus schlimmere Gefahr einer Sepsis, die mit hoher Wahrscheinlichkeit zum Tod führte. Gar völlig aussichtslos war die Lage im Fall einer Infektion mit Tollwut – entsprechend groß dürfte die Angst der Maria Hiebel gewesen sein, dass der Hund, selbst möglicherweise durch Füchse oder Wölfe infiziert, sie mit dieser Krankheit angesteckt hatte.

Eckart 2011, bes. S. 141–143; Kriss-Rettenbeck 1958, S. 30.　　kg

35 Votivtafel des Andreas Marx

Maria Schutz auf dem Kronberg, Bad Griesbach
(Lkr. Passau, Niederbayern), 1813
Mischtechnik auf Holz, 29,3 x 20,5 x 1,4 cm
Museen der Stadt Regensburg, K 1958/21,5

Inschrift: *Andreas Marx ist durch einen unvorsehenes Schicksahl über einen hochn Baum herunter gefallen und ist durch anruffung Maria unbeschädigt erhert worten. Gott sej Tang und Maria.*
Im Bild: *1813*.

Äußerst spektakulär wird auf dieser Tafel der Moment kurz vor dem Sturz des Andreas Marx vor Augen geführt. Festgeklammert im Wipfel eines soeben fallenden, bereits in Schräglage befindlichen Nadelbaumes blickt er hilfesuchend zum nahen marianischen Gnadenbild, während seine Axt bereits Richtung Boden stürzt, dem auch er unausweichlich näher kommt. Dass sein Aufprall schließlich folgenlos blieb, kann wohl darauf zurückgeführt werden, dass er nicht vom Baum herab-, sondern mitsamt dem Gehölz umfiel.　　kg

36 Votivtafel des Anton Attenberger

Wieskirche Grub (Gem. Moosbach, Lkr. Neustadt a. d. Waldnaab, Oberpfalz), 1831
Mischtechnik auf Holz, 16,2 x 23,9 x 1,9 cm
Museen der Stadt Regensburg, K 1958/19,18

Inschrift: *Diese Tafel hat verlobt, Anton Attenberger von Zandt, weil selben im im Jahr 1831 ein Baum den Fuß abschlug.*

Verhängnisvoll verlief der hier gezeigte Waldunfall. Ein umgeholzter Baum fiel derart unglücklich auf das Bein des Anton Attenber-

34

35

Leben in Not

ger, dass er ihm, wie die Inschrift berichtet, *den Fuß abschlug*. Der entscheidende Moment ist im Bild festgehalten. Der Wortlaut lässt mutmaßen, dass das Bein oder zumindest der Fuß amputiert werden musste. Dass der Verunfallte trotz des massiv einschränkenden Verlustes sein Gelöbnis einhielt, eine Bildtafel zu stiften, legt nahe, dass er im Augenblick der Votation mit noch schlimmeren Folgen gerechnet hatte.

Zandt, der Heimatort Attenbergers, liegt nur wenige Kilometer entfernt von Grub bei Moosbach, wo sich um eine Kopie des Wies-Heilands von Steingaden eine rege Wallfahrt entwickelt hatte. Der in der himmlischen Sphäre erscheinende Geißelheiland verweist darauf, dass Anton Attenberger sich diesem Gnadenbild verlobt hatte.

kg

37 Unfall in einer Schmiedewerkstatt

Niederbayern, zweite Hälfte 19. Jahrhundert
Mischtechnik auf Holz, 34,6 x 24,9 x 2,1 cm
Museen der Stadt Regensburg, K 1935/154,5

Die Votivtafel eröffnet den Blick in eine typische zeitgenössische Schmiede, mit kohlengefüllter Esse und handbetriebenem Blasebalg, Amboss, Werkbank und Flaschenschraubstock. Während der Meister durch seine Arbeit an einem Eisenstück mit glühendem Ende abgelenkt ist, hantiert der Lehrling offenbar unvorsichtig mit einer Pistole und schießt sich direkt in die linke Hand. Aus der Mündung, ebenso beim Verschluss, tritt Feuer aus und geht in aufsteigenden Rauch über. Von der Wunde tropft bereits Blut herab. Über den Ausgang des Unglücksfalls kann nur gemutmaßt werden; die Inschrift, die einst links der Gottesmutter im himmlischen Bereich stand, ist durch Abrieb – wohl in der Absicht, die Tafel zu reinigen – unleserlich geworden. Angesichts der erfolgten Votivtafelstiftung liegt es jedoch nahe, dass die Verletzung nicht allzu folgenschwer war.

kg

38 Votivtafel des Georg Schannra

Ulrichsberg (Gem. Grafling, Lkr. Deggendorf, Niederbayern), 1693
Mischtechnik auf Holz, 24,6 x 24,4 x 3,1 cm
Museen der Stadt Regensburg, K 1958/19,11

Inschrift: *Anno: 1693 Hatt görg Schannra Sich allhero verlobt vegen seiner Chra:ckheit amen:*

Krankheitsfälle jeglicher Art waren der häufigste Grund, sich mit einer Votation an einen Heiligen zu wenden. Überaus häufig findet sich deshalb das Bild eines bettlägerigen Votanten. Sofern das

Leiden nicht durch eine schriftliche Erläuterung konkretisiert wird, lässt manches Mal auch der Heilige, dessen Schutz sich der Erkrankte unterstellte, Rückschlüsse zu. Der hier dargestellte hl. Ulrich, einst Bischof von Augsburg, wurde vor allem bei Fieber und auch in der Sterbestunde angerufen. Die in das Verlöbnis gesetzte Hoffnung auf Genesung indes erfüllte sich offenkundig nicht: Ein Kreuz über dem Haupt, Symbol des Todes, kennzeichnet den im Kreis seiner Familie gezeigten Georg Schannra als verstorben. Die Folgen für die Frau und Kinder waren sicher schwerwiegend. Allein eine zeitweilige krankheitsbedingte Arbeitsunfähigkeit des Ehegatten und Vaters bedeutete bereits einen massiven Verdienstausfall und zehrte an der Existenzgrundlage. Der Tod des Hauptnährers aber beinhaltete stets die Gefahr des sozialen Abstiegs der Hinterbliebenen.   kg

39   Votivtafel des Jakob Grinzinger

Frosching (Gem. Schönberg, Lkr. Mühldorf a. Inn, Oberbayern), 1840
Mischtechnik auf Holz, 20,8 x 31,6 x 2,7 cm
Museen der Stadt Regensburg, K 1956/121,2

Inschrift: *Jakob Grinzinger Weber zu Frosching verlobte sich in einer ansteckenden Krankheit, an welcher die ganze Familie danieder lag, und dessen Weib auch wirklich gestorben, hieher. Auf Anrufen Maria hat die Krankheit wieder aufgehört. Aus der Pfarrei Schönberg.*
Auf Bettstatt: *Ex votto 1839–40.*

Aufgrund der schweren und langwierigen Erkrankung seiner gesamten Familie, der seine Frau schließlich erlag, erflehte Jakob Grinzinger den Beistand der Madonna von Altötting, woraufhin das Leiden schließlich ein Ende hatte. Aus der Inschrift spricht die Überzeugung des Votanten, dass dies in unmittelbar kausalem Zusammenhang mit der Anrufung der Gottesmutter stand. In einprägsamer Weise führt das Bild so auch den Moment der Anheimstellung vor Augen: Die Familienmitglieder verteilen sich auf insgesamt drei Betten, zwei Dreiergruppen in je einem großen Bett links und rechts, die allesamt den Blick himmelwärts zum Altöttinger Gnadenbild richten; im mittleren Einzelbett liegt mit geschlossenen Augen die bereits verschiedene Ehefrau.

Gegen viele Krankheiten war in früheren Jahrhunderten, vor den Errungenschaften der modernen Pharmazie, im wahrsten Wortsinne »kein Kraut gewachsen«. Im Falle schwerer infektiöser Erkrankungen, die sich schlimmstenfalls epidemisch ausbreiteten, konnte dies tatsächlich die Auslöschung ganzer Familien zur Folge haben.   kg

40   Amputation von Zehen

Passau oder Vilshofen (Lkr. Passau, Niederbayern), 1838
Mischtechnik auf Holz, 25,6 x 18,7 x 2,5 cm
Museen der Stadt Regensburg, K 1935/154,4

Inschrift: *Eine gewise Person verlebt Sich hieher zu der seeligsten Muttergottes weil ihr die Zehen [ganz(?)] abgenomen sind worden.*

Leben in Not   77

40

und durch die vorbitt Maria. Gott sey Dank wieder geholfen worden 1838
Im Bild: *1838*

Mit nach oben, zum Gnadenbild Mariahilf gerichtetem Blick, den Rosenkranz in Händen, betet die hier gezeigte Patientin offenbar um einen guten Ausgang der Operation, die in einem nicht näher definierten Innenraum vorgenommen wird, und ihre anschließende Genesung. Von ihrem linken Vorderfuß, an dem sich ein Chirurg mit dem Skalpell oder einer kleinen Säge zu schaffen macht, tropft Blut. Währenddessen bemüht sich ein Assistent um die Patientin. Es kann nur gemutmaßt werden, welche Grunderkrankung die Amputation der Zehen notwendig machte. In Frage käme wohl am ehesten eine Gewebsnekrose in Form des Gangräns, früher Wundbrand genannt, oder ein diabetisches Fußsyndrom. Ebenfalls unklar ist, welcher Art die gewiss verabreichte Betäubung war. Da die Äthernarkose erst 1846/47 eingeführt wurde, dürfte angesichts der Datierung der Tafel eine Pflanzentinktur, etwa aus Bilsenkraut oder Mohn, möglicherweise sogar das berühmt-berüchtigte Laudanum Anwendung gefunden haben – ob oral verabreicht oder als Lokalanästhetikum, muss dahingestellt bleiben. Sicher ist jedoch, dass es nach solchen Eingriffen häufig zu Komplikationen im Wundheilungsprozess kam, die Gefahr einer schweren Infektion oder sogar einer allgemeinen Sepsis war stets immanent.

Eckart 2011, S. 139–141.   kg

41 Votivtafel der Elisabeth Räbeyer

Kapelle Glatzinger Bründl, (Gem. Kopfing, Bezirk Schärding, Oberösterreich), 1765
Mischtechnik auf Holz, 32,1 x 25 x 2,5 cm
Museen der Stadt Regensburg, K 1958/20,12

Inschrift: *Alhero Zu Maria, hat sich bringen lasse Elisabeth Räbeyerin welche mit den magen fieber Melancoley behaft auch . 5 . Jahr miseräbl gewesen nach Verlobung alhero von Tag, zu Tag eine bösserung und gesundheit erhalten. 1765.*

Anlass zu einer Anheimstellung gaben nicht nur physische, sondern auch psychische Leiden. Personen mit Verhaltensauffälligkeiten und -störungen lösten, abgesehen von der eigenen Problematik, auch bei anderen starke Angstgefühle aus. Für die gesamte Familie bedeutete dies eine enorme Belastung, mindestens ebenso sehr wie für die betroffene Person selbst. In schweren Fällen, insbesondere bei Auto- oder Fremdaggressivität, wusste man sich kaum anders zu helfen, als den Kranken zu fixieren oder einzusperren und auf himmlische Hilfe zu hoffen. Auf manchen Votivbildern entfleuchen als Zeichen der Heilung von einer psychischen Krankheit oder angenommenen Besessenheit deshalb schwarze Teufelchen dem Mund des Votanten. Elisabeth Räbeyer litt vermutlich an einer Depression, als sie die Gottesmutter um Hilfe anrief. Ihre Krankheit wird benannt als das *magen fieber Melancoley* – offenbar wurde eine körperliche Ursache angenommen. Gemäß der Inschrift hatte sich seit dem Gelübde ihr Befinden zunehmend gebessert, völlig regeneriert scheint die Gemütskranke indes noch nicht gewesen zu sein, wenn davon die Rede ist, dass sie *Alhero Zu Maria, hat sich bringen lasse*. Der Erfüllung des Verlöbnisses durch Wallfahrt und Tafelstiftung wollte sie aus Dank für das augenscheinliche Ende ihrer fünfjährigen Leidenszeit dennoch nachkommen. Wohl nicht genug bei Kräften, um die Strecke per pedes zu absolvieren, legte sie nach der bildlichen Schilderung den Weg im Damensattel zu Pferde zurück, wobei ihr Begleiter, der mutmaßliche Ehemann, das Tier an den Zügeln führte.

Das Votivbild stammt aus dem circa 30 Kilometer südöstlich von Passau im Innviertel gelegenen Glatzing. Zur Entstehungszeit der Tafel gehörte die Region noch zum Herzogtum Bayern. Die um 1785 erneuerte Bründl-Kapelle steht unter dem Patrozinium Maria Heimsuchung, wobei das dargestellte Gnadenbild der Sammareier Madonna entspricht.

Brückner 2010, S. 115–117; Gockerell 2009, S. 204–205; Kriss-Rettenbeck 1958, S. 52–56

kg

42

42 Votantin mit Kröte

Sammarei (Gem. Ortenburg, Lkr. Passau, Niederbayern), 1802
Mischtechnik auf Holz, 20,3 x 15,5 x 1,4 cm
Museen der Stadt Regensburg, K 1958/20,6

Inschrift: *EXVOTO 1802*

In der Erscheinung der Votantin, die mit zum Himmel gereckten Armen und bittend gefalteten Händen zum Sammareier Gnadenbild emporblickt, kommt äußerste Verzweiflung zum Ausdruck. Der Grund ihres Kummers ist als Chiffre abgebildet: Vor der Votantin, scheinbar schwebend, befindet sich eine Kröte. Diese Amphibienart galt, in Anlehnung an die aus der Antike tradierte Idee von im Körper wohnhaften Tieren, als Symbol der Gebärmutter. Der Vorstellung nach galt sie zunächst als Auslöser des Wehenschmerzes, später sämtlicher Frauenleiden. Analog wurden auch Koliken des Mannes diesem Tier zugeschrieben. Neben der Darstellung im Bild erscheint die Kröte auch als plastisches Votiv, geformt aus Wachs, Eisen oder Silber (vgl. dazu auch Kat.-Nrn. 160, 165).

Im vorliegenden Fall, mit dem Symboltier in Rückansicht und himmelwärts gerichtetem Kopf unterhalb eines Mariengnadenbildes, kann es als Hinweis auf Unfruchtbarkeit respektive einen bisher nicht erfüllten Kinderwunsch gedeutet werden. Die seelische Belastung der Votantin dürfte immens gewesen sein, bedeutete ein reicher Kindersegen doch Erfüllung der Ehe und Zukunftssicherung zugleich; ein Ausbleiben hingegen stellte die gottgefällige Lebensführung des Paares insgesamt in Frage.

Gockerell 2009, S. 191–193.

kg

43 Mutter und Tochter

Wolfsindis-Kapelle Reisbach (Lkr. Dingolfing-Landau, Niederbayern), 1818
Mischtechnik auf Holz, 23,1 x 21,9 x 2,2 cm
Museen der Stadt Regensburg, K 1958/20,15

Inschrift: *EX VOTO 1818*

Gemeinsam mit ihrer Tochter kniet die Bäuerin auf diesem Bild mit andächtigem Blick und zum Gebet gefalteten, mit einem Rosenkranz behängten Händen vor der hl. Wolfsindis. Die Frauen tragen eine Variante der Gäubodentracht, die auf das Untere Rott-

Leben in Not

43

und Vilstal verweist. Die Mutter trägt als Kopfbedeckung ein weißes Hauptentuch, die Tochter ein rotes Mieder und auf dem Kopf ein sich nach oben erweiterndes schwarzes Schapel, das Kennzeichen lediger Frauen. Aus welchem Anlass sich die beiden der Heiligen anheimstellten, bleibt spekulativ. Möglicherweise galt die mit der Hoffnung auf Erfüllung einhergehende Bitte der glücklichen Zukunft des jungen Mädchens, vielleicht dem Wunsch nach einem guten Ehemann.

Zaborsky-Wahlstätten 1979. kg

44 Seelenheil und Kinderwunsch

Pilgramsberg (Gem. Rattiszell, Lkr. Straubing-Bogen, Niederbayern), um 1830
Mischtechnik auf Holz, 25,7 x 22,4 x 1,3 cm
Museen der Stadt Regensburg, K 1958/20,25

Inschrift: *Verlobt.*

In aller drastischen Deutlichkeit führt diese Tafel ein früher häufiges Schicksal vor Augen: Auf rotem Grund liegen aufgereiht insgesamt sieben Wickelkinder, die allesamt mit dem Kreuz als Zeichen des Todes versehen sind. Dahinter stehen nebeneinander acht Erwachsene, fünf Männer, die beiden ersten ebenfalls als verstorben markiert, sowie drei Frauen. Zwei der Personen tragen geringfügig abweichende Kleidung. Bei dieser Konstellation handelt es sich offenbar um die Darstellung von insgesamt drei Generationen. In dem abweichend gekleideten Paar sind demnach die Großeltern zu erkennen, die übrigen Erwachsenen stellen entsprechend deren Kinder respektive Schwiegersöhne und/oder -töchter dar.

Aufgrund hygienischer Missstände bei der Geburt sowie unzureichender Kenntnisse und Möglichkeiten medizinischer Versorgung, etwa im Falle einer Rhesus-Inkompatibilität oder der »Frais« (vgl. Kat.-Nr. 48), war die Säuglingssterblichkeit immens hoch. Um 1850 lag die Mortalitätsrate von Lebendgeborenen bis zum vollendeten ersten Lebensjahr in Deutschland bei 20–25 Prozent, in Bayern bei durchschnittlich 30 Prozent, in einzelnen Regionen sogar noch höher. So vermelden die Oberpfälzer Physikatsberichte der Jahre 1857–1862 für zwei Jahre eine Säuglingssterblichkeit von über 40 Prozent.

Einer ungetauften Seele blieb das Himmelreich verschlossen; insofern war es für die Eltern in gewisser Weise beruhigend, wenn ein sterbender Säugling wenigstens so lang überlebte oder ein Totgeborenes scheinbare Lebenszeichen von sich gab, bis die Nottaufe vollzogen war.

Dieser Tafelstiftung lag die Bitte für das Seelenheil der Verstorbenen, sowohl der Wickelkinder als auch der beiden Erwachsenen, zugrunde. Gewiss implizierte das Votationsanliegen auch die vertrauensvolle Hoffnung auf künftig wenigstens ein überlebendes Kind, wie es sinngemäß auf einer österreichischen Tafel zu lesen ist: »Lieber Gott acht Kinder sind bei Dir, so schenk das neunte mir« (zit. nach Kriss-Rettenbeck 1958, S. 91).

Imhof 1998, S. 26–27, 78; Gehrmann 2011, S. 819–821; Gockerell 2009, S. 206; Kriss-Rettenbeck 1958, S. 59–61, 91; Wormer 1988, S. 95.

kg

45 Kindsnöte: Wochenbett

Eichlberg (Stadt Hemau, Lkr. Regensburg, Oberpfalz), 1832
Mischtechnik auf Holz, 31 x 17,2 x 2,4 cm
Museen der Stadt Regensburg, K 1935/176,2

Inschrift: *EX VOTO 1832*

Die Votivtafel zeigt eine bettlägrige Frau mit einem Wiegenkind neben sich. Über den beiden erscheint der hl. Sebastian, gemeinhin bekannt als Pestheiliger, aber auch Helfer bei allgemeinen Infektionen. Wenngleich das dem Verlöbnis zugrunde liegende Leiden nicht konkretisiert wird, ist zu vermuten, dass es im Bereich der »Kindsnöte« anzusiedeln ist. Unter diesem Begriff wurden in früheren Zeiten sämtliche Sorgen und Nöte rund um Schwangerschaft, Geburt und Wochenbett subsumiert. Bereits kleinere, in heutiger Zeit gut behandelbare Komplikationen während der Austragung des Kindes konnten gravierende Folgen haben. Unabhängig vom Schwangerschaftsverlauf barg die Geburt nicht kalkulierbare Risiken, denen die Hebamme nur bedingt entgegenwirken konnte, etwa bei einer Fehllage des Kindes oder starken Nachblutungen. Und selbst wenn auch die Niederkunft gut überstanden war, folgte eine weitere kritische Phase: Das Wochenbett war verbunden mit der Gefahr von schweren Infektionen für Mutter und Kind; abgesehen von der

45

46

hohen Säuglingssterblichkeit (vgl. Kat.-Nr. 44) war vor allem das durch mangelnde Hygiene verursachte, in den meisten Fällen tödlich verlaufende Kindbettfieber der Mutter gefürchtet.

Gockerell 2009, S. 174; Eckart 2011, bes. S. 141–142.   kg

46 Anheimstellung einer Familie

Niederbayern, 1810
Mischtechnik auf Holz, 26,9 x 21,7 x 3,3 cm
Museen der Stadt Regensburg, K 1936/11,8

Inschrift: *EXVOTO. 1810.*

Das Bild bezeugt die Anheimstellung einer gesamten Familie an die Gottesmutter, die in der überweltlichen Sphäre als Mariahilf-Gnadenbild erscheint. Vertrauensvoll emporblickend präsentieren sich in der üblichen Geschlechtertrennung der Vater mit den beiden Söhnen auf der linken, die Mutter mit der Tochter auf der rechten Seite.

Offenbar hatten alle ihr Kinder bis dato überlebt – ein verstorbenes Kind wäre *sub specie aeternitatis*, unter dem Gesichtspunkt der Ewigkeit, sicherlich mitabgebildet worden, mit einem Kreuz als Symbol für den bereits erfolgten Tod auf dem Haupt. Von einem derartigen Schicksal verschont, konnte sich die Familie äußerst glücklich schätzen. Die Tafel kann demnach als Dankesbezeugung der Votanten für ihr bisheriges Lebensglück verstanden werden, verbunden mit der Bitte um weiteres himmlisches Wohlwollen.

Gockerell 2009, S. 201; Kriss-Rettenbeck 1958, S. 104.   kg

47 Anheimstellung eines verstorbenen Kleinkindes

Brudersbrunn-Kapelle bei Grafenau (Lkr. Freyung-Grafenau, Niederbayern), 1843
Mischtechnik auf Holz, 26,8 x 17,6 x 1,6 cm
Museen der Stadt Regensburg, K 1958/21,14

Inschrift: *EXVOTO. 1843.*

»Kommts Abendroth, Ists Kindlein todt«. Dieser einem von Friedrich Rückert (1788–1866) verfassten Gedicht des frühen 19. Jahrhunderts entnommene Reim thematisiert die nach heutigen Maßstäben erschreckend hohe Säuglings- und Kindersterblichkeit der Zeit.

82 ■ Katalog

Um 1850 starb in Bayern ein Drittel aller Lebendgeborenen innerhalb der ersten zwölf Monate (vgl. Kat.-Nr. 44); bis zur Vollendung des fünften Lebensjahres erhöhte sich die Mortalitätsrate durch typische Kinderkrankheiten, Infektionen aller Art oder auch Unfälle nochmals erheblich.

Auch die hier in einem biedermeierlichen Wohnraum abgebildete Votantin verlor ihr Kind offensichtlich in den ersten Lebensjahren und stellte es mit der Bitte um sein Seelenheil den himmlischen Mächten anheim. Gezeichnet mit dem Kreuz der Verstorbenen und dennoch zur Krönung Mariens aufblickend, liegt es vor der betenden Mutter in seinem Bettchen.

Imhof 1998, S. 26–27; Gehrmann, S. 821; Kloke 1997, S. 1–2.   kg

48 Votivtafel des Simon Voraberger

Enzersdorf (Lkr. Passau, Niederbayern), 1660
Mischtechnik auf Holz, 28,3 x 23,2 x 2,8 cm
Museen der Stadt Regensburg, K 1957/55,3

Inschrift: *Siman Voraberger Schmidt zu Enterstorff in Nideren Baürn, hat dises daffel alhero, für ein khleines khündt, so die fraies gehabt, verlobt und machen lassen. Anno 1660.*

Selten werden Krankheiten von Wickel- und Kleinkindern auf Votivtafeln namentlich bezeichnet, wenn doch, so ist meistens die Rede von der Frais(-en). Unter diesen Begriff fielen sämtliche neurologischen Krankheitsbilder, die mit *Convulsionen*, Krampfanfällen, einhergingen. Symptomatisch für die *Froas* (mundartlich), von der man annahm, dass sie durch Angst- oder Schockerlebnisse ausgelöst wurde, waren neben Krämpfen und Zuckungen auch Fieber und Wutgeschrei. Den Kindstod vor Vollendung des ersten Lebensjahres belegte man häufig pauschal mit diesem Begriff. Meist dürfte in Fällen derartiger Symptomatik eine Mangelerkrankung vorgelegen haben. Darüber hinaus konnte sich hinter der *Convulsion* auch eine Epilepsie, früher auch Fallsucht genannt, verbergen. Selbst wenn das Kind nicht unmittelbar daran verstarb, war ein Krampfleiden doch mit massiven Einschränkungen verbunden; umso größer war sicherlich die Erleichterung, wenn die Frais oder ein fraisähnlicher Zustand vorüberging wie im Fall der Familie Voraberger, die Maria als Schutzheilige der Mütter schlechthin um Hilfe angerufen hatte. In Ermangelung wirksamer Arzneien hoffte man im Vertrauen auf himmlischen Beistand auch, sein Kind durch Gegenstände wie die Fraiskette oder das Fraisenhäubchen (vgl. Kat.-Nrn. 116, 141) vor der gefürchteten Erkrankung schützen oder sogar heilen zu können.

47

48

Leben in Not   83

49

Die Provenienz der Tafel ist ungeklärt. Das im Lichtloch erscheinende Gnadenbild gemahnt jedoch an die Madonna von Sammarei, möglicherweise bezog sich das Verlöbnis der Wallfahrt und Tafelstiftung auf diesen Ort.

Friedl 2009, S. 135–140; Wormer 1988, S. 95–97.   kg

49 Votivtafel des Johannes Mayr

Weng (Lkr. Landshut, Niederbayern), 1776
Mischtechnik auf Holz, 22,6 x 19,5 x 2 cm
Museen der Stadt Regensburg, K 1936/138

Inschrift: *Johannes Mayr huefschmidt zu weng verlobt sein 3Järiges kranges gnäblein hieher / auf welchen 3 solche wirm gangen seindt. a. 1776.*

Eine große Rolle spielen auf Votivtafeln immer wieder die Erkrankungen von Kleinkindern und Säuglingen, allerdings meist ohne nähere Erläuterung der Beschwerden. Benennungen erfolgen fast ausschließlich mit dem Begriff der Frais (vgl. Kat.-Nr. 48). Selten wird eine Kinderkrankheit so spezifisch geschildert wie im Fall dieses offensichtlich mit Parasiten infizierten Knaben, wobei die Darstellung keinen genauen Rückschluss auf die Art des Gewürms zulässt. Ungewöhnlich ist an dieser Tafel auch die Erscheinung des Vaters im Bild – im Regelfall tritt als Begleitung des Sprösslings die Kindsmutter auf, wobei in Inschriften, sofern vorhanden, gemäß der patriarchalischen Gesellschaftsordnung als Votant wiederum häufiger der Vater genannt ist.   kg

GLAUBENSGEGENWART
IM ALLTAG

Zuhause

Das fromme Wohnen

Christine Aka

In den agrarischen Regionen blieb eine starke Einbindung der Menschen in den kirchlich bestimmten Lebens- und Jahresablauf bis weit in das 20. Jahrhundert selbstverständlich. Dazu gehörte auch, das Haus, die Wohnung, den Hof religiös zu schmücken. Mit religiösen Symbolen versehene Gebrauchsgegenstände, Verzierungen an Häusern und Möbeln, Wandschmuck, religiöse Andenken und segenspendende Devotionalien waren – je nach finanziellen Möglichkeiten – ein fester Bestandteil in den Häusern (vgl. Kat.-Nr. 50 und 59).

Als Symbolprogramm wirkten alle religiösen Dinge bei der Prägung der »inneren Welten« zusammen. Sie gaben Werte vor, regten zur Verehrung an, boten nebenbei auch Unterhaltung und stellten einen Bezug zur transzendentalen Ebene her. Sie waren selbstverständliche Attribute einer Umwelt, in der die Kirche einen sehr großen Teil des Denkens und Verhaltens beeinflusste und viel Zeit einforderte. Die festumrissenen religiösen Botschaften und vor allem Verhaltensleitlinien, die durch diese Gegenstände vermittelt wurden, waren durch kirchlicherseits angebotene Kulte, Gebetsübungen, Vereinstätigkeiten und Unterweisungen unterpolstert. So war die Religion immer und überall präsent.

Das Kreuz als allgegenwärtiges Symbol

Das zentrale Zeichen des Christentums ist und war das Kreuz. Als Symbol des Heiles, der Überwindung des Todes, der Auferstehung, der Hoffnung, als Pilgerabzeichen der Menschen auf der Pilgerfahrt des Lebens ist es das Emblem für die Nachfolge Christi durch Mühe und Arbeit, Schmerz und Krankheit, Leid und Demut. Als geweihtes Objekt gehört es zur Grundausstattung eines Katholiken. Es hing an der Wand, stand auf dem Schrank, schmückte das Kleid, den Finger, das Haus, war Geschenk zu Taufe, Erstkommunion, Verlobung und Hochzeit, Präsent für besondere Verdienste in Vereinen und Kirchengemeinden.[1] Als Brustkreuz getragen, begleitete es die katholischen Frauen vom Tag der Erstkommunion an bis zum Tod. Einfache kleine Brustkreuze gehörten zur Schmuckausstattung eines jeden Mädchens und waren auch bis in der Mitte des 20. Jahrhunderts Teil der traditionellen Bekleidung verheirateter Frauen,[2] wobei das Material – je nach Geldbeutel – von Blech bis zu Gold reichte.

Kreuze aller Art waren in den Häusern zu finden. Ob als Viernagel- oder Dreinageltypus, mit oder ohne Suppedaneum, aus Gusseisen oder Holz, aus Blech oder Gold, immer zeigt es die zentrale Botschaft des Christentums. Ein beliebtes Massenprodukt war das goldfarbene Prunkkreuz unter einer Glashaube. Größere Standkreuze brauchte man zum Schmücken des Fronleichnamsaltars vor dem Haus; in Süddeutschland weit verbreitet waren die vor Gewitter schützenden Wetterkreuze, die den Gekreuzigten mit den Arma Christi zeigen (vgl. Kat.-Nr. 75).

Kreuze sind jedoch nicht nur Zeichen, Symbole der Zugehörigkeit zur christlichen Religion, sondern besitzen als geweihte Objekte im Verständnis der Gläubigen eine gewisse eigene Heiligkeit. Kreuze wegzuwerfen gilt bis heute vielen Menschen als Frevel, so dass zahlreiche Kreuze inzwischen an Museen abgegeben werden, wo man ihnen ein würdiges Weiterleben wünscht.[3]

21 Josef und Barbara Winkler in der Stube unterm Herrgottswinkel. Nach alter Tradition macht sie auf dem frischen Laib drei Kreuzzeichen, bevor sie ihn anschneidet. Zell (Lkr. Cham, Oberpfalz), 1940er Jahre

22 Kruzifix. Niederbayern, Holz, Steinguss, 1860–70. Museen der Stadt Regensburg, K 2008/126

Klosterarbeiten und dekorative Andachtsgegenstände

Typisch für die Religion des Barocks waren sogenannte Klosterarbeiten, Geduldsarbeiten, die nicht nur in Klöstern gefertigt wurden (Abb. 24). Es sind aufwendige Kleinkunstwerke, Collagen aus Gold- und Silberdraht, Perlen, Steinen, Goldspitzen, Flitter, Pailletten, Seide und bemaltem Krüllpapier, in Kästchen oder Schreine eingearbeitet. In der Mitte dieser Arrangements befinden sich Reliquien, Agnus Dei oder Wachsmedaillons. Solche Eingerichte waren seit der Mystik des Mittelalters als Gegenstände der privaten Andacht in Klöstern beliebt. Dort wurden sie zunächst für den eigenen Bedarf vor allem von Nonnen hergestellt.

In den Klöstern ging es den Ordensleuten darum, Gegenstände herzustellen, die als Hilfe zur meditativen Versenkung in die Taten der Heiligen und die Leiden des Herrn dienen sollten. Besonders die Nonnen ließen kleine Figuren fertigen, die sie dann kunstvoll in diese Collagen einarbeiteten. Solche kleinen Kunstwerke wurden von Kästchen geschützt. In der Geduldsarbeit selbst sah man eine Art Gebet, eine Demutsübung, und für viele Frauenklöster wurde die Herstellung solcher Klosterarbeiten zu einer Einnahmequelle (vgl. Kat.-Nrn. 68–73).

Eingerichte und Kastenbilder, die lang nur eine vereinzelte Erscheinung in klösterlichen, adeligen und patrizischen Haushalten waren, wurden im 17. und 18. Jahrhundert in großen Mengen hergestellt. Mit ihnen ließ sich die Botschaft des Evangeliums besonders gut anschaulich machen und sie boten den Gläubigen zugleich etwas emotional Ansprechendes und Farbenprächtiges. Zusammen mit einer Fülle weiterer szenischer und theaterartiger Inszenierungen von Inhalten des Evangeliums – Aufbau eines Hl. Grabes, Darstellungen aus dem Leben Mariens oder vom Schicksal der armen Seelen – trafen sie den Nerv der Zeit.

Bis weit ins 20. Jahrhundert wurden solche Arbeiten ausgeführt, allerdings meist nicht mehr in der Qualität des 17. und 18. Jahrhunderts. Gleichzeitig galten sie aber schon als Andachtsgegenstände für das »einfache, weibliche Gemüt«[4].

Im 11. und 12. Jahrhundert begann man ebenfalls vor allem in den Frauenklöstern, sich zur Weihnachtszeit auf eine meditative, innere Reise nach Bethlehem zu begeben. Um ihre mystische Versenkung zu fördern, nutzten die Nonnen – quasi als Hilfsmittel für visionäre Vorstellungen – kleine Jesuskindfiguren. Durch den spielerischen Umgang mit diesen Säuglingsdarstellungen oder kleinen stehenden Figuren, den sogenannten Bornkindern und Seelentrösterlein, wollten sie die Geburt ihres Erlösers nacherleben. Schriftliche Quellen berichten über solch frommes Puppenspiel von Mystikerinnen, bei dem die Figur gestillt, gewickelt, in eine Wiege gelegt und singend gewiegt wurde. Die Nonnen stellten kostbare Gewänder her und setzten den Figuren kleine Kronen auf.

Einzelne Jesuskindfiguren begannen Wunder zu wirken und wurden zum Teil europaweit berühmt. Um das Prager Jesuskind, das Salzburger Loretto-Kind oder das Münchner Augustinerkindl entwickelte sich beispielsweise ein großer Kult (vgl. Kat.-Nr. 8). Solche als wundertätig bezeichneten Bornkinder wurden tausendfach in Wachs kopiert und als Andachtsgegenstände verkauft. Die Jesuskindfiguren, meist als gewickelter (gefatschter) Säugling dargestellt und in eine kleine Kiste eingefügt, sind noch im 19. Jahrhundert weit verbreitet gewesen. Die Skala

23 Klosterarbeit mit dem Prager Jesulein. Oberpfalz, diverse Materialien, 18. Jahrhundert. Museen der Stadt Regensburg, K 1929/68

der auch als Fatschenkinder bezeichneten Puppen reichte von prächtig geschmückt bis einfach gekleidet. Auch der heranwachsende Jesusknabe wurde in Wachs geformt und in allerlei romantische Szenerien eingefügt.

Seit dem Beginn des 19. Jahrhunderts findet man Jesuskindfiguren aus handgezogenem Wachs auch in den typischen biedermeierlichen Glasstürzen. Um 1850 begann die Wachszieher-Firma Ignaz Weinkamer in Salzburg mit der massenhaften Herstellung von solchen religiösen Wachsmotiven. Dünne Wachsfolien wurden dazu über einen Holzkern gezogen, Hände und Köpfe gegossen. Sie wurden zwar in Handarbeit, aber in großen Massen hergestellt. Weinkamer beschäftigte mehrere Zulieferfirmen und exportierte die Dekorationsobjekte in alle katholischen Länder. Wanderhändler verbreiteten sie bis in jedes Dorf. Um 1900 konnte man solche Dekorationsartikel sogar mit einem »Musikwerk«, einer eingebauten Spieluhr, erwerben.

Eine andere Art von Andachtsgegenständen unter Glasstürzen wurde von Glasbläserfamilien im Bayerischen Wald in Heimarbeit hergestellt. Charakteristisch ist hier die Verwendung von Abfallprodukte der Glashütten wie Glasglimmer, -stäbchen, -röhrchen und mit Wasser gefüllte Kugeln.

Seit dem Spätmittelalter war eine Form der mystischen Religiosität das innere Nachvollziehen der Leidensgeschichte. Ab dem 13. Jahrhundert entwickelte sich eine Vielzahl bildhafter Zeichen, die die verschiedenen Stationen der Passion repräsentierten. Als Arma Christi (Waffen [Wappen] Christi) wurde die Darstellung der Passionswerkzeuge – Schweißtuch der hl. Veronika, Geißelsäule, ungenähter Rock, Dornenkrone, Kreuz, Kreuzesnägel, INRI-Titulus, Rohr, Lanze, Würfel, Grabtuch, aus der Fantasie ergänzt durch weitere Werkzeuge wie Ketten, Stricke, Fackeln, Laternen, Leitern, Sägen, Bohrer – zu einem sehr weit verbreiteten Andachtstypus.

Seit der Mitte des 18. Jahrhunderts, der Zeit der Aufklärung, sollten Vernunft, Bildung und Belehrung nun auch zu leitenden Idealen kirchlich-katholischen Denkens werden. Intellektuelle und klerikale Oberschichten sahen die alten Kulte und Devotionalien zunehmend kritisch und stellten den »falschen« Glauben, also den kirchlich definierten »Aberglauben«, wieder an den Pranger. Politische und kirchliche Instanzen strebten danach, das Volk zu zivilisieren und zu mäßigen und den rationalen Glauben zu predigen. Viele bisher auch von der Kirche propagierte Kulte und Objekte wurden nun aus der offiziellen religiösen Praxis verbannt.

Religiöse Massenware

Erst seit ungefähr 1850 war es durch die Entwicklung neuer Druck-, Stanz- und Gussverfahren möglich geworden, religiöse Waren in großem Umfang und preisgünstig herzustellen. Seit 1852 ermöglichte die lithografische Schnellpresse den Druck billiger Massenartikel. In großen Zeichensälen der lithografischen Anstalten, in Firmen wie denen von Gustav Kühn in Neuruppin, Wenzel in Weißenburg im Elsass, A. May in Dresden oder E. G. May in Frankfurt am Main wurden die Bilder von Koloristinnen im Akkord ausgemalt, mit Goldflitter beklebt oder mit Stickgarn dekoriert. Um 1880 wurden Stickbilder auf Lochkarton (Papier-Canevas) beliebt und bis 1920 kam in fast jedes Haus solch ein gestickter Haussegen.

Einen großen Einfluss auf die Gestaltung des religiösen Wandschmucks der Zeit um 1900 hatten die in einer Art klösterlicher Gemeinschaft lebenden Nazarener um J. F. Overbeck (1789–1869). Sie waren vor allem in der ersten Hälfte des 19. Jahrhunderts tätig und wollten in ihrer rückwärtsgewandten Sehnsucht nach einem idealisierten christlichen Mittelalter die perfekte christliche Kunst erschaffen. Dabei brachten sie emotionale, bisweilen sentimentale Motive hervor. Diese wurden dann von der Druckindustrie oft noch vereinfacht und in den Farben intensiver gestaltet, um sie dann in Massen zu verbreiten. Besonders beliebt war das überkonfessionell rezipierte Bild »Jesus am Ölberg« des Malers Josef Unterberger (1864–1933), der sich Giovanni nannte. Im sogenannten Handtuchformat als Schlafzimmerbild wurde es seit 1917 bei der Firma May in Dresden gedruckt und zu einem regelrechten Verkaufsschlager. Solche Bilder waren vor allem als Hochzeitsgeschenk beliebt.

Überall sprossen außerdem kleine »Herrgöttchen-Fabriken« aus dem Boden, zum Beispiel Prägeanstalten für Medaillen und Kreuze, Porzellangießereien, die Heiligenfiguren und Weihwasserbecken herstellten, oder Kerzenmanufakturen, so dass frommer Hausschmuck für jedermann erschwinglich wurde (vgl. Kat.-Nr. 62).

In den religiösen Zeitschriften wurde offensiv für diese Produkte geworben. Wandernde Händler und Hausierer boten diese Produkte an und verkauften sie sowohl an den Türen als auch auf Jahrmärkten.

Typische Attribute eines katholischen Haushalts wurden nun zudem Kästchen, Schubladen oder Tüten voller Andachtsgrafik, die zu den unterschiedlichsten Anlässen ins Haus kam. Einfache Gebetszettel, Heiligenbildchen, Missionspatenschaftsnachweise, Primizandenken, Totenzettel, Papstbildchen etc. wurden darin über Jahre gesammelt. Kleine Heiligenbildchen waren das katholische Kleingeschenk schlechthin. Man bekam sie nicht nur zur Kommunion oder als Fleißbildchen in der Schule, sondern auch zu den Namenstagen und vielen anderen Anlässen. Selbst in kleineren Städten gab es Druckereien, die solche Andachtsgrafik individuell gestalteten. Kleine Notizen auf Andachtsbildchen machen manchmal deutlich, zu welchem Anlass sie benutzt wurden. Manchmal finden sich notierte Daten, an denen beispielsweise für ein bestimmtes Anliegen gebetet wurde, das Anliegen in Erfüllung ging oder das Gebet erhört worden war.

Zur Förderung der Frömmigkeit wandte man sich im 19. Jahrhundert besonders an die Frauen. Der katholischen Mutter kam in einer sich säkularisierenden Gesellschaft, in der immer mehr Männer der Kirche fernblieben, mit ihrer Erziehungsrolle die Verantwortung für den katholischen Nachwuchs zu. Dafür nun gab man ihr mit einer Fülle von Schriften, Bildern und Devotionalien Vorbilder an die Hand, um sie in dieser Hinsicht zu bilden, zu fördern und zu formen. Neben einer geradezu romantischen Idealisierung der Hl. Familie mit vorbildhaft herausgearbeiteten spezifischen Rollenzuschreibungen und Tugenden, wie sie sich in einer guten katholischen Familie finden sollten, und einer neuen Dimension der Marienverehrung gab es eine Vielzahl von emotionalen Kulten. Wie sich diese Förderung auswirkte, zeigt häufig ein Blick auf den typischen Nachlass einer katholischen Frau. Dort finden sich in Nachttischen und Schränken, in Kommoden und an den Wänden Anhängerkreuze, Sterbekreuze, Rosenkränze, Weihwasserbecken, Wandkreuze und Heiligenfiguren (vgl. Kat.-Nr. 83).

Hinzu kommen Kartons und Tüten voller Andachtsgrafik, Gebets- und Andachtsbücher, Heiligenlegenden, Katechismen und Hauspostillen. Gebetbücher und religiöse Zeitschriften gehörten zum Grundbestand der Lektüre im katholischen Milieu und machten besonders bei der ländlichen Bevölkerung auch um 1900 noch einen Großteil des Buchbesitzes aus. Die »fromme Frau«, besonders die fromme Frau vom Land, wurde zu einem Topos, auch in der Kunst oder im Roman. Und als die Frauen begannen, sich in Fotoateliers porträtieren zu lassen, gab man ihnen auch hier ein Gebetbuch in die Hand.[5] Die Frauen, die wegen Krankheit oder Alter keine körperliche Arbeit mehr leisten konnten, trugen ihren Teil zum Wohl der Familie durch die sogenannte »Gebetsarbeit« bei.

Gebetbücher zeigen außerdem die Überhöhung der Kindererziehung als vornehmste Aufgabe des weiblichen Geschlechtes, durch die Frauen eine besondere Gnade erlangten, aber auch jenseitige

24 Andachtsbild mit Christus als Blutquell, der die Qualen der armen Seelen lindert. Miniaturmalerei auf Pergament, 1. Hälfte 18. Jahrhundert. Museen der Stadt Regensburg, G 1972/1,963

Zuhause

Bestrafung erwerben konnten. Damit erhielt in der Religiosität der zweiten Hälfte des 19. Jahrhunderts die weibliche Rolle eine hohe Wertigkeit. Folgender Auszug aus einem Gebetbuch für das weibliche Geschlecht bringt dies schon 1791 auf den Punkt: »Da euch euer weiblicher Beruf keine so ermüdenden und zerstreuenden Arbeiten wie den Männern aufbürdet, so habt ihr unläugbar auch mehr Zeit und Gelegenheit, Euch dem Gebete, und vertraulichen Umgange mit Gott zu widmen […]«.[6]

Sterben, Tod und arme Seelen

Religiöses Handeln war auf die Nöte des Diesseits, aber besonders auch auf das Jenseits ausgerichtet. Nur wer sich im Leben an die katholischen Lehren hielt, konnte das verheißene Paradies erreichen. Frommes Leben war daher immer auch Vorbereitung auf den Tod.[7]

Im Mittelalter hatte sich die Vorstellung eines Zwischenreiches zwischen dem Leben und dem Paradies bzw. der Hölle entwickelt. Dort war eine Wiedergutmachung menschlicher Sünden auch nach dem Tod noch möglich. 1336 veröffentlichte Papst Benedikt XII. den Lehrentscheid, dass die Seelen der Sünder sich an einem Reinigungsort befänden, dem »Purgatorium« bzw. Fegefeuer (Abb. 24). Dort hätten sie, des endgültigen Heiles schon gewiss, ihre zeitlichen Sündenstrafen und »lässlichen« Sünden abzubüßen. Die Gemeinschaft der Gläubigen konnte seither den armen Seelen durch fürbittendes Gebet zur Hilfe kommen. Um den Aufenthalt im Fegfeuer so kurz wie möglich zu gestalten, entwickelte sich ein ausgeklügeltes System von Hilfsmöglichkeiten. Die Lebenden konnten durch Messen, Gebete und gute Werke und den Gewinn verschiedener Ablässe die eigene Reinigungszeit abkürzen oder diese »Suffragien« den Toten zuwenden. Auch die Absolution im Bußsakrament ermöglichte, dass keiner »in der Sünde« bleiben musste. Noch in der Todesstunde konnte zudem die Bilanz gewendet werden. Der Sterbende hatte nun die Chance, zu bereuen und die letzte unwiderrufliche Entscheidung für das Gute und damit für das himmlische Jenseits zu treffen. Das »gute Sterben« galt als eine Kunst, als *ars moriendi*, die jeder erlernen konnte. Religions- und Kirchenordnungen verlangten als Element der Kunst des Sterbens die sogenannte Letzte Ölung, die Krankensalbung, verbunden mit einem vollkommenen Ablass und einer Generalabsolution.

Die Todesstunde, die *hora incerta*, wurde durch diese *ars (bene) moriendi* mit festen Regeln versehen, die einzuhalten man bemüht war. Neuauflagen der *ars moriendi* und popularisierte Bildszenarien reichten bis in das 19. Jahrhundert. Das Sterben musste nach festen Mustern verlaufen, besonders um den fünf Versuchungen des Teufels zu widerstehen (Glaubenszweifel, Verzweiflung, Ungeduld im Leiden, Eigendünkel und Geiz).[8]

Es galt als wünschenswert, den Tod nahen zu fühlen, um sich darauf vorzubereiten und im Beisein der Angehörigen Abschied von der Welt zu nehmen, Verzeihung zu gewähren und zu bekommen und die Seele dem Herrn zu empfehlen. Wesentlichstes Erfordernis während der Todesstunde war der Empfang der Sterbesakramente. Diese wurden von einem eilig herbeigerufenen Priester gespendet.

Unter dem Begriff der Sterbesakramente ist der Empfang der Beichte, der Kommunion und der Krankensalbung subsumiert. Mit diesen drei Sakramenten wurde der Sterbende »versehen«. Dazu waren in den Häusern Versehkreuze oder Versehaltäre vorhanden. Der Sterbende hielt ein Sterbekreuz in der Hand, auf dem Tisch neben dem Bett wurden die Utensilien zur Spendung der Sterbesakramente aufgestellt. Wenn der Empfang der Beichtabsolution und der Kommunion wegen des Zustandes des Sterbenden nicht mehr möglich war, so wurde zumindest die Krankensalbung, als »Letzte Ölung« bezeichnet, gespendet. Das Sakrament wurde von den Katholiken gewissermaßen als eine »Eintrittskarte für den Himmel«[9] angesehen.

Ohne Sterbesakramente zu sterben verringerte, zumindest nach Ansicht der Gemeinde, die Aussicht auf den Himmel. Trat der Tod so plötzlich ein, dass der Sterbende nicht mehr rechtzeitig versehen werden konnte, erlaubte die Kirche die Spendung des Sakramentes auch nach Eintritt des Todes, unter dem Vorbehalt: »Wenn du noch lebst«. Die Todesstunde wurde so zur endgültigen Bilanz, die im Falle eines plötzlichen Todes verhindert wurde. Der Tod ohne Vorbereitung, der plötzliche Tod ohne Empfang der Salbung galt alsbald als schlechter Tod, als gefährlich für das Seelenheil.

Gebete und Amulette für eine gute Todesstunde und gegen den plötzlichen Tod waren somit wesentliche Elemente des katholischen Denkens. Schutzheilige gegen den plötzlichen Tod wurden angerufen, vor allem Maria und Josef, aber auch die Hl. Drei Könige und andere Heilige, zum Beispiel die hl. Barbara, flehte man um Beistand im Sterben an.

Die der katholischen Kirche eigene Vorstellung eines Reinigungsortes für »die Seelen der Gerechten«, an dem diese ihre zeitlichen Sündenstrafen abzubüßen hatten, bedeutete auch, dass es zwischen den Lebenden und den Toten Solidaritätsmaßnahmen geben konnte, sie einen gemeinsamen Hilfsbund bildeten. Die Gemeinschaft der Kirche, die sowohl aus den Gläubigen auf der Erde als auch den Engeln, Seligen und Heiligen im Jenseits besteht, konnte und kann durch den sogenannten Gnaden- bzw. Kirchenschatz, der aus den Verdiensten Christi und der Heiligen gebildet wird, durch fürbittendes Gebet den armen Seelen zu Hilfe kommen. Die armen Seelen selbst, als Mitglieder der Gesamtheit der Kirche, können ebenfalls, besonders für ihre Wohltäter, Fürbitte einlegen (vgl. Kat.-Nr. 61). Auch die sogenannten Bußwerke – Beichte, Aufopferung von Leiden und Tod – und die Almosen gehörten zu den Suffragien. Die Absolution im Bußsakrament ermöglichte, dass keiner »in der Sünde« bleiben musste. Auch die Liturgie galt als Fürbitte und damit als weiteres Hilfsmittel zur Erlangung des ewigen Heiles.

Beerdigung

Nach dem Tod hatten die Gläubigen die Verpflichtung, für eine würdevolle Beerdigung in geweihter Erde zu sorgen und durch weitere Fürbitten der Seele des Verstobenen zu Hilfe zu kommen. Hilfreich für das Seelenheil war auch die Beerdigung in der Nähe einer Reliquie, das heißt nahe an einem Altar. Friedhöfe befanden sich deswegen an und um die Kirchen.

Um der Seele den Weg in die Ewigkeit zu erleichtern, gab es viele Bräuche und zum Teil magisch anmutende Praktiken und Symbole. Uhren wurden angehalten, Spiegel verhängt und Fenster aufgemacht, damit die Seele nicht zurückgehalten wurde. Am aufgebahrten Leichnam versammelten sich die Familie und die Nachbarschaft, die von dem Tod durch das »Ansagen« informiert wurde (Abb. 25). Gebete und Segnungen mit Weihwasser sollten die Seele begleiten. Obschon es als Pflicht eines jeden Christen galt, die Toten würdig zu bestatten, diese aber nicht immer beherzigt wurde, schlossen sich viele Gläubiger zu Bruderschaften und Vereinigungen zu-

25 Der aufgebahrte Leichnam einer alten Frau aus Ensdorf. Fotografie, 1954. Oberpfälzer Freilandmuseum Neusath-Perschen, Inv.-Nr. 2002/65/8A

26 Totenbretter am Wegesrand. Fotografie, 1. Hälfte 20. Jahrhundert. Oberpfälzer Freilandmuseum Neusath-Perschen

sammen, in denen man sich gegenseitig verpflichtete, für eine würdige Bestattung und die fürbittenden Werke für die Seele zu sorgen.

Die Nachbarn wachten außerdem an der aufgebahrten Leiche. Totenwachen wurden immer wieder durch Verbote eingeschränkt, da es dabei oft zu lustig und feucht-fröhlich herging.

Auch die Bekleidung der Leiche wurde geregelt. Sie sollte nur mit einem leinenen Hemd bekleidet sein. Nur Kinder, Reiche und Kleriker durften in ihrer Kleidung aufgebahrt und bestattet werden. Damit versuchte man, dem Wettbewerb um die »schönste Leich«, dem *pompe funèbre*, entgegenzuwirken, bei dem sich Menschen, die es sich eigentlich nicht leisten konnten, finanziell verausgabten.

Der Tote wurde auf einem Totenbrett aufgebahrt, das später als Grabmarkierung diente oder am Wegesrand aufgestellt wurde (Abb. 26; Kat.-Nr. 87).[10] Schon nach wenigen Jahren wurden die Gräber geöffnet und die Gebeine, die Knochen, entweder in Beinhäusern gesammelt, um wieder Platz zu schaffen, oder in anderen Gräbern zweitbestattet. Der Umgang mit den Toten war oft recht zwanglos. Friedhöfe waren gleichzeitig Orte für Märkte und Geschäfte, Rückzugsgebiete vor Plünderungen und angreifenden Kriegsmeuten und Ort mancher Prügelei. Grabpflege und pietätvolle Ruhe waren völlig fremd, dauerhafte Grabsteine gab es nicht. Nur an die Adeligen und Priester erinnerten steinerne Epitaphe und Grabaufbauten.

Die eigentliche Heimat des Menschen sollte der Himmel werden. Der Umgang mit dem Abschied von einem geliebten Menschen wurde durch diese komplexen Handlungsvorgaben als selbstverständliches Ende des Lebens in den Alltag integriert und erleichterte vielleicht auch die Trauerarbeit.

Wenn heute diese Dinge in einem Museum präsentiert werden, geht es jedoch nicht um den Geschmack und den künstlerischen Anspruch. Es ist vielmehr zu zeigen, dass von dieser Masse an religiösen Dingen eine starke Botschaft ausging. Sie waren eine Art Symbolprogramm und prägten bzw. prägen auch heute noch in ihrem Zusammenwirken unsere »inneren Welten«.

1 Aka 1997b.
2 Deneke 1977.
3 Aka 1997c
4 Aka 1997b.
5 Aka 1997b.
6 Parizek 1791, S. 174.
7 Aka 1993.
8 Imhof 1984, S. 282.
9 Arx [ca. 1976], S. 46.
10 Hartinger 1990b.

Schutz und Segen

Helfender Schmuck im katholischen Umfeld

Christine Aka

Krankheiten, Unfälle und Bedrohungen aller Art waren und sind natürlich immer und überall ein allgemein menschliches Problem. Schutz und Segen galt es sowohl für das tägliche Leben zu beschwören als auch für die unsterbliche Seele. Vieh- und Menschenseuchen, Hagel, Blitz und Feuer, Krankheiten, Krieg und Unglücke, aber auch die Einflüsterungen des Bösen, sei es durch teuflische Mächte direkt oder auf dem Umweg über andere Menschen durch den bösen Blick, Verfluchungen oder Zauber galt es abzuwehren. Und wenn man dann das »irdische Jammertal« verlassen musste, um mit dem Tod in eine bessere Welt einzutreten, galt es die Seele für diesen Weg und für das Jenseits zu wappnen.

Das Bedürfnis, sich selbst, seine Seele und seinen Besitz vor jeglicher Gefahr zu schützen und Heil und Heilung zu suchen, hat daher auch in der christlichen Kultur vielfältige Dinge hervorgebracht, denen eine besondere Kraft zugeschrieben wurde und wird. Verwurzelt in der christlichen Religion und im Glauben an die Macht Gottes, nutzten vor allem die katholischen Gläubigen eine breite Palette von Objekten. Diese waren Teil von Zeremonien, Bräuchen und Ritualen, oft kunstvoll angefertigt oder eingefasst und dienten als Schmuck. Die wertvollsten Gegenstände sind aus dem kirchlichen Raum bekannt, aber auch im persönlichen Besitz und für den alltäglichen Gebrauch ist eine unendliche Fülle überliefert. Schließlich bot nur die Religion Hilfe, Trost und Hoffnung, oft konnte nur der Glaube helfen.

Die Amtskirche bemühte sich über die Jahrhunderte hinweg immer wieder, den Menschen beizubringen, dass eine wirksame Kraft nicht den Dingen selbst zu eigen sein könne. Gegenstände sollten lediglich die Andacht befördern und Symbole oder Zeichen für die Nähe des Göttlichen und Heiligen sein. Nur wenn die Devotionalien mit dem Heiligen in Berührung gestanden hatten oder kirchlich gesegnet waren, konnten sie indirekt, quasi als Vermittler, wirkmächtig sein. Doch auch die Kirche selbst betrieb einen großen Kult um die Dinge, und eine klare Abgrenzung zwischen den heiligen Symbolen der Andacht und dem quasi magischen Gebrauch von Objekten mit eigener Kraft geriet immer wieder ins Hintertreffen. Das Tragen und Verstecken von Schutzbriefen, beschriebenen oder bemalten Zetteln zur Abwehr von Krankheit und Unglück, Medaillen und vielen weiteren am Körper oder in bzw. an der Kleidung getragenen Dingen war allgemein üblich (vgl. Kat.-Nr. 91). Die Menschen besaßen damit eine geistliche Hausapotheke. Auch die Unterschutzstellung eines Hauses, eines Hofes oder der Felder durch die Verwendung heiliger Dinge war ein gesamtkatholisches Phänomen, von dem Reste bis in unsere Zeit reichen.

Im 16. und 17. Jahrhundert war der geistliche und seelsorgerische Nutzen von Andachtsgegenständen und religiösen Inszenierungen, die in erster Linie die Sinne der Gläubigen ansprachen, im Kräftemessen der Konfessionen ein wesentlicher Diskussionspunkt. Um der Kritik der Protestanten an »Aberglauben« und »Zauberei« entgegenzuwirken, ging man auch in der katholischen Kirche verstärkt gegen nun als magisch interpretierte Denkformen und »falsche Lehren« vor und bot statt dessen ein weites Repertoire von »richtigen«, katholischen Lehren an. Vor allem in den katholischen Regionen des süddeutschen Raumes blieb das »Religiöse« bunt und emo-

27 Arma-Christi-Kreuz (Detail; vgl. Kat.-Nr. 75)

tional, die Frömmigkeit »barock« und überschwänglich. Tatsächlich war der Grat zwischen den »richtigen« und den »falschen« Überzeugungen schmal. Selbst kirchliche Würdenträger vermochten zwischen Gebet und beschwörendem Erzwingen, zwischen kirchlicher Lehre und alltäglicher Praxis nicht immer zu unterscheiden. Aus dieser Zeit sind die meisten Objekte überliefert, die in den Bereich der kirchlich heute nicht mehr akzeptierten Amulette und Talismane gehören und die man oft abwertend dem sogenannten Volksglauben zuschreibt.[1]

Mit der Aufklärung sollten Vernunft, Bildung und Belehrung nun auch zu leitenden Idealen kirchlich-katholischen Denkens werden. Intellektuelle Oberschichten, Bischöfe und ein großer Teil der allgemeinen Geistlichkeit sahen die alten Kulte und Devotionalien zunehmend kritisch und stellten den »falschen« Glauben, also den kirchlich definierten »Aberglauben«, wieder an den Pranger. Politische und kirchliche Instanzen strebten seit der Mitte des 18. Jahrhunderts danach, das »wilde« Volk zu zivilisieren und zu mäßigen sowie den rationalen Glauben zu predigen. Viele bisher auch von der Kirche propagierte Kulte und Objekte wurden nun aus der offiziellen religiösen Praxis verbannt. Mit ihrer vielfältigen Kritik am praktischen und pragmatischen religiösen Denken erreichte die Aufklärung auch die Christen auf dem Land, allerdings nur langsam und zögerlich: Geliebte Traditionen und selbstverständliche Objekte des religiösen Alltags legte man nicht gerne ab.

Eine neue Entwicklung setzte dann um 1850 ein, als die katholische Kirche begann, systematisch und mit den Mitteln der Zeit, zum Beispiel den Möglichkeiten des Massendrucks, die Gläubigen strukturiert zu »remissionieren«. Die Frömmigkeit der Menschen sowohl in den Dörfern als auch in den Städten wurde zentral gefördert. Nur noch kirchlich tolerierte bzw. approbierte Schutz- und Segenszeichen wurden geduldet.[2]

Als Ergebnis all dieser Bemühungen kam es langsam zu einer neuen starken Deckung zwischen der amtskirchlichen Lehre und der Praxis der Gläubigen. In den agrarischen Regionen blieb trotzdem eine starke Einbindung der Menschen in den kirchlich bestimmten Lebens- und Jahresablauf bis weit in das 20. Jahrhundert selbstverständlich. Schutz und Segen, für die Menschen, das Vieh und die Feldfrüchte, wurden vielfach erfleht.

Die Kirche bildete den Mittelpunkt, aber auch das Machtzentrum des Ortes; sie versuchte, den größten Teil des sittlichen und religiösen Verhaltens vorzugeben und auch die katholische Dingwelt zu kontrollieren.[3]

Trotz aller theologischer Definitionen des rechten Umgangs mit den Devotionalien und trotz der permanenten Erinnerung daran, dass eine schützende Kraft nicht in den Dingen steckt, sondern nur von Gottes Gnade ausgehen kann, ist die Fülle von Gegenständen, denen schützende, heilende oder wundersame Kräfte zugeschrieben wurden, kaum zu überblicken.[4]

Auch die zweite Hälfte des 19. und die erste Hälfte des 20. Jahrhunderts bleiben trotz oder auch wegen aller Aufklärung eine Zeit der Wunder, Erscheinungen, Stigmatisierungen (das Auftreten blutender Wundmale Christi an den Händen und Füßen eines Gläubigen) und Visionen.[5] In deren Folge entstanden vielfältige Kulte, die zum Teil von der Kirche anerkannt, zum Teil aber auch abgelehnt oder gar bekämpft wurden. Wundergeschichten und Legenden über Erscheinungen und Visionen waren überall zu hören und zu lesen. Und wundertätige und amulettwertige Dinge spielten dabei eine große Rolle. Sie wurden kirchlich approbiert und vor allem von Orden und an Wallfahrtsorten in millionenfachen Ausfertigungen vertrieben.[6]

Jedem Katholiken war durch diese frommen Zeichen immer auch bewusst, dass der Mensch sein Schicksal nicht selbst in der Hand hat. Auch in den 1960 und 1970er Jahren wurde in so mancher Familie bei Gewitter ein Rosenkranz gebetet, eine Wetterkerze (Abb. 28) angesteckt und ein an Palmsonntag geweihter Buchsbaumzweig ins Feuer geworfen. Gebetbücher mit beschwörenden Gebeten boten größeren Schutz als ein Blitzableiter allein.

Und auch heute sind trotz aller Rationalität und aufgeklärter Religiosität viele magisch anmutende Handlungen und Überzeugungen weit verbreitet. Besonders in den letzten Jahrzehnten haben mit dem Vormarsch der New-Age-Literatur und der Esoterik ganz neue und vielfältige Varianten von Amuletten, Schutz- und Heilmitteln in der Spiritualität der Menschen einen breiten Platz erobert.[7] Das Bedürfnis nach Dingen voller Kräfte und Energien hat gegenwärtig einen überbordenden Markt der magischen Möglichkeiten hervorgebracht. Gleichzeitig existieren weiterhin auch die traditionellen Zeichen und Dinge, die im katholischen Glaubenssystem genutzt wurden und werden. Einige davon sollen nun näher vorgestellt werden.

Das Kreuz

Das zentrale Symbol des Christentums war, wie bereits ausgeführt, ein alltägliches Ding, das in Räumen und an Menschen allgegenwärtig war. Kreuze waren dabei nie nur Zeichen der Zugehörigkeit zur christlichen Religion, sondern stellten als geweihte Objekte, durch den in ihnen wohnenden Segen, mächtige Dinge da.

Besondere Kraft schrieb man den sogenannten Sterbekreuzen zu, kleinen Messingkreuzen mit meist schwarzer Holzeinlage und einem metallenen Corpus (Abb. 29). Oft waren sie aufzuschrauben und enthielten vielfältige Reliquien. Sie waren zentrale Objekte zum Schutz der Seele. Auf dem Sterbebett, in der Todesstunde, sollten sie an die eigene Sündigkeit und an die Notwendigkeit der Buße erinnern und vor den Anfechtungen des Bösen schützen, so dass man ohne Angst vor der Hölle oder dem Fegefeuer sterben konnte.

Kreuze und andere Objekte aus Haaren verstorbener Angehöriger hielten auch materiell die Erinnerung an die Toten wach. Deshalb waren Objekte und auch Wandschmuck aus diesem Material im 19. Jahrhunderts weit verbreitet.

Der Rosenkranz

Ein typisch katholisches Gebet und gleichzeitig ein typisch katholisches Objekt ist der Rosenkranz (vgl. Kat.-Nr. 82). Mit dieser Gebetsschnur werden die Wiederholungen des Ave Marias gezählt. Das Reihengebet um die Fürsprache der Muttergottes besteht aus 15 Geheimnissen, die in je fünf Gesätze des »freudenreichen«, des »schmerzensreichen« und des »glorreichen« Rosenkranzes aufgeteilt sind. Jedes Gesätz umfasst zehn Ave Maria und ein Vaterunser, die an Perlen abgezählt werden.

Im späten Mittelalter wurde das Gebet zur Gottesmutter, die in überschwänglicher Verehrung als »immerwährende Rose« bezeichnet wurde, immer populärer und Gebetsschnüre wurden in Massen hergestellt. Durch die Gebetshäufung und Unablässigkeit erhofften die Gläubigen, auf fast magische Weise, durch die Fürsprache Mariens, Gottes Wohlwollen quasi zu erzwingen.

Von den Protestanten als Aberglaube abgelehnt, wurde das Rosenkranzgebet seit der Gegenreformation umso mehr zu einem typisch katholischen Identitätssymbol. Die Perlschnur des Rosenkranzes geriet

28 Wetterkerze mit Bild der Altöttinger Madonna. Mitte 20. Jahrhundert. Privatbesitz

29 Sterbekreuz aus Metall mit Holzeinlage, Rückseite aufklappbar, im Inneren Reliquien unter Zetteln mit Namen der Heiligen. Um 1900. Privatbesitz

zum Erkennungszeichen der Katholiken. Der Rosenkranz, dessen Perlen oft ganz »abgebetet« waren, war mit seinen vielen Einhängern – kleinen Medaillen von Wallfahrtsorten und Kreuzchen – ein Symbol für die religiöse Biografie eines Katholiken und wurde oft mit in das Grab gegeben (vgl. Kat.-Nr. 84). Trotzdem sind viele Kränze überliefert, an denen neben Medaillen auch amulettwertige Objekte, zum Beispiel sogenannte Wehenflaschen, Reliquienkapseln oder besondere Heilsteine, als An- oder Einhänger angebracht sind. Auch für die Perlen selbst bevorzugte man Materialien, die entweder besonders wertvoll waren oder besonders heilwirksam. Perlen oder Anhänger aus Bergkristall sollten der Gesundheit der Augen dienen und gegen Gelenkschmerzen helfen, Achat sollte gegen Gicht wirken, Hämatit gegen Blutungen. Vor allem Perlen aus Korallen galten wegen ihrer roten Farbe als wirksames Abwehr- und Schutzmittel (Abb. 30).[8]

Ein Rosenkranz war also nicht nur Gebetszählschnur mit Amulettcharakter, sondern mit seiner Fülle an wertvollen Bestandteilen auch Prestigeobjekt und selbstverständlicher Schmuck der Frauen, der gern gezeigt wurde. Ließen katholische Frauen sich porträtieren, so trugen sie fast immer neben einem Brustkreuz auch ihren Rosenkranz.

In der katholischen Welt richtete sich in der zweiten Hälfte des 19. Jahrhunderts eine neue Welle der Marienverehrung besonders an die Frauen und führte nicht zuletzt zu einer nochmaligen Aufwertung des Rosenkranzes.

Heilige und Reliquien

Die größte Rolle für die breite Palette wirkmächtiger Dinge in der katholischen Welt spielt der Glaube an die Kraft der Heiligen.

Nach katholischer Vorstellung müssen Heilige wegen ihrer besonderen Verdienste nach ihrem Tod keine Reinigungszeit im Fegefeuer erleiden wie die sündigen Menschen, sondern sind direkt »in der

30 Rosenkranz mit Korallen- und Silberfiligranperlen. 18./19. Jahrhundert. Museen der Stadt Regensburg, K 1989/98

Anschauung« Gottes. Deshalb können sie dort als Fürsprecher für die vielfältigen Belange der Menschen eintreten, Gott gnädig stimmen und ihn bitten, Wunder zu wirken. Hunderte von Heiligen werden, oft regional unterschiedlich, in speziellen Anliegen angerufen. Als größte Fürsprecherin gilt Maria, die Muttergottes.

Die besondere Kraft der Heiligen ist dabei auch in ihren leiblichen Resten, den »Überbleibseln« ihres menschlichen Körpers und Dingen aus ihrem Leben, den Reliquien, vorhanden.[9] Ihre Heiligkeit ist damit auch auf der Erde quasi materiell anwesend. Durch den Kontakt zu den Reliquien versprach man sich Hilfe im täglichen Leben. In Scharen pilgerten die Gläubigen zu den Gräbern der Heiligen und Aufbewahrungsorten von Reliquien und versuchten, diese zu berühren, zu küssen oder sogar sie sich einzuverleiben. Auf diese Weise, so

Schutz und Segen

hofften sie, ging die Kraft des Heiligen, seine *virtus*, auf den Berührenden über.

Als magisch und abergläubisch kritisiert, war die katholische Heiligenverehrung eines der Kampfthemen der Reformation. Als Protestant verließ man sich auf seine eigene Beziehung zu Gott. Fürsprecher gab es keine. Die katholische Kirche hingegen setzte nun besonders auf die von den Menschen geliebten Fürsprecher und förderte bestimmte Wallfahrtsorte und Heiligenkulte.[10]

Alles, was man von einem Reliquienort als Mitbringsel mitnahm – zunächst waren dies Staub vom Schrein oder Wachs von abgebrannten Kerzen –, trug diese Vorstellungen nach einen Teil der Kraft des Heiligen in sich. Allein die Berührung mit den Reliquien gab vielen Dingen eine besondere Kraft (vgl. Kat.-Nr. 74). Mit einem kirchlichen Siegel oder einer handschriftlichen Bemerkung wie »angerührt an ...« wurde diese Kraft bestätigt. Ganze Berufszweige lebten vom Verkauf von an die Reliquien »angerührten« Pilgerandenken.

Votive

Schon im Mittelalter hatte man die Knochen und Überbleibsel von Heiligen mit kostbaren Büsten und Statuen umschlossen, die den Heiligen abbildeten. Die kostbaren Gefäße wurden nur zu seltenen Anlässen in Form einer Heiltumsschau den Gläubigen gezeigt. Die Macht der Überbleibsel des Heiligen ging im Verständnis der einfachen Gläubigen bald immer mehr auf diese Bilder selbst über. Heiligenbilder und Figuren fanden sich in jeder Kirche und manche begannen wundertätig zu wirken; sie wurden zu Gnadenbildern. Die Wunder, die Gnadenerweise, wurden von kirchlichen Instanzen geprüft, protokolliert und in Mirakelbüchern verzeichnet. Je mehr Mirakel die so entstehenden Wallfahrtsorte aufzuweisen hatten, umso attraktiver wurden sie für den Besuch der Gläubigen.[11] Gesegnete oder angerührte Mitbringsel von diesen Orten wurden ebenfalls zu beliebten Devotionalien mit amulettwertigem Charakter.

Im Vertrauen auf die Fürsprache der Heiligen, besonders der Gottesmutter, konnte der Gläubige sich in einem bestimmten Anliegen, zum Beispiel dem Wunsch nach einem Kind oder der Heilung von einer Krankheit, mit dem durch ein bestimmtes Gnadenbild repräsentierten Heiligen »verloben«, sich ihm oder ihr versprechen. Wurde das Anliegen erfüllt, wurde als Zeugnis dieser »Verlobung« (*ex voto*) eine Gabe meist aus Silber oder Wachs hinterlegt. Solche Votivgaben sind bis heute an allen Wallfahrtsorten zu finden.

Obwohl die Kirchengelehrten immer wieder versuchten, den Gläubigen deutlich zu machen, dass nicht dem Bild selbst Heilsmacht zugesprochen werden dürfte, sondern nur dem fürsprechenden Einwirken der Heiligen bei Gott, wurden an immer neuen Orten heilige Bilder, meist Marienbilder, verehrt.

Andachtsbilder, Segensbriefchen und andere Schutzmittel

Solche Gnadenbilder wurden neben einer Fülle anderer Motive auf Andachtsbildern abgebildet und weit verbreitet. Vor allem seit der Gegenreformation wurden Andachtsbilder zu einem allgemeinen Mittel katholischer Glaubenspropaganda, der *propaganda fidei*. Nun wurden sie in riesigen Massen und unterschiedlichen Techniken hergestellt.

Wenn man mit den kleinen Bildern ein Gnadenbild oder eine Reliquien berührte, wurden sie dem Glauben nach selbst wirkmächtig. Im niederrheinschen Kevelaer zum Beispiel wurde und wird ein kleiner Kupferstich eines luxemburgischen Gnadenbildes als wundertätig verehrt. Man trug Andachtsbildchen auch als Amulette, verschluckte sie oder steckte sie als Segensbriefchen in Hausecken und Mauerritzen (vgl. Kat.-Nr. 92). Auch als Grabbeigaben wurden die kleinen Bilder verwendet. Sie waren zudem oft einziger Wandschmuck oder Schmuck in den Truhen der Dienstboten. Demjenigen, der solche Bilder trug und regelmäßig bestimmte Gebete sprach, wurde Schutz vor Gewitter und Hexerei versprochen, Heilung selbst im Falle schwerster Erkrankung, Bewahrung vor einem jähen, »unversehenen« Tod, Sicherheit der eigenen Seligkeit, Rettung der Seelen der nächsten Angehörigen und sofortige Befreiung einiger Seelen aus dem Fegfeuer. Eine bestimmte Zusammenstellung von vielen Heiligenbildern sollte, in kleinen Stücken von Menschen und Vieh verschluckt, Krankheiten heilen oder vor ihnen bewahren.

Eine besondere Form dieser Andachtsbildchen waren die sogenannten Breverl: kleine kissenartige Gegenstände, vielfach gefaltet und geklappt, die man wie ein Amulett um den Hals oder an den Rosenkranz hängte bzw. in die Kleidung einnähte (vgl. Kat.-Nr. 90). Die Breverl wurden hauptsächlich von Orden und an Wallfahrtsorten gesegnet und vertrie-

Benedictio Sancti Antonii de Padua:
Ecce Crucem Domini † fugite partes adversæ, vicit Leo de tribu Juda Radix David, Alleluja, Alleluja, Alleluja.

Benedictio sancti Vincentii Confessoris:
Super ægros manus imponent, & bene habebunt: JEsus Mariæ Filius mundi salus, & Dominus, meritis B. V. Mariæ, Sanctorum, Angelorum, & Apostolorum, Martyrum, Confessorum, atque Virginum, sit tibi propitius & clemens, Amen. Dominus JEsus apud te sit † ut te defendat intra te sit † ut te conservat, ante te sit † ut te ducat, post te sit † ut te custodiat, super te sit † ut te benedicat, qui cum Patre, & Spiritu S. in unitate perfecta vivit & regnat in sæcula sæculorum, Amen.

Oratio ad JESUM CHRISTUM.
JESUS.

Domine JEsu Christe! qui cum Patre & Spiritu Sancto bonis innumeris mundum reples universum, qui præditus bonitate ad colendum, sapientia ad inveniendum, & potentia ad exequendum, cum sis infinite potens, perfecte sapiens & summe bonus & ut bonus velis, ut sapiens scias, ut potens valens omnibus boni[...] insidiis, ut nos eriperes, salvares & tueretis, [...] facere ad ctuam voluntatem, spiritualibus ac corporalibus qui ut han tuam potentiam, languoribus medereris disci- sapientiam & bonitatem in pulis tuis euntibus ad prædican- nobis demonstrares, de sinu dum acies eiusmodi tartareas Patris ad terram descendens, ejiciendi, istosque nostros in- Verbum Caro factum, in no- sensissimos fugandi hostes, ac bis habitâsti, pro nobis natus omnem curandi ægritudinem ex Maria Virgine, passus sub potestatem dedisti; quam cun- Pontio Pilato, crucifixus, ctis quoque in te credentibus mortuus ac sepultus, tertia die communicâsti, dicens apud D. a mortuis surrexisti, partes Marcum: signa autem eos, adversas, Spiritus apostaticos, qui crediderint, hæc sequen- qui superbia ducti, te DEUM tur: In nomine meo dæmones actorem suum dereliquerunt, ejicient, linguis loquentur no- fa tui obliti sunt Domini vis serpentes tollent, & si mor- a creatoris sui, in fugam con- tiferum quid biberint, non eis certens ac contundens, eos nocebit: super ægros manus ut Leo de tribu Juda Radix Da- imponent, & bene habebunt. uid vicisti, ac superâsti, ca- Nec non in cunctis angustiis, putque ipsius draconis infer- tribulationibus, ac necessitati- valis confregisti, a quorum bus Nomen sanctum tuum in- omnium mossibus, laqueis & vocanti per Prophetam, di- vocantibus, ac in te credentibus [...] me. Et apud Joan. Quot- cens: Invoca me in die tribulati[...] cunque petieritis Patrem in nom[...] ficetur Pater in Filio. Et ite- rum apud eundem: Amen, A[...] is Patrem in nomine meo, da- bit vobis. Te supplices exora[...] ac bonitate, pro veritate verbi tui in quo nobis spem dedisti [...] Nominis, propter merita cun- ctarum actionum, quas operatus [...] issimæ & immaculatæ Genitricis tuæ Mariæ, & omnium Sancto[...] s tuæ nos liberare, defendere, ac præservare a cunctis peccatorum [...] gatura, signatura, incantatione, apparitione, deceptione, appre[...] ministrorum eius, ab insidiis ini- micorum tam visibilium, quam [...] one & submersione, ventorum a ancussione, ignisque devorati[...] otidiana & continua, a veneno, & ste, fame, bello, terræ motu [...] morte, æternaque damnatione, ep, qu ocunque malo & periculo [...] rentibus sanctissima Deipara Ma- ria S. Benedicto, Seraphico P. [...] ua, ac S. Ignatio, & omnibus San- ctis, ut sic in omnibus protectio[...] piritualibus ac corporalibus favo- ribus ditati & ampliati quas tib[...] hoc sæculo, tuoque divino aspect perfruamur in futuro. Qui vivis [...] Patre in unitate Spiritus sancti DEUS per omnia sæcula sæculorum, Amen.

Cum Licentia Reverendissimi Ordinarii Straubingæ, typis Mariæ Cathrinæ Betzin.

31 Breverl, geöffneter Zustand mit amulettwertigem Inhalt. Kupferstich, diverse Materialien, 18. Jahrhundert. Museen der Stadt Regensburg, K 1930/30

ben und durften nur im Notfall geöffnet werden: Nur ein unversehrtes Breverl besaß helfende Kraft.[12] Obwohl es sehr individuell gestaltete Breverl gegeben hat, zeigen viele der erhaltenen Exemplare einen typischen Aufbau. Nach dem Öffnen und Auseinanderfalten erkennt man Kupferstiche mit Heiligendarstellungen, oft ein bestimmtes Gnadenbild. In einem durch einen Faltzettel verdeckten zentralen

32 Skapulier: drei Marien und Pietà. Stoff, 19. Jahrhundert. Museen der Stadt Regensburg, K 2013/73,26

Feld sind diverse kleine Gegenstände und Pflanzenteile angeordnet (Abb. 31). Schon der erste Blick zeigt, dass es sich hier um eine kleine »geistliche Hausapotheke« handelt, eine Vermischung von Religiosität, Kräuterwissen und Pflanzenmagie. Regelmäßig in den Breverl enthaltene sakrale und magische Gegenstände sind zum Beispiel Miniaturen von Nepomukszungen, Sebastianspfeilen, geweihte Medaillen wie Benedictus-Pfennige, Schluckbildchen, Miniaturkreuze und Schabfiguren. Häufig findet man auch rote, Dämonen abwehrende Filzfleckchen, Holzsplitter oder Mineralien (häufig von Wallfahrtsorten). Eine große Rolle spielen getrocknete Kräuter und Samen, die in eine schwarze Wachspaste eingedrückt wurden.

Die Zeit der eindeutig magisch anmutenden Breverl ging mit der Aufklärung langsam zu Ende. Doch die einzelnen Elemente und Partikel behielten auch in anderer Form ihre Wirksamkeit. Geweihte Kräuter und Krautbüschel waren wie das Weihwasser und Kerzen in allen Haushalten zum Schutz- und Segensgebrauch vorhanden. Das geweihte Buchsbaumbüschel des Palmsonntags wurde aufbewahrt und bei Gefahr »gebraucht« oder in Viehställen angebracht. Jeden Morgen und jeden Abend segneten sich Katholiken durch ein Kreuzzeichen mit dem in der Osternacht in der Kirche geweihten Weihwasser. Weihwasser war zudem ein quasi universelles Hilfsmittel für alle erdenklichen Situationen. Aber auch brennende Kerzen und Partikel von gesegneten Wachsstöcken nutzte man bei Gefahr, bei Prüfungen, Krankheit oder in der Sterbestunde.[13]

Agnus Dei, Skapuliere und Medaillen

Eine besondere Form wirkmächtiger Wachsobjekte ist das so genannte Agnus Dei, ein Wachsmedaillon oder auch nur ein Bruchstück von einem solchen Medaillon, das in der Osternacht zusammen mit den Osterkerzen in Rom geweiht wurde – und zwar nur alle sieben Jahre oder im ersten Jahr des Pontifikats eines neuen Papstes. Auf der einen Seite war das Lamm Gottes abgebildet, das Agnus Dei, auf der anderen meist das Porträt oder das Siegel des Papstes. Die Seltenheit und die besondere Kraft des päpstlichen Segens machte diese Wachspartikel wirkungs- und wertvoll. Sie wurden in kunstvoll bestickte Säckchen eingenäht und als Schutzzeichen bei sich getragen. Zusammen mit den Partikeln oder Medaillons findet man häufig eine gesiegelte Authentik, die die Echtheit bestätigt. Bei sehr alten Agnus Dei ist häufig noch eine Segensformel beigefügt, die in jüdisch-kabbalistischer Tradition als Beschwörungs-

und Bannformel gegen das Böse spiralförmig aufgeschrieben ist.[14]

Eine ähnliche Sakramentalie, eine offiziell ausgegebene Devotionalie, bei der die theologische Erklärung und der reale Gebrauch oft recht weit auseinander lagen, ist das sogenannte Skapulier (Abb. 32). Der Begriff bezeichnete ursprünglich den Überwurf über einer Ordenstunika, der Brust und Rücken bedeckte. Mit dem Eintritt in eine Skapulierbruderschaft konnte auch der Laie zu einem Ordensmitglied werden und so an der dort akkumulierten Gebetsgnade teilhaben. Dazu sollte ihm von einem Priester ein kleines Skapulier angelegt werden. Dem Teil einer Ordenstracht ähnelte dies nur noch entfernt. Es besteht aus zwei Stoffvierecken in der Farbe der jeweiligen Ordensgemeinschaft, die durch zwei Schnüre so miteinander verbunden sind, dass ein Viereck auf der Brust und eins auf dem Rücken getragen werden kann. Andere sind selbst in dieser rudimentären Form nicht mehr als Teil einer Ordenstracht zu erkennen, sondern erscheinen lediglich als bestickte Stofftäschchen, die sich kaum von einem Agnus Dei unterscheiden. Als minimale Schrumpfformen des ursprünglichen Schulterüberwurfs haben sie aber umso mehr symbolische, schützende und abwehrende Funktionen. Ihre Verbreitung verdanken sie der Verheißung der Jungfrau Maria, dass derjenige, welcher mit diesem Skapulier bekleidet stirbt, nicht in die Hölle muss. Diese Vision eines Karmeliters aus dem 13. Jahrhundert ist von der katholischen Kirche als authentisch anerkannt. Die meisten der kleinen Stoffe wurden und werden bis heute vom Orden der Karmeliter vertrieben. Besonders wirksam erschienen Skapuliere den Gläubigen dann, wenn sie gleich die Gebetsgnade mehrerer Orden in sich vereinten, wie zum Beispiel das weit verbreitete »fünffache Skapulier«, ein kleines Päckchen, das man in der Kleidung trug.

Die Skapuliere konnten durch eine Skapuliermedaille ersetzt werden. Sie ist damit Teil eines riesigen Spektrums katholischer Medaillen, die an Wallfahrtsorten oder von Orden vertrieben wurden und werden und zur Schmuckausstattung aller Katholiken gehörten und gehören, ob aus Gold und Silber oder Kupfer und Blech. Als gesegnete Objekte wurden sie vielfach gebraucht, zum Beispiel gegen Viehseuchen in die Mauerritzen eines Stalls gesteckt.[15] Bis heute weit verbreitet ist vor allem die sogenannte wundertätige Medaille. Wie die Verwendung der Skapuliere geht auch das Tragen dieser Medaille auf das legitimierende bzw. fordernde Eingreifen der Gottesmutter zurück. 1830 versprach sie, laut der Visionärin Katharina Labouré (1806–1876), denen überreiche Gnaden, die diese Medaille – deren Aussehen die Muttergottes ebenfalls genau vorgab – »vornehmlich am Halse tragen«.[16] Die Medaillen werden als Teil einer breiten Palette von Schutz- und Segenszeichen vor allem an Wallfahrtsorten bis heute verkauft. Auch wenn viele dieser Zeichen heute eher unauffällig getragen werden, gehören sie weiterhin in den katholischen Alltag.

1 Treiber 2001.
2 Aka 1994; Aka 2003.
3 Aka 1994; Aka 2003.
4 Brauneck 1979; Gockerell 1995.
5 Götz v. Olenhusen 1995.
6 Aka 1997a.
7 Aka 2006; Treiber 2005.
8 Gockerell 1995, S. 18–19.
9 Angenendt 1994, S. 155–156.
10 Freitag 1991; Angenendt 1994.
11 Freitag 1991.
12 Gockerell 1995, S. 34.
13 Aka 1994.
14 Gockerell 1995, S. 35.
15 Aka 1994.
16 Begleitzettel beim Erwerb einer Medaille der Unbefleckten Empfängnis Mariens bzw. wundertätigen Medaille. Vechtaer Druckerei u. Verlag Vechta 1960 (Archiv. d. Aut.).

50 Mangbrett mit der Maria Immaculata

Süddeutschland, Unterfranken (?), Ende 18. Jahrhundert
Holz, 55,2 x 10,9 x 7 cm
Museen der Stadt Regensburg, K 1934/172

Inschrift: *ANNA MARIA*

Der Mensch versuchte, seine Frömmigkeit auch bildhaft und gegenständlich in den Alltag und das Wohnumfeld zu integrieren. Dazu wurden Alltagsgegenstände wie Möbel und Arbeitsgeräte durch die Anbringung einfacher christlicher Symbolik zusammen mit dem Benutzer dem Schutz Gottes übergeben. Besonders häufig sind Christus- und Marienmonogramme, Kreuzzeichen, schlichte religiöse Szenen und Heiligenbilder zu finden.

Das Mangbrett mit oben liegendem Griff ist durch Rokokoschnitzereien, vorwiegend in Form vegetabiler Ornamente, reich verziert. Im Zentrum unter einem Baldachin mit Lambrequins präsentiert sich die sternennimbierte Maria Immaculata, unter der eine Inschriftenkartusche, von einem geflügelten Engelskopf überfangen, angeordnet ist und die die Worte *ANNA MARIA* trägt. st

51 Marzipanmodel

Regensburg (?, Oberpfalz), Ende 18. Jahrhundert
Holz, Ø 25 cm, Stärke 3,5 cm
Museen der Stadt Regensburg, K 1953/181

Monogramm S-F

Die Marzipanmodel in Form einer großen Holzscheibe, mit rückwärtig eingeschobenem Griff, ist im Tiefschnitt bearbeitet. Als äußere Umrahmung wurde ein Blattkranz mit vier Blüten gewählt, innerhalb dem sich die in zwei Bereiche geteilte Szenerie abspielt. Unten büßen drei arme Seelen im Fegefeuer ihre Sünden, während sie zu dem großen Kelch mit einer IHS-monogrammierten, strahlenumkränzten Hostie, Symbol ihrer Erlösung, streben. Seitlich säumen diesen auf Wolken kniende betende Engel, unter denen sich Spruchbänder mit den Worten *MISEREM* und *SAL –DEM – VOS – AM* befinden. Sie verweisen wohl auf Ijob 19,21, wo es heißt »Miseremini mei saltem vos amici mei« (»Erbarmt, erbarmt euch meiner, ihr, meine Freunde!«). Hiob musste ebenso wie die Armen Seelen eine Zeit großer seelischer und physischer Qualen erleiden, bevor ihm der himmlische Lohn zuteil wurde.

Gockerell 2009, S. 28–30. st

51

52

53

52 Griffelbehälter

Bayerischer Wald, 1836
Holz, Fassungsreste, 4,4 x 20,2 x 3,5 cm
Museen der Stadt Regensburg, K 1938/85

Inschrift: RHCMB+E

Das schmale, hochrechteckige Griffelbehältnis ist an einer Schmalseite mit einem Schiebedeckel versehen, der die Jahreszahl 1836 trägt, während in die andere die Zahl *12* eingeritzt ist. Die Oberseite ist mit Christus- und Marienmonogrammen, die abwechselnd nebeneinander, quer und längs angeordnet sind, sowie Sternen überzogen. Auf der gegenüberliegenden Seite sind zwischen Kreuzchen und Rosetten die Buchstaben *RHCMB+E* eingekerbt. Da das C und M mit Kreuzchen versehen sind, könnten sie als Initialen für Christus und Maria stehen. An den Buchstaben und Ziffern haften Reste roter Fassung an. st

53 Löffel

Berchtesgaden (Oberbayern), 18. Jahrhundert
Bein, 19,6 x 4,8 x 2,5 cm
Museen der Stadt Regensburg, K 1943/50,2

Monogramm I H

Der zierlich gearbeitete Löffel aus Bein, mit in der Mitte gedrehtem Stiel, ist mit Ritzverzierungen versehen. In der Mulde der Laffe ist eine Ermahnung an ein frommes Leben hinsichtlich eines gutes jenseitigen Lebens in deutscher Kanzleischrift zu lesen: *Hin / geht die / Zeit her komb / der Tod O / Mensch leb / from und / fürchte Gott*. Die rückwärtige Seite zeigt eine mit den Worten *S=IOHANNES=N=* bezeichnete Darstellung des vor einem Altar knienden hl. Johannes Nepomuk mit Märtyrerpalme. st

Glaubensgegenwart im Alltag

54 Humpen

Bayerischer Wald, Mitte 19. Jahrhundert
Glas, Zinn, Emaille, Porzellan, 24,7 x 16,7 x 11 cm (inkl. Öffner),
Ø unten 11,5 cm
Museen der Stadt Regensburg, K 1957/2,2

Der gehenkelte Körper des Humpen aus Perlglas ist mit Emaillemalerei in Weiß, Blau, Rot und Grün verziert, der Zinndeckel mit profiliertem Rand und blattförmigem Heber mit einer Porzellaneinlage versehen. Die Emaillemalereien zeigen stilisierte Blätter und Blumen, zudem Punktkreise und Fächer, der Deckel die Halbfigur Christi während des Abendmahls. Er wird von einem Weinstock und einem Strauch umrahmt.
st

55 Taschenspiegel in Buchform mit IHS-Monogramm

Bayerischer Wald, 1832
Holz, Spiegelglas, 11,8 x 8,6 x 1,9 cm (ohne Aufhänger)
Museen der Stadt Regensburg, K 1952/17

Monogramm S. D.

Der buchförmige hölzerne Taschenspiegel ist vollständig mit Kerbschnitzereien überzogen. Durch einen Schiebedeckel auf der Oberseite mit dem Christusmonogramm zwischen zwei Herzen kann das Spiegelglas freigelegt werden. Die Unterseite gibt die Datierung und ebenfalls zwei Herzen preis.
st

56 Neidfeige, Schnupftabakglas

Bayerischer Wald (Niederbayern), 19. Jahrhundert
Glas, 10,8 x 5,2 x 4,2 cm
Museen der Stadt Regensburg, K 1936/151,1

Das Schnupftabakglas aus rubiniertem, irisierendem Glas in Form einer Neidfeige ist innen weiß überfangen. Als Feige wird eine Handhaltung bezeichnet, bei welcher der Daumen zwischen Zeige- und Mittelfinger hindurchgesteckt wird und die anderen Finger wie bei einer Faust gekrümmt sind. Diese Geste, sowohl im gesamten westeuropäischen Kulturraum als auch im jüdisch-arabischen und kleinasiatischen bekannt, besitzt unterschiedliche Bedeutungen. So kann sie Zeichen des Spottes, der Demütigung und des Hohnes sein, weshalb sie auf Bildern der Verspottung Christi und in die Arma Christi Eingang gefunden hat. Des Weiteren besitzt sie ob-

54

szönen Charakter, indem sie den Koitus oder das weibliche Genital symbolisiert. Die Gebärde kann auch schlicht Wut, Hass oder Missmut ausdrücken. Doch besitzt sie zudem eine magische Seite als Schutz- und Abwehrmittel gegen böse Geister, Hexerei, den bösen Blick oder Krankheit. Aufgrund dieses Sinngehaltes wurde die Form besonders auf Anhänger mit apotropäischen Charakter übertragen (vgl. Kat.-Nr. 115) oder aber auch auf Gebrauchsgegenstände, wie im Fall dieses Schnupftabaksglases.

Brauneck 1979, S. 283–285; Hansmann/Kriss-Rettenbeck 1966, S. 203–207; Kriss-Rettenbeck 1955a; Ausst.-Kat. Graz 2006, S. 99.

st

57 Schnupftabakdose mit Auge Gottes und der Hl. Dreifaltigkeit

Bein, 7 x 5 x 2 cm
Museen der Stadt Regensburg, K 2013/105

Der Deckel der ovalen Schnupftabakdose ist auf der Oberseite mit einer Gravur des strahlenumkränzten Auges Gottes versehen. Auch die Unterseite weist eine christliche Darstellung auf: die Hl. Dreifaltigkeit. Auf einer Wolke sitzt Gottvater mit Segensgestus, ihm gegenüber Christus mit dem Kreuz, darüber schwebt die Heiliggeisttaube.

st

57

58

58 Bauernschrank

Niederbayern, 1821
Holz, 182,5 x 127 x 54 cm
Museen der Stadt Regensburg, K 1977/7

Inschrift: *I.1.N.8. .2.R.1.T.*

Die farbige Gestaltung von Bauernmöbeln setzt in verstärktem Maße im 17. Jahrhundert ein und gelangte im Folgenden zu ihrem Höhepunkt. Altbayern stellte eines der Zentren dieser Erscheinung dar.

Der mit brauner Leimmalerei durch Kämmen grundierte zweitürige Bauernschrank mit gezinkt gefügtem Rahmen ist aus Weichholz gefertigt und steht auf vier Kugelfüßen. Die gliedernden Gesimse sowie Türschlagleisten sind blau-weiß-rot marmoriert. Jede der beiden Türen ist in drei Bildfelder unterteilt, zwei hochrechteckige, plastisch erhöhte und ein querrechteckiges dazwischen. Von diesen zeigt das linke eine Stadt mit ruinösem Tor, das rechte ein Gehöft in landschaftlicher Umgebung. Die anderen vier sind mit Kniebildern innerhalb eines blau-roten Rahmens mit vier grünen Quadraten in den Ecken bemalt. Oben links ist einer der Hl. Drei Könige zu sehen, erkennbar an dem Turban mit Krone und dem Weihrauchfass in seinen Händen. Ihm gegenüber erscheint Maria als Mater Dolorosa, ein Tuch haltend. Die unteren beiden Bildfelder werden von je einem nicht genauer benennbaren heiligen Bischof eingenommen. Die Seitenwände sind mit braun gestupften Flächen gefeldert, die Eckschrägen mit einem Ranken-Rosen-Tulpen-Fries versehen.

Ritz/Ritz 1977.   st

59 Bett

Weinzierl-Gruppe
Deggendorf (Niederbayern), um 1830/40
Holz, 185 x 135 x 8 cm (Kopfteil) bzw. 130 x 135 x 6,5 cm (Fußteil)
Museen der Stadt Regensburg, K 1975/28,1 und 2

Von dem ehemaligen Himmelbett sind lediglich das blau grundierte Kopf- und Fußteil erhalten. Ersteres besteht aus zwei Hauptteilen. Das schlichte, rechteckige Grundelement ist in zwei Pfosten eingenutet und oben mit einer Leiste versehen. Darauf sitzt ein geschweift ausgeschnittenes Brett mit figürlicher Bemalung. Innerhalb eines Medaillonrahmens erscheint ein Mariahilf-Bildnis, das von girlandenartigen Zierelementen mit Schleife überfangen wird. Umgeben wird die Darstellung von Streublumen.

Dem geschweiften Brett des Fußteils liegt dieselbe Grundkonstruktion wie seinem Pendant zugrunde. Neben einer marmorierten Sockelleiste und goldenen Zopfmustern an den Pfosten besitzt es eine zentrale Bekrönung in Form einer geschnitzten, goldenen Palmette mit Voluten. Das formgleich gerahmte Mittelfeld ist durch Leisten abgegrenzt und zeigt die Hl. Familie mit der Heiliggeisttaube im Motiv des Hl. Wandels: Maria links und Josef mit Lilie rechts nehmen den zwischen ihnen gehenden Jesusknaben an den Händen. Wie beim Kopfteil ranken sich auch hier Streublumen um das Bild.

Gockerell 1995, S. 23–26. st

60 Hinterglasbild mit den hll. Sebastian und Florian

Bayerischer Wald, Schönstein (Lkr. Straubing-Bogen, Niederbayern), 19. Jahrhundert
Glas, Nadelholzrahmen, 28,7 x 21,1 cm (Bildmaß), 33,6 x 26,2 cm (Rahmenmaß)
Museen der Stadt Regensburg, K 1934/157

Inschrift: *Sebastian Floriani*

Auf dem Hinterglasbild sind vor himmelblau-weißem Grund zwei populäre volkstümliche Schutzheilige für den häuslichen und familiären Bereich abgebildet und durch eine goldene Beschriftung bezeichnet.

Sebastian, einer der großen Pestheiligen, wird in rotem Lendentuch an einen Baumstamm gebunden dargestellt, wie sich ein Pfeil in seinen Oberkörper bohrt. Seine Verehrung soll insbesondere Schutz vor dieser Epidemie, aber auch vor anderen ansteckenden Krankheiten bieten.

Der hl. Florian, in Waffenrock, Brustpanzer und Manteltuch mit Lanze, wird in erster Linie in seiner Funktion als Beschützer vor Bränden dargestellt. Darum zeigt ihn das Hinterglasbild auch in der üblichen Art und Weise, wie er einen Wassertrog über ein Haus hält. Der allseits bekannten Spruch »Heiliger Sankt Florian, verschon mein Haus, zünd andre an« hat es unter dem Begriff »Sankt-

Glaubensgegenwart im Alltag

Florians-Prinzip« bis in den Duden geschafft, wo er wie folgt erklärt wird: »Grundsatz, Unangenehmes von sich wegzuschieben, auch wenn andere dadurch geschädigt werden« (Duden 2013, S. 920).

Es war durchweg üblich, Andachtsbilder, besonders mit Schutzheiligen für Haus und Hof, im Wohnbereich anzubringen. Im Süddeutschland des 18. und 19. Jahrhunderts waren die meisten davon in der Technik der Hinterglasmalerei ausgeführt, bis sie Ende des 19. Jahrhunderts durch billigere Öldrucke ersetzt wurden.

Vorliegendes Exemplar stammt vermutlich aus der Gegend um Schönstein, möglicherweise aus der Werkstatt von Josef Wüstner (1808–1875), woher ganz ähnliche Exemplare kommen. In Schönstein begründete Wüstner dieses Gewerbe, nachdem er als Hinterglasmaler in Raimundsreut tätig gewesen war und die aus einer dort ansässigen, bekannten Hinterglasmalerfamilie stammende Anna Maria Peterhansel geheiratet hatte. Seine Bilder fanden schon nach kurzer Zeit reißenden Absatz.

Gockerell 2009, S. 46–54, 126–127; www.stallwang.de (letzter Zugriff 04.02.2014); Duden 2013, S. 920.   st

61 Hinterglasbild mit Christus am Kreuz und armen Seelen

Bayerischer Wald, 19. Jahrhundert
Glas, Holz, 13,7 x 9,8 cm (Bildmaß), 16 x 12,3 cm (Rahmenmaß)
Museen der Stadt Regensburg, K 1935/29

Inschrift: *Bittet für uns*

Das schlichte Hinterglasbild zeigt Christus am Kreuz vor blauem Grund. Seitlich von ihm erscheinen die unbekleideten Hüftbilder von je einer armen weiblichen und männlichen Seele im Fegefeuer. Diese richten die Blicke auf das Sinnbild ihrer Errettung, den Erlöser. Mit der Beischrift in Form des kirchlichen Bittrufes »Bittet für uns« werden die Lebenden um Hilfe gebeten.

Die Art der Darstellung orientiert sich exakt an den Beschlüssen des Tridentinums, die auf komprimierte Einfachheit abzielten und sich im Laufe der Zeit formelhaft verfestigt im Bild niederschlugen: Die nach Erlösung strebenden armen Seelen, von züngelnden Flammen umgeben, werden mit entspannten Gesichtszügen, da ihnen die Erlösung ja gewiss ist, sowie etwa 30 Jahre alt dargestellt. Der hl. Augustinus sagte nämlich, dass sich die Verstorbenen am Jüngsten Tag in vollkommenem Alter aus den Gräbern erheben.

Diese miniaturhaften Hinterglasbilder nannte man Armenseelentaferl. Sie lösten in der zweiten Hälfte des 19. Jahrhunderts die großen Hinterglasbilder, auf denen im 18. und 19. Jahrhundert die Fegefeuerthematik ebenfalls ein beliebtes Motiv war, sowie die auf Holz gemalten Bilder ab. Bis circa 1930 waren sie im Gebiet der Oberpfalz und des Bayerischen Waldes gang und gäbe, nach 1950 verschwanden sie aber abrupt. Vornehmlich zur häuslichen Andacht bestimmt, waren sie auch beliebte Patengeschenke und Bestandteil jeder Aussteuer. Nebenher gab es natürlich auch Druckgrafik, die gerade im 18. und 19. Jahrhundert in Form von Armenseelenbildchen auf den Markt kam.

Das 19. Jahrhundert markiert in der religiösen Volkskunst den Höhepunkt der Fegefeuer- und Armenseelenthematik, die seit jeher durch Angst und Schrecken, aber zugleich auch durch Verbundenheit und Wohltätigkeit geprägt war. Abbildungen von armen Seelen waren daher nicht nur im häuslichen Bereich zu finden, sondern auch auf Dorfkreuzen, Bildstöcken und Marterln, auf Votivtafeln, Wallfahrtsbildern oder in Haussegen. Stets halten sich die Menschen dadurch vor Augen, dass die im Fegefeuer geläuterten Seelen erlöst werden müssen, hierzu aber Hilfe von den Lebenden benötigen. Wenn ihnen diese gewährt wird, werden wiederum die Menschen von den armen Seelen beschützt und es wird ihnen in Nöten geholfen. Aus diesem Zusammenhang heraus generierten sich die vielfältigsten Bräuche und Gepflogenheiten, innerhalb derer das Gebet stets die wichtigste Rolle spielte. Die armen Seelen wurden in das tägliche Gebet vor und nach dem Essen, beim Angelusläuten und vor dem Zubettgehen eingebunden. Auch der Rosenkranz konnte um ein Gesätz, das eigens für sie gebetet wurde, erweitert werden. Eine Erscheinung im volkstümlichen Bereich stellen auch die geistlichen Lotterien oder Glückshäfen dar. Hierzu wurde ein Papierbogen mit 61 verschiedenen Kategorien von armen Seelen versehen und durchnummeriert. Der Gläubige konnte nun aus einem beigefügten Kasten eine Nummer ziehen und hatte für die darauf genannte arme Seele ein bestimmtes Gebet zu entrichten. Nach ähnlichem Prinzip verfahren auch die Gebetkarten: Gegen einen Geldbetrag konnte man eine Karte erwerben, auf der zu lesen war, was und wie viel man für die armen Seelen zu beten hatte.

Haller 1980, S. 21–52, 161; Hartinger 1979. st

62 Weihwasserkessel mit armen Seelen

Straubing (?, Niederbayern), 19. Jahrhundert
Ton, gebrannt, gelb glasiert, 19,3 x 9,2 cm
Museen der Stadt Regensburg, K 1936/118,2

Die äußere Form des ockergelb glasierten tönernen Weihwasserkessels wird von der barock anmutenden Umrahmung geprägt, die aus Palmetten- und Muschelformen sowie zwei Putten besteht. Oberhalb des Wasserbehältnisses erscheinen unter einem Bogen drei arme Seelen im Fegefeuer, deren ganzes Gebärden zu dem Kelch gerichtet ist, den ein aus einer Wolke greifender Arm hält.

Weihwasser, Sinnbild der inneren Reinigung, spielt im katholischen Glauben eine große Rolle. Bereits mit der Taufe kommt der

62

gläubige Mensch damit in Berührung. Noch heute sieht man auf Friedhöfen an jedem Grab ein Weihwasserbehältnis, doch vor nicht allzu langer Zeit beherbergte auch jeder Wohnraum neben der Tür einen Weihwasserkessel. Bei jedem Passieren wurde das Kreuzzeichen gemacht. Das Weihwasserversprengen, fester Bestandteil des alltäglichen Lebens, wurde aber nicht nur beim Hindurchtreten durch eine Tür vollzogen, sondern auch unmittelbar nach dem Aufstehen, vor dem Zubettgehen, beim morgendlichen Aufbruch der Schulkinder oder beim Eintreffen von Gästen. Der Handlung kann somit eine Art Schutzcharakter zugesprochen werden.

Aber auch im Armenseelenglauben stellt das Weihwasser einen unverzichtbaren Bestandteil dar. Grund dafür war, dass man glaubte, es vertreibe die bösen Geister, die die armen Seelen quälten, und verschaffe diesen erleichternde Kühlung. Zusammen mit den bereits angesprochenen Armenseelentaferln waren die Weihwasserkessel in der Bauernstube neben der Tür angebracht, da man annahm, dass die armen Seelen auch in den Türangeln sitzen. Bei jedem Hindurchtreten wurde das Taferl ebenfalls mit Weihwasser besprengt.

Haller 1980; Hartinger 1979, S. 140–141. st

63 Weihwasserkessel

Beschauzeichen Passau (Löwe), Meistermarke ICS (Rosenberg, Nr. 4389)
Passau, um 1700
Silber, 25 x 13,8 x 7 cm
Museen der Stadt Regensburg, K 1953/3

Der in Passau gefertigte Weihwasserkessel besteht aus einer filigran durchbrochen gearbeiteten, spitzovalen Blumenranke mit Akanthusblätter sowie drei tulpenartigen Blüten. Darauf sitzt ein gesondert gearbeitetes rundes Kesselchen mit profilierter, nach unten verjüngter Wandung und gewelltem Rand. Die Wandung ist mit stilisierten Blätter- und Blütengravuren verziert.

st

64 Heiliggeistkugel

Abensberg (?, Lkr. Kelheim, Niederbayern), 19. Jahrhundert
Glas, Papier, Holz, Ø 11 cm
Museen der Stadt Regensburg, K 2012/53,40

Der Körper der Taube, erst seit dem Konzil von Konstantinopel 536 offiziell Motiv des Hl. Geistes, ist aus einem farbig gefassten Holzstück geschnitten, in das gefaltete, bunt gepunktete Papierfächer als Flügel und Schwanz gesteckt sind. Durch eine hölzerne Aufhängung ist die Figur in einer mundgeblasenen Glaskugel montiert, die mit einer Konstruktion aus Nagel und Holzpfropfen an der Decke befestigt werden kann.

Die heute für Heiliggeistkugeln verwendete Bezeichnung »Suppenbrunzer« stellt keine zeitgemäße Benennung dar. Sie entstand wohl aufgrund der Tatsache, dass die Kugeln üblicherweise über dem Esstisch hingen, sich der Essensdampf auf dem Glas niederschlug und als Kondensat auf den Tisch tropfte.

Heiliggeistkugeln sind eine Art Eingericht, verbreitet im Bayerischen Wald und in der angrenzenden Region, aber auch in der Oberpfalz. Ein weiteres Herstellungszentrum bildete die Berchtesgadener Gegend. Eine exakte Datierung sowie Herstellerzuordnung ist kaum möglich. Die erhaltenen Exemplare stammen meist aus dem 19. Jahrhundert.

Spätestens im 18. Jahrhundert waren Heiliggeistkugeln als Mittel zur Abwehr des Bösen aller Art in Bauernstuben zu finden und konnten aus unterschiedlichsten Materialien bestehen. Die gebräuchlichste Form war die Papiertaube in einer Glaskugel. Daneben war aber auch noch die »Unruh« weit verbreitet, bei der die Taube als eine Art Mobile an einem Strohgeflecht hing. Beides fand in den meisten Fällen über dem Esstisch Platz, war aber auch über Ehebetten oder Stalltüren anzutreffen.

Hansmann/Kriss-Rettenbeck 1966, S. 91; Ausst.-Kat. Straubing 1983.

st

65 »Bauernsilber«: Christus am Kreuz

Bayerischer Wald/Böhmen, Ende 19. Jahrhundert
Glas, silberverspiegelt, bemalt, 22,4 x 12 x 10 cm
Museen der Stadt Regensburg, K 1981/30,16

Die Silberglasstatuette von Christus am Kreuz fügt sich aus zwei identischen Figuren zusammen und steht auf einem runden, profilierten Sockel. Dessen Unterseite weist das verklebte Einfüllloch auf. Die Farbgestaltung erfolgte durch Silberbeize und Kaltbemalung. Auf das lichte Inkarnat sind Mund und Wunden rot, Bart, Haare, Augen und Nägel schwarz aufgemalt.

Die Silberglasmethode entstand im Zuge der Spiegelherstellung, für die man ab dem 15./16. Jahrhundert, von Italien ausgehend, eine Amalgamierungstechnik verwendete. Bei dieser belegte man das Trägerglas durch Quecksilber mit Zinn- oder Bleifolie. Die extrem toxische Wirkung von Quecksilber führte zu Vergiftungen und teilweise sogar zum Tod der Arbeiter, so dass man sich ab den 1840er Jahren intensiven Forschungen für ein neues Verfahren widmete. 1843 meldete der Engländer Michael Drayton ein ungiftiges Nassversilberungsverfahren mit Silbersalzen, organischen Reagenzien und Ammoniak als Patent an. Im Zuge weiterer Optimierungsversuche entstand 1849 die Versilberung doppelwandiger Hohlgläser auf der Innenseite. Bei dieser Methode wurden Gläser zweischalig in Metallformen geblasen, um durch eine Öffnung die Versilberungsflüssigkeit einfüllen zu können, die sich durch Schwenken und Trocknen auf den Flächen niederschlug.

Nach Entdeckung dieser Methode entwickelten sich Silberglasobjekte zu einer angesagten, kurz andauernden, aber weltweiten Modeerscheinung. Mitte des 19. Jahrhunderts kristallisierte sich Böhmen als Zentrum der Silberglasherstellung heraus. Von dort wurde bis nach England, die USA und Australien exportiert. Verwendung fanden Silberglasobjekte im Haushalt und im dekorativen Ausstattungsbereich sowie im Devotionalien- und Andenkensegment.

Die heute geläufige Bezeichnung »Bauernsilber« basiert auf keinerlei zeitgenössischen Belegen. Im 19. und Anfang des 20. Jahrhunderts waren lediglich die Begriffe »versilbertes Glas« und »Silberglas« geläufig. Ihr Ursprung basiert wohl auf der Tatsache, dass es sich bei der Abnehmerschaft von Silberglasobjekten vorwiegend um Landbevölkerung handelte und die Gegenstände zudem verstärkt Eingang in Kirchen finanziell schwächerer Gemeinden fanden, also tatsächlich an Stelle des teuren Edelmetalls verwendet wurden.

Heiligenfiguren wurden im Vergleich zu anderen Gegenständen relativ selten hergestellt und fanden ihren Platz vornehmlich in Herrgottswinkeln und bei Versehgarnituren. Dieses Ensemble zum Versehen von Schwerkranken mit den Sterbesakramenten bestand neben den Figuren zudem aus einem Kruzifix, zwei Leuchtern, einem Becher, einer Öl- und Fußschale. In dieser Funktion konnte sich Silberglas in abgelegenen Gegenden des Bayerischen Waldes sogar bis in die 1960er Jahre behaupten.

Ausst.-Kat. Zwiesel 2008; Ausst.-Kat. Burglengenfeld 1992. st

66 »Bauernsilber«: Maria mit Kind

Bayerischer Wald/Böhmen, zweite Hälfte 19. Jahrhundert
Glas, silberverspiegelt, bemalt, 21,3 x 10 x 10 cm
Museen der Stadt Regensburg, K 1981/33

Die Silberglasfigur zeigt eine stehende Madonna mit Kind auf dem Arm. Auf dem fast weißen Inkarnat sind Augen in Schwarz, der Mund in Rot und die Gewandsäume in Grün aufgemalt. st

66

67

67 Hausaltärchen: Mönch und Nonne

Holz, Metall, Papier u. a.,
15,5 x 4 x 5,5 cm bzw. 14,5 x 3,9 x 5,5 cm
Museen der Stadt Regensburg, K 1978/54,1 und 2

Hausaltärchen dienten zur privaten Andacht der Hausbewohner. Vorliegende Exemplare sind in Form einer Mönch- und Nonnenfigur aus Holz gestaltet, wobei die Oberkörper abnehmbar sind, so dass die unteren Teile durch Scharniere zu Triptychen aufgeklappt werden können.

Beim Mönch öffnet sich der Blick dabei auf einen miniaturhaften Kircheninnenraum. Auf den Seitenteilen werden mit Wangen Gebetstühle angedeutet. Im Zentrum befindet sich ein Altar mit Kruzifix, darüber schwebender Heiliggeisttaube und überstrahlendem Auge Gottes. Die seitlich neben dem Kreuz stehenden Leuchter sind abgebrochen.

Die Innenseite der Nonnenfigur ist als Kapellenraum gestaltet. Auf die beweglichen Seitenflügel sind Fenster aufgemalt, welche eine stehende, vor einem Altar mit Kruzifix und Buch betende Nonne mit schwarzer Ordenstracht und weißem Schleier rahmen. Im darüberliegenden Zwickel ist eine Uhr aufgemalt. st

116 ■ Katalog

68 Collage aus marianischen Gnadenbildern

Bad Kötzting (Lkr. Cham, Oberpfalz), 18. Jahrhundert
Holz, Metall, Wachs, Textil, Ton, Glas, Papier u. a.,
42,3 x 30,3 x 13,1 cm (ohne Griff)
Museen der Stadt Regensburg, K 2012/53,39

Beim Öffnen des mit Butzenscheiben verglasten Türchens des Holzkastens bietet sich dem Betrachter ein Sammelsurium verschiedenster, vorwiegend marianischer Devotionalien dar. Es handelt sich wohl um einen eigenhändig gestalteten, persönlichen Andachtsgegenstand, der von einer tiefen Marienfrömmigkeit zeugt. Die Rückwand ist mit einem kolorierten Kupferstich einer Kreuzigungsszene geziert, der mit *Zu Augspurg / bey Johann Philipp Steudner / Briffmahler / Hauß und Laden bey der Metzg.* bezeichnet ist, während die seitlichen Schmalseiten mit marmoriertem Papier beklebt sind.

Am augenfälligsten ist die fast kastenhohe, textilbekleidete Marienfigur mit Kind, deren Grundgerüst aus zwei in einen Holzblock gesteckten Holzstäbchen besteht. Das Futter des Kleides besteht aus einem handbeschriebenen Zettel. Auch für die Erzeugung von Körpervolumen wurden gerollte, handbeschriebene Zettel, u. a. mit Fürbitten, genutzt. Gesicht und Hände sind aus Wachs geformt.

Glaubensgegenwart im Alltag

68

An der Rückseite des Kästchens ist eine geöffnete Schatulle befestigt, in der ein kleines Wachschristkind liegt. Rechts davon hängen ein wächsernes Fatschenkind sowie ein bekleidetes Püppchen mit einem winzigem Metallkreuz um den Hals und ebenfalls einem handbeschriebenen Papierstück unter dem Gewand. Links davon ist ein Anhänger mit Gnadenbild und -kapelle von Altötting angebracht.

Die rechte Schmalseite zieren zwei Breverl, eines davon mit aufgesticktem Kreuz und marianischem Gnadenbild, ein verglaster Kupferstich des hl. Aloisius, der rückseitig ein Bildnis der Maria von Dorfen trägt, sowie ein weiterer, auf Pappe aufgezogen, mit dem Gnadenbild der Maria mit geneigtem Haupt aus Landshut von M. Gutwein. Vor diesem steht auf dem Boden ein kleiner Tontrog.

Auf der gegenüberliegenden Schmalseite hängt neben einer schwarzen Altöttinger Schabmadonna ein verglaster Kupferstich, der Maria mit Kind, zwei Kandelaber und Engeln zeigt. st

69 Klosterarbeit: Gnadenbild Maria mit dem geneigten Haupt

Landshut (Niederbayern), 18. Jahrhundert
Glas, Textil, Holz, 36 x 27,5 x 4,8 cm
Museen der Stadt Regensburg, K 1929/96

Inschrift: *Erzeige dich eine Mutter zu sein. Daß Marianische Gnadenbild bey de Ursulinerin in Landshut*

Innerhalb eines hochrechteckigen, blau bemalten Gehäuses, das von einem kunstvoll geschnitzten und vergoldeten Akanthusrankenrahmen umgeben wird, prangt im Zentrum eine bestickte Miniatur der Maria mit dem geneigten Haupt aus Landshut. Rings um das Bildnis befindet sich eine Einfassung aus Stickereien auf royalblauer Seide in Silber und Gold, Silberfiligran mit Perlen und bunten Blumen.

Bilder dieser Machart nennt man Klosterarbeiten oder Schöne Arbeiten. Sie waren besonders im 17. und 18. Jahrhundert, der Zeit der Gegenreformation, als Andachtsbilder, teilweise auch zum einfachen Andenken beispielsweise an besuchte Wallfahrtsorte, als Geschenke oder als frommer Ausstattungsgegenstand sehr beliebt. Ganz vereinzelt überlebte diese Tradition bis heute. Obwohl es sich augenscheinlich um kunstvoll und prächtig ausgestaltete Werke handelt, wurden sie unter Verwendung einfacher Utensilien meist in Klöstern für den kirchlichen wie auch den privaten Bereich produziert. Diese Technik diente dazu, Gnadenbilder, Reliquien, Heilige Leiber, Nachbildungen wie Annahändchen oder Nepomukzungen und vieles mehr zu fassen und angemessen zu präsentieren. Hierzu wurde eine Vielzahl von Materialien benutzt, unter anderem

69

Silber- und Goldfiligran, Perlen, Pailletten, Glimmer, Spiegel, Muscheln, Wachs oder unterschiedliche Textilien, die mit verschiedenen Techniken wie beispielsweise Nähen, Sticken, Drapieren, Kaschieren, Kleben oder Malen aufgebracht wurden. Oft zu sehen ist hierbei eine Bouillon, eine Spirale aus Gold- oder Silberdraht.

Das Landshuter Gnadenbild befindet sich seit 1680 in der Stadt und wird seit 1699 in der Ursulinenkirche zur öffentlichen Verehrung ausgestellt, die Mitte des 18. Jahrhunderts aufgrund zahlreicher erfüllter Bitten ihren Höhepunkt erreichte. Bei dem Landshuter Bildnis handelt es sich um eine Kopie des Ölbildes, das der Legende nach 1610 von dem karmelitischen Ordensgeneral Dominikus von Jesu Maria Ruzzola in Rom unter einer eingefallenen Hausruine entdeckt und einige Zeit später in der Kirche S. Maria della Scala aufgestellt wurde. Nach seinem Tod um 1630 gelangte es erst zu den Karmeliten nach München, dann nach Wien in die Privatkapelle Kaiser Ferdinands II. und schließlich 1901 in die neue Karmelitenkirche in Wien-Döbling. Das Landshuter Gnadenbild ist eine sehr frühe Kopie des Originals eines Wiener Malers, bei dem es Dr. Johann Jakob Schmidhofer erwarb, Chorherr des Kollegiatstiftes von St. Martin in Landshut. Durch Schenkung an die Ursulinin M. Viktoria Jäger gelangte es an seinen heutigen Standort. Die Säkularisation beendete nicht nur die Wallfahrt, sondern bedrohte auch das Gnadenbild. Unter Verlust des Rahmens rettete man es in die Kirche St. Martin, bis es 1827 wieder zu den Ursulinen transferiert werden konnte.

Ausst.-Kat. Regensburg 1984, S. 129; Ausst.-Kat. Oberschönenfeld 1990, S. 9-28; http://www.ursulinenkloster-landshut.de (letzter Zugriff 04.02.2014). st

70 Klosterarbeit: hll. Anna und Maria

Niederbayern, um 1800
Pergament, Holz, Glas, Textil, Golddraht, 18,7 x 13 x 2,6 cm (ohne Aufhänger)
Museen der Stadt Regensburg, K 1934/299

Im Zentrum des rechteckigen Kastens mit schwarz lackiertem Empirerahmen erscheint ein hochovales Medaillon aus Pergament mit der gemalten Miniatur der hl. Anna, auf deren Schoß Maria mit einem Buch sitzt. Es wird von einer Goldfiligranfassung und von 24 Reliquien unter Nessel mit Goldfiligranfassung umgeben. Jede einzelne ist mit einer handgeschriebenen Cedula mit dem Märtyrernamen versehen.

Hinter dem Reliquienkult verbirgt sich der Glaube, dass den Partikeln die Wunderkraft der verstorbenen Heiligen innewohne und diese durch Berührung übertragen werden kann. Im Volksglauben trug man Reliquien wie Amulette und Talismane, sie waren aber auch in Form von Klosterarbeiten, Andachtsschreiben und Hausaltärchen im häuslichen Bereich anzutreffen.

Brauneck 1979, S. 67, 70. st

71 Klosterarbeit: Annahändchen

Bayern, Anfang 18. Jahrhundert
Holz, Wachs, Glasperlen, Seidenblumen, Seidendamast, Messing-, Silberfiligran, 25,5 x 17,3 x 6,5 cm
Museen der Stadt Regensburg, K 1935/72

Das schwarze, rundbogige Holzgehäuse mit geflammter, vergoldeter Rahmung und Sockel ist innen mit rosa Seidendamast ausgekleidet und nimmt eine in Klosterarbeit gefertigte kleine schwarze Wachshand auf. Die Unteransicht lässt sogar eingeritzte Hautfalten erken-

71

nen. Um den Ballen ist ein Kränzlein aus gelben und rosa Seidenblumen, am Handgelenk ein Messingfiligranband mit Glasperlen gewunden. Das sogenannte Annahändchen ist in ein Ornamentgeflecht aus Messing- und Silberfiligran mit weißen Glasperlen sowie Glasplättchen eingebettet.

Die Originalreliquie der mumifizierten Hand der hl. Anna wird in Wien aufbewahrt. Sie gelangte 1678 durch einen Kurier von Konstantinopel nach Wien in das habsburgische Kaiserhaus. Anfangs fand sie Aufstellung in der Hofkapelle, bis sie 1743 an das Jesuitenkolleg überging. Gerade in Bayern und Österreich boomte das Geschäft mit Nachbildung der Annahand für die Verehrung im kirchlichen und privaten Bereich. Die hl. Anna war seit dem hohen Mittelalter Schutzpatronin in häuslichen und mütterlichen Angelegenheiten. Wie in diesem Fall wurde ihre Hand vorwiegend aus Wachs in Klosterarbeiten eingearbeitet.

Gockerell 2009, S. 45; Ausst.-Kat. Regensburg 1984, S. 130; Ausst.-Kat. Graz 2006, S. 14, 94. st

72 Klosterarbeit: Zunge des hl. Nepomuk

Bayern/Böhmen, Mitte 18. Jahrhundert
Wachs, Messing, Glas, Seide, Papier, 18,8 x 13,3 x 9,3 cm (ohne Aufhängung)
Museen der Stadt Regensburg, K 1935/161

Inschrift: *S IOAN:/NIS NEP:/OMVCNI/DECERA/ET SACRA/TERRA*

Auf einem profilierten Sockel steht ein verglaster Sturz mit vier gedrehten Säulen und geschweifter Bekrönung in braun-rosafarbener Marmorierung. Er nimmt die wächserne Zunge des hl. Johannes Nepomuk auf, die durch eine kunstvolle Fassung aus Gold- und Silberfiligran gehalten wird. Neben der aufgemalten Wunde und den fünf Sternen weist sie die oben genannte Beschriftung auf. Ihr hoher Verehrungsfaktor wird durch eine am Deckel befestigte Krone aus Filigran mit Perlen und geschliffenen roten und grünen Glassteinen sowie Filigrangehänge in den Ecken noch betont. Die Deckelinnenseite, mit rosa Seide bezogen, ziert das gestickte Monogramm des Heiligen. Im Gehäuse befinden sich zudem noch gefasste, beschriftete Reliquien.

Der hl. Nepomuk (um 1350–1393) war in seiner Funktion als einflussreicher Geistlicher in Prag Beichtvater der bayerischen Prinzessin Sophie, zweite Ehefrau von König Wenzel IV von Böhmen. (reg. 1378–1419). Die Legende besagt, dass der König von Nepomuk den Bruch des Beichtgeheimnisses verlangte, doch Nepomuk wahrte dieses selbst unter Folter, so dass er auf Befehl des Königs durch einen Sturz von der Karlsbrücke in die Moldau getötet wurde. Bei den weiteren Geschehnissen um den Leichnam des Heiligen variie-

72

ren die Legenden, einig sind sie sich jedoch darin, dass sein Haupt von fünf goldenen Sternen gesäumt war. Bei der Seligsprechung und Erhebung der Gebeine 1715 fand man die nicht verweste Zunge. Erst 1729 erfolgte die Heiligsprechung, doch die Nepomukverehrung steigerte sich innerhalb kurzer Zeit enorm. Am bekanntesten ist seine Funktion als Brückenheiliger, seine Zunge galt als Mittel gegen und zum Schutz vor übler Nachrede und Verleumdung. Als Amulett gestaltet wurde sie am Körper getragen, als Anhänger an Rosenkränzen.

Gockerell 2009, S. 70; Ausst.-Kat. Graz 2006, S. 92.   st

73 Klosterarbeit: hl. Walburga

Straubing (?, Niederbayern), erste Hälfte 18. Jahrhundert
Pergament, Glas, Holz, Golddraht, Seide, 29,4 x 25 x 5,3 cm
Museen der Stadt Regensburg, K 1929/95

Die angeblich aus der Jesuitenkirche in Straubing stammende, hochrechteckig gerahmte Klosterarbeit zeigt in der Mitte eine Pergamentminiatur der vielverehrten hl. Walburga. Diese wird von einer reichen Zierrahmung aus Goldfiligran mit vorwiegend geschwungenen Motiven sowie grünen, rosa und goldenen Bändern umgeben. Um das Bildnis sind Reliquien des hl. Hermenegild, der hl. Agatha, der hl. Margaretha und des hl. Sebastian mit Cedulae angeordnet. Das Bildnis zeigt die Heilige mit Buch, Ölfläschchen, Krone und Äbtissinnenstab. Im Hintergrund sieht man ihre Grablege, aus der durch die Steinplatte des Sarkophags die wundertätige Flüssigkeit tropft (vgl. Kat.-Nr. 74).   st

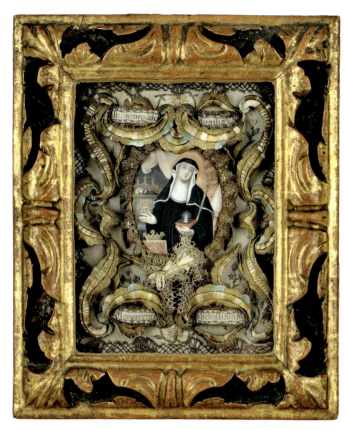

73

74 Walburgisband

Regensburg (Oberpfalz), erste Hälfte 19. Jahrhundert
Seide, Papier, 17,7 x 9,9 cm (Blattmaß), 4,3 x 3,4 x 0,8 cm (Kissen), 19,2 cm (Bandlänge)
Museen der Stadt Regensburg, K 1951/14,9

In ein rechteckiges Papierstück mit dem Stempel des Klosters St. Walburga in Eichstätt ist ein sogenanntes Walburgisband, eine Berührungsreliquie, eingeschlagen. Mit dem Band in Form eines mit Kügelchen gefüllten, roten Seidenkissens an zwei Bändern wurde das Grab der hl. Walburga berührt, das ein heiliges Öl absondert. Dieses Ereignis erläutert auch der in Deutsch, Französisch und Italienisch bedruckte Papierzettel: »Gegenwärtiges Band hat den Arm der großen Wunderheiligen, und Jungfrau Walburga

74

Glaubensgegenwart im Alltag ■ 121

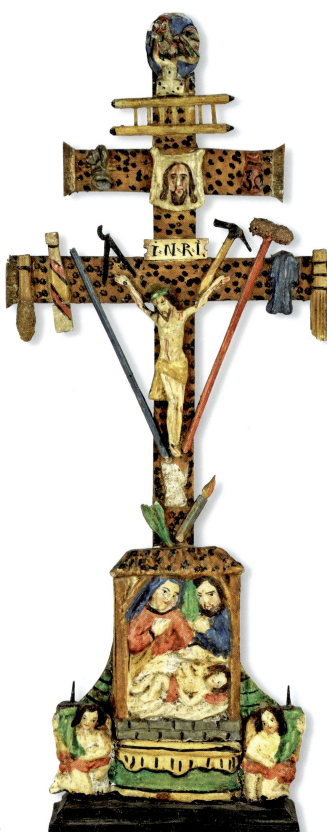

berührt, ist mit ihrem heiligen Gnaden Oel besprenget, und wieder verschiedene Haupt- und Glieder-Krankheiten, besonders aber in Kindsnöthen ein bewehrtes Mittel«.

Bei dem gerade in Süddeutschland populären und heilsamen Walburgisöl handelt es sich um eine Flüssigkeit, die alljährlich an einem bestimmten Datum aus dem Steinsarkophag der Heiligen im Eichstätter Kloster tropft. Nachdem es aufgefangen wurde, wird es noch heute für die Gläubigen in winzige Glasfläschchen oder sogenannte Walburgisbüchsen abgefüllt. Letztere wurden am Körper getragen oder am Rosenkranz befestigt. Wie auch der Zettel besagt, wird das Öl gegen Kinds- und Geburtsnöte sowie unterschiedliche Krankheiten angewendet.

Walburga war eine englische Fürstentochter und lebte im 8. Jahrhundert. Auf Betreiben des hl. Bonifatius, mit dem sie verwandt war, begab sie sich mit ihren Brüdern, den hll. Willibald und Wunibald, auf Missionstätigkeit nach Deutschland. Sie wurde erst Nonne im Kloster Tauberbischofsheim, später Äbtissin in Heidenheim.

Brauneck 1979, S. 282–283; Gockerell 2009, S. 67; Ausst.-Kat. Graz 2006, S. 23.   st

75 Kruzifix mit Arma Christi

Paarstadl bei Beratzhausen (Lkr. Regensburg, Oberpfalz), erste Hälfte 19. Jahrhundert
Holz, Gips, gefasst, 45 x 19,5 x 6 cm (inkl. Sockel)
Museen der Stadt Regensburg, K 1929/42

Das Holzkruzifix mit zwei Querbalken ist über und über mit verschiedenen gefassten Gipsauflagen versehen. Es erwächst aus einem Sockel, der innerhalb einer Hausabbreviatur die Hl. Familie zeigt. Seitlich sind zwei Kerzenhalter mit Engeln angebracht. Um die Figur des Gekreuzigten herum sind die Arma Christi befestigt, zu seinen Füßen ein Palmzweig mit Kerze.

Kruzifixe sind auch im privaten, nichtkirchlichen Bereich allgegenwärtig und treten an unterschiedlichen Orten in Erscheinung: in der Ecke über dem Tisch, im Schlafzimmer und in der Küche, als Bestandteil von Versehgarnituren, an Stallwänden, aber auch als Flurdenkmal, als Feldkreuz oder in der Funktion eines Grenzsteins. Im Innenraum findet es sich sowohl als Stand- als auch als Hängekreuz.

Schutzkreuze mit den Arma Christi sind mancherorts noch heute an Stall- und Stadelwänden sowie als Flurdenkmale zu finden. Die Leidenswerkzeuge Christi waren gerade innerhalb der privaten Frömmigkeit populäre Andachtsgegenstände und Heilszeichen, sollten den Schmerz und das Leid meditativ erlebbar machen.

Brauneck 1979, S. 293; Gockerell 2009, S. 40–42, 106–107.   st

76 Kreuzanhänger

Regensburg (Beschauzeichen; Oberpfalz), 17. Jahrhundert
Messing, Silber, Glas, 14,5 x 8,7 x 1,3 cm (inkl. fester Öse)
Museen der Stadt Regensburg, K 1933/69

Das kunstvoll gegossene Messingkreuz ist mit Auflagen in Form von Volutenornamenten sowie roten und blauen Glassteinen verziert. Der silberne Korpus, unter dem ein Totenkopf mit überkreuzten Knochen zu sehen ist, wird durch Strahlen erhöht.   st

77 Kruzifix mit Bein- und Perlmutteinlagen

1648
Holz, Perlmutt, Bein, 45,5 x 21,8 x 1,8 cm (ohne Sockel)
Museen der Stadt Regensburg, K 2013/109

Bei dem Kruzifix handelt es sich dem Aussehen nach vermutlich um ein Pilgerandenken aus dem Heiligen Land, wo für die Wallfahrer oft sehr aufwendige Devotionalien hergestellt wurden. Die Kreuzarme sind mit Bein- und Perlmuttintarsien versehen und nehmen die Figur des Kruzifixus auf. Rückseitig sind an ihrer Kreuzung vier Beinplatten eingearbeitet, die somit wieder eine Kreuzform ergeben und die Jahreszahl 1648 und die Initialen *I.C.* für Jesus Christus tragen. Durch einen runden, modernen Sockel ist das Kreuz als Standkruzifix gestaltet.   st

Glaubensgegenwart im Alltag ■ 123

78 Scheyrer Kreuz

Messing, 13,5 x 4,4 x 1 cm (inkl. fester Öse)
Museen der Stadt Regensburg, K 2013/73,28

Inschrift: *S S CRUX SCHYRENSIS*

Als sich die Chorherren vom Hl. Grab in Jerusalem Mitte des 12. Jahrhunderts in einer finanziellen Krise befanden, beschloss der Patriarch Fulcherius, Reliquien durch das Abendland zu senden. Zum einen sollte dies Werbezwecken für die Wallfahrt, zum anderen der Verbesserung der finanziellen Lage dienen. Gläubige, denen eine Pilgerreise ins Heilige Land nicht möglich war, konnten die Reliquien durch Entrichtung eines Geldopfers berühren und vor ihnen die Andacht vollziehen.

So wurden in ein Holzgehäuse in Form eines Patriarchenkreuzes heilige Erde der Geburtsstätte in Bethlehem, vom Ort der Aufopferung im Tempel, von den Stellen der Gefangennahme in Gethsemane und der Passion auf dem Golgatha, vom Hl. Grab, vom Ölberg und vom Ort der Himmelfahrt, des weiteren eine Reliquie vom Bett und Grab Mariens im Josaphatal eingelassen. Im Zentrum befand sich eine besonders große Kreuzpartikel mit dem Blut Christi. Auf seiner Reise wurde der Abgesandte im Dachauer Land überfallen und ihm dabei das Reliquiar geraubt. Später erschien es im Besitz der Dachauer Grafen, die beim Patriarchen das Besitzrecht erwerben konnten. Ende des 12. Jahrhunderts begann im oberbayerischen Benediktinerkloster Scheyern die öffentliche Verehrung des wundertätigen Kreuzes, die im 17. und 18. Jahrhundert ihren absoluten Höhepunkt erreichte. Bei vorliegendem Objekt handelt es sich um eine der zahlreichen Nachbildungen des Scheyrer Kreuzes mit seiner charakteristischen, kegelförmigen Aufstecktülle am unteren Ende. Es zählt zu den populärsten Schutz- und Segenszeichen und wurde meist als Anhänger getragen, konnte aber auch an Gebrauchsgegenstände angefügt sowie in Wettersegen und Breverl integriert werden. Die Nachbildungen waren meist mit Inschriften versehen, so auch in diesem Fall wie oben aufgeführt auf den Kreuzarmen.

Die Wirkungsbereiche erläuterte bei früheren Kopien ein beigefügter Zettel: »an der Partikel benedizierten und anberührten Kreuzlein gegen Donner und Schauerwetter, Zauber- und Hexereyen (dienen), die langwürdige Fieber und Frais, bevorab bey denen Kindern (vertreiben), da man ihnen eintweders aus dem unterst ausgeholten Becherlein, oder Wasser, darinnen das Creutzlein gelegt, zu trinken gibet, den hart gebährenden Frauen (helfen), dem Feuer widerstehen und die Brunst löschen, den bösen Feind an den besessen Personen dämmen, das kranke Vieh wieder gesund machen und verlorene Sinnen und Vernunft (wiederbringen) sollen« (Gockerell 2009, S. 59).

Brauneck 1979, S. 289–293; Gockerell 2009, S. 56–59. st

79 Caravacakreuz mit Benediktus-Segen

Silber, 10,4 x 5,1 x 0,7 cm (inkl. angefügter Öse)
Museen der Stadt Regensburg, K 2013/73,29

Inschrift: *CSSML / NDSMD / VRSNSMVSMQLIVB / CSPB*

Annähernd dieselbe Funktion und Wirkung wie das Scheyrer besaß das Caravacakreuz. Ebenfalls in Form eines Patriarchenkreuzes gestaltet, besitzt es an den Kreuzarmenden kleeblattförmige Ausformungen. Das seit dem Spanischen Bürgerkrieg der 1930er Jahre verschollene Originalreliquiar, vermutlich aus dem 4. Jahrhundert, nahm eine der größten Kreuzpartikel des Abendlandes auf. Der Zweitname Ginesiuskreuz wurzelt in einer Begebenheit des 13. Jahrhunderts: Als der Missionspriester Ginesius Perez Chirinus vor einem heidnischen Fürsten im spanischen Caravaca die Messe lesen sollte, vergaß er das Kreuz, woraufhin es ihm zwei Engel brachten. Es folgten die Bekehrung des Fürsten und die Wandlung des Kreuzes zu einem hochverehrten Objekt der Christenheit. Nachdem sich der Kult in Spanien im 16. und 17. Jahrhundert zur absoluten Blüte steigerte, wurde er in Deutschland Anfang des 17. Jahrhunderts im Zuge der offiziellen päpstlichen Bestätigung durch Papst Urban VIII. (1623–1644) eingeführt. Nachdem aber im selben Jahrhundert bereits erste Verbote gegen den Kult ausgesprochen wurden, sank die Bedeutung im 18. Jahrhundert wieder merklich ab.

Vorliegender Nachbildung ist auf den Kreuzarmen ein Benediktus-Segen einbeschrieben: *CSSML* (»Crux sacra sit mihi lux« – »Das heilige Kreuz sei mein Licht«) / *NDSMD* (»non draco sit mihi dux« – »Nicht der Drache sei mein Führer«) / *VRSNSMVSMQ-LIVB* (»Vade Retro Satana, Nunquam Suade Mihi Vana, Sunt Mala, Quae Libas: Ipse Venena Bibas« – »Weiche zurück Satan, führe mich niemals zur Eitelkeit. Böse ist, was du mit einträufelst: trinke selbst dein Gift.«) / *CSPB* (»Crux Sancti Patris Benedicti« – »Kreuz des hl. Vaters Benedikt«). Dieser sollte zur Steigerung der magischen Abwehrfunktion gegen böse Geister und Hexerei dienen, die allerdings lediglich durch die Berührung am Original eintrat.

Brauneck 1979, S. 289–290; Gockerell 2009, S. 59–60; Hansmann/Kriss-Rettenbeck 1966, S. 154–155; Ausst.-Kat. Graz 2006, S. 95. st

80 Reliquienkreuz

Süddeutschland, Ende 19. Jahrhundert
Messing, 8,5 x 4 x 0,6 cm (inkl. fester Öse und Schraube)
Museen der Stadt Regensburg, K 2009/135

Das Reliquienkreuz trägt Abbildungen, vorn von Christus und der Mater Dolorosa, auf der Rückseite die der Leidenswerkzeuge. Anhand der unten angebrachten Schraube kann das Kreuz aufgeklappt werden. Beide Seiten sind innen mit Reliquien und Goldfiligran bestückt, die auf der einen Seite das ovale Bildchen der Altöttinger Madonna, auf der anderen die Darstellung der Maria von der wunderbaren Medaille, die im 19. Jahrhundert als Folge von Erscheinungen der Katherine Labouré in Paris geprägt wurde, rahmen. st

81 Reliquienmedaillon: Kreuzigung und Herz Jesu

MS (Marke)
Deutschland, 17./18. Jahrhundert
Silber, Messing, 3,6 x 3 x 0,6 cm (Medaillon),
9,3 x 3,5 x 0,7 cm (Objektmaß)
Museen der Stadt Regensburg, K 1965/58,20

Die Vorderseite des ovalen Medaillons zeigt ein mit Messing hinterlegtes ausgeschnittenes Relief mit Christus am Kreuz, Maria und Johannes. Zur Aufbewahrung der Reliquien konnte die Rückseite mit der Gravur eines brennenden Herzens geöffnet werden. An der Oberseite sind drei Ösen mit Kettchen angebracht, die in einem als Fürstenhut gestalteten Bügel mit Öse zusammenlaufen. st

82

82 Rosenkranz (Paternoster, Corona, Chapelet)

Schwäbisch Gmünd (Ostalbkreis, Baden-Württemberg),
18. Jahrhundert
Glasperlen, Silberfiligranperlen, Emaille,
68 cm (Gesamtlänge), 10,5 cm (Kreuz)
Museen der Stadt Regensburg, K 1989/103

Als Rosenkranz wird seit dem 17. Jahrhundert sowohl die Gebetszählschnur als auch das Gebet aus einer bestimmten Abfolge von Ave Maria und Vaterunser bezeichnet. Das Kultgerät dient zur Orientierung während der Gebetsabfolge, während der kirchlichen oder privaten Andacht. Ziel ist es, durch die stereotypen Wiederholungen ein besseres Hineinversetzen in das Leben und die Leiden Christi zu ermöglichen.

Die Entwicklung des Rosenkranzgebetes durchlief eine lange Entwicklung, bis es sich 1726 in seiner endgültigen Form manifestierte. Markante Ereignisse während dieses Prozesses sind im 15. Jahrhundert festzustellen, als sich erste Rosenkranzbruderschaften bildeten und der Dominikaner Alanus de Rupe (um 1428–1475) die Legende, Maria habe dem hl. Dominikus das Rosenkranzgebet als Mittel zur Bekämpfung der Irrlehre überliefert, als historische Wahrheit ausgab. Um 1600 war im Zuge der Gegenreformation der Boden für die Festsetzung der noch heute verwendeten Gebetsform bereitet.

Ebenso vielschichtig und lang ist die Historie der Gebetszählschnur, die sich von einfachen Schnüren mit Knoten hin zu Perlenketten aus unterschiedlichsten Materialien mit festgelegter Anordnung entwickelte. Um 1300 können die ersten Formatierungen der Perlenreihen durch kleinere und größere Perlen festgestellt werden, aber erst Ende des 14. Jahrhunderts setzte sich eine einigermaßen einheitliche Struktur durch. Es gab aber immer noch offene und geschlossene Formen. Für die Weiterentwicklung stand letztendlich die geschlossene Form im Vordergrund. Mitte des 17. Jahrhunderts kam das Credokreuz auf, ein in drei Teilen bewegliches, gleicharmiges Kreuz, das am unteren Ende angebracht wurde, wobei darunter meist noch eine Medaille befestigt war, die im 18. Jahrhundert von dem heute bekannten Kreuz abgelöst wurde. Im 19. Jahrhundert verschwand das Credokreuz und hinterließ allein das heute übliche Abschlusskreuz sowie die zwei Perlenformate. Die größeren stehen für die Vaterunser, die kleineren für die Ave Maria.

Das Gebet beginnt beim Kreuz mit dem Kreuzzeichen, dem Glaubensbekenntnis und einem Ehre sei dem Vater. Dies wird von einem Vaterunser gefolgt, an das drei Ave Maria mit Bitten um die christlichen Tugenden Glaube, Liebe, Hoffnung anschließen. Nachdem nun ein Ehre sei dem Vater gebetet wurde, folgen im Regelfall 50 Ave Maria, die durch je ein Vaterunser in Zehnergruppen unterteilt sind. In besagte Zehnergruppen werden die sogenannten Rosenkranzgeheimnisse eingefügt, die den Rosenkranz als schmerzhaften, glorreichen, lichtreichen oder freudenreichen charakterisieren. Dieser Teil des Rosenkranzes war gerade im Barock zahlreichen Varianten unterworfen, wo es auch sechs, acht oder mehr Gesätze basierend auf unterschiedlichen Intentionen geben konnte.

Die Perlen können aus den unterschiedlichsten Materialien bestehen, von Holz, Glas und verschiedenen Steinen hin zu Korallen, Bein, Horn, Perlmutt, sogar Fruchtkernen und Natternwirbel wurden zu gewissen Zeiten verwendet. Wie im Amulettwesen konnten Materialien eingearbeitet werden, denen man apotropäische Wirkung oder sogar magische Kräfte zusprach. Üblich war es einige Zeit auch, die Wirkung des Rosenkranzes durch unterschiedliche An- und Einhänger zu steigern. Darunter konnten sich Amulette, Medaillons mit Gnadenbildern, Schutz- und Segenszeichen, die Arma Christi und Ähnliches befinden.

Rosenkränze waren immer beliebte Geschenke, besonders zu bedeutenden religiösen Anlässen, sie wurden als Stiftungen oder Votive verehrt, gehörten zur Totenausstattung oder wurden sogar als Schmuckstück benutzt.

Vorliegendes Exemplar besitzt sechs Gesätze und stammt aus Schwäbisch Gmünd, das im 18. Jahrhundert für Silberfiligranarbeiten mit Emailleeinlagen bekannt war. Die Aveperlen bestehen aus facettierten rubinroten Glas, die Paternosterperlen, das Credokreuz und das Abschlusskreuz aus Silberfiligran. Letzteres ist zudem mit einer rosa-blau-weißen Emailleeinlage versehen, die auf der Vorderseite den Gekreuzigten, auf der Rückseite die Inschrift *Rette deinen …* zeigt. An den geschlossenen Kranz sind vier Anhänger aus Silberfiligran mit verschiedenen Füllungen angehängt. Sie zeigen eine kleine verglaste Malerei der Maria mit Kind, rückseitig den hl. Antonius ebenfalls mit dem Jesuskind, des Weiteren zwei Bilder auf Emaille mit dem Altöttinger Gnadenbild sowie der Gnadenkapelle. Der vierte Anhänger bildet den Gekreuzigten und das Schweißtuch der hl. Veronika, ebenfalls auf Emaille gemalt, ab. Das sechste Gesätz dieses Rosenkranzes war für die armen Seelen bestimmt. Es gibt auch den Glauben, dass man mit einem Rosenkranz die armen Seelen aus dem Fegefeuer ziehen könne. Armenseelenrosenkränze, besonders der Brigittenrosenkranz, waren gerade um die Jahrhundertwende weit verbreitete und oblagen nicht nur den Mitgliedern entsprechender Bruderschaften. Im Gebiet des Bayerischen Waldes betete man solche noch bis Anfang des 20. Jahrhunderts an Samstagabenden.

Andree 1904, S. 182; Brauneck 1979, S. 238–262; Gockerell 2009, S. 32–37; Hartinger 1979, S. 138–139.   st

83 Rosenkranz

Niederbayern, um 1720
Bernstein, Silberfiligran, 52 cm (Gesamtlänge), 7,2 cm (Kreuz)
Museen der Stadt Regensburg, K 1953/51

Der unvollständige Rosenkranz besteht aus unregelmäßig geschliffenen Aveperlen aus Bernstein, die jeweils durch einen kleinen Silberring getrennt sind.

Die gebuckelten Paternosterperlen sind aus Silber, das Credokreuz aus Silberfiligran gefertigt. Das Abschlusskreuz besitzt die Form eines aufklappbaren Reliquienkreuzes, das beidseitig graviert ist. Es zeigt zum einen den Gekreuzigten mit Hahn und Würfel, zum anderen weitere Arma Christi um einen zentralen Kelch angeordnet. An den Kranz sind sechs, teilweise sehr große Anhänger angefügt. Es handelt sich dabei um ein circa 6,5 cm hohes Reliquienmedaillon mit Silberfiligranrahmen und Kardinalssiegel, in dem sich eine Partikel des hl. Dominikus befindet, wie die handgeschriebene Cedula angibt: *Dominici Confessor Fund. Ord. Praed.* Des Weiteren gibt es zwei silbergefasste Amulette aus Hämatit, dem sogenannten Blutstein (vgl. Kat.-Nr. 112), und Bergkristall. Außerdem ist eine kleine Nepomukzunge mit Christusmonogramm angehängt, die laut früheren Notizen aus einem silbergefassten Achatstück hinter Glas besteht. Die letzten beiden Anhänger sind als beidseitig gemalte Miniaturen hinter Glas mit Silberfiligranrahmen gestaltet und zeigen zum einen eine Dominikanerheilige und das Schweißtuch der Veronika, zum anderen die hl. Anna mit Maria und den hl. Josef mit dem Jesuskind.   st

84 Rosenkranz

Süddeutschland, 18. Jahrhundert
Glasperlen, Metall, Holz, Silber, Perlmutt, 51,3 cm (Gesamtlänge), 7 cm (Kreuz mit Öse)
Museen der Stadt Regensburg, K 1989/105

Der Rosenkranz mit sieben Gesätzen besteht aus facettierten rubinroten Glasperlen, einem silbernen Credokreuz sowie einem silbergefassten, hölzernen Abschlusskreuz mit Perlmutteinlagen, den Gekreuzigten und die Arma Christi zeigend. Die größeren Vaterunserperlen werden durch silberne Perlen betont.

Vorliegendes Objekt verdeutlicht, wie der Gläubige die Kraftwirkung seines Rosenkranzes durch die Hinzufügung verschiedenster

Glaubensgegenwart im Alltag ■ 127

84

85 Gebetbuch

Süddeutschland, 1700–1720
Seide, Gold- und Seidenstickerei, Goldschnitt, Papier,
17,7 x 10 x 1,8 cm
Museen der Stadt Regensburg, KN 1990/38

Dem beiliegenden Zettel zufolge stammt das Buch aus der Familie des Kommerzienrates Pustet. Der Einband des Gebetbuches ist mit Pailletten, Gold- und Seidenstickereien überzogen, die Innenseite des Deckels mit gelber Seide. Die Seiten mit Goldschnitt sind per Hand mit Gebeten beschrieben.

Gebetbücher spielten nicht wie heute lediglich während der Messe oder in Klöstern eine wichtige Rolle, sondern auch bei der privaten Andacht. Gerade in diesem Bereich waren handgeschriebene, selbst komponierte Bücher gang und gäbe, wobei die Tradition bis ins hohe Mittelalter zurückzuverfolgen ist. Auch das vermehrte Erscheinen gedruckter Exemplare ab Mitte des 18. Jahrhunderts konnte diese nicht verdrängen. Gerade zwischen 1760 und 1840 entstanden besonders viele dieser Andachtsbüchlein, sowohl für den Eigenbedarf als auch als Geschenke zu Anlässen wie Firmung, Erst-

Anhänger und Amulette zu heben versuchte, so dass er auch in der Art eines Schutz- und Heilmittels gebraucht wurde. Dieser vorwiegend volkstümliche Brauch endete allerdings weitgehend im 19. Jahrhundert.

Die 22, meist silbernen An- und Einhänger setzen sich aus einer beidseitig gravierten Nepomukzunge (vgl. Kat.-Nr. 72) mit der Halbfigur des Heiligen auf der einen sowie der bekannten Reliquie von Engeln präsentiert auf der anderen Seite, einem Medaillon des Wessobrunner Gnadenbildes, einer Eichel, zwei Kelch-, drei Herzeinhängern, einer Dornenkrone, einem Christuskopf, drei Nägeln, einem Hammer, einem einzelnen Nagel, einem Messer, einem Caravacakreuz (vgl. Kat.-Nr. 79), zwei Sebastianspfeilen, einem Fuß, einem Annahändchen (vgl. Kat.-Nr. 71), einem lateinischen Kruzifix mit Perlmutteinlagen, einem Scheyrer- (vgl. Kat.-Nr. 78) und einem Malteserkreuz zusammen. Durch die Sebastianspfeile sollte der Besitzer gegen die Pest geschützt sein, durch die Arma Christi vor einem unvorbereiteten Tod oder vor Gicht und anderen Erkrankungen.

Brauneck 1979, S. 287–288, 293–294; Ausst.-Kat. Graz 2006, S. 91

st

85

128 ■ Katalog

kommunion, Geburtstag oder Namenstag. Bei Inhalt und Reihenfolge der Gebete, Lieder, Texte und Psalmen ließ der Besitzer oder Hersteller den eigenen Geschmack mit einfließen. In vielen Fällen waren diese Werke prachtvoll mit kunstvollen Miniaturen und Bildchen ausgeziert sowie mit eingelegten Andachts- und Heiligenbildchen versehen.

Gockerell 2009, S. 30–32.   st

86 Gebetbuch

Regensburg (Oberpfalz), 1790
Papier, Pappe, Tusche, Leder, 14,2 x 9 x 1,7 cm
Museen der Stadt Regensburg, K 2013/73,89

Widmungsinschrift: Jakob Eberh Corporal beym 4ten Line: Inft: Regiment der I ten Schützen Compagnie in Regensburg; Eigentümerinschrift: Dieses Büchl ist angehörig dem Edlvöst und Kunsterfahrenen Herrn Joseph Schmid: p: t: examinirt und abprobierter Tonsor et chyrurgus. Auch Mösner in Grain Bach: den 6. August anno. M.DCC.XC.; Verfasserinschrift: Christ katholisches gebeth Buch verfast von Joh: Georg Neff *Anno Domini A 17.90. omnia Cum Deo, nihil sine eo.*

Das handgeschriebene Gebetbuch wird von einem geprägten Ledereinband umschlossen, der innen mit marmoriertem Papier ausgekleidet ist. Die ersten Seiten geben die Namen des Verfassers, Johann Georg Neff, des Eigentümers, Joseph Schmid, Bader, Chirurg und Mesner, und des Übereigners, Jakob Eberhard, Mitglied des Regensburger Schützenregimentes, sowie die Datierung preis. Innerhalb des laufenden Textes sind kleinere Zeichnungen eingefügt, die meist in Rot und Grün gehalten sind, mit sparsamer Verwendung von Gold.   st

87 Totenbretter aus der Oberpfalz

Gegend von Cham (Oberpfalz), Anfang 20. Jahrhundert
Weichholz
Oberpfälzer Volkskundemuseum Burglengenfeld, 07384
(Mitte: Totenbrett der Kreszenz Klingl, datiert 1909,
182 x 37, 5 x 9 cm, mit Darstellung einer Frau im Beichtstuhl)

Anders als in heutiger Zeit, da der medizinische Fortschritt zwar wahre Wunder vollbringen kann – letztendlich aber natürliche Grenzen hat – und Alte und Schwerkranke bis zu ihrem Ende meist in spezialisierten Einrichtungen betreut werden, gehörte der Umgang mit Tod und Sterben bis weit ins 20. Jahrhundert hinein zum Alltag. Im Vertrauen auf die Existenz Gottes und den Glauben an das ewige Leben wurde die eigene Vergänglichkeit schlicht als Teil des Lebens akzeptiert, dem der Übergang in eine andere Daseinsform folgte. Zu den Selbstverständlichkeiten im Umgang mit dem Tod zählten nicht nur das Waschen und Herrichten des Leichnams durch die Angehörigen oder die Totenfrau, sondern auch das offene Aufbahren des Verstorbenen auf dem Totenbett. Verwandten und Bekannten bot sich damit die Möglichkeit des Abschiednehmens und des gemeinsamen Gebetes für das Seelenheil des Verschiedenen im privaten Umfeld.

Eine vor allem in den ländlichen Regionen des süd- und ostbayerischen Raumes praktizierte Besonderheit stellte das Aufbahren auf einem Totenbrett dar (alternative Bezeichnungen: Leichbrett, Bahrbrett, Ruhebrett). Auf alten Fotografien verrät sich diese Brettaufbahrung durch ein scheinbares Schweben des Leichnams im Bett. Offenbar wurden allerdings nur Erwachsene und Jugendliche ab einem gewissen Alter oder einer bestimmten Körpergröße auf diese Weise aufgebahrt, Kinder und Säuglinge nicht. Ursprünglich diente die feste Unterlage dem Transport zum Bestattungsort, wo sie meist mitsamt der in Leinen gewickelten Leiche begraben wurde. Verschiedentlich ließ man den Körper aber auch über das Brett in das Grab hinabgleiten, ein Vorgehen, das sich in einer mundartlichen Umschreibung für das Sterben erhalten hat: »Der is' übers Breedl g'rutscht« (Fähnrich 1988, S. 8). Das Holz wurde in diesen Fällen verbrannt oder für andere Aufbahrungen genutzt.

Mit der Zunahme von Sargbestattungen seit dem 17./18. Jahrhundert kam den Bahrbrettern eine zusätzliche Funktion zu: Als Erinnerung an den Verstorbenen und das Leben nach dem Tode wurden sie im Freien, etwa an einer Kapelle oder am Wegesrand, angebracht und dem Verfall preisgegeben. Wann genau dieser Brauch einsetzte, ist nicht mehr zu sagen. Als Konsequenz der Säkularisation war diese Form des Totengedenkens zeitweise verboten, vorhandene Bretter mussten entfernt werden. Der landesherrliche Eingriff reichte indes lediglich zur Zäsur, die Tradition bestand fort. Eines der ältesten erhaltenen Beispiele, datiert 1815, stammt aus der Nähe von Neukirchen b. Hl. Blut. In manchen Gebieten, so etwa im Oberpfälzer oder im Bayerischen Wald, sind noch heute vereinzelt Totenbretter zu finden – vor diversen Flurbereinigungsmaßnahmen und ähnlichen »Aufräumarbeiten« gehörten sie vielerorts in großer Zahl zum Landschaftsbild. Bei den in situ verbliebenen »echten« Bahrbrettern sind zudem Verwechslungen mit in jüngerer Zeit vermehrt aufgestellten Gedenktafeln ähnlicher Optik möglich. Diese dienen jedoch dem allgemeinen Andenken an Verstorbene, ein Toter lag niemals darauf.

Die Gestaltung der etwa körperlangen Leichbretter, optional in waagrechter (vor allem in der nördlichen Oberpfalz) oder der häufiger erhaltenen senkrechten Ausführung, konnte recht unterschiedlich ausfallen, im Lauf der Zeit wurden die Dekorationen zunehmend aufwendiger. Neben sehr schlichten Exemplaren finden sich Stücke mit Bemalungen und/oder geschnitzten Zierformen und Auflagen, wobei aber stets die lange, schmale Grundform erhal-

ten blieb. Eine Widmungsinschrift nennt Namen und Lebensdaten und liefert darüber hinaus, teils in Reimen, mehr oder weniger ausführliche und aussagekräftige Informationen zur Lebensführung des Toten und/oder den Todesumständen. Überaus häufig sind Aufforderungen zum Innehalten und zum Gebet für das Seelenheil des Toten.

Der Zerfallsprozess, dem die Bahre im Freien zwangsläufig unterlag, war gewollt: Erst, wenn die Inschrift unleserlich geworden oder das Totenbrett völlig verrottet war, galt die bis dahin im Fegefeuer ausharrende arme Seele des Verstorbenen als erlöst.

Haller 1990; Fähnrich 1988. kg

88 Wettersegen

Langquaid (Lkr. Kelheim, Niederbayern), 18. Jahrhundert
Glas, Holz, Kupfer, Wachs u. a., Ø 21,5 cm (Ø), H. 4 cm
Museen der Stadt Regensburg, K 1934/305

Sogenannte Wettersegen konnten sowohl im häuslichen Bereich als auch in Kapellen als Mittel gegen sämtliche Unglücke, Krankheiten und böse Geister angebracht werden. Wie Breverl waren sie aus unterschiedlichen Schutz- und Segenszeichen, Reliquien oder Bildchen komponiert.

Die Vorder- wie auch die Rückseite des runden Wettersegens sind mit einem Holzrahmen umgeben und verglast. Im Zentrum erscheint eine Wachsmedaille mit dem Agnus Dei – ein Motiv, das im 8. Jahrhundert in Rom seinen Ursprung nimmt, als man zusammen mit Osterkerzen ebensolche Wachsbilder konsekrierte. Entlang des äußeren Randes zieht sich eine Reihe aus 16 Reliquien mit handbeschriebenen Cedulae. Vier dreieckige Papierstücke, beschriftet mit den Evangelistennamen, unterteilen das Hauptfeld in vier kreuzförmig angeordnete Kompartimente, die neben vier quadratischen geprägten Metallplaketten mit den Evangelistenfiguren eine Vielzahl unterschiedlichster Devotionalien, Schutz- und Segenszeichen beinhalten. So zeigt eines u. a. ein aus Gips gestaltetes Schweißtuch der Veronika, zusammen mit der Dornenkrone und zwei Textilstücken mit Abbildungen des Antlitzes und Gewandes Christi, zudem ein Papierstück mit dem Leichnam Christi.

Ein weiteres Segment setzt sich aus einer Medaille mit dem Bildnis des hl. Aloisius, einem Siegel, einer Wachsplakette mit Kreuz und einer Abbildung des Agnus Dei zusammen, ein anderes aus einer Marienfigur und zwei weiteren Figürchen, eines davon ein Jesus an der Geißelsäule. Zwischen all diesen Objekten sind noch viele weitere angeordnet, so auch kleine Kreuze, Palmkätzchen, Siegel, Wachsabdrücke, Sebastianspfeile, weitere Reliquien und undefinierbare Partikel.

Rückseitig ist ein rundes, lateinisch beschriftetes Papierstück mit Segenssprüchen und den mittigen Namen *IESVS MARIA* aufgeklebt.

Gockerell 2009, S. 63–64; Brauneck 1979. st

89

89 Breverl

Schlanders (Südtirol)
Seidenbrokat, Textil, Pappe, 8,7 x 6,7 x 1,6 cm
Museen der Stadt Regensburg, K 2013/73,21

Ein Breverl beinhaltet viele unterschiedliche Objekte, denen heilkräftige Wirkung zugesprochen wurde. Aus ähnlichen Stücken stammen die Kat.-Nrn. 90 und 91.

Das vorliegende ungeöffnete Breverl besitzt eine Hülle aus Pappe, die mit einem grünen, geblümten Seidenstoff bezogen und mit einer roséfarben-goldenen Borte gefasst ist. st

90 Breverlinhalt

Süddeutschland, um 1800
Gips, Wachs, Karton, Papier, Messing, 14,4 x 19,2 cm
Museen der Stadt Regensburg, K 1930/29

Als Breverl wird ein Faltzettel bezeichnet, der als Talisman oder Apotheke genutzt wurde und verschiedenste Schutz-, Heilmittel, magische Sprüche, Segensformeln und Bildchen beinhaltete. Zusammengefaltet war er in teilweise aufwendig verzierten Etuis aufbewahrt, die erst im Bedarfsfall geöffnet werden durften. Oft waren sie als Anhänger gefasst, konnten aber auch in die Kleidung eingenäht oder an Fraisketten und Rosenkränze angehängt werden. Der Breverlkult, gegen den die Kirche zeitweise Verbote aussprach, erlebte seinen absoluten Höhepunkt zwischen 1730 und dem Ende des 18. Jahrhunderts, als die fortschreitende Aufklärung dieser Entwicklung ein Ende setzte.

Der Faltzettel besteht aus drei Lagen. Als Außenhülle dient ein blau-rosé-weiß gemustertes Kleisterpapier mit Rosenmotiven zwischen blauen Streifen. In der Mitte ist ein Kupferstich mit den Hl. Drei Königen (vgl. Kat.-Nr. 91) im himmlischen und dem hl. Ignatius im irdischen Bereich aufgeklebt. Darauf liegt ein mit lateinischen Gebeten bedrucktes Papier mit Druckort München, wiederum gefolgt von der in neun Bildfelder unterteilten Kupferstichseite.

Diese zeigt mit Beischriften versehene Bildchen des hl. Antonius, der Wunden Christi mit den Herzen Jesu und Mariä auf der Weltkugel mit der Schlange, des hl. Franz von Assisi, des hl. Xaver, des hl. Benedikt und des hl. Ignatius, das mit dem der äußeren Hülle identisch ist, sowie zwei Caravacakreuz-Darstellungen (einmal mit einer Pietà, einmal mit dem Gekreuzigten im Zentrum). Der zentrale Kupferstich mit einer Maria Immaculata ist nach oben aufklappbar und gibt den Blick auf das auf Karton aufgeklebte Sammelsurium der Schutz- und Segenszeichen frei. Neben verschiedenen Wachsabdrücken erscheinen das Gnadenbild von Altötting in bunt bemaltem Gips, eine Messingmedaille, ein Caravacakreuz, ein Sebastianspfeil, drei kleine Schutzzettel mit den Aufschriften *contra ignem*, *contra febres* und *Proceptum* sowie drei Bänder, beschrieben mit *Lac B.V.M.*, *Cera Pap.* und *S. Valentini M.*

Gockerell 2009, S. 62; Ausst.-Kat. Graz 2006, S. 93. st

91 Breverlinhalt

Süddeutschland, 18./19. Jahrhundert
Textil, Papier, Wachs u. a., 9,5 x 7 x 2 cm (zusammengefaltet)
Museen der Stadt Regensburg, K 1989/148

Der Faltzettel, außen auf goldenem Grund mit grüner floraler Prägung, basiert innen auf einer lateinischen, gedruckte Textseite mit dem Titel *JESUS + MARIA JESUS NAZARENUS REX JUDEORUM Benedicto S. Antoni de Padua*. In der Mitte verdecken vier ausklappbare Bildchen das Konglomerat der Schutz- und Segenszeichen. Das oberste Papierstück zeigt den Märtyrer Anastasius innerhalb eines Rosen-Laub-Rahmens mit einer rückseitigen Ecce-Homo-Darstellung, das zweite ein Caravacakreuz mit Segens-

Glaubensgegenwart im Alltag ■ 133

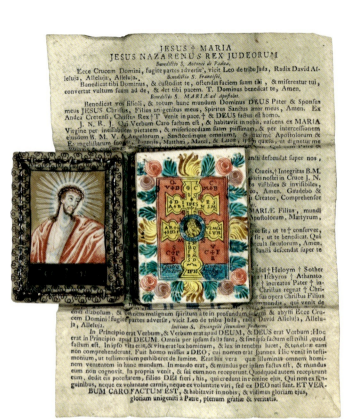
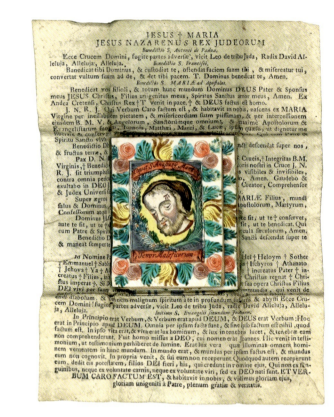
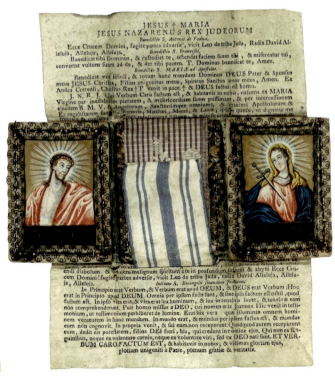

spruchabkürzungen, umrahmt mit demselben Rosenrahmen und einer rückseitigen Mater Dolorosa mit Schwert in der Brust. Die nach oben und unten wegklappbaren Bilder sind einseitig mit Textil beklebt und stellen einmal die Nagelreliquie im Dom zu Bamberg mit der Beschriftung *S. S. CHRISTI CLAUUS / Angerühret an H: Nagel in Dombstifft zu Bamberg* dar, das andere Mal die Heiligen Drei Könige mit einer Stadtansicht. Sie wurden auch als Nothelfer verehrt, so dass sich seit dem 12. Jahrhundert Anhänger und Zettelchen mit dem Namen der drei finden, die in Art von Breverln angewendet wurden. Sie sollten vor verschiedenen Krankheiten, Unglücken und bösen Geistern schützen. Auch die bloße Aussprache der Namen Kaspar, Melchior und Balthasar sollte eine Schutzwirkung auslösen, so dass sich viele schriftliche Segen gegen sämtliche Notfälle erhalten haben. Unter den Schutzzeichen im Zentrum des Breverls befinden sich neben einer Nepomukzunge, einer Schabmadonna und einem Sebastianspfeil auch sechs beschriftete Reliquien sowie eine Vielzahl winziger Objekte.

Kriss-Rettenbeck 1963, S. 42. st

92 Schluckbildchen mit Gnadenbild der Ursulinenkirche Landshut

Landshut (Niederbayern), 18. Jahrhundert
Kupferstich auf Papier, 11,3 x 7,4 cm
Museen der Stadt Regensburg, G 1972/1,1117

92

Schluckbildchen, auch Esszettel genannt, erinnern aufgrund der Abfolge identischer kleiner Bilder an einen Briefmarkenbogen. Meist zeigen sie Miniaturen von Heiligen oder Gnadenbildern, konnten aber auch mit Gebetstexten bedruckt sein. Sie wurden wie in heutiger Zeit ein nicht verschreibungspflichtiges Medikament genutzt, das jeder zu Hause hat. War ein Familienmitglied oder Nutztier krank, trennte man eines der Bildchen ab, zerkleinerte es und verabreichte es, meist unter das Essen gemischt oder in Wasser aufgelöst. Auf diese Weise sollten Heilwirkung und Kraft des Heiligen übergehen. Die Schluckbildchen wurden üblicherweise in Klöstern hergestellt und konnten dort oder von Devotionalienhändlern in Wallfahrtsorten erworben werden.

Vorliegendes Blatt wurde mit 60 kleinen Bildchen des Gnadenbildes der Maria mit dem geneigten Haupt bei den Ursulinen in Landshut bedruckt.

Gockerell 2009, S. 61–62; Ausst.-Kat. Graz 2006, S. 90. st

93

93 Schluckbildchen mit Gnadenbild von Altötting

Niederbayern, 18. Jahrhundert
Kupferstich auf Papier, 2,2 x 3,7 cm
Museen der Stadt Regensburg, G 1972/1,1114

Drei kleine Schluckbildchen mit dem Gnadenbild von Altötting, die Bestandteil eines größeren Bogens waren. st

Glaubensgegenwart im Alltag ■ 135

94 Amulett: Kaurischnecke

Muschel, Silber, 4,2 x 2,7 cm (ohne Öse)
Museen der Stadt Regensburg, K 2013/73,1

Einen großen Part innerhalb der religiösen Volkskunst nimmt der magisch angehauchte Glaube an bestimmte Objekte wie Steine, Mineralien, Fossilien, tierische Materialen oder Pflanzen in Form von Amuletten und Talismanen ein, ein Phänomen, das aber schon seit der Frühgeschichte existiert. Erstere dienten vorwiegend als Schutz- und Abwehrmittel, zweitere für das Glück. Gerade in Zeiten vor den medizinischen Erkenntnissen und Möglichkeiten heutiger Tage nutzte man diese Hilfsmittel. Teilweise überschritt dieser Glaube die Grenzen der kirchlichen Legitimität, so dass immer wieder Verbote gegen bestimmte Objekte ausgesprochen wurden. Obwohl überwiegend in Form von Anhängern getragen, konnten Objekte dieser Art auch an Gegenstände angeheftet werden.

Das Amulett besteht aus einer annähernd ovalen, weiß-braunen Kaurimuschel (Kaurischnecke), die von einer gezackten Silbereinfassung mit Öse gerahmt wird. Kaurischneckenamulette wurden meist von Frauen in Fruchtbarkeitsangelegenheiten getragen. Ausschlaggebend hierfür ist auch die Form der Muschel, die als angedeutete Vulva gesehen wird.

Brauneck 1979, S. 264–302; Hansmann/Kriss-Rettenbeck 1966, S. 109–111, 211; Rätsch/Guhr 1989; Art. Amulett, in: RDK, Bd. 1 (1937), Sp. 661–670 (Wilhelm Peßler/Rudolf Hallo). st

95 Amulett: Koralle

Koralle, Silber, 3,9 x 1,5 cm (ohne Öse)
Museen der Stadt Regensburg, K 2013/73,7

Der Anhänger besteht aus einem roten, silbergefassten Korallenast. Korallen, verzweigte Gebilde aus Kalk, wachsen im Meer und zählen zu den Edelsteinen. Sowohl unter den Schmuck- als auch unter den Zaubersteinen sowie im Heil- und Schutzmittelsegment besitzen sie seit der Antike eine der maßgeblichsten Rollen. Damals glaubte man, es seien im Meer versteinerte Blutstropfen vom abgeschlagenen Haupt der Gorgo. Auf dieser Sage gründen sich auch die beiden Haupteigenschaften der Koralle: Blut als Sinnbild des Lebens, die Gorgo als Symbol des bösen Blickes. Im Zuge der großen Beliebtheit von Korallenanhängern in der italienischen Renaissance mutierten sie auch nördlich der Alpen zu populären Schutz- und Heilmitteln. Sie wurden Kindern gegen den bösen Blick umgehängt, galten als Heilmittel gegen Erkrankungen des Blutes und zur Förderung von Wachstum, Potenz und Fruchtbarkeit. Der Grund ihres Erscheinens auf religiösen Bildern ist bisher nicht exakt bestimmbar. Korallen als beliebte Glücksbringer und Schmucksteine haben bis in die heutige Zeit überdauert.

Brauneck 1979, S. 264–302; Hansmann/Kriss-Rettenbeck 1966, S. 41–42; Rätsch/Guhr 1989, S. 102–103. st

96 Amulett: fünf Abwehrhörnchen

Süddeutschland, erste Hälfte 19. Jahrhundert
Perlmutt, Koralle, Bein, Messing, 2,2 cm (größte Gesamtlänge mit Öse)
Museen der Stadt Regensburg, K 1952/57,4

An einem Messingring hängen fünf sogenannte Abwehrhörnchen aus weißem Perlmutt, Koralle und schwarzem Bein. Die Fünfzahl und die Form lassen auf ein Phallussymbol schließen.

Perlmutt befindet sich in Schichten an Muschelschalen. Sowohl das irisierendes Aussehen als auch die früher unerklärliche Begebenheit, dass Perlen in geschlossenen Muscheln entstehen, brachte es mit Magie in Verbindung, sprach Perlmutt Heil- und Zauberkraft zu. Durch die mythologische Geburt der Aphrodite aus einer Muschel wurde Perlmutt aphrodisierende Wirkung nachgesagt. In der christlichen Symbolik werden Perle und Muschel mit Jesus und Maria gleichgesetzt.

Rätsch/Guhr 1989, S. 128–130; Hansmann/Kriss-Rettenbeck 1966, S. 210. st

97, 98 Amulette: tierischer Unterkiefer und Gebiss, vermutlich eines Marders

Süddeutschland, 18./19. Jahrhundert (98)
Tierischer Unterkiefer, Silber, 2 x 1,5 cm (ohne Öse; 97); tierisches Gebiss, Silberfassung, 2,7 cm (Gesamtlänge; 98)
Museen der Stadt Regensburg, K 2013/73,8 (97), K 1956/88,8 (98)

Durch eine Silberfassung mit Öse wurde der Unterkiefer eines Kleintiers zu einem Anhänger gestaltet. Auch das Gebiss, wegen der langen spitzen Zähne wohl das eines Marders, wurde mit Silberfassung so umgearbeitet.

Gebissamulette waren besonders im Alpenraum weitverbreitet. Tierzähne galten im Hinblick auf das Zähnefletschen im Tierreich in erster Linie als Potenzzeichen und Abwehr- sowie Drohmittel. Nebenher sollten sie aber auch Wachstum und Fruchtbarkeit för-

94–105

dern, so dass sie, wie die Koralle, auch spezieller Talisman für Kinder waren. Aufgrund dieser Eigenschaften wurden Tierzähne auch gern an Fraisketten und Rosenkränze angehängt.

Brauneck 1979, S. 267; Hansmann/Kriss-Rettenbeck 1966, S. 100–102. st

Krickerl wird das Gehörn von Rehböcken genannt. Schon immer als Jagdtrophäe in Häusern angebracht, konnte es aber auch wie in diesem Fall durch Silberfassung als Amulett getragen werden. Im Tierreich wird das Gehörn als Waffe und zur Verteidigung genutzt, so dass es als Zeichen der Kraft und Stärke gilt.

Hansmann/Kriss-Rettenbeck 1966, S. 83–92; Brauneck 1979, S. 277–279. st

99 Amulett: Grandl

Zahn, Silber, 3 x 1,8 x 1 cm (ohne Öse)
Museen der Stadt Regensburg, K 2013/73,10

Grandl ist die Bezeichnung für einen verkümmerten Hirschzahn. Bestandteile des Hirsches wurden oft in der Volksmedizin verarbeitet.

Brauneck 1979, S. 279. st

101 Amulett: Gamshorn

Horn, Silber, 3,2 x 4,3 x 2 cm (ohne Öse)
Museen der Stadt Regensburg, K 2013/73,14

102, 103 Amulette: Schergraberl

Süddeutschland, 18./19. Jahrhundert
Maulwurfskralle, Silberfassung, 3 cm (Gesamtlänge inkl. Öse; 102); 4,4 cm (Gesamtlänge inkl. Öse; 103)
Museen der Stadt Regensburg, K 1951/35,20 (102), K 1956/88,12 (103)

100 Amulett: Krickerl

Gehörn, Silber, 5,4 x 1,6 x 1,5 cm (ohne Öse)
Museen der Stadt Regensburg, K 2013/73,9

Glaubensgegenwart im Alltag

Als Schergraberl werden Maulwurfspfoten bezeichnet. Im Amulettwesen werden Tierpfoten und -klauen oft verwendet, sie können je nach Art verschiedene Bedeutungen haben. Stehen Nagetiere beispielsweise für Geschicklichkeit, symbolisieren Raubtierkrallen, Paar- und Einhufer eher Kraft und Stärke. Pfoten wie vom Maulwurf, Marder oder Dachs hingegen, besitzen in erster Linie apotropäische Wirkung, so dass sie oft an Kinderspielzeug angefügt wurden.

Hansmann/Kriss-Rettenbeck 1966, S. 92–93. st

104   Amulett: Krebsaugenbüchse

Horn, Silber, 3 x 2,5 x 1 cm (ohne Öse)
Museen der Stadt Regensburg, K 2013/73,15

Das herzförmige, silbergefasste Amulett aus Horn ist aufklappbar und im Inneren in drei Kammern unterteilt. Eine davon enthält noch ein sogenanntes Krebsauge, einen Organstein, der sich im Magen von Flusskrebsen bildet und als Heilmittel bei Augenerkrankungen verwendet wurde. st

105   Amulett: Neidfeige

Süddeutschland, 18./19. Jahrhundert
Elfenbein, Silber, 4,4 x 1 x 1 cm (mit fester Öse)
Museen der Stadt Regensburg, K 1951/35,3

Anhänger in Feigenform stammen allesamt nicht aus der Zeit vor 1500. Nach Kriss-Rettenbeck ist es besonders im 17. Jahrhundert en vogue, Feigenanhänger zu tragen, wobei sie aber auch noch im 18. und 19. Jahrhundert sehr populär waren.

Als Material konnte fast alles verwendet werden: Silber, Elfenbein, Perlmutt oder Porzellan. Hierbei stieg das sogenannte Nymphenburger Händchen zu Ruhm auf, das der bekannten Porzellanmanufaktur entstammte.

Eine weitere Neidfeige der Regensburger Sammlung ist in diesem Band unter Kat.-Nr. 56 aufgeführt.

Brauneck 1979, S. 283–285; Hansmann/Kriss-Rettenbeck 1966, S. 203–207; Kriss-Rettenbeck 1955a; Ausst.-Kat. Graz 2006, S. 99.
st

106   Amulett: Pestreliquiar

Horn, Glas, 5,2 x 3,3 cm (ohne Öse)
Museen der Stadt Regensburg, K 2013/73,4

Das Pestreliquiar ist aus einem unten spitz zulaufenden, blattförmigen dunkelbraun-schwarzen Hornstück geschnitten. Der Mittelteil, um den sich sieben verglaste Kammern mit beschrifteten Reliquien anordnen, ist herausgebrochen. st

107   Amulett: Frucht

Getrocknete Frucht, Silber, 2,5 x 3 x 1,2 cm (ohne Öse)
Museen der Stadt Regensburg, K 2013/73,6

Der Hauptbestandteil des Anhängers ist eine längliche, ovale, getrocknete Frucht, die mit einer Silberkonstruktion gefasst ist. An deren Enden hängen halbrunde Schalen, die durch Streben mit dem Silberband in der Mitte verbunden sind. Durch drei Ösen sind drei blattförmige Silberplättchen daran befestigt.

Bislang war es nicht möglich, die Frucht exakt zu benennen, weshalb auch die Verwendung nicht angegeben werden kann.

Die Eigenschaften von Pflanzen als Sinnbild beständigen Lebens und Wandels waren seit jeher Gegenstand ihrer Verehrung. Aus ihnen konnte Nahrung, Medizin, aber auch Gift gewonnen werden, aus ihrem Material ließen sich Werkzeuge und Waffen produzieren, die Schönheit ihrer Farbe, Blüten und ihres Duftes betörte die Sinne. Schon immer wurden bestimmte Pflanzen Gottheiten als Attribut beigegeben. Blickt man auf die germanische Sagenwelt, erscheint Donar mit der Eiche, Wotan mit der Esche, in der griechischen Mythologie wird Athene der Ölbaum, Apoll der Lorbeerstrauch und den Hesperiden die Frucht des Apfelbaumes zugeordnet. Aber auch in der christlichen Symbolik fanden Pflanzen Eingang. So bestimmt der Baum der Erkenntnis die Paradieserzählung, Gott offenbart sich Mose in Form eines brennenden Dornbusches, das Holz des Kreuzes, Symbol der Erlösung, wurde zur wertvollsten Reliquie des Christentums. Aus diesem Grund bilden Pflanzenprodukte auch einen wichtigen Bestandteil im Amulettwesen: Holzamulette als Sinnbild für die Kraft des Baumes, der mit seinen Wurzeln tief in der Erde verankert ist, Früchte und Samen als Zeichen ewiger Regeneration und Fruchtbarkeit. Am bekanntesten sind hierbei die Feige und der Apfel als Symbole des Lebens und der Fruchtbarkeit, aber auch Nüsse waren beliebte Anhänger.

Hansmann/Kriss-Rettenbeck 1966, S. 57–72. st

106–108

108 Amulett: Kapsel mit Korn

Metall, Textil, Glas, organisches Material, 3 x 2 x 0,7 cm (ohne Öse)
Museen der Stadt Regensburg, K 2013/73,12

Das verglaste Medaillon beinhaltet, mit weinrotem Stoff unterlegt, ein Korn auf einem gestickten Stiel. Die Glasverblendung wird durch die Metallfassung gehalten, die auf der Rückseite mit einem Mariahilf-Bildnis versehen ist.

Brauneck 1979, S. 264–302; Hansmann/Kriss-Rettenbeck 1966, S. 104–109.
st

109, 110 Amulette: Bergkristall

Bergkristall, Leder, 7,3 x 2,4 cm (109); Bergkristall, Metall, 3,5 x 2,5 x 1,3 cm (110)
Museen der Stadt Regensburg, K 2013/73,2 (109), K 2013/102 (110)

Das erste Amulett besteht aus einem unregelmäßig geschliffenen Bergkristall, der von einer geflochtenen Lederfassung mit Aufhängung gehalten wird. Das zweite ist ein unten rund, oben spitz zulaufendes, geschliffenes und metallgefasstes Bergkristallmedaillon mit eingeschliffenem Sternornament.

Kristalle zählen zu den wichtigsten Steingruppen innerhalb des Amulettwesens, wozu auch sicherlich das weltweite Vorkommen beigetragen hat. Der Bergkristall wurde schon früh als Zauberstein verwendet, besitzt aber gerade innerhalb der christlichen Symbolik einen hohen Stellenwert. Aufgrund seiner Klarheit und Reinheit wird er mit der Jungfrau Maria in Verbindung gesetzt. Auch Reliquienbehältnisse wurden aus ihm gefertigt.

Das Spektrum seiner ihm zugeordneten Heil- und Schutzwirkung ist groß. So soll er gegen Pest und Epilepsie, aber auch andere Krankheiten wie Durchfälle bei Kindern und Stockung der Muttermilch helfen, er gilt als Kraftspender, Energielieferant und allgemeines Abwehrmittel.

Brauneck 1979, S. 264–302; Hansmann/Kriss-Rettenbeck 1966, S. 49–50; Rätsch/Guhr 1989, S. 44–45; Ausst.-Kat. Graz 2006, S. 43.
st

111 Amulett: Malachit (Hebammenstein)

Süddeutschland, 18./19. Jahrhundert
Malachit, Silber, 4,4 x 3 x 1 cm
Museen der Stadt Regensburg, K 1951/35,30

Der ellipsenförmige Stein mit flacher Unter- und gewölbter Oberseite ist durch ein tiefes Grün gekennzeichnet. Diese Farbe strahlt Leben aus, bei den alten Ägyptern wurde er sogar mit der Freude gleichgesetzt. Daher wurde er in erster Linie zu Geburts- und

Glaubensgegenwart im Alltag

109–115

116

140 ◾ Katalog

Schwangerschaftsamuletten verarbeitet. Am bekanntesten sind hierbei die sogenannten Wehkreuze, welche das ungeborene Kind schützen, sein Wachstum fördern und die Geburt erleichtern sollten.

Braunneck 1979, S. 264–302; Rätsch/Guhr 1989, S. 110–113; Ausst.-Kat. Graz 2006, S. 99. st

Man kann die Steine aber nicht nur als Abwehramulett oder Talisman tragen, sondern auch in gemahlener Form als Gegengift zu sich nehmen oder als Wundtinktur auftragen.

Rätsch/Guhr 1989, S. 26–29; Hansmann/Kriss-Rettenbeck 1966, S. 109; Braunneck 1979, S. 274–275. st

112 Amulett: Hämatit (Blutstein, Roteisenherz, Eisenglanz)

Süddeutschland, 18. Jahrhundert
Hämatit, Silber, 3,8 x 1,7 x 1,7 cm (mit Öse)
Museen der Stadt Regensburg, K 1951/41

Hämatit, auch Blutstein genannt, findet sich in Ägypten, England und Nordamerika. Schon die alten Ägypter verwendeten ihn als magisches Mittel bei Grabbeigaben, um dem Verstorbenen den Übertritt ins Jenseits zu erleichtern. In der Antike fand der Hämatit Anwendung bei Augenleiden und als Schutzmittel gegen den bösen Blick. Der Name Blutstein rührt von der Volksmedizin her, wo er zur Blutstillung und Wundreinigung genutzt wurde; hierzu wurde er unter Gebetssprechungen über die Verletzung gehalten. Daher trugen ihn sowohl Soldaten als auch Kinder als Talisman. Auch eine innerliche Anwendung, beispielsweise bei Nasenbluten und Menstruationsbeschwerden, war möglich.

Der grauschwarz glänzende Stein mit roter Einsprengung ist mit einer Silberfassung umgeben.

Hansmann/Kriss-Rettenbeck 1966, S. 36; Rätsch/Guhr 1989, S. 49–50; Ausst.-Kat. Graz 2006, S. 44. st

113 Amulett: Achat

Süddeutschland, 18./19. Jahrhundert
Achat, Silber, 5,2 x 3,3 x 1,5 cm (mit fixierter Öse)
Museen der Stadt Regensburg, K 1951/35,8

Der facettierte Achat ist spitzoval geschnitten und oben sowie unten mit einer Öse versehen.

Achatsteine fanden bereits im Altertum als Material mit allgemeiner Schutz- und Glückswirkung zur Herstellung von Gemmen Verwendung. Hohle Achate werden als Adler- oder Klappersteine bezeichnet und unterstützen eine gute Schwangerschaft und Geburt, sie sollen aber auch Reichtum fördern und Männer weniger trinken lassen. Ebenfalls aus Achat bestehen die sogenannten Gichtkugeln.

114 Amulett: Serpentin

Süddeutschland, 18./19. Jahrhundert
Serpentin, Silber, 3,3 x 2,9 x 1,2 cm (inkl. fester Öse)
Museen der Stadt Regensburg, K 1952/57,1

Der hellbeige herzförmige Anhänger wird durch eine Silberfassung gehalten. Serpentin half gegen die Frais. st

115 Amulett: Lapislazuli

Süddeutschland, 18./19. Jahrhundert
Lapislazuli, Silber, 0,7 x 0,8 x 0,6 cm (mit Öse)
Museen der Stadt Regensburg, K 1951/35,18

Der tiefblaue Lapislazuli ist nach wie vor ein sehr wertvoller Stein, der im alten Ägypten als heiliger Stein und Symbol der Schönheit verehrt wurde. Er galt zudem auch als Sinnbild des Himmels und des Göttlichen, unter dessen Schutz dann auch der Träger gestellt war.

Rätsch/Guhr 1989, S. 106–107. st

116 Fraiskette

Süddeutschland, 18. Jahrhundert
Silber, Textil, Wachs, Metall, Bein, Perlmutt u. a.,
79,5 cm (Gesamtlänge)
Museen der Stadt Regensburg, K 1954/44,1–9

Fraisketten setzen sich aus verschiedenen Amuletten und Segenszeichen zusammen, die an einer Kette oder Schnur befestigt sind. Sie sollen gegen die Frais, ein Sammelbegriff für verschiedene Krankheiten mit Fieber und Krämpfen, die besonders bei Kindern auftreten, und Epilepsie helfen. Daher wurden sie an die Wiege gehängt oder den Kindern umgelegt.

Vorliegendes Exemplar besteht aus insgesamt zwölf Anhängern, die mit roten Seidenbändchen an einer silbernen Erbsenkette befestigt sind. Neben einer leeren Silberhalterung finden sich ein Eisenstein, ein spitzovaler Krätzstein, ein weißer Korallenzweig, eine wächserne Nepomukzunge, eine aus Perlmutt geschnittene Neidfeige mit Totenkopf, ein Biberzahn, zwei weitere Tierzähne, ein Breverl, das auf der Ober- und Unterseite mit einem Marien- und Christusmonogramm durchbrochen und mit grünem Samt unterlegt ist, sowie zwei Münzen. Das Zwölfgroschenstück trägt die Umschriften *VON FEINEM SILBER 1671 XII MARIEN GROS*, *MONO CIVIT QUERNNHAMEL*, das ungarische Fünfgroschenstück zeigt Maria mit Zepter und die Umschriften *PATRONA REG HUNGA 1745 XV* sowie *M. THERES D REG HU BO V.V.*

Brauneck 1979, S. 299; Ausst.-Kat. Graz 2006, S. 96; Hartinger 1979, S. 178.

st

WALLFAHRTEN IN OSTBAYERN

»Pilgern boomt(e)«

Kleine Streifzüge durch die Wallfahrtsgeschichte Ostbayerns

Barbara Michal

»Pilgern boomt«, so lautet der Titel einer Sonderausstellung, die 2012/13 im Museum der Kulturen in Basel gezeigt worden ist. Im Flyer ist als Ausstellungsthema die »Wiederentdeckung des langsamen Reisens«, der Fußreise zu einem heiligen Ort, genannt.[1] Auch andernorts wird der »homo viator«[2], der Mensch unterwegs, jenseits religiöser, konfessioneller Grenzen und historischer Einordnung, mit dem Begriff des Pilgerns verbunden. Beispielsweise bietet der seit 2005 neu entstehende »Europäische Pilgerweg VIA NOVA«[3] dem modernen Menschen eine »Reise zu sich selbst« an, mitten durch die Kulturlandschaft Österreichs, Tschechiens und Ostbayerns, entlang alter Wallfahrtsstätten. Gehen – Landschaft – sakrale Orte als »spirituelle« und touristische Ziele, diese Elemente gehören auch zu dem 2004 eröffneten »Ostbayerischen Jakobsweg«.[4] Das Ziel des Jakobsweges, Santiago de Compostela, macht deutlich, dass die neue Pilgerbewegung formal Bezug nimmt auf die mittelalterliche christliche Pilgerreise.[5] Mittelalterliche Pilger besuchten einst auf ihren langen und gefährlichen »Fahrten« das Heilige Land, die Apostelgräber in Rom, Santiago, die Gräber der Märtyrer etc. Buße oder rechtlich angeordnete Strafe waren häufig Wallfahrtsanlässe; der Status als Pilger galt als rechtlich geschützt und durch Pilgerzeichen ausgewiesen. In einem völlig anderen Kontext steht das heutige Pilgern in der Freizeit – und doch bezieht es sich auf die Kulturtechnik des Gehens zu als heilig erachteten, besonderen Orten.[6]

Im Gegensatz zu dieser eher unspezifischen Auffassung vom »Pilgern« sollen im Folgenden anhand einzelner Beispiele aus Ostbayern[7] Aspekte katholischen Wallfahrens und seiner konkreten Geschichte knapp angesprochen werden (Abb. 34).[8] Besonders Walter Hartinger hat dieses Thema für die hiesige Region erforscht, seinen Aussagen folgt diese Darstellung der Wallfahrtsgeschichte in größeren Teilen.[9] Wallfahrt definiert Hartinger als eine Frömmigkeitsform, die sich bei uns etwa ab dem 13. Jahrhundert herausgebildet hat: »Einzelne oder ganze Gruppen in Prozessionsform ziehen zu bestimmten Kultzentren, von denen die gläubige Überzeugung als Stätten außerordentlicher Gnadenerweise Gottes und der Heiligen spricht«.[10] Entscheidend ist, dass im Lauf der Entwicklung diese Kultorte in der näheren Umgebung entstanden: Nahwallfahrten lösten zunehmend die älteren Fernwallfahrten ab, Bitte und Dank für durch Gott und seine Heiligen erwiesene Hilfe in Notsituationen wurden zu neuen Wallfahrtsanlässen.[11] Auch das »religiöse Ganzheitserlebnis«[12] spielte eine wichtige Rolle und erforderte eine intensive Betreuung von Seiten der Geistlichkeit. Das Wallfahren entwickelte sich besonders vom 16. bis zum 18. Jahrhundert – auch in Abgrenzung zur protestantischen Frömmigkeit – immer stärker zu einer religiösen Ausdrucksform der Laien[13] aller sozialer Schichten, betreut von Klöstern, unterstützt von Bruderschaften, gefördert von den Obrigkeiten, vom bayerischen Staat und von der katholischen Kirche.

Allerdings setzte schon Ende des 17. bzw. zu Beginn des 18. Jahrhunderts von Seiten der Amtskirche, zuerst im Bistum Regensburg, gefolgt vom Bistum Passau, eine zunehmende Kritik an hypertrophen Formen des Wallfahrens ein. Diese mündete ab 1780 mit Hilfe des bayerischen Staates in zahlreichen Verboten von langen und häufigen

33 Inneres der Gnadenkapelle Sammarei, Altar mit Gnadenbild

34 Foto einer »Pilgerin zum Bogenberg«. Bruno Mooser, 1960. Kreismuseum Bogenberg, 4978. Das Bild zeigt die traditionelle Art des Wallfahrens, das Zu-Fuß-Gehen, um in einer Wallfahrtskirche anzukommen – und nicht um zu »wandern«.

Wallfahrten, aber auch von vielen anderen religiösen Volksbräuchen. Die Säkularisation 1803 nahm mit der Auflösung der Klöster den Wallfahrten ihre personenstarke geistliche Betreuung. In der Bevölkerung gab es allerdings Widerstand, Wallfahren ließ sich nicht so einfach »verbieten«. Und als mit König Ludwig I. (1786–1868) und dem Regensburger Bischof Johann Michael Sailer (1751–1832) in der ersten Hälfte des 19. Jahrhunderts die katholische Restauration einsetzte, lebten einige Wallfahrten wieder auf, andere nicht mehr; manche Klöster wurden wieder besiedelt oder neu gegründet.

Es fand im 19./20. Jahrhundert eine zunehmende Konzentration auf einige wenige Großwallfahrten statt, die mit neuen Verkehrsmitteln leichter besucht werden konnten. Neue Fernwallfahrten kamen hinzu. Allerdings hatte, so Hartinger, durch die Aufklärung das traditionelle Frömmigkeitsmuster »Wallfahrt« seinen selbstverständlichen Sitz in der Mitte der sich säkularisierenden Gesellschaft verloren; Wallfahren wurde, ebenso wie anderes altes religiöses Brauchtum, an den Rand gedrängt, entwickelte sich zu einem Element der »Volksfrömmigkeit«.[14] Als solches wiederum haben Bürger es im 20./21. Jahrhundert wiederentdeckt, sei es in der volkskundlichen und historischen Forschung zu Wallfahrt und »religiöser Volkskunst«,[15] sei es in Zusammenhang mit neuen spirituellen und sozialen Bedürfnissen[16] oder mit Ausflügen, Reisen, Wandern[17] in Kontrast zum Alltag.

Wallfahrtsziele: wundertätige Reliquien, Hostien, Bildwerke, ihre Legenden und der Umgang mit ihnen

Reliquien, die Überreste von Jesus und den Heiligen bzw. Erinnerungsstücke an sie, wurden schon früh von Pilgern im Heiligen Land und an anderen Orten verehrt. Über Kreuzzüge und andere »Fahrten« gelangten sie vereinzelt seit dem 11.–13. Jahrhundert auch nach Ostbayern. So schenkte der Bogener Graf Albert IV. (um 1191–1242) 1238 dem Kloster Oberalteich eine wertvolle Hl.-Kreuz-Partikel aus Rom, welche später, im 17. Jahrhundert, in die Wallfahrtskirche Bogenberg überführt und dort wohl auch verehrt wurde.[18]

Schon früh gab es auch in der näheren Umgebung herausragende Christen, die bald nach ihrem Tod in den Ruf der Heiligkeit kamen. Wunder und

Zeichen wurden von manchen ihrer Gräber berichtet, so dass man zum Beispiel 1052 die Gebeine des Regensburger Bischofs Wolfgang (um 924–994) erhob und sie in einen eigenen Altar in der neuen Wolfsgangskrypta der Regensburger Klosterkirche St. Emmeram überführte. Dies kam damals einer offiziellen Heiligsprechung gleich.[19] Eine heute noch sichtbare Öffnung beim Wolfgangsgrab (»Fenestella«) zeugt, so Hartinger, von dem Wunsch der Wallfahrer, durch Berühren des Grabes dem Heiligen auch körperlich nah zu sein und dessen Wirkungen auf sich zu übertragen.[20]

Daneben gab es auch andere frühe Christen in der Region, die, obwohl nicht heiliggesprochen, zum Ziel von späteren Regionalwallfahrten geworden sind. Die Märtyrerin Wolfsindis in Reisbach (6./7. Jahrhundert; Kat.-Nr. 117)[21] oder der Einsiedler Englmar in Sankt Englmar (um 1100)[22] wären hier zu nennen. Die Gebeine der Regensburger »Schottenmönche« Vimius, Zimius und Marinus, der sogenannten »drei elenden Heiligen«, wurden Ziel einer Reliquienwallfahrt in Griesstetten.[23] Eine Votivtafel (Kat.-Nr. 118) von dort zeigt die drei »Heiligen«, darunter eine Votantin und folgenden Text: *1766 hatt die dugensame Jungfrau Glara hiegerin [?] in einer gewiesser krankheitt zu den 3 heilig verlobt und ist augenblicklich besser worden*. Hier wird allgemeingültig der Vorgang einer Votation[24] beschrieben: Anlass ist eine Notsituation, hier eine Krankheit, man bittet als »wundertätig« bekannte Heilige um Hilfe, verspricht als Bitte oder Dank eine Wallfahrt zu dem jeweiligen Gnadenbild, legt dort die Opfergabe – hier eine Votivtafel – zur Erfüllung des Versprechens und zur öffentlichen Anzeige ab.

Hostienwallfahrten

Neben Reliquien (Abb. 35) sind wundertätige Hostien, vor allem im Mittelalter, Ziel neuer Wallfahrten geworden. Hintergrund der Hostienverehrung bilden theologische Diskussionen des 12. und 13. Jahrhunderts um die Präsenz des Leibes Christi in der geweihten Hostie.[25] Das Zeigen und Betrachten der Hostie zum Beispiel in einer Monstranz wurde zentral, etwa bei der im 13. Jahrhundert neu eingeführten Fronleichnamsprozession. Im Zuge einer gesteigerten Christusfrömmigkeit häuften sich »Predigtexempel« über geschändete Hostien, die ungewöhnliche Zeichen ihrer Lebendigkeit gaben. So berichtet die Wallfahrtslegende von Bettbrunn bei Kösching, dass 1125 ein frommer Viehhirte unerlaubterweise eine Hostie in seinem Hirtenstab aufbewahrte, die, als er seinen Stock nach dem Vieh warf, herausfiel.[26] Die Hostie konnte weder vom Viehhirten noch vom Pfarrer erhoben werden, erst vom Regensburger Bischof, nachdem er den Bau einer Kapelle gelobt hatte. Schon früh hat sich in Bettbrunn eine Hostienwallfahrt entwickelt, die allerdings nach einem Brand im 14. Jahrhundert ein neues Gnadenbild erhielt, eine »unversehrt« gebliebene hölzerne Statue des Christus Salvator. Eine andere Wallfahrtslegende, die der »Deggendorfer Gnad«, berichtet von mutwilligem Hostienfrevel, den Deggendorfer Juden im Jahr 1337 begangen haben sollen.[27] Diese im 15. Jahrhundert ausgeformte und später erweiterte Legende hatte die Funktion, die 1338 aus wirtschaftlichen Gründen tatsächlich begangene Ermordung von Juden in Deggendorf zu verschleiern bzw. nachträglich zu legitimieren, wie Manfred Eder in seiner Dissertation nachgewiesen hat.[28] Die Wallfahrt zur um 1361 errichteten Hl.-Grab-Kirche in Deggendorf blühte auf. Ihren Höhepunkt erreichte sie vom 17. bis ins

35 Kleines Andachtsbild der Hl.-Blut-Wallfahrt Niederachdorf. Chromolithografie, Ende 19. Jahrhundert. Kreismuseum Bogenberg, Kleine Andachtsbilder, Ordner 3. Die Hl.-Blut-Reliquie, Ziel der Wallfahrt seit 1700, ist wie eine Hostie in einer 1701 gestifteten Gnadenmonstranz präsentiert.

19. Jahrhundert hinein. 1992 wurde die Wallfahrt aufgrund der historisch gesicherten Erkenntnisse zu ihrem antisemitischen Hintergrund vom Regensburger Bischof Manfred Müller offiziell eingestellt und mit einem Schuldbekenntnis verbunden.

Wallfahrten zu marianischen Gnadenbildern

Ebenfalls antisemitische Aspekte sind mit der 1519 bis etwa 1525 kurz, aber intensiv aufgeflammten Wallfahrt zur Schönen Maria in Regensburg verbunden.[29] Die Wallfahrt entstand bei der abgebrochenen Synagoge, nachdem man 1519 die Regensburger Juden vertrieben hatte. Die schnelle, aber vorübergehende Genesung eines verunglückten Steinmetzes nahm man zum Anlass, von einem »Wunder« der hl. Maria zu sprechen und eine Holzkapelle bzw. bald darauf eine steinerne Marienkirche zu errichten. Als Gnadenbild diente ein Gemälde des damaligen Stadtbaumeisters und Malers Albrecht Altdorfer, eine künstlerisch umgestaltete Kopie des »Lukasbildes« in der Alten Kapelle. Von diesem Bildtypus[30] glaubte man, dass der Apostel Lukas noch zu Lebzeiten der Gottesmutter ihr Bild selbst gemalt habe und dass es deshalb besonders authentisch sei. Auf dem Holzschnitt von Michael Ostendorfer aus dem Jahr 1519/20 (Kat.-Nr. 119) sieht man in der Kapelle ein Stück dieses Gnadenbildes, auch auf der ausgehängten Fahne ist es abgebildet. Eine Vielzahl Wallfahrer mit wehenden Fahnen und übergroßen Kerzen strömt hier nicht nur in die Kapelle, sondern verehrt in ekstatischer Form auch eine Mariensäule. Gerade diese übersteigerte Massenwallfahrt erregte die Kritik von Reformatoren und Humanisten. Sie lehnten die Auswüchse des »Wunderglaubens« zur hl. Maria als »Aberglauben« ab.[31] Nachdem der Rat der Reichsstadt Regensburg 1542 protestantisch geworden war, nutzte man die neue, unvollendet gebliebene Neupfarrkirche als erste evangelische Kirche Regensburgs.

Auch nördliche Teile des territorial zerklüfteten Bistums Regensburg wandten sich dem Luthertum bzw. dem Kalvinismus zu.[32] Im Bistum Passau war dies der Fall im Gebiet der Ortenburger Grafen.[33] Das Wallfahrtswesen und die damit verbundene Bilderverehrung wurden hier abgelehnt und sollten abgeschafft werden. Allerdings gab es auch Widerstand »von unten«: Gläubige protestantischer Gebiete wichen beispielsweise auf »Gnadenstätten im katholisch gebliebenen ›Ausland‹ der kurbayerischen oder hochstiftischen Gebiete aus«[34] wie nach Neukirchen b. Hl. Blut.[35] Hier verehrte man ein marianisches Kultbild, das im 15. Jahrhundert durch – ebenfalls andersgläubige – Hussiten verletzt worden sein soll.[36] Die hl. Maria galt, so Hartinger, »der alten Kirche schon seit Jahrhunderten als stärkste Helferin im Kampf gegen Häretiker und Glaubensfeinde«.[37] Die katholisch gebliebenen Wittelsbacher sahen in Maria seit dem 17. Jahrhundert die »Patrona Bavariae«, die Schutzpatronin ihres Landes;[38] sie »verlobten« sich zur »schwarzen Maria« nach Altötting, ließen ihre Herzen dort begraben[39] und förderten eine Wiederbelebung der alten Frömmigkeit. Die katholische Kirche setzte vermehrt über Missionsorden wie Jesuiten, Kapuziner oder Karmeliten auf eine neue Verbreitung der Marienfrömmigkeit.[40] Bilderverehrung wurde seit dem Konzil von Trient im 16. Jahrhundert als Mittel zur Andacht ausdrücklich erlaubt[41] – und damit zu einem wichtigen Kennzeichen katholischer Frömmigkeit.

Mariahilf in Passau, eine vom Passauer Domdekan Marquard von Schwendi (1574–1634) initiierte Wallfahrt, ist typisch für eine Wallfahrt des 17. und 18. Jahrhunderts.[42] Im Zentrum stand die Kopie eines Gemäldes von Lucas Cranach d. Ä., das der Domdekan nach Visionen ab 1622 in einer neuerrichteten Holzkapelle und bald danach in einer steinernen Kirche aufstellen ließ. Das Gnadenbild wurde sehr schnell populär. Noch im Lauf des 17. Jahrhunderts bildeten sich mehr als 500 Sekundärwallfahrtsorte mit dieser Darstellung (vgl. Kat.-Nrn. 10, 11, 120), große Filialen entstanden zum Beispiel in Wien, Innsbruck. München, Amberg oder Schwandorf.[43] Ein Grund für die Beliebtheit mag unter anderem in der Kombination des Bildes mit dem Gebetsruf »Maria Hilf« liegen wie auch in der Darstellung selbst. Diese nimmt eine strenge ostkirchliche Bildtradition auf und interpretiert sie um in eine innige Darstellung der Muttergottes und ihrem Kind.[44] Gerade diese »menschlichen Anmutungsqualitäten«[45], die sich von der alten realitätsfernen, zeichenhaften Ikonenmalerei unterscheidet, ist – schon seit dem Mittelalter – ein typisches Kennzeichen vieler marianischer Bildwerke und steht in Zusammenhang mit einer eher persönlichen und privaten Frömmigkeitsform. So zeigt beispielsweise das Gnadenbild von Sammarei eine ähnlich innige, wenn auch nicht gleiche Darstellung von Mutter und Kind (Kat.-Nr. 121).[46] Allerdings war das jeweilige Gnadenbild im Barock weniger privat als viel-

36 Im 19. Jahrhundert errichteter Umgang nach Altöttinger Vorbild bei der Wallfahrtskirche in Haader, 2012. Kreismuseum Bogenberg, Fotosammlung Landkreis

mehr in eine umfassende Inszenierung des Kultortes integriert.[47] Dies betraf sowohl das Äußere – die umgebende (Sakral-)Landschaft, die Ausgestaltung der Kirche, die Auszier des Gnadenbildes – als auch den inneren Ablauf einer Wallfahrt, deren Elemente feststanden. Dazu gehörten das Verlöbnis, der prozessuale Gang zur Gnadenstätte, das öffentliche Darlegen der Votivgabe, der Besuch einer Messe mit Kommunion, die Beichte, der Erwerb von Devotionalien usw. Die Handlungen waren öffentlich und als ein Kulturmuster zur »Bewältigung menschlicher Probleme« für alle sozialen Schichten selbstverständlich.[48]

Dasselbe komplette »Programm« einer frühneuzeitlichen Wallfahrt wie in Mariahilf gab es auch in Sossau nahe Straubing, wenn auch eher intimer und ohne weitere Ausstrahlung.[49] Besonders erwähnenswert an dieser, von den Windberger Prämonstratensern betreuten Wallfahrt erscheint die Wallfahrtslegende, welche auf einer Votivtafel abgebildet ist (Kat.-Nr. 122):[50] Im Jahr 1177 sollen Engel ein Kirchlein aus Antenring mit dreimaliger Rast zur Donau gebracht und es in einem Schiff über den Fluss gesetzt haben, bis es schließlich seinen Platz in Sossau gefunden hat. Eine kleine Glocke soll das Wunder verkündet haben. Diese Legende erhält Elemente aus derjenigen von Loreto, wohin die sogenannte »Casa sancta«, das heilige Haus Mariens, »wundersam« von Nazareth übertragen worden ist, und kombiniert sie mit einer »Stromsage«. Die Legende macht aus Sossau das »bayerische Loreto« und ist ein Beispiel für die »Verheimatung« kultischer Orte.[51]

Veränderungen der »Moderne«

Die Zahl der Gnadenorte war im Laufe des 17. und 18. Jahrhunderts immer mehr angestiegen, die Zahl der unternommenen Wallfahrten auch, so dass die Kirche eine »Veräußerlichung von Religion, eine Vernachlässigung von Arbeit, sittliche Gefahren und vor allem eine Schädigung des Pfarrgottesdienstes« befürchtete.[52] Auch das Verhalten der Wallfahrer an ihrem Ziel wurde zunehmend kritisiert, wie es etwa der Aufklärer Johann Pezzl (1756–1823) bezüglich Verehrung der St.-Salvator-Statue in Bettbrunn 1784 getan hat:

»Übrigens zeigen die baierischen Augustinermönche zu Bettbrun in einem prächtigen mit

Votivtafeln allenthalben beschlagenen, und von hingestifteten unzähligen Immerkerzen beleuchteten Tempel […] ein kleines geräuchertes, abentheuerlich und fast pagodenmäßig gestaltetes Männchen mit reichen Lappen umhangen […], [sie] lassen es hinten und vorne […] von frommen Wallfahrern begucken, belecken, küssen, mit Rosenkränzen, Amuletten, Skapulieren berühren, segnen auch mit dieser Statue wie mit dem Sanctissimo das Volk, und […] bewahren sie dasselbe in einem Loch unter dem Altare […], woraus sie […] den Wallfahrern von dem Staube und Aschen […] volle Paketer wider Krankheiten, Hexerei, Schauer, und Viefall auf den Weg mit nach Hause geben […]«.[53] Sinnliche Nähe der Wallfahrer zum Gnadenbild und »wunderwirksame« Devotionalien werden hier als Aberglaube bespöttelt.

Insgesamt entwickelte sich zuerst in den bischöflichen Ordinariaten, dann aber auch von Seiten des Staates im 18. Jahrhundert eine Trendwende bezüglich Wallfahrten, die 1780 im landesherrlichen Verbot von »Kreuzgängen, bei welchen man bisher über Nachts ausblieb« (mit Ausnahme von Altötting), mündete.[54] Dazu kam die Säkularisation 1803, in der die meisten Klöster – die oft eine eigene »Hauswallfahrt« betreuten[55] – aufgelöst wurden. Trotzdem gab es in dieser Umbruchszeit auch vereinzelt Neugründungen von Wallfahrten, etwa in Haader bei Laberweinting.[56] Hier soll 1813 eine geschnitzte Kopie des Haindlinger Gnadenbildes auf dem Holzstoß eines Bauernanwesens aufgefunden worden sein, das auf »wunderbare Weise« dorthin gelangt ist. Die Figur kam auf den Hochaltar der Kirche in Haader, und es wurde in den 1820er Jahren ein Kapellenumgang nach dem Vorbild der Gnadenkapelle in Altötting errichtet (Abb. 36, 37). Allerdings bestand der Verdacht, dass der Mesner die Figur abgelegt hatte, um aus dem Dorf ein »zweites Altötting« zu machen und »daraus durch den Betrieb eines Gasthauses finanzielle Vorteile zu erzielen«.[57] Trotzdem blühte die Wallfahrt im 19. Jahrhundert auf, wie die zahlreichen heute noch vorhandenen Votivtafeln zeigen.

Der Bezug von Haader zu Altötting scheint symptomatisch, konzentrierte sich doch ein wichtiger Teil des Wallfahrtsgeschehens im 19. Jahrhundert auf diese von den Wittelsbachern seit dem 16. Jahrhundert besonders geförderte Gnadenstätte. Oliva Wiebel-Fanderl hat beschrieben, wie im 19. Jahrhundert die Wallfahrt zur »schwarzen Muttergottes« von Altötting nicht nur wieder aufgeblüht, sondern sich auch modernen Gegebenheiten angepasst hat.[58] Eine entscheidende Rolle spricht sie dabei den Redemptoristen zu, die 1841 zur Wallfahrtsseelsorge neu eingesetzt wurden.[59] Auch die neue Bedeutung und neue Formen der Marienverehrung nach dem Dogma der Unbefleckten Empfängnis Mariens 1854[60] sowie die Anbindung Altöttings an das Eisenbahnnetz und der Ausbau des Verkehrswesens[61] bewirkten eine starke Zunahme der Gruppenwallfahrten.[62] Neue Fußwallfahrten wie zum Beispiel die von Regensburg aus entstanden.[63] Zur Bewältigung des Wallfahreransturms – der ja auch ein wichtiger Wirtschaftsfaktor für den Ort war – wurde dieser umfassend organisiert: Es gab feste Regeln für Wallfahrer, sie mussten sich voranmelden und es wurde ein Programm für den Ablauf festgelegt.[64] Das Angebot an Devotionalien (Kat.-Nrn. 123, 124) konnte unter anderem durch neue industrielle Herstellungsverfahren gesteigert werden. Besonders beliebt waren die sogenannten Schleierbildchen (Abb. 38).[65] Zu Hause dienten sie nicht nur als Erinnerung an die Wallfahrt, sondern auch als Heil- und Schutzmittel bzw. als »verehrungswürdiger Andachtsgegenstand«.

Eine solche Massenbewegung wie in Altötting gab es am Bogenberg im 19. und 20. Jahrhundert nicht, doch auch hier ist die Wallfahrt unter veränderten Vorzeichen wieder aufgeblüht. Das lag einerseits an den Bemühungen des jeweiligen Wallfahrtspfarrers[66] im Zusammenhang mit einem allgemeinen Aufschwung katholischer Frömmigkeit und andererseits an dem besonderen Sitz der Wallfahrt, dem Bogenberg (Abb. 39). Dessen Sakrallandschaft[67] und »schöne Aussicht« wurden seit dem 19. Jahrhundert touristisch entdeckt: Schon lang hatten die Oberalteicher Benediktiner die »anreitzende Augen-Lust«[68] der Aussicht gerühmt. Aber erst seit der zweiten Hälfte des 19. Jahrhunderts druckte man Reiseführer, entstand hier Gastronomie, seit Ende des Jahrhunderts wurden Wanderwege, Aussichtstürme, Ruhebänke etabliert – der Berg insgesamt touristisch ausgebaut und verkehrsmäßig besser angebunden.[69] Parallel dazu rückte die Pfingstwallfahrt der Holzkirchener mit ihrer ungewöhnlich großen Votivgabe, der »langen Stange«, in den Fokus.[70] Hatten noch Aufklärer wie Johann Pezzl 1784 ironisch deren Opfergabe mit »Hopfenstangen« verglichen,[71] so bewunderte man zunehmend das religiöse »Schauspiel«, die über zwölf Meter lange Stange stehend und freihändig den Bogenberg hinaufzutragen (Kat.-Nr. 125).

37 Panoramafoto des Umgangs der Gnadenkapelle Altötting mit Votivtafeln

Besonders seit den 1930er Jahren wurde, in Kombination mit dem »Englmarisuchen« in Sankt Englmar und dem Kötztinger Pfingstritt, intensiv Werbung für dieses religiöse »Pfingstbrauchtum« gemacht.[72] Immer wies man auch auf das hohe Alter der Holzkirchener Wallfahrt hin. So feierte man 1975 ihr 500-jähriges Jubiläum, allerdings kennt man bis heute kein eindeutiges Datum für den Beginn dieser Wallfahrt.[73] Insgesamt hat sich am Bogenberg das Wallfahrtsgeschehen erneuert, es gibt zahlreiche Gruppenwallfahrten, viele »Wallfahrtsausflüge« und ein neues Franziskaner-Minoritenkloster zur Betreuung.[74] Entscheidend aber ist wohl das dichte Geflecht von Geschichte, Religion und Natur, das die Besucher des Bogenberges anzieht, des »heiligen Berges von Niederbayern«.

---

1 Vgl. Ausstellungs-Flyer »Pilgern boomt«, Museum der Kulturen Basel, 2012.
2 Vgl. Ausst.-Kat. München 1984, S. 10–22, bes. S. 15: »Zu allen Zeiten haben Menschen aller Religionen […] Orte aufgesucht, an denen sie sich den höheren Mächten besonders nahe fühlten«; vgl. Metapher vom »Leben als Pilgerfahrt«; vgl. Hartinger 1992b, S. 99–101.
3 »Die längste Reise ist die Reise zu sich selbst«, siehe Flyer VIA NOVA 2013; vgl. »Via Nova auf den heiligen Berg Niederbayerns«, in: Straubinger Tagblatt, 22.09.2009 (me)
4 S. http://de.wikipedia.org/wiki/Ostbayerischer_Jakobsweg (letzter Zugriff 10.01.2014).
5 Allgemein zur mittelalterlichen Pilgerreise vgl. Ausst.-Kat. München 1984, S. 15–154; Hartinger 1992b, S. 99–104.
6 Vgl. Brückner 1984, S. 101–113.
7 »Ostbayern« ist hier als Sammelbegriff für die Region Niederbayern und Oberpfalz gesehen, in kirchlicher Hinsicht bezogen auf die Bistümer Regensburg und Passau.
8 Es besteht kein Anspruch auf Vollständigkeit; die Perspektive dieser Darstellung ist kulturwissenschaftlich.
9 Vgl. vor allem Hartingers zusammenfassende Darstellungen 1989, 1992b (S. 74–81, 99–122), 2003.
10 Hartinger 1989, S. 229; vgl. Hartinger 1992b, S. 99–108.
11 Zusammenfassung des »Strukturwandels« der Wallfahrt allgemein z. B. bei Brauneck 1979, S. 11–29; vgl. Hartinger 1992b, S. 103–108.
12 Z. B. Wallfahrt kombiniert mit Beichte, Messbesuch und Kommunion, Andachten etc., vgl. Hartinger 1993b, S. 138.
13 Hartinger sieht in der Zeit von 1580 bis 1780 die »Hochblüte« des Wallfahrtswesens, vgl. Hartinger 1989, S. 243; zu den Themen Volksfrömmigkeit und Laien: Wallfahrt als »selbständige Form des religiösen Lebens […], in der vor allem die Laien eine Möglichkeit zur Heilserfahrung besaßen«, Hartinger 1992b, S. 101–102; vgl. auch Hartinger 1989 und Hartinger 2003.
14 Vgl. Hartinger 2003, S. 30; Hartinger 1989, S. 238–241.
15 Zur bayerischen volkskundlichen Forschungsgeschichte bezüglich Wallfahrten und Volksfrömmigkeit vgl. Gribl 1987; eine besondere Bedeutung hatte das Thema »religiöse Volkskunst«, v. a. bezogen auf die Votivgaben bzw. kleinen Andachtsbilder.

38 Andachtsbild von Altötting (»Schleierbild«). Farbdruck mit montiertem Stoff, 1945. Kreismuseum Bogenberg, Kleine Andachtsbilder, Ordner 5. Nach dem Vorbild in Loreto montierte man seit dem 18. Jahrhundert auch in Altötting schwarze Stoffstückchen auf kleine Andachtsbilder. Diese stammten vom Schleier, mit dem das Gnadenbild in der Karwoche verhüllt war. Mit steigendem Bedarf ging man dazu über, den benutzten Schleier lediglich am Gnadenbild zu berühren.

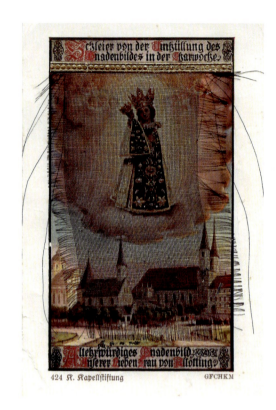

16 Z. B. die »Entdeckung der Erlebnisqualität [heutiger Fußwallfahrten; die Verf.] einer wenigstens tageweisen religiösen Alternative zum Streß des modernen Alltags«, Brückner 1984, S. 112.

17 Vgl. Baumgartner 1994, bes. S. 55: »Zunehmende Zahlen«, »Wallfahrt und Tourismus«. Brückner konstatiert in den 1980er Jahren einen Aufschwung »größerer tagelangen Fußprozessionen« und sieht hier auch eine »Parallele zu sportlichen Moden unserer Freizeitgesellschaft« (Brückner 1984, S. 112).

18 Vgl. Neueder 2004a, S. 17; Neueder 2012a, S. 34; Röttger 1929, S. 68; vgl. Patrozinium der Bogenberger Kirche Hl. Kreuz und eine Bogenberger Votivtafel aus dem 18. Jahrhundert im Kreismuseum Bogenberg, Inv.-Nr. 15, die neben dem marianischen Gnadenbild auch Christus am Kreuz zeigt.

19 Vgl. Hartinger 1989, S. 230; zum hl. Wolfgang vgl. Schwaiger 1994 und Chrobak 1994, bes. S. 26–31 und 46–47.

20 Vgl. Hartinger 1989, S. 230–231. Allerdings zog die Regensburger Grabstätte des Heiligen keinen größeren Wallfahrtskult auf sich, vielmehr wurde der hl. Wolfgang seit dem Spätmittelalter in einer Kirche am Abersee (Wolfgangsee) stark verehrt und zum Zentrum einer sehr populären Wallfahrt.

21 Zur hl. Wolfsindis vgl. Strauss/Strauss 1987, S. 152–154; vgl. Kriss 1953–1956, Bd. 2 (1955), S. 80–81.

22 Zum sel. Englmar vgl. Schmidt 1987; vgl. Kriss 1930b, S. 283.

23 Vgl. Kriss 1930b, S. 296–297; Kerschensteiner 2001; Mader 1989, S. 252–253; Flachenecker 1994.

24 Zu Votation und Votivtafeln zusammenfassend z. B. Müller 1983 und den Beitrag von Thomas Raff in diesem Band.

25 Hier und im Folgenden vgl. Hartinger 1989, S. 232; Eder 1994, S. 97–129.

26 Vgl. Eder 1994, S. 130–135; Kriss 1930b, S. 260–264.

27 Vgl. Eder 1992; Eder 1994, S. 159–172. Die gesamte Geschichte dieser Wallfahrt ist im Stadtmuseum Deggendorf in einer fundierten und anschaulichen Dauerausstellung zu sehen, vgl. Deggendorf 1993.

28 Eder 1992.

29 Vgl. Angerer 1995, S. 186–192; Daxelmüller 1994, S. 106–120; Hubel 1977; Stahl 1968.

30 Vgl. Hartinger 1989, S. 233; Hartinger 1992b, S. 76–77; Dünninger 1984, S. 278.

31 Dazu vgl. Daxelmüller 1994, S. 106–120. Auch das Regensburger Ordinariat stand den Ereignissen kritisch gegenüber, vgl. Hartinger 1989, S. 235.

32 Vgl. Hausberger 2004, S. 96–106: z. B. das Fürstentum Pfalz-Neuburg oder das Fürstentum Pfalz-Sulzbach und Teile der nördlichen Oberpfalz.

33 Vgl. www.passau-evangelisch.de/dekanat/geschichte-dekanat, Ein kleiner Blick in die Geschichte des Dekanates Passau (letzter Zugriff 12.01.2014).

34 Vgl. Hartinger 1989, S. 235–238, Zitat S. 235, Anm. 50.

35 Z. B. wallfahrteten 1616 die Bewohner von Biberbach, Gleißenberg und Geigant immer noch nach Neukirchen b. Hl. Blut.

36 Zur Wallfahrt Neukirchen b. Hl. Blut vgl. Hartinger 1971; Bauernfeind 1993; Bauernfeind 1997; Baumann 2010. S. auch den Beitrag von Günther Bauernfeind in diesem Band.

37 Hartinger 1989, S. 237.

38 Vgl. Kürzeder 1996, S. 18. S. auch Hartinger 2003, S. 28; er beschreibt die besondere Marienfrömmigkeit des bayerischen Kurfürsten Maximilian und seiner Nachfolger.

39 Vgl. Wiebel-Fanderl 1982, S. 8, 105–107.

40 Vgl. Hartinger 1989, S. 237.

41 Vgl. Brauneck 1979, S. 16–18; vgl. Hartinger 1992b, S. 74–81.

42 Hartinger 1985b; Hartinger 1984; Hartinger 2003, S. 30.

43 Hartinger 2003, S. 30; vgl. Hartinger 1989, S. 237.

44 Vgl. Hartinger 1985b, S. 12–21.

45 Vgl. Hartinger 2003, S. 28; Hartinger 1992b, S. 79–81.

46 Vgl. Mader 1984, S. 121–124.

47 Beschrieben z. B. für Mariahilf bei Hartinger 1985b, S. 54–136.

48 Vgl. Hartinger 1985b, S. 84, 111–112; vgl. auch Hartinger 1992b, S. 98: »Die kulturellen Bausteine für individuelles oder kollektives Handeln liegen gleichsam bereit«.

49 Vgl. Hartinger 1993b, S. 146.

50 Zur Legende vgl. Hartinger 1993b, S. 140–143; zu Sossau s. Huber 2007.

51 Vgl. Pötzl 1984, bes. S. 378.

52 Wiebel-Fanderl 1982, S. 12. 1712 z. B.wurden, so das Ergebnis einer Befragung des Regensburger Ordinariates, im Bistum jährlich ca. 6000 Wallfahrten unternommen; vgl. Hartinger 1989, S. 238–239..

53 Pezzl 1784 (1973), zit. nach Eder 1994, S. 133, Anm. 88.

54 Hartinger 1989, S. 240; vgl. auch Hartinger 1992b, S. 106–108.

55 Vgl. Mai 1994.

56 Vgl. Kriss 1953–1956, Bd. 2 (1955), S. 107–108; Ringlstetter 2000, S. 39–40; Wundlechner 1997.

57 Kriss zitiert den Bericht des Pfarrers von Laberweinting, in dem dieser 1834 den Verdacht äußerte: Kriss 1953–1956, Bd. 2 (1955), S. 108.

58 Wiebel-Fanderl 1982; Wiebel-Fanderl 1984; zum Wandel der Wallfahrt im 19. und 20. Jahrhundert allgemein vgl. Hartinger 1992b, S. 107–108; Hartinger 1989, S. 241–243.

39 Postkarte des Bogenberges. Druckerei Hartmannsgruber, Bogen, 1961. Kreismuseum Bogenberg, 6633. Die Luftbildaufnahme zeigt die landschaftliche Situation des »heiligen Berges von Niederbayern«, seiner Wallfahrtskirche und der Stadt Bogen. Der Bogenberg stellt eine Landschaftsgrenze zwischen dem Bayerischen Wald und dem Gäuboden dar.

59 Mit drastischen Predigten und Volksmissionen betrieb dieser Orden intensive Kultpropaganda und steigerte das Wallfahrtsgeschehen, allerdings wurden die Redemptoristen 1873 abgesetzt und 1877 durch Kapuziner ersetzt, vgl. Wiebel-Fanderl 1984, S. 506; Wiebel-Fanderl 1982, S. 28–33.

60 Z. B. Lichterprozession in Altötting ab 1894; vgl. Wiebel-Fanderl 1982, S. 74. Hartinger 1985b, S. 144 hat in Bezug auf Mariahilf in Passau weitere neue Formen der Marienfrömmigkeit beschrieben wie die Maiandacht. Vgl. auch Hartinger 2003, S. 31, Hinweis auf die sogenannten »wundertätigen Medaillen«, die Lourdes-Erscheinungsgrotten und die Einführung des Rosenkranzmonats Oktober (1883).

61 1897 wurde die Bahnlinie Mühldorf–Altötting eröffnet, Wiebel-Fanderl 1984, S. 509; vgl. Wiebel-Fanderl 1982, S. 69–72.

62 Statistiken in Wiebel-Fanderl 1982, S. 137–144; vgl. Wiebel-Fanderl 1984, S. 507.

63 Erstmals belegt 1830; vgl. Wiebel-Fanderl 1982, S. 68, 153, 159; Hartinger 1989, S. 241.

64 Vgl. Wiebel-Fanderl 1984, S. 33–35.

65 Vgl. Wiebel-Fanderl 1982, S. 64–65.

66 Das früher die Wallfahrt betreuende Benediktinerkloster Oberalteich war 1803 säkularisiert worden, seitdem betreuten einzelne (Welt-)Geistliche die Wallfahrt; vgl. Neueder 2004a, S. 94–120.

67 Diese wurde mit zahlreichen Kapellen, religiösen Bildern und Zeichen seit dem Mittelalter geformt, dazu kamen im 18. Jahrhundert die Verkaufsläden vor der Wallfahrtskirche; vgl. dazu Neueder 2004a, S. 35–50.

68 Ämilian Hemmauer 1731, zit. nach Bleibrunner 1962, S. 80.

69 Der touristische Aspekt ist in der Dauerausstellung des Kreismuseums Bogenberg ausführlich dargestellt; vgl. auch Neueder 2004a, S. 98–108. Die Eisenbahnlinie Straubing–Bogen wurde ab 1895 ausgebaut und in den Bayerischen Wald Richtung Cham verlängert; vgl. Michal 2012, S. 178–179.

70 Vgl. Ragaller 1995; vgl. Neueder 2004a, S. 103–104, 109, 111–112.

71 »Nicht ferne vom Hauptaltar sind besondere Denkmale der Religiosität: Zwo große Stangen, wie sonst in Baiern und Böhmen die Hopfenstangen zu seyn pflegen, stehen da, von unten bis oben ganz mit Wachs umwunden, und stellen also Wachskerzen von 40 Fuß hoch her […]«, Pezzl 1784 (1973), S. 31.

72 So wurden – neben Berichterstattung in verschiedenen Zeitschriften – seitdem immer wieder Filme von dieser Wallfahrt gedreht, der älteste bislang bekannte stammt von Johann Leopold Urban, 1933; ein Ausschnitt davon ist im Kreismuseum Bogenberg zu sehen.

73 1731 nennt Ämilian Hemmauer in Anlehnung an Balthasar Regler 1679 die Holzkirchener Wallfahrt mit der »langen Stang« für den »Pfingstmontag« (Hemmauer 1731; Regler 1679), der Text ist abgebildet in Bleibrunner 1962, S. 86; Ragaller führt eine Quelle aus dem Jahr 1575 an, in der die Holzkirchener Wallfahrt *mit ainer wexen Khertzen, daran ain Man wol ze tragen hatt* genannt wird: München, BayHStA, Kurbayern, Äußeres Archiv 929f, fol. 266r–267r, Quelle zit. nach Ragaller 1995, S. 50, Anm. 129; zu den Wallfahrtsjubiläen vgl. ebd., S. 47.

74 S. den folgenden Beitrag zu Bogenberg.

Die Wallfahrt zur schwangeren Muttergottes am Bogenberg und ihre »Wiederentdeckung«[1]

Alt und neu zugleich

Barbara Michal

Am »heiligen Berg Niederbayerns«[2] (Kat.-Nr. 126) ist in den letzten zehn Jahren Entscheidendes passiert: 2004 wurde das 900-jährige Jubiläum des Marienheiligtums Bogenberg begangen. Das Festjahr mit zahlreichen Festgottesdiensten und hohen Gästen brachte nicht nur die geistliche Bedeutung des Wallfahrtsberges wieder verstärkt ins Bewusstsein. Auch das hohe Alter und die Spezifika dieser Wallfahrt sowie die Besonderheit des Gnadenbildes einer schwangeren Muttergottes machten historische Nachforschungen von Hans Neueder und anderen sowie eine Sonderausstellung im Kreismuseum Bogenberg verstärkt deutlich.[3] Das Jubiläumsjahr bezog sich auf das Datum der Wallfahrtslegende 1104, der zufolge das Gnadenbild in der Donau stromaufwärts geschwommen und bei Bogen auf einem Felsen angelandet sein soll.[4] Graf Aswin von Bogen wird in der 1619 erstmals veröffentlichten Legende als Begründer der Wallfahrt genannt. Er soll das Gnadenbild in seine Kapelle am Bogenberg gebracht haben (Kat.-Nr. 127). Archivalisch belegt ist für diese Zeit ein der hl. Maria geweihter Altar am Bogenberg, über das Aussehen der Kapelle allerdings ist bislang nichts bekannt. Diese Ortskirche *Pogana* war in den Besitz der Grafen von Bogen gekommen, die um 1080 das Benediktinerkloster Oberalteich gegründet hatten. Um 1100 übergaben sie ihre Bogenberger Marienkirche diesem Kloster. Als die Grafen von Bogen als weltliche Herrscher des Bogenberges 1242 ausstarben, entwickelte sich der Berg zu einem ausschließlich religiösen Zentrum. Gegen Ende des 13. Jahrhunderts wurde durch vermehrten Zulauf ein Kirchenneubau notwendig und durch Ablässe ermöglicht. Möglicherweise kann das Gnadenbild der schwangeren Muttergottes ebenfalls in diese Zeit um 1300 datiert werden.[5] Zusätzlich gibt es in der Bogenberger Kirche fünf weitere mittelalterliche Marienstatuen, eine davon älter als das Gnadenbild, die aus der Kirche ein Marienheiligtum machten. Jedenfalls besteht die mittelalterliche Marienwallfahrt zum Bogenberg mit Höhen und Tiefen bis heute. Sie zählt zu den sehr alten[6] und bis heute lebendigen großen Marienwallfahrten in Bayern und wurde 2004 als solche gewürdigt. In Folge des Jubiläumsjahres richtete man im Kreismuseum Bogenberg eine neue Dauerausstellung zur gesamten Geschichte des Bogenberges und seiner Wallfahrt ein.[7]

Die Betreuung und Entwicklung der Wallfahrt

Das zweite bedeutende Ereignis der jüngsten Vergangenheit ist die Wiedererrichtung einer klösterlichen Gemeinschaft am Bogenberg seit 2009 bzw. 2012. Drei Patres und ein Frater vom Orden der Franziskaner-Minoriten aus Krakau betreuen jetzt nicht nur die Wallfahrt und Pfarrei Bogenberg, sondern

40 Andachtsgrafik mit der Maria Gravida vom Bogenberg. Kupferstich, Ende 18. Jahrhundert, Museen der Stadt Regensburg, G 1972/1,973

41   Foto des Bogenberger Gnadenbildes mit Bekleidung und Bekrönung. Um 1904 (Abzug 2000). Kreismuseum Bogenberg, 6312/6. Zum 800. Wallfahrtsjubiläum 1904 wurde die Madonna mit dem hier abgebildeten roten Mantel mit Goldstickereien und der großen Krone gezeigt. Der schwere Mantel verhüllt das tatsächliche Aussehen der schwangeren Muttergottes.

auch umliegende Pfarreien.[8] Ebenso kümmern sie sich um eine umfassende Sanierung und Modernisierung des alten baulichen Ensembles am Bogenberg – im Zuge dessen Archäologen bei Grabungen Hinweise auf die mögliche Existenz eines bislang lediglich schriftlich überlieferten karolingischen Klosters gefunden haben.[9]

Die polnischen Franziskaner-Minoriten stehen heute in der Nachfolge der Benediktiner von Oberaltaich, welche etwa 700 Jahre lang, bis 1803, Kirche und Wallfahrt betreut und intensiv gefördert haben.[10] Die Benediktiner errichteten ein Priorat, schufen mit sechs weiteren Kapellen und anderen religiösen Bildern und Zeichen eine Sakrallandschaft – den »heiligen Berg Niederbayerns« –, kümmerten sich 1463 um den Neubau der heutigen spätgotischen Hallenkirche. 1518 wurden schon 137 regelmäßige Wallfahrten verzeichnet.[11]

In der Zeit von Gegenreformation und Barock erlebte die Bogenberger Wallfahrt ihren Höhepunkt.[12] Initiiert durch Oberaltaicher Äbte und gefördert durch das bayerische Herrscherhaus, setzte eine intensive Wallfahrtspropaganda ein: Von 1602 bis zum Ende des 18. Jahrhunderts wurde eine Vielzahl von Mirakelbüchern gedruckt. Bruderschaften wurden gegründet, etwa 1605 die personenstarke Rosenkranzbruderschaft. Man verbreitete Andachtsbilder und -grafik (Kat.-Nr. 128, Abb. 40), veranstaltete Prozessionen, führte Fastenspiele auf. Das Gnadenbild der schwangeren Muttergottes rückte 1723–1725 vom südlichen Seitenaltar auf einen neuen Hochaltar, und damit in den Mittelpunkt der Wallfahrt. Bogenberg sah sich in Konkurrenz zu Altötting.[13] 1731 notierte man 243 regelmäßige Wallfahrten.[14]

Aufklärung und Säkularisation brachten gegen Ende des 18. Jahrhunderts einen tiefen Einschnitt: Wallfahren geriet in die Kritik und wurde teilweise verboten, 1803 das Priorat und Kloster Oberaltaich aufgelöst.[15] Geradezu symbolisch zerstörte im selben Jahr ein Großbrand alle Gebäude am Bogenberg mit Ausnahme der Kirche. Im 19. und 20. Jahrhundert betreute dann jeweils ein Weltpriester Pfarrei und Wallfahrt. Erst nach 1816[16] setzten die Wallfahrtszüge allmählich wieder ein.

In der zweiten Hälfte des 19. und im 20. Jahrhundert veränderte sich das Wallfahrtsverhalten; der Bogenberg wurde touristisch entdeckt und erschlossen, die Wallfahrt erhielt teilweise »Ausflugscharakter«.[17] Das Gnadenbild bekam den 1880er Jahren seinen Platz auf einem neuerrichteten neugotischen Altar und schließlich in den 1950er/60er Jahren auf einem kunstgewerblich gestalteten Gnadenaltar. An beiden Orten wurde die schwangere Muttergottes ausschließlich verhüllt präsentiert (Abb. 41). Die Holzkirchener Pfingstwallfahrt mit der »langen Stange« kristallisierte sich als Besonderheit heraus.[18] Seit 1929 organisierte ein Wallfahrtsausschuss die größeren Wallfahrtsereignisse. 2002 gab es 34 regelmäßige Gruppenwallfahrten zum Bogenberg. Das wieder erblühte Wallfahrtsgeschehen am Bogenberg ließ wohl eine »personalintensivere« Wallfahrtsbetreuung gerechtfertigt erscheinen, so dass, wie bereits erwähnt, 2012 ein neues Franziskaner-Minoritenkloster errichtet werden konnte. Amtskirchliche Impulse brachte zusätzlich eine große Wallfahrt der bayerischen Bistümer am 1. Mai 2013 zu Ehren der hl. Maria als »Patrona Bavariae«.[19]

Eine ungewöhnliche schwangere Muttergottes

Erst seit kurz vor dem Wallfahrtsjubiläum 2004[20] wird das mittelalterliche Gnadenbild in der Kirche wieder unverhüllt gezeigt (Abb. 42): Es handelt sich um eine stehende, etwa 105 cm große, schwangere Muttergottes aus gefasstem Stein, in deren gewölbten Leib eine rechteckige Nische eingefügt ist. Darin befindet sich das Jesuskind als kleiner Mensch; Maria hat ihre Hände darüber gelegt. Ihr blauer Mantel (im Barock rot) ist seit dem 17. Jahrhundert mit goldenen Ähren bemalt, ihr rotes Kleid (im Barock blau), war früher mit Rosen geziert, allerdings ist davon nichts mehr erhalten. Die heutige Farbfassung und das erneuerte Jesuskind stammen aus der Zeit der Restaurierung des Gnadenbildes 1955.[21]

Die Krone von 1955 auf dem Haupt des Gnadenbildes ist ein Anklang an frühere Auszier, welche bereits seit 1630 belegt ist. Damals stiftete Kaiserin Anna Eleonora (1598–1655) einen *von Perlen überstückhten Rockh und Schlayr*[22]. Bekleidung, Bekrönung und Schmuck des Gnadenbildes hatten zwei Funktionen: Zum einen sollte Maria als »Himmelskönigin« und damit als mächtige Fürsprecherin der Menschen vor Gott ausgezeichnet und das Gnadenbild in seinem Wert gesteigert werden. Zum anderen aber diente die Bekleidung als Verhüllung, als ein Verstecken der körperbetonten bildlichen Darstellung der Schwangerschaft Mariens. Das lässt sich an zeitgenössischen Beschreibungen des Gnadenbildes nachvollziehen:[23] Vom 17. bis zur Mitte des 18. Jahrhunderts wurde die bildliche Darstel-

lung der Schwangerschaft Mariens als selbstverständliches Zeichen ihrer Gottesmutterschaft gesehen. Dazu gehörten auch das Ährensymbol und das Wort »GOTT«, welches in verschiedenen Sprachen in die Leibnische eingeschrieben gewesen war.[24] In der zweiten Hälfte des 18. und im 19. Jahrhunderts jedoch veränderte sich die Wahrnehmung: Aus aufklärerischer Sicht beschrieb beispielsweise Johann Pezzl 1784 den »runden geschwollnen Bauch« des Gnadenbildes mit dem sichtbaren Jesuskind als »andächtig-obscöne Erfindung«, dessen »Frazze« »indezent« sei und das deshalb, so forderte es später ein Offizier, entfernt gehöre.[25] Die Reaktion darauf war die Verdeckung der »sinnlichen Vorstellung von der Schwangerschaft der Mutter des Herrn […], um der leichtsinnigen Spottlust zu begegnen, die sich in manchem Flugblatte, wie an Ort und Stelle, unsittliche Ausfälle erlaubte«, wie der ehemalige Benediktinerpater Augustin Kiefl 1819 schrieb.[26]

Diese zunehmende »Schamhaftigkeit« im Umgang mit dem durchgängig verehrten Gnadenbild bewahrte es vor Veränderungen oder Entfernung.[27] Das Verhüllen der schwangeren Muttergottes gehört darüber hinaus in den Zusammenhang eines neuen Bildes der Heiligen im 19. Jahrhundert: Das Dogma der Unbefleckten Empfängnis (1854) hat Marienerscheinungen und neue Gnadenbilder wie Lourdes (1858) oder Fatima (1917) geprägt. Maria wird hier als weißgekleidete, von der »Erbsünde unbefleckte, reine Jungfrau« ohne sinnlich-körperliche Bezüge dargestellt. Auch am Bogenberg hat sich die neue Marienfrömmigkeit ausgewirkt: Nicht nur wurde

42 Fotografie des Bogenberger Gnadenbildes. Peter Schwarz, Straubing, 2004. Nachdem die Madonna die letzten zwei Jahrhunderte nur verhüllt zu sehen war, wird sie seit etwa dem Jahr 2000 wieder ohne Mantel und mit sichtbarem Jesuskind gezeigt.

Die Wallfahrt zur schwangeren Muttergottes am Bogenberg und ihre »Wiederentdeckung«

das Gnadenbild verhüllt, sondern 1895 auch eine Lourdes-Grotte eingerichtet (Abb. 43). Seit 1982 bis heute gibt es zudem gut besuchte Fatima-Feiern an jedem 13. eines Monats.

Trotzdem steht immer noch das erst seit kurzem wieder gut sichtbare Gnadenbild der Maria in der Hoffnung im Mittelpunkt der Wallfahrt. Das Gnadenbild stammt aus der Zeit des Mittelalters, als unter anderem im Zusammenhang mit Nonnenmystik eine neue Form der mehr persönlichen, individuellen Andacht geprägt wurde. Der sinnlich-anschaulich gestaltete Bildtyp der Maria Gravida ist um 1300 entstanden und sollte der Beförderung dieser Andacht dienen.[28] Auch heute kann dieses ikonografisch komplexe Gnadenbild ansprechen: die einen in der anrührenden Darstellung von Maria als werdende Mutter Gottes, die anderen in der symbolischen Verdichtung abstrakt-theologischer Glaubensinhalte[29] und wieder andere als Rarität, als ein heute sehr selten und ungewöhnlich gewordenes Gnadenbild.

Bogenberger Mirakel und ein besonderes Patronat

Eine andere Ebene im Umgang mit der schwangeren Muttergottes vom Bogenberg sind die konkreten Gebete, Bitten und Wünsche, die von den Wallfahrern an das Gnadenbild bis heute herangetragen werden. Dahinter steht die Vorstellung, dass manche Heiligenbilder als Gnadenbilder eine wundertätige Wirkung haben können und dass sie Fürbitter der Menschen vor Gott sind.[30] In diesem Zusammenhang schreibt man Maria als Muttergottes besondere Kraft zu. Seit 1602 bis gegen Ende des 18. Jahrhunderts hat man am Bogenberg zu Propagandazwecken die Gebetserhörungen in zahlreichen Mirakelbüchern veröffentlicht (Kat.-Nr. 129), seit 1975 liegt in der Wallfahrtskirche ein Besucherbuch auf.

Hans Neueder hat die Mirakelbücher des 16. bis 18. Jahrhunderts ausgewertet.[31] Interessant ist hier unter anderem die Zuschreibung eines besonderen Patronates des Bogenberger Gnadenbildes für Probleme bei Schwangerschaft und Geburt.[32] 1784 spottete beispielsweise der Aufklärer Johann Pezzl: »Der Zulauf von Wallfahrern ist nicht klein. Besonders sollen unfruchtbare junge schöne Damen nie ungesegnet von der schwangern Maria nach Hause kehren«.[33] In den Mirakelbüchern findet sich diese eindeutige Zuweisung allerdings nicht. Anfangs werden Schwangerschafts- und Geburtsprobleme als Votationsanlass zwar genannt, aber nicht auffallend häufig. Erst im Verlauf des 18. Jahrhunderts finden sich mehr entsprechende Fälle (Kat.-Nr. 130).[34] Auch sind zeitgenössische Gebetszettel für schwangere Frauen »zur Bildnuß der schwanger gehenden jungfräulichen Mutter Gottes Maria von Bogenberg« überliefert, sowie Bogenberger »Gebärringe« oder die spezifische Votivgabe eines Hammers (Kat.-Nr. 131).[35] Heute noch werden vereinzelt Votivgaben dargebracht, die in diese Richtung weisen.[36] Insgesamt aber zeigen die Mirakel und Votivgaben die Bogenberger Maria eindeutig als Universalheilige, als zuständig für alle möglichen Sorgen und Nöte der Menschen.[37] 1645 wurde sie als ein *Hail der Kranken, ein Zuflucht der Sünder, ein Trösterin der Betrübten, ein Helfferin der Christenheit*[38] beschrieben, 2013 gilt sie – so das Motto der Diözesanwallfahrt – als ein Symbol der »Hoffnung«.[39]

---

1 Die Verehrung des Gnadenbildes durch Wallfahrer war am Bogenberg nie »eingeschlafen«, das überregionale Bewusstsein von der Bedeutung dieser Wallfahrt allerdings schon. Beispielsweise erwähnte die Ausstellung »Wallfahrt kennt keine Grenzen« 1984 die Bogenberger Wallfahrt kaum, vgl. Ausst.-Kat. München 1984; vgl. auch Neueder 2004a, S. 9. Dies mag vielleicht auch mit der abwertenden Sicht auf die Gestaltung und Ikonografie des Bogenberger Gnadenbildes im 19. und 20. Jahrhundert zu tun haben; vgl. dazu u. a. Lechner 1981, S. 10.

2 So bezeichnet z. B. bei Neueder 2004a, S. 9; hier auch Beschreibung der Sakrallandschaft Bogenberg, S. 35–50.

3 Zusammenfassende Darstellung der Wallfahrt s. Neueder 2004a, davor Bleibrunner 1962; zum Bogenberger Gnadenbild s. Lechner 1981; Lechner 1994; Lechner 1999; Schäfer 2000; Kürzeder 1996; Hartinger 2003. Zur Ausstellung s. Ausst.-Kat. Bogenberg 2004.

4 Zur Wallfahrtslegende s. Neueder 2004a, S. 15–18.

5 Seit 1929 wurde das Gnadenbild auf die Zeit »um 1400« datiert (z. B. Röttger 1929, S. 52) bzw. »um 1400/1410« (vgl. Lechner 1981, S. 404). Seit der Restaurierung 1955 gibt es aufgrund stilistischer Kriterien die Vermutung, das Gnadenbild sei älter und auf die Zeit des »spätesten 13. Jahrhunderts« zu datieren, vgl. Bayerisches Landesamt für Denkmalpflege

43 Foto der Lourdes-Grotte am Bogenberg. Um 1896. Kreismuseum Bogenberg, Fotosammlung Landkreis. Die neue Marienfrömmigkeit des 19./20. Jahrhunderts hat auch in der Sakrallandschaft am Bogenberg ihre Spuren hinterlassen: 1895 ließ Pfarrer Leismiller in der Nähe der ehemaligen Einsiedlerklause eine Lourdes-Erscheinungsgrotte aufstellen. Das Gnadenbild von Lourdes, eine weißgekleidete »unbefleckte Jungfrau« mit Rosenkranz und hellblauer Umgürtung, steht in einer künstlichen Felsengrotte. Die Marienerscheinungen der Müllerstochter Bernadette Soubirous in Lourdes 1858 sind hier visualisiert und in die »Heimat« übertragen.

München, Untersuchungsbericht vom 22.01.1955, Kopie im Pfarrarchiv Bogenberg. Für Neueder 2004a, S. 29–30 passt diese Überlegung zur Situation am Bogenberg um 1300 und er schließt sich der neuen Datierung an. Zu den weiteren Marienfiguren vgl. Neueder 2004a, S. 19–20, 24–26.

6 Zur Frage des Alters und Ursprungs von Wallfahrten allgemein verweist Hartinger darauf, dass Ablassverleihungen oder Altarweihen nicht gleichgesetzt werden können mit dem Beginn einer Wallfahrt, ebenso wenig die Existenz von Prozessionen o. Ä. Andererseits sieht er den Entstehungszeitrahmen neuer Bildtypen wie der Maria Gravida in der Zeit um 1300; vgl. Hartinger 1989, S. 229, 233; Hartinger 1992b, S. 99–104; Hartinger 2003, S. 28.

7 Die Dauerausstellung des Kreismuseums Bogenberg gegenüber der Wallfahrtskirche wurde bis von 2005 bis 2009 komplett neu gestaltet und widmet sich nicht nur der mit den Grafen von Bogen verbundenen Geschichte der bayerischen Rauten, sondern auch der Wallfahrtsgeschichte des Bogenberges, vgl. Michal 2009, S. 61–113.

8 Vgl. z. B. Wolf 2014; betreute Pfarreien der Franziskaner-Minoritenkonventualen: Schwarzach/Perasdorf, Pfelling, Bogenberg.

9 2012 wurden bei Ausgrabungen in Zusammenhang mit dem Neubau des Pfarrheims eine größere Anzahl Männergräber aus dem 7. und 8. Jahrhundert gefunden. Dies deutet auf die Existenz eines frühen karolingischen Klosters am Bogenberg hin, möglicherweise handelt es sich um das in archivalischen Quellen erwähnte »Kloster Berg im Donaugau«. Weitere Auswertungen der Funde und Nachforschungen mögen hier Klarheit schaffen; vgl. Husty 2013; vgl. Neueder 2004a, S. 15; vgl. Neueder 2014.

10 Vgl. Neueder 2004a, S. 15–97; Neueder 2012a.

11 1518 wurden erstmals die regelmäßigen Wallfahrten zum Bogenberg aufgeschrieben und 1530 auf einer Tafel in der Kirche bekannt gemacht; vgl. Neueder 2004a, S. 54.

12 Vgl. Neueder 2004a, S. 57–97; Bleibrunner 1962, S. 14–105; Bleibrunner 1975, S. 45–95.

13 »Was das Marianische Gnaden-Bild zu Alten-Oetting … in Ober-Bayrn, das ist die Wunderthätige Mutter-Gottes auf dem Heil. Bogenberg in dem unteren Bayrischen Crayß«: Hemmauer 1731, zit. nach Bleibrunner 1962, S. 84.

14 Vgl. Neueder 2004a, S. 54; Liste der Wallfahrten abgedruckt in Bleibrunner 1962, S. 86–89.

15 Vgl. Neueder 2004a, S. 98–120; Bleibrunner 1962, S. 106–121; Bleibrunner 1975, S. 95–133.

16 Damals feierte man verspätet das 700-jährige Wallfahrtsjubiläum, vgl. Neueder 2004a, S. 99–100.

17 Diese Aspekte sind ausführlich im Kreismuseum Bogenberg dargestellt, vgl. Michal 2009 S. 84–91; s. auch Neueder 2004a, S. 103–104.

18 S. den Wallfahrtsbeitrag der Autorin in diesem Band.

19 S. Flyer »Mit Maria auf dem Weg – voll Hoffnung leben«; vgl. Hilmer 2013; Pilger 2013.

20 Laut Aussage von Hans Neueder wird das Gnadenbild etwa seit dem Jahr 2000 wieder unverhüllt gezeigt.

21 Vgl. Neueder 2004a, S. 28–31. Vgl. Fotoalbum von Fany Bauer, Bogen, 1963, Pfarrarchiv Bogenberg: Hier ist zu lesen, dass der Oberalteicher Pfarrer Landstorfer in der Zeit des Zweiten Weltkriegs ein Relief mit dem Jesuskind aus Lindenholz als Ersatz für das fehlende Jesuskind im Gnadenbild geschnitzt habe. Vgl. Bayerisches Landesamt für Denkmalpflege, Untersuchungsbericht vom 22.01.1955, Pfarrarchiv Bogenberg: In diesem Restaurierungsbericht wird angesprochen, dass man ein Gnadenbild eigentlich überhaupt nicht restaurieren solle, denn es sei weder ein »Museumsstück« noch ein »Kunstwerk« und es würden »andere Maßstäbe gelten«. Wenn es auf »Drängen« des Pfarrers dennoch restauriert werden solle, dann wäre die mittelalterliche Farbfassung des roten Kleides Mariens zu erhalten und das barocke Blau des Gewandes »umzustimmen«; die Bemalung des roten Mantelüberwurfes mit den Ähren sei zu belassen. Tatsächlich gestaltete man aber den Ährenmantel um, entfernte die blauen Farbreste an den Ärmeln und fasste das Kleid einheitlich rot. Das Jesuskind wurde 1955 aus Terrakotta neu gestaltet und in der Leibhöhle Mariens mit einem Bergkristall verschlossen; auch die Krone stammt aus dieser Zeit; vgl. Lechner 1981, S. 405.

22 München, BSB, Clm 1325, fol. 11 (Veit Höser, 1630, Annales Oberaltacenses), zit. nach Neueder 2004a, S. 86. Vgl. auch Hemmauer 1731, S. 517. Zur Bekleidung des Bogenberger Gnadenbildes vgl. Kürzeder 1996, S. 29–30; Schäfer 2000, S. 3–5; Michal 2009, S. 74–76.

23 Eine Auswahl der Gnadenbildbeschreibungen seit dem 17. Jahrhundert bis heute liegt im Kreismuseum Bogenberg zum Nachlesen auf.

24 Vgl. z.B. Regler 1679, zit. bei Bleibrunner 1962, S. 71 und 20; Hemmauer 1731, zit. bei Bleibrunner 1962, S. 74 und 78.

25 Pezzl 1784 (1973), S. 33; vgl. München, BayHStA, GL Mitterfels, Fasz. 2458/79, 1801, Beschwerde eines bayerischen Offiziers 1801 über das »unanständige« Aussehen des Gnadenbildes und Wunsch, das Jesuskind zu entfernen; vgl. Neueder 2004a, S. 96.

26 Kiefl 1819, S. 42.

27 Vgl. z. B. Verordnung des Bistums Regensburg vom 20.11.1846, der zufolge »nichts Unheiliges und Unehrbares mehr aufgestellt werden darf«, zit. bei Lechner 1981, S. 405. Zur »Schamhaftigkeit« s. Kürzeder 1996, S. 29–30; Schäfer 2000, S. 4–5; Lechner 1981, S. 405; Lechner 1999, S. 120.

28 Das Bogenberger Gnadenbild ist nicht Teil einer Heimsuchungsgruppe, wie früher angenommen, sondern ein eigenständiger, um 1300 entstandener Bildtyp, der u. a. in Zusammenhang mit der Etablierung neuer Frömmigkeitsformen steht, vgl. Hartinger 2003, S. 28; Lechner 1981; Lechner 1999, S. 116 und 119–120. Zu den wechselnden Patronaten der Bogenberger Kirche, z. B. Mariä Heimsuchung, s. Neueder 2004a, S. 176 und bes. Anm. 3.

29 Z. B. als Verkörperung kirchlicher Dogmen von der Gottesmutterschaft und Jungfräulichkeit Mariens, als »unbestellter Acker, der trotzdem Frucht« bringt, als »Gefäß« für Christus usw.; vgl. dazu Lechner 1981; Lechner 1999; Kriss 1951; Kürzeder 1996; Schäfer 2000.

30 Vgl. allgemein dazu Hartinger 1992b, S. 74–99, 108–122.

31 Neueder 2004a, S. 132–196; Neueder 2004b; Neueder 2010. Es handelt sich um die Mirakelbücher von 1602, 1604, 1624, 1632, 1645, 1679, 1738/60, 1769, 1791. Vgl. auch Bleibrunner

1962 und Bleibrunner 1975. Zum Besucherbuch vgl. Neueder 2004a, S. 117. Eine Auswertung der modernen Wallfahrtsanliegen steht noch aus.
32 Vgl. z. B. Mariahilf in Passau, wo es ebenfalls einen Schwerpunkt der Verlobungen in diesem Bereich gegeben hat; Hartinger 1985b, S. 94–95.
33 Pezzl 1784 (1973), S. 33; Neueder 2004a.
34 Vgl. Neueder 2004a, S. 136, 139, 164–166, 173, 188, 193; Neueder 2004b (13.12.2004).
35 Gebetszettel vom Ende des 18. Jahrhunderts, abgebildet in Bleibrunner 1962, S. 46–47. Zum Hammer als Votivgabe für Fruchtbarkeit s. Kriss 1955, S. 230. Zu den Gebärringen s. Neueder 2004a, S. 94; Bleibrunner 1962, S. 37.
36 Im Kreismuseum Bogenberg gibt es beispielsweise einige moderne Votivkerzen mit Danksagungen für eine glückliche Geburt.
37 Die Bandbreite der Anliegen reicht von allen möglichen Krankheiten und Unfällen über Unwetter und Kriegsgefahren bis zu Verkehrsunfällen usw. Es wäre interessant, diesen früheren Wallfahrtsanlässen die heutigen gegenüberzustellen.
38 Hieronymus Gazin, Mirakelbuch 1645, zit. nach Neueder 2004a, S. 161.
39 Motto der Diözesanwallfahrt vom 01.05.2013: »Mit Maria voll Hoffnung leben«.

Kößlarn

Manifestationen eines Wallfahrtsortes

Ludger Drost

Wer als Besucher den eingefriedeten Bezirk um die Kößlarner Wallfahrtskirche betritt, blickt als Erstes auf ein großes Wandbild an der Ostseite der Kirche (Abb. 45). Es erzählt in Text und Bild vom Ursprung dieses Ortes.[1] Wer sich mit Kößlarn beschäftigt, sollte diese Geschichte offensichtlich kennen: Ein Graf von Ortenburg war im Jahr 1364 (vor genau 650 Jahren also) mit seinem Gefolge im hiesigen Waldgebiet auf der Jagd. Bei einem Kronwettbaum (Wacholder) machte die Gesellschaft halt und jemand brach sich einen Zweig vom Baum. Als der Graf und seine Begleiter kurz darauf den nahen Kesselbach überqueren wollten, scheuten die Pferde. Die Gesellschaft vermutete einen Zusammenhang mit dem abgebrochenen Zweig und ritt zurück zum Kronwettbaum. Bei näherem Hinsehen fand sich darin ein Marienbild. Einige Zeit später ließ sich der erkrankte Bauer des nahen Kesselhofes zu diesem Marienbild tragen und wurde geheilt. Aus Dank für dieses erste Wunder ließ er eine Kapelle erbauen. »Kößlarn«, schrieb einmal der ehemalige niederbayerische Bezirksheimatpfleger Hans Bleibrunner, sei vielleicht der »einzige Fall, wo eine Siedlung ausschließlich durch eine Wallfahrt entstanden ist und sich zum Markt entwickelt hat«.[2] Es ist also kein Zufall, dass dieser besondere Ursprung an so prominenter Stelle des Ortes vergegenwärtigt wird. Die Wallfahrt gehörte von Beginn an zu seiner Identität und prägt sein Erscheinungsbild bis heute.

Landschaft

Nach den Ereignissen von 1364 strömten die Wallfahrer in den Talkessel. Ihre Spuren sind bis heute in der umgebenden Landschaft spürbar. Auf der Anhöhe, auf der die von Norden kommenden Pilger erstmals das Ziel ihrer Reise erblicken, steht eine Kapelle (Abb. 46). Schon vor der Errichtung des jetzigen Bauwerkes im 19. Jahrhundert befanden sich an dieser Stelle ein Bild- und ein Opferstock. Hier sammelten sich größere Wallfahrergruppen, um anschließend gemeinsam das letzte Stück zu gehen.[3] Der Weg, den sie dabei nahmen, ist als Kreuzweg erhalten. Ein weiterer Sammelpunkt für Wallfahrer dürfte eine große Kreuzigungsgruppe am westlichen Ortseingang gewesen sein. Das monumentale barocke Bildwerk befand sich noch bis 1996 an der Hauswand eines inzwischen abgerissenen Hofes.[4]

Auf den Ursprung der Wallfahrt geht die Lage des Kesselbauernhofes zurück. Er steht etwas abgerückt vom heutigen Ortskern (Abb. 47). Das stattliche Anwesen behauptet seine raumgreifend-großzügige Hofstruktur gegenüber den kleinteiligen Parzellen der nördlichen Nachbarschaft und gilt zu Recht »als die mittelalterliche Gründungszelle des Marktes«.[5] Der nach 1364 planmäßig angelegte Marktplatz wurde offensichtlich aus einer älteren, agrarisch geprägten Aufteilung herausgelöst. Die umgebenden kleinen Ortschaften (Malgertsham, Pimmerling und Hubreith) werden schon im 13. Jahrhundert erwähnt.[6] Die Fläche des Marktes selbst ist mit rund 400 Tagwerk ausgesprochen klein und war noch bis zur Gebietsreform 1978 vollständig vom Gebiet der Landgemeinde Hubreith umschlossen. Die nach 1364 ankommenden Siedler betrieben Landwirtschaft allenfalls im Nebenerwerb. In erster Linie verdienten sie ihr Geld an den Bedürfnissen der durch den Ort ziehenden Wallfahrer.

44 Detail eines blauen Gewandes für das Kößlarner Gnadenbild (vgl. Kat.-Nr. 135)

45 Ursprung der marianischen Wallfahrt von Kößlarn. Wandgemälde an der Ostseite der Wallfahrtskirche

Ihre Grundstücke waren deshalb mit den Schmalseiten auf den Marktplatz ausgerichtet. So konnten möglichst viele Bewohner in direkten Kontakt mit ihren potentiellen Kunden treten. Dahinter erstreckten sich die Parzellen in die Tiefe und boten Raum für weitere Wirtschaftsgebäude.[7] Die Siedlungsgeografie des Ortes erweist sich als Ergebnis seiner Wallfahrtsgeschichte.

Das Erscheinungsbild des Ortes wird zudem (bis heute) von ungewöhnlich zahlreichen Gaststätten, Wirtshäuser und Brauereien bestimmt. Auch sie verdanken ihre Existenz dem bis in die Gründungszeit zurückreichenden Fremdenverkehr. Herzog Ludwig der Reiche von Niederbayern erkannte 1474,

das dieselben Pilgram bishero Notturfft halber Essens und Trünkhens etwas Mangel gehabt. Also haben wir den Inwohnern zu Köstlarn […] gegonet […] vnnd erlaubet, das umb zimblich Gelt Schenkhen vnnd Gastung halten mögen, auch das sye einen ieden, der dahin kombt, Herberg statt thuen.[8]

Als Folge dieses Erlasses entwickelte sich ein blühendes Brauereiwesen am Gnadenort.[9] Erstmals wird 1485 der *Chöstl-Prew* erwähnt, der in bester Marktplatzlage bis 1918 braute.[10] Im 17. und 18. Jahrhundert sind in Kößlarn fünf Brauereien belegt.[11] Noch heute ist eine in Betrieb.

Die Kirchenburg

Zielpunkt und Kern der Wallfahrt ist die Kirchenanlage, die den Auffindungsort des Gnadenbildes umschließt (Abb. 48). Die vollständig mit einem bewehrten Mauerring umgebene Kirche ist die einzige vollständig erhaltene Kirchenburg in Altbayern. Die erste, wohl um 1400 errichtete Kirche wurde nach und nach vergrößert und erweitert. Zuletzt entstanden 1509 der Kirchturm und 1515–1518 die Ostteile. Die Wehranlage wurde in der Zeit zwischen 1468 und 1473 vollendet. Derartige Kirchenburgen gibt es nicht nur an Wallfahrtsorten. Auch im benachbarten Rotthalmünster und in Malching umschlossen sie die dortigen Pfarrkirchen.[12] Weit verbreitet sind Wehrkirchen und Kirchenburgen heute noch in Franken oder Siebenbürgen.[13] Sie dienten dazu, den Einwohnern ansonsten unbewehrter Märkte in Kriegszeiten eine Zuflucht zu gewähren.[14] Zugleich begrenzten sie den häufig um die Kirche liegenden Bereich des Friedhofs.[15] In Kößlarn fällt auf, dass

46 Leithenkapelle oberhalb von Kößlarn. An dieser Stelle sahen die Pilger erstmals den Turm der Wallfahrtskirche

47 Kößlarn, Kesselbauernhof, im Hintergrund der Turm der Wallfahrtskirche

48 Kirchenburg Kößlarn, Luftbild

der Wehrcharakter von Mauern, Wehrgang, Schießscharten und Toren durch eine Reihe von Gebäuden durchkreuzt wird, die sich unmittelbar an die Mauern anlehnen. Sie hätten im Verteidigungsfall die Sicht auf den Feind erschwert und diesem zugleich den Zutritt in das Innere des Mauerrings an den beiden Torhäusern vorbei erleichtert. Zum größten Teil dienten diese Gebäude ursprünglich als Behausung für Geistliche und Mesner. Auch in den Torhäusern waren Wohnungen für Benefiziaten eingerichtet. In der Mitte des 15. Jahrhunderts hatte der Zustrom zum Gnadenort so zugenommen, dass der zuständige Pfarrer aus Rotthalmünster die Betreuung nicht mehr von dort aus bewältigen konnte. Nach und nach kamen zwischen 1470 und 1480, unter anderem durch Stiftungen der niederbayerischen Herzöge, zwei Benefiziaten, ein Pfarrvikar aus Aldersbach und ein Gesellpriester nach Kößlarn. Die durch ihre Wohngebäude eingeschränkte Wehrhaftigkeit der Kirchenburganlage nahm man offenbar in Kauf. Das Interesse an einem gut organisierten Wallfahrtsbetrieb wog stärker. Auf die Darstellung von Wehrhaftigkeit mit Toren, Wehrgängen und Schießscharten wollte man gleichwohl nicht verzichten. Die weithin sichtbaren Sicherheitsvorkehrungen kündeten schließlich vom hohen Wert des hiesigen Gnadenschatzes.

Mehr noch als die Wehrmauern mit den Priesterhäusern repräsentiert der Kirchturm den Gnadenort. Er wies den herannahenden Pilgern von weitem den Weg und stand zugleich für die Größe und Bedeutung ihres Zieles. Zur Zeit der Erbauung des Kößlarner Turmes konkurrierten die umliegenden Wallfahrtsorte mit ähnlichen Bauprojekten. In Grongörgen hatte man zunächst an der Südseite der 1460–1472 errichteten Kirche mit dem Bau eines kleineren Turms begonnen. Das Projekt blieb unvollendet. Stattdessen entstand ab 1468 der heutige mächtige Turm an der Westseite.[16] Die Leonhardikirche in Aigen am Inn erhielt ihren Westturm in der Zeit um 1500. Sein wesentlich niedrigerer romanischer Vorgänger steht heute etwas unscheinbar an der Südseite.[17] Auch der 1509 errichtete Westturm von Kößlarn hatte sehr wahrscheinlich einen kleineren Vorgänger. Über ihn gibt es zwar keine urkundlichen Nachrichten, doch lassen drei ältere erhaltene Glocken aus den Jahren 1400, 1443 und 1475 auf seine Existenz schließen.[18] Der Gipfel im Wettstreit um die höchsten Türme war um 1530 erreicht. Damals entstanden die riesenhaften Türme von Schildthurn und Taubenbach.[19] Ein ansehnlicher Kirchturm blieb aber auch später wichtig. 1731 ließen die Kößlarner ihren bis dahin 114 Schuh (ca. 33 m) hohen Turm zunächst um 14 Schuh höher mauern. Nachdem den Verantwortlichen dies jedoch als »allzu nieder und unproportioniert«[20] erschienen war, gaben sie noch 10 weitere Schuh dazu. Anstelle des ursprünglich spitzen Turmhelms errichtete man nun einen Zwiebelhelm. Die Maßnahmen verschlangen gewaltige Geldsummen, die nur mit zusätzlichen Darlehen finanziert werden konnten. Das stieß auf heftige Kritik der aufsichtführenden Behörde in Landshut. Letztlich setzte sich aber die Auffassung durch, dass das Bauwerk zur angemessenen Repräsentation des Wallfahrtsortes unerlässlich sei.[21]

Die Kirche

Im Kircheninneren kündete der Reichtum der Ausstattung von der Potenz des Gnadenortes – schließlich speiste er sich aus den Gaben der dankbaren Wallfahrer.[22] Die große Anzahl der Altäre erklärte sich einerseits aus der hohen Anzahl von Priestern am Ort, andererseits konnte man mit den zahlreichen Patrozinien den Wallfahrern ein breites Spektrum potentieller Fürbitter anbieten. Die drei Altäre der 1443 geweihten Kirche waren der hl. Jungfrau Maria, dem Hl. Kreuz und allen Heiligen geweiht.[23] Die ersten beiden bezeichnen die damaligen Hauptzielpunkte der Wallfahrt. Sie führte zum *Gottshaus bey Vnser lieben Frauen bey heiligen Creütz*.[24] Der Allerheiligenaltar deckt alle weiteren Bedürfnisse vorläufig in dieser pauschalen Form ab. In der später vergrößerten Kirche konnte man weiter differenzieren und zugleich auf die Trends in den umliegenden Wallfahrtsorten reagieren. So befindet sich unter den sechs im Jahr 1518 geweihten Altären einer zu Ehren des hl. Leonhard, der wohl die Konkurrenzwallfahrt in Aigen am Inn im Blick hatte. Der gleichzeitige Annenaltar wird dagegen eine Antwort auf den

49 Gnadenbild von Kößlarn ohne Bekleidung anlässlich der Restaurierung 2013

50 Hochaltar der Kößlarner Wallfahrtskirche, nach einem Entwurf von Johann Paul Vogl, 1708

damals neu entstandenen Kult in St. Anna bei Ering gewesen sein.[25]

Das marianische Gnadenbild war zu dieser Zeit nur eine, wenn auch wichtige Attraktion am Gnadenort. In den ersten hundert Jahren der Wallfahrt war die Figur selbst sogar nebensächlich. Anders lässt es sich kaum erklären, dass das heute erhaltene Bildwerk erst aus der Zeit um 1460 datiert (Abb. 49), das 1364 wundersam aufgefundene Exemplar also zu diesem Zeitpunkt ohne weiteres ersetzbar war.[26] Im spätmittelalterlichen Kirchenraum hatte das Gnadenbild nicht einmal einen eigenen herausgehobenen Platz, sondern stand (zumindest zeitweise) auf dem Altar der Annenkapelle.[27] Erst 1640 erhielt es eine eigene vergitterte Nische im Presbyterium und 1670 einen gesonderten Gnadenaltar.[28]

Das breit aufgefächerte Heiligentableau blieb auch in der seit 1707 in Auftrag gegebenen barocken Ausstattung mit acht Altären erhalten. Allerdings fokussierte sich nun die gesamte Innenraumausstattung auf das Gnadenbild. Die Seitenaltäre waren gestalterisch auf den Hochaltar ausgerichtet, den sie in ihrer ursprünglichen Aufstellung optisch einfassten.[29] Die Marienfigur fand nun in einem eigenen Schrein über dem Hochaltartabernakel, vor der Darstellung der in den Wolken thronenden Dreifaltigkeit Aufstellung (Abb. 50). Sie stand an dieser Stelle am liturgisch höchsten Ort: Nach katholischer Lehre, die gerade im Zeitalter der Gegenreformation besonders betont wurde, ist hier Gott selbst gegenwärtig, die irdische Sphäre geht gleichsam in die himmlische über.[30] Die relativ schlichte Holzfigur ist seit der Barockzeit mit prächtigen Gewändern bekleidet (Kat.-Nr. 135), Mutter und Kind tragen silberne Kronen. Man schreckte nicht davor zurück, die gnadenreiche Figur mit Malpinsel und Schnitzmesser anzupassen. Die barocke Marienkrone ruht auf dem Stumpf ihrer abgesägten mittelalterlichen Vorgängerin. Die neue Bekleidung betonte einerseits die Kostbarkeit des Kultobjektes und gab ihr größeres optisches Gewicht. Andererseits bedeckte sie das Bildwerk fast vollständig und entzog es so den Blicken der Betrachter. Diese Maßnahme war notwendig, wenn man einer als heidnisch empfundenen Verehrung des Bildwerks selbst entgegenwirken wollte. Gerade an dem herausgehobenen neuen Standort drohte die Gefahr des Götzendienstes. Der Blick der Pilger sollte allein auf das gelenkt werden, was das Bild repräsentiert: seine transzendente Wirklichkeit.[31]

In Kößlarn kann man exemplarisch nachvollziehen, wie sich die Wallfahrt eines ganzen Ortes bemächtigt und ihn bis in seine inneren Strukturen prägt. Sie manifestiert sich in der Inszenierung des Kultgegenstandes selbst und in der besonderen Form des ihn umgebenden Bauwerks. Sie offenbart sich aber auch in den Gebäuden des Ortes, die auf die Bedürfnisse der Wallfahrer ausgerichtet waren. Sogar die Siedlungsgeografie, das Wegenetz und die umgebende Landschaft künden von der besonderen Bestimmung des Ortes. 650 Jahre Wallfahrtsgeschichte haben sich tief in sein Erscheinungsbild gegraben und prägen seine Gestalt.

1. Ein Wandgemälde mit diesem Thema ist an dieser Stelle seit 1520 nachweisbar und wurde seither mehrfach erneuert (Kaiser 1989, S. 83).
2. Bleibrunner 1951, S. 127.
3. Kaiser 1989, S. 81, 132.
4. Es wurde damals gegen den heftigen Protest des örtlichen Heimatforschers Gerold Zue an den Kirchhamer Gastronomen Peter Haslinger in Kirchham verkauft, vgl. Passauer Neue Presse. Ausgabe Griesbach 27.07.1996
5. Bayerische Denkmalliste, vgl. http://geodaten.bayern.de/tomcat/viewerServlets/extCallDenkmal? (abgerufen 27.12.2013).
6. Mayer 2011. S. 5–6, vgl. Egginger 2011, Nr. 326, 376, 435, 492. »Köstling« tritt 1418 erstmals urkundlich in Erscheinung.
7. Mayer 2011, S. 9–10.
8. Zit. nach Kaiser 1989, S. 69.
9. Krenner 2000.
10. Zue 1999.
11. Krenner 2000, S. 5–6.
12. Dehio 2008, S. 367, 599.
13. Erffa 1956.
14. Kaiser 1989, S. 75–76. Über eine kriegerische Auseinandersetzung um die Kößlarner Kirche ist nichts bekannt. Immerhin führt Kaiser einen Quellenbeleg an, demnach im Jahr 1704 die Wehranlage im Zusammenhang mit kriegerischen Auseinandersetzungen ertüchtigt wurde.
15. In Kößlarn fällt die Vollendung der Wehranlage und die Erteilung des Beerdigungsrechtes im Jahr 1474 zusammen. Kaiser 1989, S. 75–76 hat aber zu Recht darauf hingewiesen, dass zu dieser Zeit auch ohne Friedhof Ringmauern um Kirchen errichtet wurden (z. B. in den Wallfahrtskirchen Aigen am Inn oder Taubenbach).
16. Metzl 2010, S. 715 (mit weiterer Literatur).
17. Metzl 2010, S. 682 (mit weiterer Literatur).
18. Im Turm hängen heute zwei Glocken von 1443 und 1475. Die älteste, inschriftlich in das Jahr 1400 datierte Glocke wird in den Kunstdenkmälern noch als im Kirchturm hängend erwähnt (Kunstdenkmäler 1929, S. 172 mit falsch wiedergegebener Inschrift und Datierung). Nachdem sie 1917 und 1949 nach kriegsbedingter Abgabe wieder zurückgegeben worden war (Pfarramt Kößlarn, Ordner: »Turmuhr, Glocken«), hängt sie heute im Leichenhaus des örtlichen Friedhofs.
19. Metzl 2010, S. 905, 924 (mit weiterer Literatur). Zur Wallfahrtskonkurrenz mit Türmen vgl. Kaiser 1989, S. 81.
20. Zit. nach Huber 1930a, S. 24.
21. Huber 1930a, S. 24.
22. Diese von Henkel 2004, S. 152f. für das 18. Jahrhundert festgestellte Beziehung darf zweifellos auch in den anderen Epochen gelten.
23. Huber 1930a, S. 3.
24. Pfarrarchiv Kößlarn, Wallfahrtslibell 1448. Zur Bedeutung der Hl.-Kreuz-Verehrung in Kößlarn vgl. Drost 2009a, S. 31.
25. Huber 1930a, S. 12. Zur Bedeutung der Altarpatrozinien in Kößlarn vgl. Kaiser 1989, S. 84–85.
26. Bislang wurde die Statue »um 1400« datiert (vgl. Huber/Hofbauer/Schiermeier 1992, S. 15; Drost 2009b, S. 12) bzw. »erste Hälfte des 15. Jahrhunderts« (Kunstdenkmäler 1929, S. 165). Bei der 2013 erfolgten Restaurierung konnte die entkleidete Statue in Augenschein genommen werden, wobei eine Datierung um 1460 plausibel erschien (für Hinweise hierzu danke ich Dr. Markus Huber, München).
27. Huber 1930a, S. 22.
28. Kaiser 1989, S. 103, 105.
29. Vgl. Drost 2009a, S. 40–41.
30. Henkel 2004, S. 99 bezeichnet den Aufstellungsort eines Gnadenbildes am Tabernakel als den »›Umschlagplatz‹ der Realitätsebenen schlechthin«.
31. Vgl. Hecht 1997. S. 224–230; Henkel 2004, S. 128.

»Wo sind denn meinen lieben Kinder aus Böhmen so lange geblieben?«

Die grenzüberschreitende Wallfahrt Neukirchen b. Hl. Blut

Günther Bauernfeind

Die Wallfahrt zur Muttergottes von Neukirchen b. Hl. Blut zählt zu den bekanntesten bayerischen Marienwallfahrten. Jahrhundertelang wurde sie auch von Gläubigen aus dem benachbarten Böhmen aufgesucht. Nach dem Zweiten Weltkrieg war das aber mehr als vier Jahrzehnte lang nicht mehr möglich – bis zum Fall des Eisernen Vorhangs. Am 9. Mai 1990 traf erstmals wieder eine große Wallfahrergruppe aus Böhmen ein (Abb. 52). Pilgerführer Pfarrer Vladislav Sysel gestaltete seine beeindruckenden Begrüßungsworte als fiktives Zwiegespräch mit dem Gnadenbild. Alle Beteiligten waren den Tränen nahe, als er ausführte:

»Es wäre wie eine Antwort auf das lange Warten und Fragen Unserer Lieben Frau aus Neukirchen: ›Wo sind denn meine lieben Kinder aus Böhmen so lang geblieben? Sie kamen lange Jahrhunderte hierher zu mir mit ihren Freuden und Kummern und ich habe sie immer mit Erleichterung und großer Hoffnung nach Hause entlassen. Wo sind meine Söhne und Töchter so lange geblieben? Ich habe immer den Klängen ihrer Lieder so gerne zugehört‹. Liebe Frau von Neukirchen, heute können wir Deinem langen Warten mit Freude antworten: ›Wir sind schon da, wir sind schon da!‹«

Das Gnadenbild aus Böhmen

Die Neukirchener Wallfahrt stand von Beginn an in besonderer Beziehung zu Böhmen. Sogar das Gnadenbild, eine geschnitzte und gefasste Marienfigur, stammt nach der gängigen Legendenfassung von dort, aus Lautschim/Loučim, gut 20 Kilometer von Neukirchen entfernt zwischen Taus/Domažlice und Klattau/Klatovy gelegen. Eine fromme Bauersfrau soll es um 1420 vor den Hussiten nach Neukirchen b. Hl. Blut gerettet haben. Mitte des 15. Jahrhunderts entdeckt ein Hussit diese Marienfigur in Neukirchen. Er wirft sie in den nahegelegenen Brunnen, sie kehrt jedoch auf ihren Platz zurück. Dieser Vorgang wiederholt sich drei Mal. Schließlich versucht der Hussit, die hölzerne Marienfigur mit seinem Säbel zu zerschlagen (Abb. 53, 54). Er spaltet das Haupt, aus der Wunde fließt Blut. Der Hussit will fliehen, das Pferd bewegt sich jedoch nicht von der Stelle; der Hussit wird bekehrt (Abb. 55).

Auch der »Übeltäter« kam also aus Böhmen. Dass er ein Hussit gewesen sei, wird erst verspätet in die Legendentradierung aufgenommen. Nach einem Bericht von 1590 war es *ein gottloser Beheim*[1], 1611 *ain Böham, wellicher sich im Marckht bezecht hat*[2]. Roman Sigl bezeichnet ihn 1640 als *Kötzerische[n] gar vollgetruncke[n] Böhamb*,[3] und besonders ausdrucksstark wird er im Neukirchener Mirakelbuch von 1671 beschrieben: *ein gottloser Mensch, seiner Nation ein Böhamb, seines Irrthumbs ein Hussit, seiner Sitten ein Barbar und seiner Aigenschafften ein Bößwicht*[4]. 1751 kommen Beruf und Herkunftsort hinzu: *ein gewisser Baurs-Mann, gebürtig in Böheim, aus der Pfarr Ransperg von dem Dorff Wottawa, seines Irr-Glaubens ein Ketzerischer Hußit*.[5] Etwa ein Jahrhun-

51 Die Madonna von Neukirchen b. Hl. Blut (Detail einer Votivtafel; vgl. Kat.-Nr. 137)

52 Wallfahrerinnen aus Böhmen in Neukirchen b. Hl. Blut. 9. Mai 1990

53 Figurengruppe auf dem Opferstock in der Wallfahrtskirche Neukirchen b. Hl. Blut. Darstellung des Gnadenbildes und des zuschlagenden Hussiten, Ende 18. Jahrhundert

54 Legenden-Darstellung an der Emporenbrüstung der Wallfahrtskirche Neukirchen b. Hl. Blut (Ausschnitt): »Der Bösswicht haudt das H. Biltt über daß Haubt.«

55 Prozessionsfiguren auf Tragestangen in der Wallfahrtskirche Neukirchen b. Hl. Blut. Darstellungen des bekehrten, knienden Hussiten und des Gnadenbildes, Ende 18. Jahrhundert

»Wo sind denn meinen lieben Kinder aus Böhmen so lange geblieben?«

dert später ist die Rede vom »Dorfrichter« in Wottawa.[6]

Ab der zweiten Hälfte des 18. Jahrhunderts wird in die Legendenüberlieferung aufgenommen, dass das Gnadenbild aus dem böhmischen Lautschim/Loučim stamme und von der Bauersfrau Susanna Halada nach Neukirchen gerettet wurde. Davon berichtet zuerst die Lautschimer/Loučimer Legendenversion von 1772.[7] Das Gnadenbild war demnach schon vorher in der dortigen Pfarrkirche besonders verehrt worden; die Verletzung durch den Säbelhieb und das Blutwunder in Neukirchen b. Hl. Blut wurden schnell bekannt und die Wallfahrt besaß von Beginn an große Anziehungskraft. Musste die Marienfigur schon von Lautschim/Loučim nach Neukirchen gerettet werden, so hatte sie auch dort keine ständige Bleibe. Von 1633 bis 1648, während des Dreißigjährigen Krieges, war das Gnadenbild mehrmals auf der Flucht und wurde an verschiedenen Orten in Sicherheit gebracht – unter anderem in Schüttenhofen/Sušice und an einem »wilden Ort«[8] in Böhmen. In Passau und Straubing wurde das Gnadenbild in den dortigen Kirchen aufgestellt und löste nachweislich wallfahrtsähnlichen Zulauf aus, abzulesen an den zahlreichen Votivmessen und Votivgaben für das Neukirchener Gnadenbild. In Neukirchen ruhte zu diesen Zeiten der Wallfahrtsbetrieb nahezu, weil das Zentrum – das Gnadenbild – fehlte.

1614 erlitt das Gnadenbild eine zweite Verletzung. An Fronleichnam war es in einer Prozession von der Kapelle am Ortsrand in die damalige Pfarrkirche in der Ortsmitte gebracht worden. »Um die Mittagszeit stürzte der Turm zusammen und durchschlug das Kirchengewölbe. Das heilige Bild wurde verschüttet. Als man es ausgeschaufelt hatte, war das Haupt a trunco (vom Rumpf) abgeschlagen. Später wurde es […] mittels einer Schraube repariert.«[9]

Seither ist das Gnadenbild in einem Schrein auf dem Hochaltar der Wallfahrtskirche untergebracht. Vincentius Altmann beschreibt 1715 die Situation: *Die gnadenreiche Bildnuß stehet mitten in dem Hoch-Altar erhöhet und wendet das Angesicht gegen der Pfarr. Sie ist gemeiniglich bedecket mit der Tafel / auff welcher ein gemahltes Bild des Heil-Bluts zu sehen ist.*[10] Diese Tafel wurde nur während Gottesdiensten weggenommen, das Gnadenbild war also lediglich dann sichtbar. 1717 wurde die Tafel schließlich durch Glas ersetzt.[11] *Mittelst eines Schrauffens und durch einen Riem*[12] konnte das Gnadenbild herabgelassen werden und die Gläubigen konnten es küssen oder Devotionalien anberühren, um ihnen eine besondere

56 Gnadenbild Neukirchen b. Hl. Blut im Festgewand und bekrönt, 2003

Weihe zu verleihen. Tatsächlich wurde 1730 der neue Altar mit einem mechanischen Kurbelaufzug für das Gnadenbild versehen.[13] Seit 1934 wurde es aber nicht mehr herabgenommen,[14] mit einer Ausnahme anlässlich des 550-jährigen Wallfahrtsjubiläums 2003. Nur zum Umkleiden wird die goldbekrönte Marienstatue aus dem Schrein genommen. Laut Kircheninventarium von 1657[15] besaß das Gnadenbild 52 verschiedene Kleider. Sie sind dort als *U. L. Frauen Röck* bezeichnet. Heute sind 16 zweiteilige Gewänder für die Marienfigur und das Jesuskind vorhanden. Das kostbarste Gnadenbildkleid ist aus gelbem Samt genäht und mit Ornamenten aus Silberdraht und einem Wappen in Goldreliefstickerei verziert (Abb. 56). Es soll aus dem Brautkleid einer böhmischen Adeligen gefertigt worden sein.

Das Gnadenbild wurde in vielen Variationen hundertfach abgebildet: als geschnitzte Devotionalkopie (Kat.-Nr. 138), auf Gemälden, Kupferstichen, Andachtsbildchen, Hinterglasbildern, Kirchenstuhltäfelchen, Medaillen, Votivkerzen, auf Fraisenhäubchen, in Wachs gegossen.

In über einem Dutzend, zum Teil weit entfernten Kirchen und Kapellen finden sich Kopien und Nachbildungen des Neukirchener Gnadenbildes. Einige dieser Orte sind selbst wieder Ziele kleinerer Wallfahrten geworden. Die Darstellungen des Gnadenbildes und Filialwallfahrten hat Ludwig Baumann, der sich seit Jahrzehnten mit der Erforschung der Wallfahrt beschäftigt, akribisch zusammengestellt.[16]

Die Pilger aus Böhmen

Eine weitere, für die Neukirchener Wallfahrt bedeutsame Wundermitteilung von 1610 geht wieder auf eine Person aus Böhmen zurück. Dem gelähmten Mädchen Barbara wird im Traum die Lage einer heilsamen Quelle geoffenbart. Es findet die Quelle nur etwa 200 Meter von der Wallfahrtskirche entfernt und wird geheilt. Die Entdeckung des wundertätigen Wassers belebte auch die Marienwallfahrt.

1656 wurde das Franziskanerkloster in unmittelbarer Nachbarschaft zur Wallfahrtskirche gegründet (Abb. 57). Eine der Bedingungen war die Besetzung auch mit tschechischsprachigen Patres zur Betreuung der vielen böhmischen Wallfahrer. Die Neukirchener Wallfahrt erreichte in dem Jahrhundert nach der Klostergründung ihre Blütezeit. Die große Anziehungskraft reichte auch weit nach Böhmen hinein. Eine Auflistung im gedruckten Mirakelbuch von 1671 nennt 70 Ortschaften, die jährlich in einer Gemeinschaftsprozession *mit einer geopfferten grossen Wachskertzen*[17] nach Neukirchen kommen; über ein Drittel davon liegt in Böhmen. Schon das Titelkupfer dieses Mirakelbuches verweist auf die Beziehungen zu Böhmen. Unter dem Gnadenbild sind der bayerische und der böhmische Löwe dargestellt. Das Mirakelbuch enthält auch ein dreisprachiges Wallfahrtslied. In diesem Lied »O Maria, mater Pia« wechseln sich lateinisch, deutsch und tschechisch oft sogar innerhalb einer Zeile ab:

	O Maria, mater Pia!
Haylsams Liecht	*Jasny blesk dem Vaterland!*
	Deine Gnaden reich beladen
Allem Weltvolck	*Wssemu svetu seynd bekannt.*
	[...][18]

Einen Höhepunkt erreichte der Zustrom der Wallfahrer zur 300-Jahr-Feier 1752, als allein in der Festwoche 420 Messen gelesen und 70000 Hostien ausgegeben wurden. Ab Ende des 18. Jahrhunderts wirkte sich auch in Neukirchen die Zeit der Aufklärung mit der zunehmenden Wallfahrtsfeindlichkeit des Staates und auch der Kirche aus. Der Wallfahrtsbetrieb ließ im 19. Jahrhundert deutlich nach. Zudem wurde der Grenzübertritt erschwert, die Gemeinschaftsprozessionen und Einzelwallfahrer aus Böhmen wurden weniger, mit der Schließung der Grenze nach dem Zweiten Weltkrieg blieben sie aus.

Der grenzüberschreitende Charakter der Neukirchener Wallfahrt wurde immer betont. Wallfahrt kennt keine Grenzen – über Jahrhunderte hatte dieses Motto Gültigkeit: Für Pilger und Wallfahrer gab es weder politische noch geografische, weder gesellschaftliche noch sprachliche Hindernisse. »Als ob wir nicht alle, ohne Unterschied unserer Sprache und Nation, vom selben Gott abstammen«,[19] bemerkt etwa Hippolyt Randa 1873.

Maximilian Schmidt genannt Waldschmidt (1832–1919), einer der erfolgreichsten bayerischen Schriftsteller seiner Zeit, widmete den Wallfahrtszügen aus Böhmen eine Schilderung in seinem Roman »Hančička, das Chodenmädchen« (1893):

> »Der Zug der Choden mit ihren hellfarbigen Anzügen und den Blumenbüscheln im Arm bot ein überaus reizvolles Bild, das malerisch abstach gegen das Grün des Waldes und der Fluren, sowie von den goldgelben, mit rotem Mohn untermischten Getreidefeldern ringsumher. Bald gelangten sie, längs des prächtigen Gebirgszuges des Hohenbogens hinwandernd, nach dem vielbesuchten Gnadenorte Neukirchen beim heiligen Blut. Nebst vielen anderen Wallfahrern trugen hier auch die Choden ihren religiösen Gefühlen Rechnung. Sie fühlten alsbald ihre gläubigen Herzen erleichtert [...]«[20]

Die Begegnungen mit den böhmischen Wallfahrern, die Kontakte zwischen Quartiergebern und den böhmischen Pilgern fanden immer wieder Eingang in die Heimatliteratur. Dass die Teilnahme an einer Wallfahrt nach Neukirchen auch gleich zum Schmuggeln genutzt wurde, galt lediglich als Kavaliersdelikt.

Klara Hackelsperger-Rötzer (1877–1959) beschreibt die Begegnungen in ihrem Roman »Die Sonnleitnerin«:

> »War der Waldler genügsam, so war der Stockböhme bedürfnislos. Ein Nachtquartier benötigte er nur bei schlechtem Wetter und da legte er sich auf Stroh, was für die Nacht drei Pfennig kostete. In den warmen

57 Wallfahrtskirche und Franziskanerkloster Neukirchen b. Hl. Blut

Sommernächten aber schliefen die stockböhmischen Kreuzleute im Freien, an die Häuser gelehnt, auch unter dem lebenden Zaune, der vom Markte zur Wallfahrtskirche führte. Ebenso boten die großen Bierfässer, die mancher Wirt auf seiner Gred zum Trocknen aufgestellt hatte, willkommenen Unterschlupf, und nicht selten machte es sich dort eine ganze Familie mit Kind und Kegel bequem […] Die Wirte sahen die stockböhmischen Kreuzleute weniger gern, weil sie nur eine geringe Zeche machten, sie hatten ihren Proviant bei sich, wohl aber die Krämer, denn sie versparten sich ihre Einkäufe das ganze Jahr auf die Wallfahrt über der Grenze. Hauptsächlich waren es die großen buntkarierten Schirme mit Messinggriff, unter denen eine Familie Platz hatte, Tabak in schweren Mengen und vor allem der hochrote Stoff, den sie zu ihren weiten gefältelten Röcken brauchten. Nach Verrichtung ihrer Andacht gingen sie den Geschäften nach, und wenn die Musik zum Abmarsch blies, kamen die Kreuzleut langsam und bedächtig aus den Läden. Sie hatten an Umfang beträchtlich zugenommen und an Beweglichkeit eingebüßt. Die gekauften Sachen wurden geschwärzt und neben dem Kaufladen war ein fensterloses dunkles Gewölbe, in dem die Verwandlung vor sich ging. Die Stoffe mussten kunstgerecht um den Leib der Weiber gewickelt, der Tabak in den weiten Hosen der Männer untergebracht werden. Nur die Schirme konnten sie offen tragen, und da kam es vor, dass sich ein Wallfahrer auf dem Herwege vom strömenden Regen bis auf die Haut durchnässen ließ, nur um auf dem Rückwege den neuen Schirm ungefährdet über die Grenze zu bringen.«[21]

Nach dem Fall des Eisernen Vorhangs

Gegenwärtig kommt jährlich über ein Dutzend Fußwallfahrten aus Ortschaften in Niederbayern und der Oberpfalz nach Neukirchen b. Hl. Blut, seit 1990 auch wieder eine große Gruppe aus Böhmen. An der Friedenswallfahrt 1972 unter dem Motto »Gott kennt keine Grenzen« nahmen etwa 5000 Jugendliche teil. Die Neukirchener Waldvereinssektion organisiert alle zwei Jahre eine Wallfahrt nach Lautschim/Loučim. Meist nehmen über hundert Teilnehmer die über 20 Kilometer lange Strecke zu Fuß in Angriff, andere fahren mit dem Bus. Reiter aus Bayern beteiligen sich seit 1995 am Leonhardiritt nach Kohlheim/Uhliště. Beliebte Ziele in Böhmen für bayerische Wallfahrer sind auch der Tannaberg zwischen Neumark/Všeruby und Neugedein/Kdyně, die Madonna von Klattau/Klatovy und der Heilige Berg (Svatá

58 Votivtafel, Darstellung des Heiligen Berges (Svatá Hora) Pibrans/Příbram mit Wallfahrtsstiege, der Madonna von Neukirchen b. Hl. Blut, der Madonna vom Heiligen Berg und der Altöttinger Madonna; frühes 19. Jahrhundert. Wallfahrtsmuseum Neukirchen b. Hl. Blut, Inv.-Nr. 33.

Hora) Pibrans/Příbram (Abb. 58; vgl. Kat.-Nr. 139). In der Broschüre »Bayerisch-böhmischer Brünnl-Wallfahrtsweg« wurden 2005 elf Wallfahrtsstätten mit einem Quellkult zusammengefasst: Maria Brünnl südlich von Nabburg, Brünnl in Schwarzach, Frauenbrünnlkapelle in Ast, Schönbrunnen in Hannesried, Heilbrünnl bei Roding, Streicherröhren bei Untertraubenbach, Neukirchen b. Hl. Blut, die Hochholz-Kapelle bei Harrling und die drei Gutwasser/Dobrá Voda bei Putzeried/Pocinovice, Drazenov/Dražanov und Hartmanitz/Hartmanice.[22]

Im Wallfahrtsmuseum Neukirchen beim Heiligen Blut kommt neben der Darstellung allgemeiner Aspekte des Wallfahrtswesens und der Neukirchener Wallfahrt der Bezug zu Böhmen in mehreren Ausstellungseinheiten zum Tragen. Wegen der engen Zusammenarbeit mit Museen in Tschechien wurde es bereits mehrfach ausgezeichnet.

---

1 BZAR, Ordinariatsarchiv Regensburg, Visitationsprotokoll von 1590, S. 983. Zit. nach Hartinger 1971, S. 38.
2 BZAR, Ordinariatsarchiv Regensburg, I. 740/3f.: M. Huetter: Miracula unser lieben Frawen zu dem H. Bluet bey Neukhürchen betr. (1611). Zit. nach Hartinger 1971, hier S. 39.
3 Sigl 1640, nicht paginiert.
4 Hueber 1671, S. 126.
5 Geschicht-Beschreibung 1751, Zweyter Absatz.
6 Randa 1873, S. 202.
7 Notandum von 1772 im Liber memorabilium. Abschrift im Pfarrarchiv Neukirchen b. Hl. Blut. Vgl. Hartinger 1971, S. 48–50.
8 Baumann 1988, S. 123.
9 Baumann 2010, S. 8.
10 Altmann 1715, S. 308, 309. Das Gnadenbild wendet das Angesicht gegen der Pfarr: Die Neukirchener Wallfahrtskirche ist eine Doppelkirche mit den Altären von Pfarr- und Klosterkirche Rücken an Rücken. Das Gnadenbild stand also in Richtung Pfarrkirche.
11 Hartinger 1971, S. 175.
12 Altmann 1715, S. 309.
13 Baumann 2010, S. 8: »Ein Lift für das Gnadenbild«.
14 Hartinger 1971, S. 214.
15 Pfarrarchiv Neukirchen b. Hl. Blut.
16 Baumann 2010.
17 Hueber 1671, S. 246, 247.
18 Hueber 1671, S. 28–31, hier S. 28.
19 Randa 1873, S. 14.
20 Schmidt 1893, S. 51. Die Choden waren Grenzbewacher in der Gegend um Taus/Domažlice und deshalb von den böhmischen Königen mit einigen Privilegien ausgestattet. Bis heute wird großer Wert auf die Erhaltung der eigenen Volkskultur, Mundart und Tracht gelegt.
21 Hackelsperger-Rötzer 1978, S. 144–146.
22 Die Broschüre ist u. a. erhältlich beim Kultur- und Museumsreferat des Landkreises Cham und im Wallfahrtsmuseum Neukirchen b. Hl. Blut.

117

117 Votivtafel mit der hl. Wolfsindis

Reisbach (Lkr. Dingolfing-Landau, Niederbayern), 19. Jahrhundert
Mischtechnik auf Holz, 20 x 20 cm
Museen der Stadt Regensburg, K 2012/53,5

Inschrift: *EX VOTO*

Die (offiziell nicht kanonisierte) hl. Wolfsindis wurde in Reisbach besonders im 18. und 19. Jahrhundert verehrt. Sie soll im 6./7. Jahrhundert den Märtyrertod gestorben sein: Legenden des 19. Jahrhunderts zufolge, wurde sie durch Ochsen oder ein Pferd zu Tode geschleift und an der Stelle ihres Todes ist eine Quelle neu entsprungen. Erst als man um 1753 von Seiten des Klosters Wessobrunn ihrer Vita nachforschte, fand eine (Wieder-)Belebung des Kultes statt und wurde mit einer vorhandenen Wiesenquelle verknüpft. Zahlreiche Heilungsberichte zeugen von der Wallfahrt, die allerdings im Zuge der Aufklärung 1772 vom Regensburger Ordinariat verboten wurde. Trotzdem errichtete man 1816 über der Quelle eine neue steinerne Kapelle, in der zahlreiche Votivtafeln geopfert wurden. Diese hier zeigt Wolfsindis mit Märtyrerpalme und bekrönt, in einer Hand ein Wasserfläschchen haltend, wohl als Hinweis auf die heilkräftige Wirkung ihrer Quelle, die im unteren Bildteil zwischen dem Votanten und zwei Rindern abgebildet ist.

Kriss 1953–1956, Bd. 2 (1955), S. 80–81; Strauss/Strauss 1987, S. 152–154.   bm

118

118 Votivtafel mit den »drei elenden Heiligen«

Griesstetten, (Lkr. Neumarkt i. d. OPf., Oberpfalz), 1766
Mischtechnik auf Holz, 24 x 17 cm
Museen der Stadt Regensburg, K 1958/19,20

Inschrift: *1766 hatt die dugensame Jungfrau Glara hiegerin [?] in einer gewiesser krankheitt zu den 3 heilig verlobt und ist augenblicklich besser worden*

Diese Votivtafel von 1766 zeigt in klassischer Dreiteilung eine Votantin, die zu himmlischen Fürsprechern, hier den »drei elenden Heiligen« – dargestellt auf Wolken im Himmel – betet. Unter ihr sind in einem Text nicht nur ihr Name (*dugensame Jungfrau Clara hiegerin*) und das konkrete Datum (*1766*) genannt, sondern auch der Votationsanlass: *eine gewiesser krankheit*, von der sie geheilt wurde und deswegen die Votivtafel zum Dank in der Kirche von Griesstetten dargebracht hat. Die Votivtafel ist ein Beleg für die Verehrung der Schottenmönche Zimius, Vimius und Marinus aus dem Regensburger Kloster St. Jakob. Sie sollen sich – als Fremde (»elend«) –

im 12. Jahrhundert nach Griesstetten im Altmühltal zurückgezogen und dort eine Einsiedelei errichtet haben. Nach ihrem Tod wurden die Gebeine in eine neuerbaute Kapelle und später in eine größere Wallfahrtskirche übertragen. Die Reliquien wurden im 19. Jahrhundert in Form von Wachsfiguren neu gefasst. Nach einigen Jahren durften sie als nicht kanonisierte Heilige – mit bischöflicher Genehmigung – endlich öffentlich verehrt werden, obwohl sie schon lang vorher Mittelpunkt einer ungewöhnlichen Wallfahrt gewesen sind.

Kriss 1930b, S. 296–297; Kerschensteiner 2001; Mader 1989, S. 252–253; Flachenecker 1994, S. 238–268.   bm

119   Wallfahrt zur Schönen Maria in Regensburg

Michael Ostendorfer
Regensburg, 1519/20
Holzschnitt, 63 x 52 cm
Museen der Stadt Regensburg, G 1982/225,1

Michael Ostendorfer hat den immensen Wallfahrerzustrom im Bild festgehalten, der 1519 nach der Vertreibung der Regensburger Juden eingesetzt hat. Ein propagiertes »Wunder« setzte die Marienwallfahrt in Gang. Die Intensität und Exaltiertheit dieser Massenwallfahrt an der Wende des Spätmittelalters zur Frühen Neuzeit wird an diesem Holzschnitt deutlich. Das Bild zeigt sich auf den Boden werfende und die Mariensäule umarmende Wallfahrer, übergroße Kerzen als Votivgaben, wehende Fahnen, Massenauflauf. Martin Luther und andere kritisierten gerade diese Wallfahrt als »Aberglaube« und lehnten sowohl Wallfahrt als auch Marienverehrung ab. Der Nachfolgerbau der hier abgebildeten Holzkapelle wurde 1542 die erste protestantische Kirche der Stadt Regensburg.

Daxelmüller 1994, S. 106–120; Angerer 1995, S. 187.   bm

120   Votivtafel Mariahilf

Niederbayern, 1799
Mischtechnik auf Holz, 25,5 x 18,5 cm
Museen der Stadt Regensburg, K 1936/11,2

Inschrift: *EX VOTO. 1799.*

Das Votivtäfelchen zeigt das überaus weit verbreitete Motiv einer Mariahilf-Darstellung. Wie für Votivbilder typisch gliedert sich das

119

Bild in eine irdische und eine himmlische Zone, die hier zwei Drittel für sich beansprucht. Dort, innerhalb einer Wolkengloriole, erscheint das auf Lucas Cranach d. Ä. zurückgehende Marienbildnis, zu dem sich die kniend betende Bäuerin mit Rosenkranz im unteren Bereich zuwendet. Vor ihr, auf einem Kissen, liegt ihr gewickelter Säugling, den sie der Gottesmutter anheim stellt.   st

121   Votivtafel aus Sammarei

Sammarei (Gem. Ortenburg, Lkr. Passau, Niederbayern), 1764 (?)
Mischtechnik auf Holz, 17,7 x 22,8 cm
Museen der Stadt Regensburg, K 1958/20,4

Inschrift: *mactalöna fuxin Hillerdo [?] in äkhersperg EX VOTO A 1764 [?]*

Diese Votivtafel aus dem 18. Jahrhundert stammt aus Sammarei, einer bis heute blühenden Wallfahrt in der Nähe von Ortenburg. Der Name Sammarei verbindet umgangssprachlich »Sankt« (heilig) und »Marein« (Maria). Die dortige Wallfahrtskirche birgt eine alte Holzkapelle, die der Wallfahrtslegende zufolge 1619 unbeschadet

ähnlich, aber nicht gleich dem Passauer/Innsbrucker Mariahilf-Typus. Das Jesuskind steht hier, im Unterschied zu Mariahilf, mit beiden Beinen auf Mariens Schoß. Das Sammareier Gnadenbild wird bis heute verehrt, erst 2011 erhielt das Gemälde – wie eine Statue – Kronen und wurde vom Passauer Bischof geweiht.

Kriss 1930b, S. 209–210; Mader 1984, S. 121–124; Morsbach/Spitta 2006, S. 77–81; www.wallfahrtsland-sammarei.de (letzter Zugriff 14.01.2014); Reidel/Huber 1998, S. 20. bm

122 Votivtafel mit Darstellung der Sossauer Wallfahrtslegende

Sossau (Stadt Straubing, Niederbayern),
Ende 17./Anfang 18. Jahrhundert (?)
Tempera auf Holz, 27,3 x 41,8 cm
Museen der Stadt Regensburg, K 2012/53,13

Inschrift: (M)IRACULOSA S. VIRGINIS MARIAE ECCLESIAE UNA CUM THAUNATURGA GRATIARUM IMAGINO IN SOSSAU PROPE STRAUBINGAM

Diese Votiv-Tafel aus Sossau stellt den ältesten Teil der Sossauer Wallfahrtslegende dar, die *Navigatio Mariae*, das »wunderbare« Übersetzen des Hauses Mariens durch Engel über die Donau nach Sossau, eine »Stromsage«. Auch beinhaltet es den Hinweis auf einen früheren Standort der Kirche, den sogenannten Frauenfleck. Rechts im Bild sieht man am Ufer einen Engel, von dessen Leine das Schiff ablegt. 1522 haben die Windberger Prämonstratenser als Betreuer der Sossauer Wallfahrt diese Legende erstmals im Bild veröffentlicht (vor dem nur die schriftliche Beschreibung überliefert ist). 1624 wurden Bewohner von Straubing, Alburg und Kagers in das Straubinger Rentamt geladen, um über »Wundergeschichten« bezüglich des Frauenflecks, der Schiffsbreiten und des Frauenbrünnls zu berichten. Walter Hartinger interpretiert dies als Interesse des damaligen Kurfürsten an traditioneller katholischer Frömmigkeit. Jedenfalls wurden Elemente der um 1470 niedergeschriebenen Loreto-Legende in die Sossauer Sage integriert und ein Ortsbezug geschaffen: Das Haus Mariens, eine kleine Kapelle in Antenring, soll demnach in der Römerzeit bedroht gewesen sein. Engel haben es gerettet, indem sie es mit dreimaliger Rast – in Alburg beim Frauenfleck, in Frauenbrünnl und in der Schiffsbreiten in Kagers – schließlich über die Donau schifften und es in Sossau – ohne Fundament – absetzten. Diese Legende machte aus Sossau das »bayerische Loreto«.

einen Brand in einem nahegelegenen Bauernhof überstanden und sogar einen ausgedörrten Apfelquittenbaum dazu gebracht haben soll, im nächsten Jahr wieder Frucht zu tragen. Im Zentrum dieser im 17. Jahrhundert durch eine große Wallfahrtskirche überbauten Gnadenkapelle befindet sich das auf 1631 datierte Gnadenbild. Es stellt eine Kopie des Hans Holbein d. Ä. zugeschriebenen Gemäldes in der Schusterkapelle in Straubing-St. Jakob dar. Dieses ist

Hartinger 1993b; Huber 2007; Utz 1967. bm

123 Wachsapfel mit Altöttinger Gnadenbild

Altötting (Oberbayern), 19./20. Jahrhundert
Wachs, 5,5 x 6 x 6 cm
Museen der Stadt Regensburg, K 1941/38

Inschrift: *Andenken an St. Maria Altötting*

Devotionalien gab es in den unterschiedlichsten Ausformungen, was auch dieses Objekt in Form eines täuschend echt aussehenden Wachsapfels augenfällig demonstriert. Ein in die Seite eingeschnittener Deckel offenbart im Inneren ein kleines Altöttinger Gnadenbild auf einer mit Blumen besetzten Unterlage. st

124 Schabmadonna

Altötting (Oberbayern)
Ton, koloriert, 11,2 x 3 x 3 cm
Museen der Stadt Regensburg, K 2013/73,76

Schabmadonnen, meist in Form eines Gnadenbildes, gehören zum Bereich der Wallfahrtsandenken und sind aus Ton gefertigt, dem eine angeblich heil- und wundertätige Substanz beigemischt ist. Allein die Nachbildung nach einem Gnadenbildnis soll Heilkräfte freisetzen.

Im Notfall wird von der Figur Material abgeschabt und zu sich genommen. Das vorliegende Exemplar ist schwarz glasiert und zeigt das Altöttinger Gnadenbild.

Das Tridentinum (1545–1563) mit seinen Ausführungen zur Bilderlehre führte auch zu der massenhaften Produktion von Andachtsbildern, Votivbildern und Devotionalien, wozu auch Schabfigürchen zählen.

Brauneck 1979, S. 15–16, 66, 72, 275; Gockerell 2009, S. 73–74. st

Wallfahrten in Ostbayern

124

125

125 Aufstieg der Holzkirchener Pfingstwallfahrer mit der »langen Stange« auf den Bogenberg

Amalie Hilmer, Bogen (Lkr. Straubing-Bogen, Niederbayern), nach 1907
Aquarell (Reproduktion)
Privatbesitz Claus Hartmannsgruber, Bogen

Dieses Aquarell stellt eine der ersten bildlichen Darstellungen der Holzkirchener Pfingstwallfahrt zum Bogenberg dar. Sie wurde, da sie sich in Besitz der Bogener Drucker- und Verlegerfamilie Hartmannsgruber befindet, mehrfach als Postkartenmotiv reproduziert. Bildthema ist der spektakuläre Aufstieg der Holzkirchener Wallfahrer zum Bogenberg. Der Moment, in dem einer der jungen Männer die über zwölf Meter lange und etwa einen Zentner schwere Pfingststange aufhebt, um sie ein Stück freihändig zu tragen, ist hier zu sehen. Den jungen, in Anzug gekleideten Kerzenträgern folgen zwei weiß gekleidete Mädchen und vier Trägerinnen der Rosenkranzmadonna in Tracht (»Prangerinnen«). Zuschauer stehen am Wegesrand. Zu lokalisieren ist diese Szenerie beim Bogenberger Gasthaus Lechner auf halber Höhe des Berges. Georg und Franziska Lechner haben 1907 diese »Restauration« übernommen. Nachträglich eingezeichnet wurde ein Aussichtsturm auf dem Berggipfel.

Ragaller 1995; Neueder 1990, S. 118–120.; Neueder 1990, S. 111–113.
bm

126 Ansicht des Bogenberges

Johann Georg Laminit (1775–1848)
Augsburg (?), um 1820
Kupferstich auf Papier, 20,7 x 27,9 cm (Blattmaß)
Museen der Stadt Regensburg, G 1950/26,9

Bezeichnung: *Eine andere Ansicht von Pogenberg an der Donau*
Signiert: *I. G. Laminit sc.*

Der querformatige Kupferstich öffnet den Blick auf den heiligen Berg Niederbayerns, den Bogenberg, von der Donau aus. Auf dem Fluss schwimmt gemächlich eine Zille, die Wallfahrtskirche auf dem sanft geschwungenen, bewaldeten Hügel überragt majestätisch die ruhig daliegende, schlicht gestaltete Umgebung. Im Hintergrund erscheint das Benediktinerkloster Oberaltaich, welches die Wallfahrt etwa 700 Jahre lang betreute.
bm/st

Eine andere Ansicht von Bogenberg an der Donau.

126

127 Kleines Andachtsbild mit Wallfahrtslegende

Georg Andreas Wolfgang (?, 1631–1716; Stecher)
Augsburg, 1679
Kupferstich, 10,9 x 7,8 cm
Museen der Stadt Regensburg, G 1930/98,3

Inschrift oben: *MARIAE Bildnuß auff dem H. Bogenberg*
Inschrift unten: *Der Graff von Bogen der held Azwinus. Vom fluss Donaw erhebt mein Bildnuß. Zue einer kirchen schenckt er mir sein schloß. Allda springt mir ein heilbron auß meiner Schoß*

Dieser Kupferstich von 1679 – Titelkupfer eines Mirakelbuches, des »Azwinischen Bogens« von Balthasar Regler – zeigt den Bogener Grafen Aswin als legendären Begründer der Bogenberger Wallfahrt, wie er und seine Frau (?) dem Gnadenbild ein Modell der Kirche samt Priorat darbringen. Die schwangere Bogenberger Muttergottes schwebt hier von Engeln getragen, bekrönt und zusätzlich bekleidet, über der Szenerie. Der Text darunter ist aus der Sicht des Gnadenbildes formuliert und bezieht sich auf Aswin als »Finder« des Gnadenbildes in der Donau und legendären »Schenker« der Bogenberger Kirche. Auch ist mit den Wappendarstellungen ein Hinweis darauf gegeben, dass das Bayerische Rautenwappen von den Bogener Grafen (späterer Generation) abstammt.

Das Bild bezieht sich einerseits auf Vorgängerstiche, wie zum Beispiel das 1659 erschienene kleine Andachtsbild von Carl Stengelius oder gar die erste bildliche Darstellung der Wallfahrtslegende von 1619. Andererseits aber stellt es in puncto Mirakelbücher eine Neuerung dar, da hier erstmals ein Titelkupfer mit Bogenberg-Bezug verwendet wurde; vorherige Mirakelbücher benutzten Darstellungen der Patrona Bavariae als Titelbild.

Neueder 2004, S. 16, 43, 175–180; vgl. Neueder 1990, S. 99–101.

bm

127

128 Andachtsbild mit dem Bogenberger Gnadenbild

Niederbayern, Mitte 18. Jahrhundert
Mischtechnik auf Leinwand, 133 x 97,5 cm (Rahmenmaß)
Kreismuseum Bogenberg, 2333

Dieses große Andachtsbild stammt aus dem Benediktiner-Kloster Oberalteich, welches die Bogenberger Wallfahrt von etwa 1100 bis 1803 betreut hat. Das Gemälde weist alle wichtigen Komponenten auf, die zu dieser Wallfahrt gehört haben: Im Zentrum steht auf Wolken das von Putti umgebene Bogenberger Gnadenbild, eine schwangere Muttergottes mit sichtbarem Jesuskind in ihrem Leib. Ihr Kleid ist blau, mit goldenen Rosen verziert und ihr Mantel rot. Darauf wurden im 17. Jahrhundert goldene Ähren gemalt. Zu Füßen des Gnadenbildes sieht man eine landschaftliche Szenerie, die wohl nach der Vorlage eines Klauber'schen Kupferstiches gestaltet worden ist: Links sind der Markt Bogen und der Bogenberg mit Kreuzweg, Kirche und Priorat abgebildet, rechts das Kloster Oberalteich und dazwischen die Donau.

Neueder 2004a, S. 69, Abb. 81 und S. 83, Abb. 109; Michal 2009, S. 79–80, Abb. 86.   bm

129 Kleines Wallfahrts- und Mirakelbuch Bogenberg

Kupferstich: Klauber, Augsburg, Text: »ein Priester des benachbarten Klosters Oberalteich«, Druck: Cassian Betz, Straubing, 1769
Papier, bedruckt, Kupferstich, 16 x 10 cm
Kreismuseum Bogenberg, 6272

Titel: *Kurze Beschreibung der alten Wallfahrt zu der wunderthätigen Mutter Gottes Maria auf dem Bogenberg, sammt einiger auserlesenen Gutthaten vom itztlaufenden Jahre …*

Der Autor nennt das »Ansuchen armer, doch andächtiger Wallfahrter«, die nicht im Stande seien, »sich kostbarere Bücher beyzuschaffen« als Grund dafür, das »kleine, und eben nicht zu kostbare Büchlein abgefasst« zu haben. Darin finden sich knappe Angaben zur Geschichte und Gegenwart der Wallfahrt, ein Ablass, ein »Gebett« und die Vorstellung von insgesamt sieben »marianischen Gutthaten« (Mirakeln) aus dem Jahr 1769. Hier abgebildet ist das in § 1 berichtete Wunder einer Heilung der »Maria Zächin, Häuslerin und Tagwerkerin« aus Furth von ihrem Leiden des Brustkrebses: »Sie nahm also zuerst ihre Zuflucht zu hiesigen Gnadenbild, und eilte nach diesen Wallfahrtsort, um sich daselbst zu verloben. Sobald sie aus der Gnadenkirche, nach verrichter Andacht, heraustratt, hörte sogleich auch aller Schmerzen augenblicklich auf, und in einer Zeit von 3 Tagen war sie gesund«. Im Nachsatz zu den Mirakeln findet sich die Aufforderung, »mit kindlichem Vertrauen zu dieser Gnadenmutter sich« zu »flüchten […] besonders, da diese angeführten Gutthaten ganz neue Beweise der Hilfe Mariae […] seynd« – das Heftchen diente also dazu, für die Bogenberger Wallfahrt zu werben.

Neueder 2010; Neueder 2004a, S. 132–196.   bm

130 Votivtafel aus Eichendorf

Eichendorf (Lkr. Dingolfing-Landau, Niederbayern), 1805
Mischtechnik auf Holz, 30,6 x 22,3 cm
Museen der Stadt Regensburg, K 1958/21,3

Inschrift: *EX VOTO 1805*

Diese Votivtafel stammt aus der bislang einzigen bekannten Bogenberger Filialwallfahrt. Im 18. und 19. Jahrhundert war die kleine Kapelle Kellerhäuser bei Eichendorf Ziel von Wallfahrern, die einem barocken Gemälde mit der Bogenberger Maria als Gnadenbild Votivgaben brachten. Das Kreismuseum Bogenberg besitzt ein sehr ähnliches Gemälde wie das Eichendorfer Gnadenbild (Inv.-Nr. 4572): Beide zeigen die schwangere Maria als Tempeljungfrau

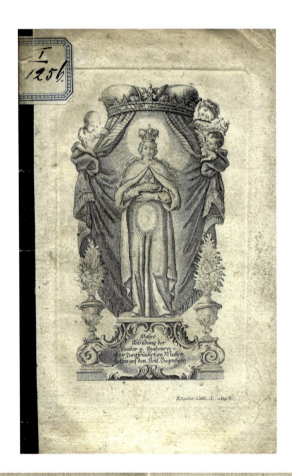

129

26

Verstand, Wille, und Gedächtniß, ja! alles, was ich bin und besitze, gänzlich überlassen. Leite mich fürdershin nach deinen heiligsten Wohlgefallen, stehe mir bey in allen meinen Handlungen, stärke mich in allen vorfallenden Gefahren Leibes und der Seele, und endlich verlasse mich nicht itzt, und dereinst in jener schreckvollen Stunde meines Absterbens. Um dieß alles bitte ich dich durch deine gebenedeyteste Leibesfrucht JEsum Christum, der mit GOtt, dem Vater, und dem heil. Geist gleicher GOtt ewig lebet und regieret. Amen!

Zusatz
einiger marianischer Gutthaten vom itzt laufenden 1769sten Jahre.

Ohne daß man die einmal beliebte Kürze dieses Büchleins überschreitten müsse, bleibet dennoch ganz unvermuthet ein Platz übrig, wenigst etwelche Gutthaten, so die wunderthätige Mutter und Jungfrau Maria auf diesem hiesigen Gnadenberge erst im gegenwärtigen Jahre gewirkt, hieher zu setzen. Aus vielen führen wir nur etwelche, und zwar die auserlesensten kürzlich an. Die mehreren kann der geneigte Leser ohnehin in dem öfters erwähnten grösseren Gnaden- und Mirakelbuche dieser Wallfahrt, so mit nächsten im Drucke erscheinen wird, ausführlicher, und umständlicher finden. Jeder Gutthat wollen wir, der beliebten Ordnung wegen, seinen sonderheitlichen Paragraph zutheilen.

1 §.

27

1 §.

Die erste Gutthat, die hier eine Meldung verdienet, und welche am 12 März dieses Jahres in Gegenwart gehöriger Zeugen untersucht, und in das Gedenkbuch dieses berühmten Wallfahrtsort einverleibt wurde, war die, ohne Zuthun eines Wund- oder Leibarztes geschehene Befreyung von dem schon in Anzug begriffenen Krebse. Maria Zächin Häuslerin und Tagwerkerin von der oberalteichischen Hofmarkt Furth empfand von jehlingen an der einten aus ihren Brüsten den heftigsten Schmerzen, welcher in die 8 Monate anhielt, und endlich gar in eine hohe Geschwulst, und gänzliche Entzündung ausartete; so, daß sie zu aller Arbeit unbrauchbar wurde. Nach Aussage eines Wundarztes, bey dem sie sich darüber erkundigte, ohne jedoch von ihm einiges Hilfsmittel zu überkommen, war es der immer weiter um sich fressende Krebse. Sie nahm also zu erst ihre Zuflucht zu hiesigen Gnadenbild, und eilte nach diesen Wallfahrtsort, um sich daselbst zu verloben. Sobald sie aber aus der Gnadenkirche, nach verrichter Andacht, heraustratt, hörte sogleich auch aller Schmerzen augenblicklich auf, und in einer Zeit von 3 Tagen ward sie gesund, und vollkommen hergestellt.

2 §.

Die zwote nicht minder grosse Gutthat ist, durch Fürbitt hiesiger Gnadenmutter die zu zweyenmalen veranlaßte vollkommene Herstellung des Gehörs. Anna Maria Stärrerin, ledigen

mit sichtbarem Jesuskind, umrahmt von Engeln, Säulen und Spruchkartuschen: »Du wunderbarliche Mutter / Bitt für uns«.

Die Votivtafel aus Eichendorf stellt den abgebildeten Säugling in der Wiege nicht nur der Bogenberger/Eichendorfer Muttergottes anheim, sondern auch den sogenannten Siebenschläfern, die darunter dargestellt sind. Hierbei handelt es sich um sieben Männer, die, der Legende zufolge, im 3. Jahrhundert nach Christus in Ephesos als Christen Verfolgungen ausgesetzt waren und die sich in eine Berghöhle retteten. Dort wurden sie eingemauert und schliefen lange Zeit. Als sie wieder erwachten, gaben sie Zeugnis von der Auferstehung der Toten und starben bald darauf. Die Siebenschläfer galten unter anderem als Patrone gegen die Schlaflosigkeit. In Ruhstorf an der Rott findet sich eine eigene Wallfahrtskirche, die ihnen gewidmet ist.

Eichendorf 1996, S. 45–46; Kriss 1953–1956, Bd. 2 (1955), S. 85; Mader 1984, S. 56–57; Neueder 2004, S. 66–67.   bm

131 Bogenberger Gebärring (»Ringl«) und Votivgabe Hammer

Wachszieherei Günther, Bogen (?, Lkr. Straubing-Bogen, Niederbayern; Hammer)
Silber bzw. Wachs, Ende 18. Jahrhundert (Ring), 19. Jahrhundert (Hammer)
Kreismuseum Bogenberg

Solche Silber-»Ringl« mit dem Bogenberger Gnadenbild wurden von den Bogener Krämern in den 1780er Jahren verkauft. Sie sollten wohl zu einer guten Schwangerschaft und glücklichen Geburt verhelfen. Die wächserne Votivgabe des Hammers, im Foto rechts angedeutet, wurde von Rudolf Kriss als Votivgabe in Zusammenhang mit dem Wunsch nach Fruchtbarkeit gedeutet. Hersteller der Wachshämmer war wohl die Bogener Lebzelter- und Wachszieherfamilie Günther, die neben ihrem Geschäft in Bogen eine kleine Verkaufsbude am Bogenberg besaß.

Neueder 2004a, S. 94; Kriss 1953–1956, Bd. 2 (1955), S. 230; Kriss 1953–1956, Bd. 3 (1956), S. 170–175; Neueder 1995, S. 57–59; Neueder 1995, S. 116–118.   bm

132 Maria Gravida vom Bogenberg

Bogenberg (Lkr. Straubing-Bogen, Niederbayern)
Wachs, 13,9 x 4,5 x 2,5 cm
Museen der Stadt Regensburg, K 2013/108

130

131

Das Wachsandenken, mit einer Schlaufe zur hängenden Anbringung, zeigt eine kolorierte Version des Bogenberger Gnadenbildes. Die schwangere Maria steht auf einem runden goldenen Sockel, trägt ein langes Gewand mit weißen Streublumen, einen hellblauen Mantel sowie eine Krone. Einige Details werden durch Goldfarbe betont. Durch eine Wachsauflage ist das Charakteristikum der

132

Bogenberger Maria, das im Bauch sichtbare Jesuskind im Strahlenkranz, aufgebracht. Im Gegensatz zum Original hat die Muttergottes hier das Haupt gesenkt und den Blick abwärts gerichtet. st

133 Maria mit Kind auf der Mondsichel (»Silbermadonna«)

Balthasar Waltenberger
Passau, 1488
Silber, getrieben und gegossen, teilweise vergoldet,
Perlen, Halbedelsteine, Höhe 87 cm
Kößlarn, Wallfahrtskirche Hl. Dreifaltigkeit

Inschrift an der Unterseite: *walthasa goltshmit, 1488*

Die Kößlarner Wallfahrt stand in der zweiten Hälfte des 15. Jahrhunderts in ihrer höchsten Blüte. In dieser Zeit wurden die Wallfahrtskirche und die umgebende Wehranlage mit den Priesterhäusern errichtet. Obwohl diese vor allem mit den Dankopfern der Pilger finanziert werden musste, blieben im Jahr 1485 genügend Silbergaben, aus denen man beim Passauer Goldschmied Balthasar Waltenberger eine Madonnenfigur anfertigen lassen konnte. Über

133

diesen Meister ist wenig bekannt. Die Forschung geht davon aus, dass er nach dem Entwurf eines herausragenden Bildhauers oder Malers gearbeitet hat. Die Statue wurde aus zwei Silberplatten getrieben, die anschließend verlötet wurden. Einige herausgehobene Details wurden gegossen und nachträglich angesetzt. Mit ihren 87 cm ist die Figur im Vergleich zu anderen Silberplastiken der Zeit erstaunlich groß, was wiederum Rückschlüsse auf den Reichtum der damals vorhandenen Silbergaben zulässt. Nur wenige gleichartige Arbeiten sind heute noch erhalten. Vielfach wurden sie in Kriegszeiten oder währen der Säkularisation eingeschmolzen. Der nach unten gewandte Blick der Kößlarner Madonna lässt auf einen ursprünglich erhöhten Standort, z. B. an einem Altar, schließen. Vermutlich wurde sie auch immer schon bei Prozessionen mitgetragen. Nachweisbar ist dies seit dem Jahr 1720.

Huber 1930b; Smith 2009 (mit weiterer Lit.). ld

134 Votivbild

1670
Mischtechnik auf Leinwand, 91cm x 80 cm
Kößlarn, Kirchenmuseum, II.A.2

Inschrift am unteren Bildrand: *Lob Ehre und Preis! Gottes Jesu Christo! Sicher in weiser Absicht hat Gott der Allmächtige im Jahre • 1669 die […] ist […] von • bedrängten Pfarr-Gemeinde Keßlarn sich zu unserm wunderthätigen Gnadenbild mit […] Er- • folge versprochen […] durch die Fürbitte Mariens augenscheinliche Abhilfe der …ng […] zur Dank- • sagung dafür und zum immerwahrenden Andenken daran hat sie im Jahre 1670 diese Gedenktafel anfertigen laßen. S. D. G. • Erneuert worden im Jahre 1964*

Die älteste erhaltene Votivtafel in Kößlarn bezieht sich auf eine Viehseuche im Jahr 1669. Das aus Dank für den glimpflichen Ausgang von der Gemeinde gestiftete Bild zeigt über den um ihren Pfarrer versammelten Stiftern eine Landschaft mit lagerndem Vieh, dahinter die Wallfahrtskirche mit dem darüber schwebenden Gnadenbild. Das Bild muss im 18. Jahrhundert überarbeitet worden sein, denn den Kirchturm bekrönt bereits der 1732 aufgesetzte Zwiebelhelm. Auch die 1735 errichtete Seelenkapelle an der Südwestecke der Kirche ist deutlich zu erkennen. Die Inschrift am unteren Bildrand ist nur fragmentarisch erhalten. Sie wurde durch den Kirchenmaler Gotthard Baur aus München-Solln anlässlich einer Renovierung im Jahr 1964 freigelegt.

Böck/Kramer 1962; Ausst.-Kat. Asbach u. a. 2004, S. 213, Kat.-Nr. 2.2.2.4; Drost 2009c, S. 120, Kat.-Nr. II.A.2; Hofbauer 1986, Bd. 1, Abb. 158. ld

135 Gewand für das Kößlarner Gnadenbild

Mitte 18. Jahrhundert
Seidendamast, broschiert, Goldborten
Kößlarn, Wallfahrtskirche Hl. Dreifaltigkeit

Das aus der Zeit um 1460 stammende Kößlarner Gnadenbild wurde nachweislich seit 1679 bekleidet. Im Bestand der Pfarrei haben sich Gewänder in allen liturgischen Farben erhalten, die zu den entsprechenden Festzeiten des Kirchenjahres benutzt wurden. Die Gewänder für das Gnadenbild dürften größtenteils Stiftungen von Wohltätern gewesen sein, denn in den vorhandenen Kirchenrechnungen ist kein Ankauf dokumentiert. Der Stoff des Mariengewandes ist besonders in den exponierten vorderen Bereichen deutlich ausgebleicht. Das Gewand für das Christuskind zeigt die gleichen Goldborten aber einen anderen Grundstoff. Vermutlich wurde dieser in späterer Zeit ausgewechselt.

Kaiser 1989, S. 105. ld

Wallfahrten in Ostbayern ■ 189

135

136 Pyramide mit verschiedenen Silbervotiven

Franz Durst (Schreiner)
Kößlarn, 1736
Höhe 115 cm, Breite 68 cm
Kößlarn, Wallfahrtskirche Hl. Dreifaltigkeit

Bei einem Kirchenraub im Jahr 1728 verlor die Pfarrei einen großen Teil ihres Schatzes an Kirchen- und Votivsilber. Was noch übrig geblieben war, wurde für ein neues Ziborium und eine Monstranz eingeschmolzen. Dennoch waren 1736 schon wieder so viele Wallfahrtsgaben vorhanden, dass man sie in großen Schaukästen präsentieren konnte. Die insgesamt vier pyramidenförmigen Tafeln dienten zusammen mit Reliquiaren und Maibüschen (geschnitzten Blumengebinden) an hohen (Marien-)Feiertagen als Schmuck für den Hochaltar. Seit 1912 werden sie dauerhaft in den Votivschränken seitlich des Hochaltares ausgestellt.

Huber 1930, S. 26; Kaiser 1989, S. 169–161; Drost 2009c, S. 129, Kat.-Nr. II.D.2.   ld

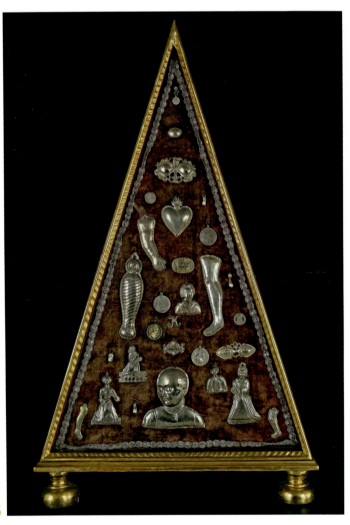

136

137 Votivtafel mit dem Gnadenbild von Neukirchen und der Hl. Dreifaltigkeit

Niederbayern, 1727
Mischtechnik auf Holz, 92 x 81,2 cm (Bildmaß), 97,7 x 87,2 cm (Rahmenmaß)
Museen der Stadt Regensburg, K 1936/178

Inschrift: *Anno. 1727. Hat Vlrich Weiß Bauer von schaffhof und Maria Weiesin seine hauswierdin, haben dise Vigur aufbauen vnd Mahlen lasen Zu lob: vnd ehr der Allerheilisten Dreyfaltigkeit, auch dern: H. Jungfrauen Mariae, Muettergottes, vndder heiligen Badranen, auch zu drost der armen Sellen in fegfeier Wie auch der gantzen freimdtschafft ihme vnd den seinig zu ebigen angedencken, gott der allmechtige verleihe denen abgestorben die ebige Ruehe. Freuth vnd Selig eith. Ame. Bettet zu hilf den arme Seellen ein Vatter ave Maria.*

Bei diesem Objekt handelt es sich um eine seltene, große Votivtafel, die in der oberen Bildhälfte die Hl. Dreifaltigkeit zeigt, wie sie Maria in Form des Gnadenbildes von Neukirchen b. Hl. Blut krönt. Im unteren Bereich harren fünf arme Seelen im Fegefeuer. Am linken und rechten Bildrand kniet das Stifterpaar in Zeittracht mit gefalteten Händen. Hinter dem Mann erscheinen vier Knaben, zwei durch Kreuzchen als verstorben gekennzeichnet. Hinter der Frau sind analog die Töchter angeordnet.   st

137

138 Nachbildung des Neukirchener Gnadenbildes

Oberpfalz, erste Hälfte 19. Jahrhundert
Holz, gefasst, 24,8 x 8,3 x 4 cm
Museen der Stadt Regensburg, K 1999/13

Geschnitzte, ehemals gefasste Nachbildung des Neukirchener Gnadenbildes.   st

139 Nachbildung des Příbramer Gnadenbildes

Böhmen, erste Hälfte 19. Jahrhundert
Holz, gefasst, 25,5 x 8,5 x 5,5 cm
Museen der Stadt Regensburg, K 1934/127

Bei vorliegendem Objekt handelt es sich um eine sogenannte »Holzscheitelmadonna«, eine Devotionalkopie der Příbramer Madonna.
Der Heilige Berg Pibrans/Příbram als bedeutendste Gnadenstätte Böhmens hatte großen Zulauf auch aus Bayern. Gnadenbild-

138

139

Wallfahrten in Ostbayern ■ **191**

140

Nachbildungen dieser Art werden einfach »Böhmische Madonnen« genannt; wegen ihrer dreieckigen Form auch »Holzscheitelmadonnen«. Sie sind außerdem an den beinahe kugelrunden »böhmischen« Kronen mit zwei Einkerbungen und an den typischen, meist kräftigen Gewandfarben (Außenmantel blau, innen rot, Saum gelb, Sockel grün) gut erkennbar.   gb

140 Kopie des Neukirchener Gnadenbildes mit Model

Neukirchen b. Hl. Blut (Lkr. Cham, Oberpfalz), 18./19. Jahrhundert (Model), Oberpfalz, 20. Jahrhundert (Ausguss)
Ton, koloriert, 19,8 x 7,2 x 4,5 cm (Figur), 22,6 x 10 x 4 cm (Model)
Museen der Stadt Regensburg, K 2012/53,59,1 und K 2012/53,59,2

Die kolorierte Tonfigur zeigt eine Maria mit Kind im Typus der Madonna von Neukirchen b. Hl. Blut mit der charakteristischen Kopfwunde. Vorliegende Gnadenbildkopie wurde laut Notizen von Hans Herramhof von Frau Zaborsky in Leckern aus einer sich in Privatbesitz befindlichen Form des 18./19. Jahrhunderts hergestellt und danach von Heinz K. Rademacher koloriert.

Staatliche Bibliothek Regensburg, Nachlass Herramhof, Akzessionsnr. 12-1864, Nr. 1.78, Varia, Inv.-Nr. 6785   st

141

141 Fraisenhäubchen

Oberpfalz, 18. Jahrhundert
Leinen, Kupferstich, 13,5 x 14,45 cm
Museen der Stadt Regensburg, K 1977/72

Inschrift: *S. Maria in Neukirchen beim Hl. Blut*

Das Fraisenhäubchen ist aus drei Teilen zusammengenäht, die Nähte und Enden mit Borten besetzt. Abgebildet sind Szenen der Legende des Neukirchener Gnadenbildes. Die Darstellungen werden von Tulpen, Zopfband und der Heiliggeisttaube gerahmt. Gerade in der Oberpfalz waren Fraisenhäubchen aus Neukirchen weit verbreitet und am Gnadenbild angerührt.

Fraisenhäubchen trug man zum Schutz gegen Kopfschmerzen, speziell bei Kindern gegen die Frais (Krampf- und Epilepsieanfälle).

Hartinger 1979, S. 178.   gb/st

RELIGIÖSE MASSENPRODUKTION: VOTIVE UND HINTERGLASBILDER

Votivgaben

Hilfe im Unglück

Thomas Raff

Das Wort »Votivgaben« wird von den Gläubigen selten gebraucht, es entstammt eher der volkskundlichen oder theologischen Fachsprache. Abgeleitet ist es vom lateinischen *vovere/votum* (geloben/Gelübde) und bezeichnet die Sache erfreulich genau: Vor oder in einer schwierigen Lage (Krankheit, Geburt, Unfall, Hungersnot, Krieg usw.) wendet sich der Gläubige an Gott oder einen seiner Heiligen oder er sucht einen Gnadenort auf. Für den Fall, dass die Not ein Ende findet (Heilung, glimpflicher Ausgang usw.), gelobt er ein bestimmtes materielles Opfer. Die geistlichen Helfer sollen durch dieses Versprechen wohlwollend gestimmt werden. Nach einer als Besserung empfundenen Wendung wird dem Helfer durch das versprochene Opfer gedankt. Zugleich bezeugt das grundsätzlich öffentlich ausgestellte Opfer die Wirksamkeit eines Gnadenortes oder Gnadenbildes, eines Heiligengrabes oder einer Reliquie usw. und weckt dadurch auch in anderen Hilfesuchenden Hoffnung. Durch die große Anhäufung von Votivgaben an vielen Gnadenorten wird dieser Effekt noch verstärkt. Es ist zu betonen, dass jeder denkbare Gegenstand als Votivgabe dienen kann. Definiert wird diese nicht durch ihr Aussehen, sondern durch den Akt der Votation: Der Votant verspricht dem geistlichen Helfer für den Fall der Hilfe eine bestimmte Gabe, das kann ein Wertgegenstand sein, eine festgelegte Menge Wachs oder Getreide, ein schwarzes Huhn, eine nun nicht mehr benötigte Prothese oder Krücke, ein herausoperierter Nagel, ein Foto, ein Kleidungsstück usw. Nicht selten findet sich zur Erklärung die Inschrift *EX VOTO* (»aufgrund eines Gelübdes/Verlöbnisses«) oder in Italien noch deutlicher *V. F. G. R.* (*Votum Feci, Gratiam Recepi*). In der Forschung unterscheidet man vor allem zwischen »Votivgaben« und »Votivbildern«, wobei genau genommen der erste Begriff den zweiten mit umfasst.

Votivgaben

Gegenständliche Votivgaben kannten schon die antiken Kulturen, es ist allerdings fraglich, ob man die häufigen »Weihgeschenke« (Statuen, Waffen usw.) als Votivgaben im engeren Sinne bezeichnen sollte. Aber es gibt eben schon aus griechischer, etruskischer und römischer Zeit tönerne Nachbildungen von Organen oder Körperteilen, die vollkommen den mittelalterlichen und vor allem den barocken Votivgaben entsprechen. Dagegen sind viele Götterdarstellungen zwar als »Gaben« an die Götter, aber nicht unbedingt als Votive zu interpretieren, es sei denn, sie enthalten eine Votationsinschrift. Auch im frühen Christentum gab es bereits Votivgaben genau im heutigen Sinn.[1]

Im Folgenden geht es vorwiegend um barocke Votivgaben, vor allem aus Bayern, und zwar nur um solche, die eigens zu diesem Zweck hergestellt wurden, also formal als solche zu erkennen sind. In manchen Zusammenhängen spielt das Material der Votivgabe eine wesentliche Rolle.

Wachsvotive (Kat.-Nrn. 142–158): Das Material Wachs war früher kostbarer, als es uns heute vorkommt. Für die Kerzen bei der Liturgie hatten die Kirchen immer einen großen Bedarf daran. Die Gläubigen konnten das Wachs ungeformt nach Gewicht oder geformt darbringen (Abb. 60). Wie bei

59 Wachsvotiv Augen (vgl. Kat.-Nr. 169)

anderen Materialien auch dominierten Darstellungen kranker Organe, daneben Haustiere, aber auch Personenabbilder, mit denen der Votant sich sozusagen selbst darbrachte. Dies ist insbesondere der Fall, wenn die Wachsfigur das Gewicht des Votanten hat.

Eisenvotive (Kat.-Nrn. 162, 171): Votivgaben aus geschmiedetem Eisen kommen fast nur als Gaben für den in Bayern sehr verehrten hl. Leonhard vor. Das hat einen konkreten Grund: Der Heilige wird häufig mit Eisenketten dargestellt, weil er in Frankreich, wo er im 6./7. Jahrhundert lebte und wirkte, vor allem als Befreier von Christen, die in sarazenische Sklaverei geraten waren, verehrt wurde. Es handelt sich bei seinem Hauptattribut also um Gefangenen- oder Sklavenketten. In Süddeutschland kannte man Piraterie und Sklavenhandel nicht und deutete die Ketten als Kuhketten. Dadurch wurde der hl. Leonhard hier zum Viehpatron. Und wegen seiner Eisenketten brachte man ihm besonders gern geschmiedete Votive dar, sehr häufig Nachbildungen von Haustieren (vgl. dazu den Beitrag von Hans Würdinger und den zugehörigen Katalogteil in diesem Band).

Insgesamt konnten Votivgaben aber aus den verschiedensten Materialien gefertigt werden: neben Wachs und Eisen auch aus Ton, Holz, Silber, Bein, Pappmaschee (Kat.-Nrn. 159–163) – je nachdem, wie viel Geld eben vorhanden war. Sehr häufig sind Darstellungen einzelner Körperteile: Köpfe, Augen, Lungen, Brüste, Beine oder Arme, Ohren, Zähne usw. (Kat.-Nrn. 146–174). Sie sollen immer andeuten, an welcher Stelle des Körpers ein Leiden aufgetreten war, für das um Hilfe gebetet und gebeten wurde. Man hat hier von »Bildzauber« (Aby Warburg), »Identifikationsopfer« (Rudolf Kriss) oder »Anheimstellung« (Lenz Kriss-Rettenbeck) gesprochen,[2] doch tragen solche Klassifizierungen eigentlich wenig zum besseren Verständnis des fast überall bekannten religiösen Phänomens bei.

Viele der Votivgaben sind ohne weiteres zu verstehen, etwa wenn ein eitriges Bein, eine verwundete Hand oder ein brennendes Haus dargestellt werden. Dagegen sind einige Formen heute nicht mehr so leicht verständlich und sollen deshalb hier erwähnt werden.

Kröten (Kat.-Nrn. 165, 166) und Stachelkugeln: Beide Motive spielen auf den Uterus an, wobei man lange Zeit davon ausging, dass auch Männer so ein inneres Organ besitzen. Da es im Leib an verschiedenen Stellen Schmerzen gab, nahm man (schon seit der Antike) an, es handle sich um eine Art Tier, das im Körper herumwandere. Den stechenden Schmerz wollte man (vor allem in Südtirol) durch die Stachelkugeln verbildlichen. Diese Votive beziehen sich also immer auf »Leibschmerzen«.

Tonkopfurnen (Kat.-Nr. 163): In bestimmten Gebieten finden sich seit dem 15. Jahrhundert kopfförmige Gefäße, die vermutlich als Votive bei Kopfschmerzen geopfert wurden. Die Tonkopfurnen dienten dabei zugleich als Gefäße, in denen man eine bestimmte Menge Getreide als Naturalopfer darbringen konnte.

»Lungln« (Kat.-Nr. 167, 168): Recht häufig finden sich holzgeschnitzte, seltener keramische Gebilde, welche ziemlich realistisch die Lungenflügel in Zusammenhang mit Speise- und Luftröhre darstellen. Sie beziehen sich nicht unbedingt auf Lungenleiden, sondern allgemein auf Krankheiten des Brustraums. Die formalen Anregungen kamen wohl tatsächlich aus den Metzgereien.

Löffel: An vielen Wallfahrtsorten findet man schlichte Gebrauchslöffel als Votivgaben. Sie verweisen auf gesundheitliche Probleme in der Mundhöhle, gelegentlich verdeutlicht durch einen daran gehängten ausgebrochenen Zahn oder Ähnliches. Aber auch bei Stummheit oder Appetitlosigkeit wurden Löffel geopfert.

Besen, Messer, Pfeile: Schlicht zusammengebundene Reisigbesen sollen vermutlich (vor allem im Alemannischen) auf Geschwüre verweisen. Messer deuten auf stechende Schmerzen, es sind aber meistens keine echten Messer, sondern Nachbildungen in Holz oder Wachs (Abb. 61). Pfeile, ebenfalls meist aus gegossenem Wachs, stehen ganz allgemein für Krankheiten, die man sich gern als von Gott gesandte Pfeile vorstellte. Daher wurde der mit Pfeilen gemarterte hl. Sebastian zum Pestpatron.

Votivbilder (»Votivtaferl«)

Votivbilder gibt es in Süddeutschland erst seit dem späten 15. Jahrhundert (in Italien schon knapp 100 Jahre früher). Sie finden sich aber auch in Spanien und Teilen des Balkan. Tendenziell sind die ältesten Votivtafeln größer und mit langen Texten versehen und erinnern insofern an Mirakelbilder, in denen Namen, Jahr und Geschehen genau beschrieben werden. Die Texte wurden im Lauf der Zeit immer kürzer, die Tafeln immer kleiner, meistens beschränkte sich der Text dann auf die Formel EX VOTO und die Jahreszahl (Abb. 62). Üblicherweise handelt es sich um gerahmte Holztafeln, seltener um

60 Wachsstock mit Applikationen. Um 1900. Museen der Stadt Regensburg, K 1966/24

Votivgaben

61 Messer, Votivgabe aus Wachs. Museen der Stadt Regensburg, K 2013/73,93

auf Leinwand, Blech, Pappe oder (in Italien) auf Keramikplatten oder hinter Glas gemalte Bilder (Kat.-Nr. 178). Die Tafeln wurden von ländlichen Malern oder Handwerkern auf genauen Wunsch des Votanten gemalt, bisweilen sind noch die schriftlichen Anweisungen für den Maler auf der Rückseite erhalten, zum Beispiel wie viele Kühe, Schweine oder welche Familienmitglieder dargestellt werden sollten.

Anhand der Votivtafeln lässt sich der Prozess der Votation am besten nachvollziehen, denn sie enthalten in aller Regel drei Elemente:

1. die heilige(n) Person(en) oder das Gnadenbild, an die oder das man sich wendet,
2. den Votationsanlass (bildlich und/oder auch textlich, oft mit Datum),
3. den oder die Votanten.

Die Votanten werden meistens am unteren Bildrand in kniender und betender, das heißt bittender Haltung gezeigt. In gewisser Weise sind sie also verwandt mit oder sogar abzuleiten von den spätmittelalterlichen Stifterbildern. Der Votationsanlass wird oft sehr deutlich und drastisch dargestellt (in Italien und Spanien seit etwa 1950 oft auch durch dargebrachte Fotos). Nur in Fällen »peinlicher« Leiden, etwa Geschlechtskrankheiten, wird diskret formuliert (»eine gewisse Person hat sich wegen einem heimlichen Leiden verlobt«). Bei Krankheiten wird der Votant oft einfach als im Bett liegend dargestellt. Bei dramatischen Unfällen (Sturz aus dem Fenster, Durchgehen von Zugtieren, brennendes Haus usw.) wird bisweilen auch die wunderbare Rettung durch das Eingreifen eines Heiligen verbildlicht. Die heiligen Personen sind in der Regel Wallfahrtspatrone, da die Votivtafeln ja meistens dorthin gebracht wurden. Sie werden oft in Halb- oder Ganzfigur oben in einer Lichtaureole oder über einer Wolkengirlande dargestellt, von der gelegentlich ein Strahl auf das Unglück ausgeht.

Immer wieder berichten Texte auf Votivtafeln, dass ein Leiden zurückgekehrt sei, als der Votant seine Gabe vergessen oder verzögert hatte. Die Nichterfüllung der Votation wird also bestraft. Zur Verpflichtung des Votanten gehört auch die Öffentlichmachung (Promulgation) der Erhörung, sei es durch Eintragung in ein am Wallfahrtsort aufliegendes Mirakelbuch, sei es durch eine öffentlich dargebrachte Votivgabe. Die Votation ist so gesehen also keine rein private Angelegenheit.

Die Votivbilder können als Bildquellen für die Kleidungsforschung herangezogen werden, wenn man berücksichtigt, dass sich die Votanten immer in ihrem Sonntagsstaat darstellen ließen, den sie auch beim Kirchgang trugen. Auch über die ländlichen Arbeitsverhältnisse und die Familienstrukturen lässt sich ihnen manches entnehmen. In den 1950er/60er Jahren gab es große Unternehmungen, die noch erhaltenen Votivtafeln zu inventarisieren, nicht zuletzt, um zu verhindern, dass sie entweder von den Kirchenbetreuern zerstört oder von Antiquitätenhändlern aufgekauft würden.

In letzter Zeit jedoch scheint mir das Interesse an den Votivbildern nachgelassen zu haben, sowohl bei den Antiquitätenhändlern als auch bei den Volkskundlern.

---

1 Quelle: Theodoret von Kyrrhos († 458), zit. in Kriss-Rettenbeck 1963, S. 93.

2 Warburg 1992, S. 73 und 89; Kriss 1953–1956, Bd. 3, S. 130–152; Kriss-Rettenbeck 1952.

62 Kartusche mit »EX VOTO« und Datierung. Detail einer Votivtafel. Museen der Stadt Regensburg, K 2012/53,8

»… 2 Stück Abendmahl zu 18 Kreuzer das Stück … 12 verschiedene Heilige das Stück zu 8 Kreuzer … 20 Arme Seelen zu 3 Kreuzer …«[1]

Wunderbare und wundertätige Hinterglasbilder

Margit Berwing-Wittl

Oft sind es die kleinen Dinge, die im religiösen Ritual oder ganz privat im heimischen Wohnzimmer Wunder wirken können. Besonders augenfällig ist dies an den bunten, leuchtenden, vielteiligen Hinterglasbildern und Glastafeln, die vorwiegend während des 18. und 19. Jahrhunderts in Serie in den Glasmacherzentren der Oberpfalz und des angrenzenden Böhmerwaldes hergestellt wurden und individuelle wie kollektive Zeugnisse menschlicher Schicksale, Wünsche und Nöte sind (Kat.-Nr. 185). Mit ihren vielen Details sind sie eindrucksvolle Belege für das kunsthandwerkliche Können und die intensive Marktorientierung der vielen Glasmaler. Ihrer Funktion nach aber sind sie Ausweise einer direkten Verbindung des Besitzers zu höheren Mächten: Unten steht der Mensch mit seiner Familie und seinem Besitz, seinen Krankheiten und wirtschaftlichen Sorgen, oben findet sich das Heilige, das Wunderbare, das Hilfe, Rettung und persönliches Glück verspricht, wenn nur die Glaubens- und Gebetsbeziehung stark genug ist (Abb. 64).

Hinterglastafeln stellen ebenso wie die auf Holz oder Blech gemalten Votivtafeln eine »Verbildlichung« der verschiedensten familiären, medizinischen oder sozialen Nöte dar, übertragen vom Maler auf ein transparentes und zerbrechliches Trägermaterial in einer hochgradig symbolischen Bildsprache. Der Gläubige, der sündige Mensch überträgt umgekehrt aber auch die Liebe und die Leiden des oder der abgebildeten Heiligen und Gnadenbilder auf sich – etwa »Meine Liebe, meine Schmerzen / Nimm o Sünder wohl zu Herzen«[2] –, um so eine Erlebnisgemeinschaft mit dem verehrten Bild einzugehen und der wundertätigen Gnade teilhaftig zu werden.

Herstellung, Technik

Die Herstellung der Hinterglasbilder in den bekannten Zentren der Oberpfalz und der Nachbarregionen (zum Beispiel Winklarn, Furth im Wald, Schönstein, Neukirchen b. Hl. Blut, Außergefild, Raimundsreut usw.) war eine Reaktion auf die Verarmung der gesamten Region nach dem Dreißigjährigen Krieg, die neue Verdienst- und Absatzwege erzwang (Abb. 65). Mit der Ausweitung des Wallfahrtswesens seit dem späten 17. Jahrhundert waren neben dem klassischen Vertrieb über den Hausierhandel auch zahlreiche neue stationäre Absatzmärkte entstanden.

Der 1841 verstorbene Glasmaler Thomas Aquinus Roth wird im Winklarner Pfarrbuch als *pictor*

63 Maria Immaculata, (Detail; vgl. Kat.-Nr. 183)

64　Hinterglasbild: Familie mit verletztem Sohn, Pietà und Christus am Ölberg. Um 1840. Museen der Stadt Regensburg, K 1949/19,1

vitrealis bezeichnet – er war der Lehrmeister von Karl Joseph Ruff und Joseph Wüstner, die die Winklarner Malerschule berühmt machen sollten. Dass die Maler aber nicht nur die Hinterglastechnik beherrschten, zeigt eine Randnotiz des Winklarner Meisters Karl Joseph Ruff auf einem Riss mit der Darstellung des Einzugs Jesu in Jerusalem vom 27. Juni 1868, wo er sich als *Öhl- und Zim-[m]ermaler, Vergolder, Anstreicher, Lakirer, Tapezirer und Glas-Maler*[3] bezeichnet und so seine vielfältigen künstlerischen und kunsthandwerklichen Fähigkeiten bewirbt. Die Maler fertigten nebenbei auch verschiedenste Votiv-, Andachts- und Tafelbilder, Kreuzwege, Krippen und Totenbretter und arbeiteten als Lackierer, Vergolder und Restauratoren, außerdem tapezierten und weißelten sie in privaten und öffentlichen Räumen.

Dekorativ und zugleich mit hoher religiöser Symbolkraft ausgestattet waren die Auftragsarbeiten für Kirchen und Kapellen, für die komplette Kreuzwege in Hinterglas gefertigt wurden, je nach Raumsituation in verschiedenen Größen und stilistischen Varianten, beispielsweise 1774 von Franz Xaver Roth aus Winklarn in der Kirche Fronau. Man kann annehmen, dass bestimmte Bildmotive des 18. Jahrhunderts – etwa Szenen aus dem Alten Testament – ebenfalls in erster Linie als Kirchenschmuck gedacht waren und möglicherweise erst nach der Säkularisation oder später bei den Kirchenrenovierungen des 20. Jahrhunderts in Privatbesitz oder in die Museen kamen. Wenn das Bild selbst keine Widmung aufweist, kann die ursprüngliche Aufhängung aus heutiger Sicht kaum mehr rekonstruiert werden.

So findet sich im Bestand der Museen der Stadt Regensburg etwa ein außergewöhnliches Hinterglasbild, das das hl. Abendmahl in einer gemalten Barockarchitektur des 18. Jahrhunderts zeigt, wie man sie sich kaum in einem Bauern- oder Bürgerhaus vorstellen kann – ein wahres und prächtiges *theatrum sacrum* (Kat.-Nr. 179).[4]

Obwohl noch im 20. Jahrhundert die romantische Vorstellung verbreitet war, dass die Bauern, »die im Sommer Zäune und Häuser anstrichen, im Winter diese Bilder malten«[5], sollte dies vor allem durch die Monografien von Raimund Schuster längst aufgeklärt sein. Innerhalb weniger Jahre entstanden große Familienbetriebe, verzweigte Malerclans und »Schulen«, die arbeitsteilig ihre Produkte herstellten.[6] Frauen- und Kinderarbeit gehörte im 18. und 19. Jahrhundert zur hausgewerblichen und ökonomisch notwendigen Arbeitsteilung. Die Technik war nur am Anfang schwer zu lernen, weil man bei der rückseitigen Bemalung des Trägerglases die Schrift spiegelbildlich und die Bildmotive im Gegensatz zur üblichen Malerei verkehrt herum setzen musste, also nach der Rissvorzeichnung zuerst feine Umrisslinien in schwarz oder braunrot, dann die kleinen, hellen Details, die weißen oder goldenen Lichter, Sterne, Kronen, Gesichter, Hände, Schmuck, Knöpfe und danach in mehreren Schritten die Gewänder, Körper, Architekturteile und Kulissen und schließlich am Ende die flächigen Partien, den Hintergrund und die gemalte Rahmung.

Der einmalig – als eigenständiges Kunstwerk – entwickelte Riss auf Papier konnte variiert und immer wieder auf Glas reproduziert werden, der Vertrieb erfolgte durch Hausierer und Verlagshändler auf bekannten Pfaden. Dass die Mitglieder der Malerfamilien Ruff und Roth/Rott aus Winklarn ihre Werke meist signierten, dokumentiert ihr künstlerisches Selbstbewusstsein und damit die Veredelung und Wertsteigerung ihrer Produkte. Man kann wohl von einer jährlichen Produktion von mehreren Zehntausend bemalten Glastafeln aus einzelnen Glasmalerorten ausgehen, also durchaus von Serienherstellung und -vertrieb (Kat.-Nr. 184).[7]

Formal orientierten sich die Urheber und Risszeichner an der verbreiteten, auf Kupfer- und Stahlstichen vertriebenen Andachtsgrafik sowie an kirchlichen Dekoren (Rokoko-Schmuckrahmen, Rocaillen, Vorhänge, Wolken), sie übernahmen Schriftkartuschen und die religiösen Sprachformeln (»Ex voto«, »X.X. verlobte sich hierher« usw.). Im späten 19. Jahrhundert dienten auch Lithografien aus ganz Europa als Vorlagen.[8]

Die Gnadenbilder wurden entsprechend dem individuellen Anliegen des Käufers mit lokalen oder persönlichen Heiligen kombiniert und durch die Aufschrift zu einem persönlichen »Ex Voto« umgebildet. Das erklärt die große Vielfalt der erhaltenen Hinterglasbilder, die trotz formaler und künstlerischer Ähnlichkeiten und der seriellen Herstellung keine Massenware wie die gedruckten Bilder sind, sondern immer noch weitgehend künstlerisch gestaltete Handarbeit. Einige versuchten gar, den Einfluss der bunten großformatigen Chromolitografien aufzunehmen, indem sie nicht nur die Bildmotive (etwa Pendants für den Herrgottswinkel, Kat.-Nrn. 181, 182) nachahmten, sondern auch die einfachen aber dekorativen Goldschmuckrahmen der gedruckten Wandbilder kopierten.

65 Hinterglasbild aus Raimundsreut, Maria mit Kind. Mitte 19. Jahrhundert. Museen der Stadt Regensburg, K 1934/156,1

»Maria Hilf. Maria hat geholfen. Maria wird weiter helfen.«[9] – Bilder und Motive

Neben dem Gnadenbild einer überregionalen Wallfahrt oder einer berühmten Kirche (z.B. Altöttinger Madonna, Mariahilf [Kat.-Nrn. 176, 177] in Passau oder Amberg), zeichnen sich Votiv- und Hinterglastafeln oft durch eine »Mehrfachabsicherung« aus, damit das Heil wenn nicht auf die eine, so doch vielleicht auf die andere Weise gesichert werden kann. Auf gleicher Höhe wie das überregionale Gnadenbild sind oft regionale oder lokale Heilige dargestellt, zum Beispiel der Wies-Christus aus Niedermurach, die Schmerzhafte Muttergottes aus der Plecherkapelle in Winklarn, oder es wird ein speziell für das jeweilige Anliegen zuständiger Heiliger, etwa St. Leonhard, ausgewählt.

Dazu kommen allgemeinverständliche dekorative Ornamente und religiöse Symbole, wie die Heiliggeisttaube, das Auge Gottes, die fünf Wunden oder die Dornenkrone Christi, Hostien und Engel in allerlei Zusammenstellung, Wolken, Blumen, Kelche, Vasensprosse und Theaterkulissen. Der Verlöbnisgrund ist entweder durch direkte Abbildung erkennbar (Unfälle, verstorbene Kinder, kranke Tiere), aber auch symbolisch durch die Darstellung des kranken Körperteils. Der Votant oder die Votantin lässt sich in Gebetshaltung abbilden, in dramatischer Nachbildung des Erlebnisses, das Anlass für die Wallfahrt war (Unfall mit einem Fahrzeug oder mit Tieren, brennendes Haus), oder im Bett liegend, um damit den Wallfahrtsgrund, nämlich Krankheit, zu bezeichnen.[10]

> »Das Darbringen von Votivtafeln, Bildvotiven und anderen Opfergaben [hatte] auch die Aufgabe, den Gnadenerweis, die Sanktionierung der Anheimstellung und damit die Mächtigkeit des Heiligen öffentlich bekannt zu geben. Was tatsächlich hinter der Votivgabe und den Opferhandlungen an Leid und Schmerzen steckte, lässt sich aus heutiger Sicht nicht einmal mehr erahnen.«[11]

Die Ex-Voto-Hinterglasbilder entsprechen genormten Formaten, was sich aus der symmetrischen Aufteilung der in Glasschleifen und -polierwerken gefertigten Flachglasscheiben ergibt (kleine mit ca. 13 x 18 cm bis zu großen Scheiben mit ca. 30 x 40 cm und mittlere mit 18 x 26,5 cm, dem sog. »Judenmaß«[12]). Für die Glashütten der Oberpfalz war die künstlerische Hinterglasproduktion bis in das frühe 20. Jahrhundert ein wichtiger Absatzmarkt. An vielen Wallfahrtsstätten finden sich Holz- und Glasbilder aus denselben Herstellungszentren, so etwa in der Wieskapelle Niedermurach, wo sich eine große Zahl Votivbilder aus Winklarner Produktion erhalten hat (Kat.-Nr. 178).[13]

Das Hinterglasbild verallgemeinert und »idealisiert« das Dargestellte auf Dauer durch seine Buntheit, Leuchtkraft und Schönheit. Es ist immer gerahmt (meist mit schlichten schwarzen oder schwarz-roten Weichholzprofilleisten) und wird stets repräsentativ zur Schau gestellt, da man es nicht wie Papier oder Leinwand zusammenrollen und verstauen kann. Es ist einerseits fragiler, weil der Glasschutz zugleich der Bildträger ist, und es ist gleichzeitig sicherer, weil die Farben nicht verblassen oder durch unsachgemäße Reinigung abgerieben werden können. Wenn das Bild herunter fällt und zerbricht, ist es allerdings unwiederbringlich zerstört. Viele der erhaltenen Hinterglasbilder haben Risse und Sprünge, die aber vom Besitzer geduldet und in der Regel auch in den Museen nicht restauriert wurden, eben weil das ursprüngliche Gemälde untrennbar mit der Glastafel verbunden ist.

Hersteller, Händler und Konsumenten

Interessant sind für die Verbreitung von Hinterglasbildern einerseits die Nachlässe der Maler und ihrer Werkstätten, die zum Teil in Museumsbesitz übergegangen sind und verdeutlichen, welche Bildmotive, -varianten und -größen üblich waren.[14] Andererseits geben Verlassenschaftsinventare aus Dörfern der Oberpfalz Auskunft über die dort gebräuchlichen privat aufgehängten Bilder, die allerdings meist nur die absolute Zahl in den einzelnen Räumen wiedergeben, leider nicht die Bildmotive oder Künstler. So führt das Inventar des Taglöhners Adam Bruckmüller, Haus-Nr. 24 in Holzheim am Forst, am 3. September 1839 wenige gute Möbel und Geräte, aber immerhin *4 auf Glas gemalte Bilder* im Wohnzimmer und eines in der Nebenkammer auf.[15]

Hinterglasbilder werden traditionell nämlich nicht nur als Votive, sondern auch im privaten Umfeld genutzt. Sie sind so dekorativer Wandschmuck und Medium für die vertrauensvolle Übertragung der ganz individuellen Sorgen des Gläubigen an eine höhere Macht. Profane Bildmotive sind dementsprechend selten. Gern finden sich Hinterglasbilder als Pendants (Herz Jesu und Herz Mariä, Josef und

Maria jeweils mit dem Jesuskind usw.), die links und rechts des Herrgottswinkels in der Wohnstube aufgehängt wurden (Abb. 66).[16]

Es ist wahrscheinlich, dass sich die Gläubigen von der Wallfahrt Hinterglasbilder als Souvenirs mitbrachten, da etwa in Neukirchen b. Hl. Blut bedeutende Maler ansässig waren, die sicherlich beide Bedürfnisse – die Ex-Voto-Gaben wie die Souvenirproduktion – befriedigten. Da sich etwa auch Eglomisébilder aus der Gegend um Klattau im Böhmischen in größerer Zahl in oberpfälzischen Sammlungen finden, dürften auch diese als Wallfahrtsandenken von dortigen Gnadenstätten mitgebracht worden sein. Das Bild garantierte so auf Dauer die Verbindung zum Übernatürlichen und Wunderbaren und bezog seine Kraft vom authentischen Verehrungsort.

Ebenfalls eine zugleich dekorative wie schützende Funktion für den Privatgebrauch dürften einzelne Heiligenbilder gehabt haben, die einen Namenspatron (etwa die drei »heiligen Madln« St. Katharina, St. Barbara und St. Margareta), einen Patron für die Landwirtschaft oder das häusliche Gewerbe (St. Leonhard, St. Isidor, St. Josef, St. Georg) oder allgemein bekannte religiöse Motive darstellen wie das hl. Abendmahl, der »Große Christliche Haussegen« (Hl. Dreifaltigkeit) mit den Hauspatronen, das Jesuskind (Kat.-Nr. 180) oder auch verbreitete Marientypen. Damit versicherte man sich des Schutzes für Haus und Hof sowie für alle dort lebenden Menschen und Tiere.

Nach 1900 geht die große Zeit der Hinterglasmalerei unabwendbar zu Ende. Mitte des 20. Jahrhunderts sind die letzten Spezialisten der alten Handwerkskunst verstorben, die Kirchen und Kapellen werden modernisiert und teils radikal von den alten Bildern befreit. Mit Glück finden sich Hinterglasbilder (und die dazu gehörigen Risse und Archivalien; Kat.-Nrn. 186–187) heute in örtlichen und regionalen Museen, wie beispielsweise im Doktor-Eisenbarth- und Stadtmuseum Oberviechtach, im Schwarzachtaler Heimatmuseum Neunburg vorm Wald, im Wallfahrtsmuseum Neukirchen b. Hl. Blut oder in den Museen der Stadt Regensburg, und in einigen privaten Sammlungen. Die »volkstümlichen« Bilder haben seit dem frühen 20. Jahrhundert am Bildermarkt kein Publikum mehr, zu stark ist die Konkurrenz der eleganten Chromolithografien und Urkunden aus den Bilderfabriken wie Eduard Gustav May in Frankfurt oder Friedrich Pustet in Regensburg. Erst in der zweiten Hälfte des 20. Jahrhunderts wird die Hinterglastechnik wie das Klöppeln und Schnitzen im Zuge der Renaissance des Biedermeierlichen wieder als Freizeitbeschäftigung, etwa in Volkshochschulen, praktiziert.

Das »Wunder« vom Büchlberg in Kemnath bei Fuhrn

Ein Beispiel für die wundersame Umdeutung eines eigentlich banalen Vorkommnisses bietet die Mitte des 18. Jahrhunderts entstandene Wallfahrt auf den Büchlberg bei Kemnath in der mittleren Oberpfalz, die sich an einem Hinterglasbild aus Winklarn entzündet. Ein *auff Claß gemahlenes Bild* wurde dort 1746 als Gnadenbild mit wunderbarer Wirkung auf menschliche Nöte und Gebrechen und zugleich als einträgliche Einnahmequelle installiert und sollte für einige Jahrzehnte Bestand haben.[17]

Wie der Kemnather Pfarrer Faber dem Ordinariat in Regensburg mitteilte, hätten Engel am vergangenen Palmsonntag, dem 3. April 1746, ein Hinterglasbild auf ein kleines Bäumchen getragen, wo es unerklärlicherweise hängengeblieben war. Dieses Bild hatte in Wirklichkeit ein durchziehender, aus Winklarn stammender Hausierer namens Beul verloren oder es war ihm entwendet worden. Als er es wiederhaben wollte, wurde er beschimpft und geschlagen. Besondere Brisanz erhält die Geschichte, als Pfarrer Mayer von Altfalter wenig später dem Ordinariat gegenüber die Theorie aufstellte, nicht Engel hätten das Glasbild in die Tanne verbracht, sondern »ein gewissenloser Mensch, oder vielleicht gar ein Lutheraner«.[18]

Es handelte sich um ein eher bescheidenes Hinterglasbild mit gleich zwei Gnadenbildern: einer Mariahilf-Darstellung umringt von Engeln rechts oben und drei Szenen aus dem Leben des hl. Johannes Nepomuk. Beide werden in der Folge gleichermaßen von den Gläubigen angerufen.

Es ist aufschlussreich, wie die Gläubigen spontan nach dem angeblich wundersamen Kultobjekt greifen und es sogleich mit einer passenden Legende versehen. Der Pfarrer unterstützt seine Gemeinde und bestätigt, dass das Bild von einem Bauernsohn in einer Tanne hängend vorgefunden worden sei, obwohl es bei herrschendem starkem Sturm hätte herunterfallen und zertrümmert werden müssen. In einer späteren Pfarrchronik wird die Legende noch um die Geschichte erweitert, dass das Bild nach seiner Überbringung in die Pfarrkirche

66 Hinterglasbild mit Herz-Jesu-Darstellung. Zweite Hälfte 18. Jahrhundert. Museen der Stadt Regensburg, HV 1315

nachts selbständig immer wieder zu dem Baum zurückgekehrt sei.

Da der Hausierer, der die Bilder wie üblich nur in Kommission bei sich hatte, mit einer finanziellen Entschädigung nicht zufrieden war, sondern auf Herausgabe des – auch von ihm nun für wundertätig gehaltenen – Bildes bestand, wurde solange mit ihm gestritten, bis er im Neunburger Arrest landete und dort sicher vor allem bereute, dass er nicht selbst auf eine so grandiose Geschäftsidee gekommen war.

Bis zu 1000 Menschen nämlich strömten in den nächsten Tagen dorthin, und auch die Mirakel ließen nicht auf sich warten. Geholfen wird den Bittstellern bei den üblichen Problemen – Krankheiten, mangelnder Kindersegen, Arbeitsunfälle. Die spektakulärste Wundertat soll die Heilung der psychischen Zwangsstörung einer gewissen Anna Färber von Schwarzhof bei Viechtach gewesen sein, die durch Verlöbnis zum Büchlberg von ihrer Unfähigkeit geheilt worden sei, überhaupt in eine Kirche zu gehen. Die dankbaren Gläubigen opfern dem neuen Heiligtum Münzen, Silbervotive, Wachs, Votivbilder, Prothesen, Rosenkränze und Skapuliere. Nicht lange dauerte es, bis 1751 auch Andachtsbildchen gedruckt werden. Pilger kamen von weit her, aus dem Böhmischen sogar.

Schließlich wird die bewusste Tanne mit einem Bretterverschlag umgeben, und Pfarrer Faber verstärkt den Druck, um den Bau einer Kapelle zu erreichen, weil der 1729 heiliggesprochene Johannes Nepomuk in ganz Europa keine solchen Wunder gewirkt hätte wie auf seinem Büchlberg. 1751 erfolgt die Benediktion des steinernen Chores der Wallfahrtskirche. 1812 wurde die Wallfahrt im Zuge der Säkularisation als »entbehrliche Nebenkirche« eingestuft und sank schließlich zu rein lokaler Bedeutung herab. Die inzwischen verfallene Tanne, in der seinerzeit das Gnadenbild gefunden worden war, wurde um 1970 gefällt – selbst dann war es für den Pfarrer noch schwierig, am Ort jemanden zu finden, der die Fällung vornahm, wohl aus Furcht vor der Strafe des mit dem Baum verbundenen Gnadenbildes. Das Hinterglasbild selbst ist inzwischen verlorengegangen.

Dieses Beispiel zeigt, wie groß im religiös aufgeladenen 18. Jahrhundert der Gegenreformation die Wirkung einer eigentlich marginalen Ursache sein konnte. Ein Hinterglasbild versetzte – wie andere »Wunder« auch – die Massen in Bewegung, löste Wallfahrten aus und führte zum Bau von Kirchen. Der gesamte private und öffentliche Raum wurde mit religiösen Objekten, Bildern und Ritualen vermessen und durch entsprechende Fachleute (vor allem örtliche Pfarrer und Ordensgeistliche) erklärt, so dass sich kaum ein Mensch diesem Zauber entziehen konnte. Von langer Dauer waren solche lokal aufblitzenden Heils- und Wunderphänomene jedoch meist nicht, weil die Säkularisation, die Industrialisierung und die Moderne des 20. Jahrhunderts mit allen positiven und negativen Begleiterscheinungen die Brücken zum Wunderbaren brüchig werden ließen.

---

1 Brief vom 04.06.1844 aus Eggenfelden mit Bestellung bei dem Hinterglasmaler Josef Wüstner in Schönstein, zit. in Schuster 1979, S. 8.
2 Aufschrift auf einem Winklarner Hinterglasbild mit Herz-Jesu-Darstellung, zit. in Ausst.-Kat. Würzburg 1983, S. 216, Kat.-Nr. 256.
3 Lang 1992, S. 31–45.
4 Ein ähnlich aufwendiges Abendmahlsbild aus dem späten 18. Jahrhundert in Grau- und Blautönen findet sich im Spessartmuseum Lohr. Vgl. Ausst.-Kat. Würzburg 1983, S. 246, Kat.-Nr. 299.
5 So beschrieb der Schweizer Kulturphilosoph Max Picard (1888–1965) die Produktionsbedingungen verklärend und romantisierend, zit. in Fendl 1993, S. 10. Wegen ihrer vermeintlichen Ursprünglichkeit und Abstraktion waren ganz am Ende etwa die Hinterglasbilder aus Raimundsreut und Außergefild Inspiration für die Künstler des »Blauen Reiters« (Wassily Kandinsky, Franz Marc, Gabriele Münter).
6 Für Winklarn sind die Maler-Stammbäume von Schuster (1975a) und Lang (1992), für Raimundsreut ebenfalls von Schuster (1984) und für Furth im Wald von Haimerl (1984) minutiös ausgearbeitet worden, weshalb hier auf die Wiedergabe verzichtet wird.
7 Lang 1992, S. 40.
8 Schuster 1975a, S. 8–13.
9 Schriftkartusche unter einer Darstellung des Amberger Maria Hilf-Bildes, signiert von Georg Schwab, Winklarn, ca. 1920–1925, Bestand des Doktor-Eisenbarth- und Stadtmuseums Oberviechtach, zit. bei Schuster 1975a, S. 72.
10 Deutlicher noch als Bilder sind in Wallfahrtskirchen symbolische Objekte, wie etwa Wolfgangsbeile, Pestpfeile oder Körperteile aus Silber, Papier und Wachs, die in vielfältigster

Weise ausgestaltet und wundersam aufgeladen wurden. So gab es neben den Nachbildungen der Nepomukzungen auch solche, die mit Erde aus dem Grab des Heiligen vermischt und angerührt worden waren und so eine noch höhere Wirkmacht haben sollten. Vgl. Kriss-Rettenbeck 1971a, Abbildungserläuterungen S. 116 und S. 124–125.

11 Kriss-Rettenbeck 1971a, S. 111.
12 Brückner 1976, S. 76.
13 Den Hinweis auf eine große Zahl von wertvollen Votiv- und Hinterglasbildern aus der Winklarner Malerkolonie, die sich bis vor kurzem nahezu unbeachtet in der Sakristei der Wieskapelle Niedermurach befanden, jetzt aber nach und nach restauriert werden und wieder in der Kirche ihren Platz bekommen, verdanke ich dem Kreisheimatpfleger a. D. Hubert Teplitzky, Obermurach.
14 Raimund Schuster hat v. a. die Nachlassverzeichnisse der Malerfamilien in Winklarn und Raimundsreut untersucht und dabei die Auftragsbücher und die erhaltenen Risse aus den Werkstätten nach Motiven quantifiziert, vgl. Schuster 1975a (Winklarn) und Schuster 1984 (Raimundsreut).
15 StAAM, Landgericht älterer Ordnung Nr. 1468, Vermessungsamt Hemau und Konzessions- und Heimatakten, Liquidationsprotokolle und Katasterpläne 1832, zit. in Margit Berwing-Wittl, 1000 Jahre Gemeinde Holzheim am Forst 1007–2007, Holzheim am Forst 2007, S. 177 und 266. Bruckmüllers Sohn Michael ersucht 1851 um die Verleihung einer Fragner-(Hausierer-)Konzession. Das wäre noch nicht weiter aufregend, wenn sich nicht im Altbestand des Oberpfälzer Volkskundemuseums Burglengenfeld ausgerechnet eine hölzerne Glaserkraxe (Inv.-Nr. 3446) aus der Zeit erhalten hätte, die aus Holzheim am Forst stammt. Vielleicht besteht da ein Zusammenhang, der leider noch nicht aufgedeckt und bestätigt werden konnte.
16 Das heilige Eck über dem Esstisch in der Raumdiagonale zur Eingangstür hat sich in der heute bekannten Form wohl erst im Lauf des 18. Jahrhunderts entwickelt, parallel zur Verlagerung der Frömmigkeit in das private Umfeld, und war damit ein reiches Aufgabenfeld für die Maler der Heiligenbilder auf Holz oder Glas. Vgl. Haller 1982, S. 108–110.
17 Ausführliche Darstellung der Ereignisse bei Möckershoff-Goy 1972; Quelle: BZAR, Pfarreiakt Kemnath/Fuhrn Nr. 7: Wallfahrtskirche Büchlberg (Bausachen), Pfarrakten Kemnath bei Fuhrn (vor 1946) Nr. 15: Wallfahrtskirche Büchlberg 1746 (Übernahme und Neuverzeichnung 1990, frdl. Auskunft von Archivdirektor Dr. Paul Mai per E-Mail, 16.12.2013). Vgl. auch Schuster 1975a, S. 27 und Lang 1992, S. 41–43.
18 Vgl. hierzu Möckershoff-Goy 1972.

EXVOTO
Maria Magdalena Nembaerin
Anno 1703

Die hölzernen Votivtafeln

Anmerkungen zur Herstellungstechnik und zum Erscheinungsbild

Annette Kurella

Die auf einen Zeitraum von etwa 200 Jahren beschränkte Auswahl von Votivtafeln aus dem nun um die Sammlung Hans Herramhof erweiterten Bestand der Museen der Stadt Regensburg zeigt augenfällige Übereinstimmungen, die nicht nur das Motiv, sondern auch die Herstellungstechnik betreffen und deren wesentliche Merkmale im Folgenden kurz zusammengefasst werden.

Die Bildträger

Ein Brett aus Nadelholz, das wegen seiner Holzfehler wie Harzgallen oder Abspreißelungen (Kat.-Nr. 47) häufig von minderer Qualität ist (Kat.-Nr. 31), dient als Bildträger. Die wenigen aus Laubholz gefertigten Exemplare weichen meist in weiteren Merkmalen wie Größe, Form oder Maltechnik vom üblichen Schema ab, wie beispielsweise jenes aus Steinfels bei Landau mit seiner subtilen, akademisch anmutenden Malerei (Kat.-Nr. 33).

Die Täfelchen sind überwiegend rechteckig, mehrheitlich im Hoch-, selten im Querformat gefertigt. Trotz ihrer handlichen Größe sind die Bretter relativ dick und die hinteren Kanten wohl deshalb gefast. Gleichwohl lassen sich keine Standardformate nachweisen. Davon abweichend schließen einige Tafeln oben polygonal (3/8-Schluss) oder halbrund ab, andere setzen sich in einem Ornament oder einer »Schlaufe«, die auch real als Aufhänger dient, fort. Diese Sonderformen entstanden überwiegend in der ersten Hälfte des 19. Jahrhunderts. Bereits etwas früher sind jene Votivtafeln zu datieren, deren asymmetrische Kontur ausladend aufgemalten Rocaillen folgt (Kat.-Nr. 28).

Die Rahmen

Die meisten zuvor mit dem Schropphobel zugerichteten Brettchen sind jedoch gerahmt, wobei die gezogenen bzw. gehobelten Profilleisten auf die Bildseite geleimt und mit Holznägeln fixiert wurden. Bei einem Täfelchen aus Reisbach dagegen hat man die vertikalen, mit der Holzfaser des Brettes laufenden Profile aus dem rohen Brett herausgestemmt (Kat.-Nr. 43). Außergewöhnliche Formate, wie bei einer der Tafeln aus Schacha, bedingen statt der auf Vorrat herstellbaren gezogenen Leisten aufwendig geschnitzte Rahmenprofile, es sei denn, man negiert die nach oben ausschwingende Form und vollendet den aufgesetzten Rahmen zu einem schlichten Rechteck (Kat.-Nr. 26).

Die von innen nach außen ansteigenden Profile sind zeitgemäß: Die älteren Beispiele aus dem 17. Jahrhundert werden noch von kräftigen, schwarz gefassten Leisten gerahmt, deren Profile sich im Querschnitt aus Platte – Viertelstab – Platte zusammensetzen (Kat.-Nr. 38), andere säumen die zu jener Zeit beliebten Flamm- oder Wellenleisten (Abb. 67). Im 18. und 19. Jahrhundert werden sie von flacheren Profilen mit Kehle und/oder Karnies abgelöst. Daneben tauchen ab 1800 einfache Halbrundstäbe auf.

67 Votivbild mit Unfallszene. Museen der Stadt Regensburg, K 1958/20,7. Die zur Rahmung aufgesetzten Wellenleisten wurden links unten nachträglich aus Platzgründen beschnitten. Nägel und Nagellöcher zur Befestigung der Tafel, aber auch zur Fixierung von Gebetszetteln, perforieren die Darstellung.

Annette Kurella

Die Rahmen sind farbig gefasst. Zuvor war allerdings eine meist sehr dünne Grundierung notwendig. Sie bedeckt die komplette Bildseite einschließlich der Leisten, in Ausnahmefällen auch die Rückseite. Die helle Grundierung ist oft mager, schwach gebunden und nicht selten mit gröberen sandigen Einschlüssen (Abb. 68).

Viele Rahmen tragen Auflagen aus Schlagmetall (Kat.-Nrn. 45, 32), ein dünn geschlagenes, kupferhaltiges Blattmetall (Messinglegierung) als Ersatz für das teure Blattgold, das infolge Korrosion heute ins Braungrün verfärbt ist und dabei Analogien zu Marmorierungen weckt (Kat.-Nr. 43). Es ist denkbar, dass sich die marmorierte Fassung des Rahmens von Kat.-Nr. 31 daran orientiert. Andere Fassungen sind – sofern sie nicht inzwischen übermalt wurden – monochrom, wobei sich der Farbton häufig aus der Palette des Gemäldes schöpft. Aus rationellen Gründen blieben die Außenseiten der Rahmen holzsichtig, während sie nach innen zum Bild hin gelegentlich farbig abgesetzt sein können (Kat.-Nrn. 37, 24).

Die Malerei: Vorgaben und Technik

Auf den Rückseiten der Täfelchen haben sich mitunter »redaktionelle« Bleistiftinschriften aus der Entstehungszeit erhalten, die uns mehr oder weniger detaillierte Angaben zum Motiv und/oder zu Art und Anzahl der Votanten[1] sowie schließlich auch zum Preis[2] liefern. Da man solche Beschriftungen auch auf der Bildseite unter der Malerei sieht, ist davon auszugehen, dass einige der Täfelchen auf Vorrat gefertigt wurden (Abb. 68). Darüber hinaus sind Unterzeichnungen (Kat.-Nr. 22) und Vorritzungen mit Lineal und Zirkel zu entdecken (Abb. 67, Kat.-Nr. 31). Beim Reisbacher Täfelchen (Kat.-Nr. 43) und ebenso bei einem Votivbild aus der Gegend um Passau mit seiner komplizierten Schilderung eines versehentlich losgegangenen Pistolenschusses wurde eine Vorzeichnung zum Durchpausen in den Bildecken mit kleinen Nägeln festgesteckt (Kat.-Nr. 37).

Vor allem die älteren Bilder des 17.–19. Jahrhunderts sind in fettem, ölhaltigem Bindemittel nass-in-nass, oft weich ineinander modellierend vermalt. Im 19. Jahrhundert überwiegt eine plakative, von der Wasserfarbenmalerei inspirierte Technik (Abb. 69). Denkbar sind die sogenannten Kaseinfarben, aber auch Formen der Eitempera: Die Farben werden flächig nebeneinander appliziert und mit kräftigen Konturen gesäumt, wobei die für die Ölmalerei charakteristischen weichen Übergänge fehlen. Stattdessen wird in strichelnder Manier mit spitzem Pinsel differenziert (Kat.-Nr. 26). Der Farbauftrag ist in der Regel deckend, gern bleibt der Pinselduktus als strukturierendes Element sichtbar.

Die Palette ist einfach und besteht aus einer Handvoll Grundfarben: Ocker, Braun, Rot, Grün und Blau bzw. deren Mischungen, mitunter aufgehellt mit Weiß. Schwarz und Braun dienen der Konturierung und pastoses Weiß gemeinsam mit Ocker der Akzentuierung einschließlich der aufgesetzten Lichter. Die Legende ist überwiegend mit dem schwarzen Pinsel geschrieben, selten auch rot. Die Konturen mit Binnenzeichnung in den figürlichen Hautpartien sind üblicherweise in warmen Farben ocker und rotbraun, jene von Sachen und Vieh dagegen meist schwarz ausgeführt. Verwendet wurden die preiswerten Erdfarben wie Ocker, Eisenoxidrot für Rot und mittlere Brauntöne, gelegentlich auch Umbra oder ein dunkles Kesselbraun sowie das leuchtende Mennige und mitunter auch Krapp. Das farbstarke Preußischblau und Grünspan decken die kühle Farbskala ab – soweit eine ausschließlich optische Bestimmung Zuordnungen erlaubt. Im ersten Drittel des 19. Jahrhunderts häuft sich der Gebrauch von Zinnoberrot, einem strahlenden Farbton von nobilitierender Wirkung. Er bleibt aussagekräftigen Bilddetails vorbehalten, wie das Beispiel von Kat.-Nr. 44 – hier die Unterlage der sieben verstorbenen Fatschenkinder – zeigt. Dieses, um 1820 gestiftete Täfelchen aus Pilgramsberg birgt eine weitere ikonografische Besonderheit: Es ist unser einziger Beleg für die Verwendung von Blattgold. Allerdings ziert das edle Metall nicht, wie zu erwarten wäre, die Attribute des Gnadenbildes einer Muttergottes, sondern ausschließlich die Riegelhauben der drei Votantinnen.

Der lange und mitunter auch wiederholte Gebrauch der Votivtafeln impliziert außerdem deren Pflege durch Überzüge: Diverse »Mittelchen« – darunter Harze, Öle oder Wachse – wurden zu ihrem Schutz eingerieben und verleihen den Oberflächen ihre charakteristische Patina. Über das Alter und die Zusammensetzung der heute verbräunten und gelegentlich zu Tropfen geronnenen Substanzen lässt sich nur spekulieren, sofern sie nicht dem Wunsch nach Reinheit und Makellosigkeit geopfert wurden.

68 Votivbild aus Emmerthal. Museen der Stadt Regensburg, K 2012/53,15,2. Das Bild mit der Madonna im Wolkenkranz wurde auf Vorrat hergestellt. Der helle Streifen am unteren Bildrand war zunächst für das Schriftfeld vorgesehen. Erst mit der Auftragserteilung wurde es mit dem Rind und der Kartusche übermalt. Im Lichtfeld der Madonna sind Bleistiftkringel der Unterzeichnung erkennbar.

Die Verwendung – bis in die Gegenwart

So gut wie alle Tafeln tragen noch Spuren ihrer alten Befestigung in Gestalt großer Nagellöcher, nicht selten inmitten der Darstellung. Sie entstanden beim Annageln der Bilder an die Wand, oft recht unsensibel mitten durchs Motiv, und beinahe zwangsläufig wurde dabei das Holz gespalten (Abb. 68, Kat.-Nrn. 38, 42, 48). Nur in wenigen Votivbildern stecken noch solche großen geschmiedeten Nagelköpfe (Abb. 67, Kat.-Nrn. 44, 39). Daneben finden sich auch Hinweise auf Anheftungen mit kleineren Stiften, ähnlich den Reißzwecken, vermutlich für weitere Gebets- bzw. Votivzettel (Abb. 67, Kat.-Nr. 44).

Votivbilder wurden wiederverwendet (Abb. 69), umgehängt und dabei auch im Format dem Platzangebot angepasst (Abb. 67, Kat.-Nr. 39). Erst mit dem 20. Jahrhundert – und somit jenseits unseres Betrachtungsfensters – ist eine Bedeutungsverschiebung ablesbar, die sich im Interesse der Sammler widerspiegelt: Viele der untersuchten Exemplare gelangten in den 1930er oder 1950er Jahren in die städtischen Sammlungen, Hans Herramhof sammelte bis zu seinem Tod. Es soll nicht unerwähnt bleiben, dass gerade er seinen Stücken und ihrer Erhaltung große Sorgfalt zukommen ließ: Er verleimte klaffende Fugen und Risse in den Malbrettern, rekonstruierte fehlende Rahmenleisten, komplettierte schadhafte, schwer lesbare Inschriften und überzog das Bild schließlich mit feinstem Gemäldefirnis. Ebenso retuschierte der Sammler mit Kitt und Farbe konsequent jene unschönen Befestigungslöcher, die entstanden, als man das Votivbild zur Erfüllung des Gelübdes mit dicken Nägeln, akustisch wahrnehmbar, an die Wand schlug – mithin als physischer Akt durchaus ein Bestandteil der Anrufung. Hans Herramhof empfand die vom Stifter tolerierte Beschädigung als Makel, den es zu tilgen galt. Die Votivgabe mutierte zum Sammlerstück.

69 Bauernpaar, Lungen haltend, 1835. Museen der Stadt Regensburg, K 1958/19,24. Die Tafel wurde wiederverwendet: Hinter dem Bauernpaar sind die übermalten Votanten der früheren Version noch schemenhaft zu erkennen. Der gemalte Boden bedeckt das einstige Schriftfeld.

---

1 Vgl. z. B. K 2012/53,9: *Unser liebe Frau von / Schacha und ein Weibsbild / […] Schemel und 2 […] / alte Schwein und fägele* […] oder Kat.-Nr. 39: *6 Mansbilder und die Mutter.*

2 K 1935/50: 1f 96x, K 2012/53,3: 30xr.

142

142 Wachsmodel: Kröte und Fatschenkind

Oberpfalz, 18. Jahrhundert
Holz, 12,4 x 10,7 x 7,5 cm (zusammengesteckt)
Museen der Stadt Regensburg, K 1937/39

Mit diesem Model war es möglich, zwei Wachsvotive gleichzeitig zu gießen: zum einen eine Kröte, zum anderen ein Wickelkind mit Häubchen. Die Kröte war neben einer Stachelkugel, der sogenannten Bärmutter, Symbol für die Gebärmutter, die man sich bereits seit der Antike als beißendes und Schmerzen verursachendes Tier vorstellte, das im Körper herumkriecht. Geopfert wurde sie daher bei sämtlichen Frauenleiden wie Unfruchtbarkeit und Hysterie, aber auch zur Verhinderung von Missgeburten oder aus Dank für glückliche Schwangerschaften. Sie konnte ebenso von Männern geopfert werden, wenn sie unter Beschwerden in ebendieser Körperregion litten. Die Kröte zeigt sich hier in der für Wachsvotive charakteristischen Form in Rückenansicht mit angewinkelt abgestreckten Beinen, nach oben gerichtetem Kopf und fächerförmigem Schwanz als Standfläche.

Votive in Form von Fatschenkindln, Sinnbild für Kindsnöte im Allgemeinen und Bitte um Kindersegen oder Dank über eine glückliche Geburt, waren aufgrund der hohen Kindersterblichkeit häufig anzutreffen.

Modeln für Wachsvotive werden von jeher aus Holz gestochen. Die beiden fertigen Formen werden mit einem Holzzapfen zusammengefügt und mit flüssigem Wachs ausgefüllt. Nach dem Trocknen werden sie wieder getrennt und das fertige, vollplastische Wachsbildnis kommt zum Vorschein.

Andree 1904, S. 129–138; Gockerell 2009, S. 191; Ausst.-Kat. Regensburg 1984, S. 93.

st

143 Wachsmodel: Fatschenkind

Wachszieherei Dunzinger
Regensburg (Oberpfalz)
Holz, 20,5 x 10,3 x 10,2 cm (zusammengesteckt)
Museen der Stadt Regensburg, K 2012/53,56,1–2

Der Doppelmodel für ein Fatschenkind mit Häubchen, Brustkreuz sowie Kreuz am Hinterkopf entstammt der Regensburger Wachszieherei Dunzinger. Die seitlichen Brandmarken über beide Hälften weisen die Initialen *AP* und *AH* auf, Letzteres gerahmt durch ein Herz.

st

144   Wachsmodel: Ziege

Wachszieherei Dunzinger
Regensburg (Oberpfalz)
Holz, 12,6 x 16,5 x 6,7 cm (zusammengesteckt)
Museen der Stadt Regensburg, K 2012/53,57,1–2

Tiervotive wurden für das Wohlergehen des Viehs geopfert. Gründe waren meist Bedrohungen des Tierbestandes durch Nachwuchsprobleme, Krankheit, Seuchen, Unglücke oder Viehdiebe. Sie konnten aber auch als Dank für den positiven Ist-Zustand gestiftet werden.

st

145   Wachsstock mit Mariahilf-Bildnis

Niederbayern, 19. Jahrhundert
Wachs, Papier, 12,5 x 8 x 3,7 cm
Museen der Stadt Regensburg, K 2013/73,55

143

Die Vorderseite des Wachsstockes in klassischer Buchform ist mit einem ovalen, kolorierten Papierbild einer Mariahilf-Darstellung versehen. Sowohl Vorder- als auch Rückseite weisen zudem bunte Blumenwachsapplikationen auf.

Wachs als Material für Votivgaben kann auf eine lange Tradition zurückblicken, so galt die Biene bereits in der Antike als heiliges Tier. Schriftliche Überlieferungen bezeugen erste figürliche Wachsvotive im deutschen Raum für das 10. Jahrhundert. Gerade in Zeiten ohne elektrisches Licht bevorzugte diese auch die Kirche, da das damals noch sehr wertvolle Naturprodukt zu Kerzen weiterverarbeitet werden konnte.

Wachs wurde sowohl in seiner Rohform, wie im 16. und 17. Jahrhundert üblich, oder als Gebildvotiv, ab dem 18. Jahrhundert vorherrschend, dargebracht. Die Menge des ungeformt geweihten Wachses entsprach häufig dem Körpergewicht des Hilfe benötigenden Individuums, gerade im Falle erkrankter Kinder oft zu beobachten. Gebildvotive ließen durch die leichte Formbarkeit beinahe jedes Motiv und jede Größe zu. So gab es, wenn auch nur selten, lebensgroße wächserne Votantenfiguren.

Als Votivgaben spielen Kerzen auch heute noch eine maßgebliche Rolle, da sie allgemein als Sinnbild der Liebe, Verehrung und Auferstehung gelten. Im Volksglauben wurden sie zudem zur Abwehr alles Bösen genutzt.

Einen wichtigen Bestandteil innerhalb dieses Votivgabensegmentes bilden die Wachsstöcke, deren Blütezeit sich vom 16. bis zum 19. Jahrhundert erstreckte. Sie sind aus einer langen, sehr dünnen Kerze geformt. Ursprünglich wurden sie zur Beleuchtung während der Messe auf die Kirchenbank gestellt, waren aber auch im häuslichen Bereich anzutreffen. Im Laufe der Zeit, verstärkt aber im 18. Jahrhundert, änderte sich diese Nutzung hin zu einer vorwie-

144

Religiöse Massenproduktion: Votive und Hinterglasbilder

145

gend dekorativen. Nun wurden die Wachsstöcke in anspruchsvolle Formen gelegt, mit Bildern und Applikationen verziert oder bemalt und waren beliebte Geschenke zu Taufe, Hochzeit, Kommunion oder ähnlichen Anlässen. Aber auch in der Funktion eines Talismans gegen Krankheiten und Unglück konnte man Wachsstücke bei sich tragen.

Alle Wachserzeugnisse wurden grundsätzlich am 2. Februar, Maria Lichtmess, geweiht. Dies war auch innerhalb des Arbeitsjahres ein entscheidendes Datum, da für Dienstboten das Arbeitsjahr endete und es ihnen möglich war, den Arbeitgeber zu wechseln. Entschied man sich zu bleiben, erhielt man von den Bauersleuten einen Wachsstock. Auch war es an Maria Lichtmess Tradition, dass die Knechte den Mägden als Dank für die übers Jahr verrichtete Hausarbeit einen verzierten Wachsstock schenkten.

Andree 1904, S. 94–99; Brauneck 1979, S. 100–101; Gockerell 2009, S. 37–40, 172–174; Hipp 2010, S. 68–69; Hipp 1984; Ausst.-Kat. Regensburg 1984, S. 50, 75. st

146 Wachsvotiv: Ohr

Wachszieherei Josef Günther
Bogen (Lkr. Straubing-Bogen, Niederbayern),
18. Jahrhundert/Anfang 19. Jahrhundert
Wachs, 8,5 x 4,2 x 2,6 cm
Museen der Stadt Regensburg, K 1954/11,2

Das rote Wachsohr ist anatomisch genau ausgebildet und steht auf einem kleinen, runden Sockel. Es handelt sich um einen Nachguss aus einer Originalform der Firma Günther aus Bogen. Rot eingefärbtes Wachs kam erst gegen Ende des 19. Jahrhunderts zum Einsatz.

Im Votivwesen, unabhängig vom benutzten Material, war es üblich, das erkrankte Organ abzubilden. Daher kann man in diesem Fall auf eine Verletzung am Ohr, auf Schwerhörigkeit oder gar Taubheit schließen.

Die ersten Wachszieher und Lebzelter sind in Bogen seit Mitte des 17. Jahrhunderts nachweisbar, der Name Günther seit 1832. Das Geschäftshaus der Firma befand sich zentral am Bogener Stadtplatz. Die Erweiterung 1877 um ein Gebäude, in dem eine Konditorei mit Café eröffnet wurde und das später auch ein Restaurant mit Fremdenzimmern und Verkaufsladen beinhaltete, bestand bis 1960, die Wachszieherei bis 1989. Dort wurde neben Votivgaben, deren Herstellung bis in die 1950er Jahre erfolgte, und Devotionalien, die unter anderem an einem firmeneigenen Verkaufsstand am Bogenberg angeboten wurden, auch das Wachs für die berühmte Holzkirchener »Stange« produziert.

Gockerell 2009, S. 172–174; Hipp 2010, S. 68–69; Hipp 1984; Ausst.-Kat. Regensburg 1984, S. 75. st

147 Wachsvotiv: weibliche Brust

Wachszieherei Josef Günther
Bogen (Lkr. Straubing-Bogen, Niederbayern),
18. Jahrhundert/Anfang 19. Jahrhundert
Wachs, 10 x 7,9 x 4 cm
Museen der Stadt Regensburg, K 1954/11,3

Eine Votivbrust, einzeln oder doppelt, wurde oft von Wöchnerinnen gestiftet, die an Brustdrüsenentzündungen litten oder Milch erflehten. Aber auch bei Brusterkrankungen wie Krebs war dies die entsprechende Votivform. Schutzheilige gegen Brustkrankheiten war die hl. Agatha, da ihr der Legende nach als Martyrium beide Brüste abgeschnitten wurden. Die Heilige lebte im 3. Jahrhundert in Sizilien und war aufgrund ihrer Schönheit bekannt. Als bekennende Christin wies sie das Werben des heidnischen Statthalters von Catania vehement zurück, der sie daraufhin martern ließ.

Andree 1904, S. 117; Hipp 1984, S. 67; Ausst.-Kat. Graz 2006, S. 20. st

148 Wachsvotiv: Hoden

Wachszieherei Josef Günther
Bogen (Lkr. Straubing-Bogen, Niederbayern), 18. Jahrhundert/Anfang 19. Jahrhundert
Wachs, 8,5 x 5,7 x 3 cm
Museen der Stadt Regensburg, K 1954/11,11

149 Wachsvotiv: Rumpf

Wachszieherei Josef Günther
Bogen (Lkr. Straubing-Bogen, Niederbayern),
18. Jahrhundert/Anfang 19. Jahrhundert
Wachs, 10,8 x 7,3 x 2 cm
Museen der Stadt Regensburg, K 1954/11,4

Der Rumpf ist vollplastisch, dennoch stilisiert gestaltet und zeigt die Ansätze von Hals und Oberarmen. Der Unterkörper läuft unterhalb des Nabels in einem Rund aus. Wachsvotive dieser Art beziehen sich auf Beschwerden im Bauch- und Brustbereich.

Hipp 1984, S. 96.

st

152

153

150 Wachsvotiv: Dornenkrone (Kopfwehkranz, Fraisenkranz)

Wachs, Ø 16 cm, Dicke 2,7 cm
Museen der Stadt Regensburg, K 2013/73,65

Bei aus Wachs gegossenen Dornenkronen handelt es sich um sogenannte Kopfweh- und Fraisenkränze, die bei Kopfleiden und Krampfanfällen geweiht wurden.

Hipp 1984, S. 106. st

151 Wachsvotiv: Kranz

Wachszieherei Hipp
Pfaffenhofen a. d. Ilm (Oberbayern)
Wachs, 12,5 cm (Ø), 15,5 x 12,5 x 3,1 cm (inkl. Sockel)
Museen der Stadt Regensburg, K 2013/73,65

Laub- und Blütenkränze sind ein allgemeines Symbol der Verehrung. Sie sind somit in allen Bereichen der Votationsanliegen zu finden, zumal sie auch das Gebundensein an ein Gelöbnis, an Gott oder einen bestimmten Heiligen bezeichnen. Sie können aber auch im Sinne von Kopfweh- und Fraisenkränze verwendet werden.

Der Model stammt aus der Wachszieherei Hipp in Pfaffenhofen a. d. Ilm. Im August 1897 wurde die schon bestehende Lebzelterei und Wachszieherei Seidl von Joseph Hipp († 1926) übernommen, die sich bis heute in Familienbesitz befindet. Seit November 1610 können in diesem Gebäude lückenlos Lebzelter und Wachszieher nachgewiesen werden, die seit jeher auch Wachtsvotive und -stöcke herstellten. Die älteste Doppelform des Betriebs datiert in das Jahr 1684, die jüngste in das Jahr 1862.

Hipp 1984, S. 118–119; Hipp 2010. st

152 Wachsvotiv: Gebiss

Wachszieherei Lechner
Vilsbiburg (Lkr. Landshut, Niederbayern), 1972 (Guss)
Wachs, 8 x 8,8 x 2,5 cm
Museen der Stadt Regensburg, K 2013/73,67

Die Votivgabe, aus beigefarbenem Wachs gegossen, zeigt einen Gebissbogen, der auf zwei quastenartigen Stümpfen steht. Naheliegend ist der Grund der Weihung: Zahnschmerzen. Aufgrund damals noch unbekannter Zahnärzte sind die Schmerzen für heutige Begriffe wohl kaum vorstellbar. Allein der Bader konnte helfen, indem er Zähne zog. Die Wachsgebisse wurden in erster Linie der Patronin gegen Zahnleiden geweiht, der hl. Apollonia. Die Kaisertochter aus Alexandria konvertierte zum Christentum und wurde deshalb 249 gefangengenommen. Standhaft ihrem Glauben die Treue haltend, riss man ihr mit einer Zange die Zähne heraus und zertrümmerte ihren Kiefer.

Laut Notiz von Hans Herramhof stammt der Guss aus dem Jahr 1972 nach einem Wachsvotiv im Heimatmuseum Vilsbiburg. Der Model befindet sich im Besitz der ehemaligen Wachszieherei Lechner in Vilsbiburg.

Hipp 1984, S. 70, 71; Ausst.-Kat. Graz 2006, S. 19.   st

153 Wachsvotiv: Fatschenkind

Wachszieherei Josef Günther
Bogen (Lkr. Straubing-Bogen, Niederbayern), 18. Jahrhundert/
Anfang 19. Jahrhundert (Nachguss)
Wachs, 36,5 x 12 x 7,7 cm
Museen der Stadt Regensburg, K 1954/11,6

Das detailreich gestaltete Fatschenkind wurde im Hohlguss aus rotem Wachs in einer Originalform der Firma Günther hergestellt. Die schrägen Wickelbänder sind mit muschelförmigen plastischen Ornamenten und Spitzenrand verziert. Auf dem Kopf trägt das Wickelkind eine breite Spitzenhaube.

Fatschenkinder wurde bei Geburts-, Schwangerschafts- und Kindsnöten vornehmlich der hl. Maria anheimgestellt.   st

154 Wachsvotiv: Büste einer Frau

Wachszieherei Mitterwallner
Landshut (Niederbayern)
Wachs, 20 x 19,3 x 11,5 cm
Museen der Stadt Regensburg, K 2013/73,92

Die Büste einer Frau wurde im Vollgussverfahren aus rotem Wachs hergestellt. Sie trägt Kirchgangskleidung mit reich ornamentierter Haube und Schultertuch.

Büsten waren als Votivgaben vielfältiger, da die Ursachen für die Opferung Verletzungen und Krankheiten im Kopfbereich wie Kopfschmerzen, aber auch psychische Krankheiten umfassen konnten.

Andree 1904, S. 113; Gockerell 2009, S. 172–174; Hipp 1984, S. 86–89.   st

155

155 Wachsvotiv: Büste eines Mannes

Süddeutschland, 18. Jahrhundert (Model)
Kunstwachs, 17 x 15,7 x 7,3 cm
Museen der Stadt Regensburg, K 1971/36

Das Wachsvotiv zeigt die Büste eines männlichen Votanten bis zum Brustansatz in Rock mit bestickter Rand- und Schulterbordüre sowie Jabot. Sie wurde nach einem Model des 18. Jahrhunderts neu im Hohlguss geformt. st

156 Wachsvotive: Votantenpaar

Niederbayern, erste Hälfte 17. Jahrhundert (Model) / 1972 (Nachguss)
Wachs, 23,5 x 10 x 6 cm bzw. 22,5 x 9,9 x 7 cm (Frau)
Museen der Stadt Regensburg, K 1974/82,1 und 2

Auf rechteckigem Sockel steht das ganzfigurige, hohle Wachsbildnis eines männlichen Votanten in Gebetshaltung mit Kinn- und Oberlippenbart sowie kinnlangen Haaren. Die Kleidung entspricht mit Kniehose, Wams und pelzgefüttertem Umhang mit großem Kragen der Tracht des 17. Jahrhunderts. Die Votantin in langem Faltenrock und pelzgefüttertem Schultermäntelchen wurde wie ihr männliches Pendant in einem Model des 17. Jahrhunderts gegossen.

Bei nicht genau zu definierenden Krankheiten oder Verletzungen sowie bei Bedrohung der Person wurden Votanten ganzfigurig abgebildet. Meist sind sie betend dargestellt, mit Rosenkranz und Kirchgangskleidung.

Gockerell 2009, S. 172–174. st

156

157 Wachsvotiv: Pferd

Wachszieherei Josef Günther
Bogen (Lkr. Straubing-Bogen, Niederbayern),
18. Jahrhundert (Model)
Wachs, 13 x 13,5 x 6 cm
Museen der Stadt Regensburg, K 1954/11,18

Auf rechteckigem Sockel steht ein gesatteltes und gezäumtes Pferd mit erhobenem rechtem Vorderfuß, der aus statischen Gründen in einen Baumstumpf übergeht. Es handelt sich um ein detailreich und sorgfältig gestaltetes Exemplar, das aus Originalformen gegossen wurde.

Hipp 1984, S. 123–128. st

157

158

158 Wachsvotiv: Rind

Wachszieherei Josef Günther
Bogen (Lkr. Straubing-Bogen, Niederbayern),
18. Jahrhundert (Model)
Wachs, 8,4 x 10,3 x 4 cm
Museen der Stadt Regensburg, K 1954/11,19

Das auf einem rechteckigen Sockel stehende Rind entstand in der Hohlgussmethode in alten Formern der Firma Günther. st

159 Verschiedene Silbervotive

a) Silbervotiv: Brust
Niederbayern, Ende 18. Jahrhundert
Silber, 6,5 x 12,5 cm
Museen der Stadt Regensburg, K 1938/76
b) Silbervotiv: kniende Frau
Gegend um Passau (Niederbayern), 1796
Silber, 16,5 x 11,5 cm
Museen der Stadt Regensburg, K 1937/164
c) Silbervotiv: Pferd
Niederbayern, 18./19. Jahrhundert
Silber, 6,5 x 8,8 x 0,7 cm
Museen der Stadt Regensburg, K 1950/15,3
d) Silbervotiv: Kuh
Niederbayern, 18./19. Jahrhundert
Silber, 8,9 x 12,3 cm
Museen der Stadt Regensburg, K 1950/15,2

In einem Rahmen sind acht verschiedene Votive aus Silberblech zusammen aufbewahrt. Die einzelnen Gaben zielen auf verschiedene Bitten ab.

Das Brustpaar links oben wurde in Silber getrieben und besitzt eine gewellte Umrahmung. Oben mittig befindet sich eine kleine Rokokospange mit Loch zur Befestigung.

Das ebenfalls getriebene Silbervotiv der knienden Frau darunter zeigt sie auf einem Kissen betend mit Rosenkranz in den Händen. Gemäß der Zeitmode trägt sie eine Haube mit Schleife über der Stirn, einen Fichu, eine mit Rüschen besetzte Jacke sowie einen Rock mit gepunztem Blumenmuster. Rückwärtig steht in Tinte geschrieben: *Rosalia Barthel Jan. 1796*.

Rechts in der Mitte ist ein gezäumtes und gesatteltes Pferd dargestellt. Es steht nach rechts gewandt auf einer Bodenplatte, die mit Rankenmustern graviert und mit drei Nagellöchern versehen ist.

Die Kuh darunter steht auf einer als Rasenstück gestalteten Plattform und ist in Seitenansicht dargestellt. Neben zwei Löchern für die Befestigung mit Nägeln besitzt sie noch eine Öse am Rücken.
st

160 Silbervotiv: Kröte

Niederbayern (Fundort: Wallfahrtskirche St. Anna bei Ering, Lkr. Rottal-Inn), 18. Jahrhundert
Silber, 1,8 x 2,1 x 0,5 cm
Museen der Stadt Regensburg, K 2013/73,39

Die kleine Kröte ist aus Silberblech getrieben, die Oberfläche durch Gravuren gegliedert.

159

160

Silber ist seit jeher ein wertvolles Material, so dass sich daraus gefertigte Votive nicht jedermann leisten konnte. Die wertvollsten ihrer Art wurden gegossen, die Oberflächen oft detailgenau ausgearbeitet. Lediglich die Bürgerschaft oder reiche Bauern besaßen die finanziellen Möglichkeiten, solche zu weihen. Hierauf ist auch die Tatsache zurückzuführen, dass innerhalb dieser Gattung auffallend wenig Tierfiguren zu finden sind. Für weniger finanzkräftige Votanten bot sich die Möglichkeit zum Erwerb von aus Silberblech getriebenen, gestanzten oder gedrückten Exemplaren.

Das Verbreitungsgebiet der Silbervotive erstreckte sich bis nach Italien und Griechenland, wo sie auch heute noch üblich sind, vornehmlich allerdings in der Silberblechvariante. In der süddeutschen Gegend waren Silbervotive vornehmlich im 18. Jahrhundert zu finden und meist aufwendig gestaltet.

Gockerell 2009, S. 175–178; Brauneck 1979, S. 103–104.   st

161 Holzvotive: Arme und Beine

a) Bein
Eckersberg (Gem. Zachenberg, Lkr. Regen, Niederbayern),
18./19. Jahrhundert
Holz, 26,8 cm (Länge)
Museen der Stadt Regensburg, K 2012/53,44,1

b) Bein
Thierham (Gem. Sonnen, Lkr. Passau, Niederbayern),
18./19. Jahrhundert
Holz, 23 cm
Museen der Stadt Regensburg, K 2012/53,44,3

c) Bein
Eckersberg (Lkr. Regen, Niederbayern), 18./19. Jahrhundert
Holz, 30 cm
Museen der Stadt Regensburg, 2012/53,45,4

d) Arm
Bayerischer Wald, 19. Jahrhundert
Holz, 14,7 x 2,6 x 2,5 cm
Museen der Stadt Regensburg, K 1958/23,6

e) Arm
Innerschweiz, 18./19. Jahrhundert
Holz, 28,9 cm
Museen der Stadt Regensburg, K 2012/53,45,5

Neben Wachs, Silber und Eisen bildete Holz den beliebtesten Grundstoff zur Herstellung dreidimensionaler Votivgaben, zumal er gerade im süddeutschen Raum ausreichend vorhanden war. Daher war man auch in der Bearbeitungsweise firm. Im Votivwesen nutzt man Holz vorwiegend für die Herstellung einzelner Gliedmaßen. Die Ausführung oblag allerdings großen Schwankungen und reichte von schematisch grob bis anatomisch genau, von ungefasst bis hin zu gefasst, teilweise waren sogar die Verletzungen respektive Krankheiten oder Verwachsungen anhand der Form oder durch die Bemalung zu erkennen. Bei manchen Exemplaren wurde sogar der natürliche Wuchs des Baumes miteinbezogen, was eigentümliche Formgebungen zur Folge hatte. Diese gründeten sich teilweise aber auch auf der ausführenden Person. Denn nicht nur professionelle Handwerker, sondern auch die Votanten selbst fertigten die Votivgaben an. Im Allgemeinen wird angenommen, dass Holzvotive als Dank dargebracht wurden. Aber nur in Ausnahmefällen waren die sie mit erläuternden Beischriften versehen.

Zur Illustration sind hier verschiedene Ausführungen abgebildet. Während das Holzbein (a) völlig schematisch, proportional flach ohne jegliche Binnengliederung und genauere äußere Formgebung wiedergegeben ist, weist das Exemplar eines rechten Beines (b) eine anatomisch nahe Ausführung mit Zehen samt Nägeln, Wadenrundung, Muskeln und Knie auf sowie zudem Reste farbiger Fassung. Die eigenartige Verdrehung des Fußes mag auf die Erkrankung, eine Fehlstellung, hinweisen. Das Bein (c) zeigt eine weitere Variante. Die Gesamtausführung, bestehend aus zwei Teilen, Fuß und Bein, ist zwar schematisch und proportional ungenau ausgeführt, weist aber deutlich eine rot kolorierte Wunde in Form einer Kerbe am Fuß auf.

Auch die Arme stehen beispielhaft für eine anatomisch exakte Ausbildung mit eingekerbten Falten und Gliedern (d) und grobe, zweidimensionale Gestaltung mit kantig ausgeschnittenen Fingern (e).

Andree 1904, S. 123–126; Hipp 1984, S. 102; Gockerell 2009, S. 167–174; Gockerell 1995, S. 100–101.   st

162 Eisenvotive: Bein und Arm

a) Bein
Michelfeld, St. Leonhard (Lkr. Amberg-Sulzbach, Oberpfalz)
Schmiedeeisen, 17,3 x 6,7 x 4,1 cm
Museen der Stadt Regensburg, K 1982/5,13

162 a b

b) Arm
Perka (Gem. Biburg, Lkr. Kelheim, Niederbayern),
15./19. Jahrhundert
Schmiedeeisen, 9,8 x 1,5 x 2,5 cm
Museen der Stadt Regensburg, K 2012/53,91,3

In den meisten Fällen wurden Eisenvotive dem hl. Leonhard geopfert (vgl. hierzu den Aufsatz von Hans Würdinger in diesem Band). Wie die Holzvotive unterliegen auch die Eisenvotive starken Schwankungen in der Ausführung.

Das rechte Bein ist aus einem Stabeisen, relativ grob gefertigt. Dennoch sind die wichtigsten anatomischen Merkmale wiedergegeben. Das Knie wird leicht verdickt dargestellt, der Fuß, mit durch Meißelhiebe eingekerbten Zehen, ist massiv.

Dieselbe Aussage kann für den Arm getroffen werden. Die Finger der dem natürlichen Wuchs entsprechend gebogenen Hand sind durch Einkerbungen differenziert, wobei der Daumen leicht abgespreizt ist. st

163 Kopfvotive, sogenannte »Tonkopfurnen«

Taubenbach, Eckersberg, Kesselbach (Niederbayern)
Ton, teils glasiert, H. max. 10 cm, ø max. 14,8 cm
Museen der Stadt Regensburg, K 2012/53,48–55

Tönerne Votivgaben sind bereits aus der Antike bekannt. Die Geschichte dieser Objekte ist bisher allerdings wenig erforscht, so dass Genaueres weder zu Entstehung noch zu Zweck bekannt ist. Möglicherweise existierten sie schon im 15. Jahrhundert, wobei die heutigen Exemplare aber meist aus dem 18. und 19. Jahrhundert stammen. Ihre Verbreitung scheint sich auf Niederbayern und das Inntal konzentriert zu haben.

Unterschiedliche Ansichten gibt es zum Zweck. Eine besagt, dass die Tonköpfe ursprünglich mit Getreide, als Symbol der Fruchtbarkeit, gefüllt waren. Denkbare Weihegründe könnten dann Ehe, Liebe und Kinder darstellen. Die andere Ansicht gründet sich auf der Votivform, die sich in den meisten Fällen unmittelbar an dem erkrankten Körperteil orientiert. Somit wären die Kopfvotive Mittel zur Abwehr oder Heilung von Kopfleiden.

Bisher sind zwei unterschiedliche Kopftypen bekannt: mit und ohne Öffnung. Lediglich derjenige mit Öffnung konnte mit Getreide gefüllt gewesen sein. Die Gestaltung der einzelnen Urnen ist meist ähnlich. Sie besitzen eine kugelige Grundform, an die Lippen, Nase und Ohren angesetzt und die Augen eingeritzt sind. Manche Exemplare weisen zudem einen eingeritzten Bart auf oder sind mit einer Glasur überzogen; Augen, Brauen und Mund können nachgemalt sein.

Andree 1904, S. 139–145; Gockerell 2009, S. 163–167. st

164 Votivtafel: Votantin mit Herz und Pietà

1871
Mischtechnik auf Holz, 24,6 x 16,7 cm (Rahmenmaß)
Museen der Stadt Regensburg, K 1958/19,25

Inschrift: *EX VOTO 1871*

Die kleine, hochformatige Votivtafel zeigt vor grauem Fond eine auf einem Bretterboden stehende Frau, die der Pietà auf Wolken in der oberen Region ein Herz darreicht, während sie mit der anderen Hand einen Rosenkranz umfasst.

Nach Brückner ist die Darstellung des Herzens im Votivbereich kein Hinweis auf damit zusammenhängende Krankheit, sondern besitzt vielmehr symbolische Aussagekraft. Es zeigt »[…] unter den Votiven am deutlichsten den Akt der Anheimstellung, die eigene Weihung an himmlische Mächte. […]« (Brückner 2010, S. 115).

Votivbilder waren schon seit jeher die beliebteste Votivgabe im altbayerischen und österreichischen Raum, durch alle Gesellschaftsschichten hindurch. Am verbreitetsten war hierbei die Ausbildung als kleinformatige Holztafel mit aufgenageltem Rahmen. Die Darstellung folgt im Allgemeinen einem sich im Lauf der Zeit standardisierten Aufbau mit formelhaften Elementen. In den meisten Fällen gibt es eine irdische sowie eine himmlische Zone,

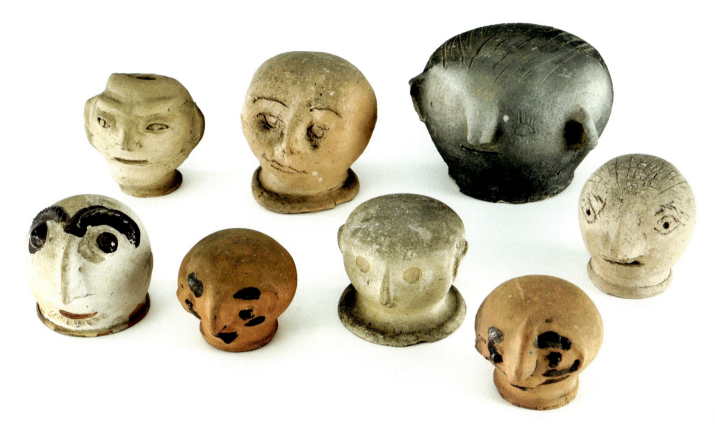

163

die voneinander durch ein Wolkenband getrennt sind. Unten wird das Anliegen des Votanten erläutert, was in unterschiedlichster Art und Weise geschehen kann. Meist ist er selbst dargestellt, oft betend mit Rosenkranz, beispielsweise aber auch mit seinem Vieh, den verstorbenen und lebenden Kindern, während des geschehenen Unglücks oder das erkrankte Körperteil präsentierend. Die himmlische Sphäre zeigt den angerufenen himmlischen Fürsprecher oder ein Gnadenbild. Textliche Erläuterungen sind in vielen Fällen vorhanden und reichen von ausführlichen Schilderungen bis zur knappen Formel *Ex voto*. Die Art der Ausführung war Unterschieden unterworfen, die von laienhaften bis zu künstlerisch hochwertigen Darstellungen reichen, was sicherlich auch von den Auftraggebern abhing.

Ausgangspunkt der Votivbildentwicklung bildete das mittelalterliche Stifterbild. Die älteste Votivtafel auf deutschem Gebiet datiert in das Jahr 1501 und stammt aus Altötting. Doch erst seit Anfang des 17. Jahrhunderts traten die Tafeln verstärkt in Erscheinung und steigerten sich bis zu einem Höhepunkt Anfang des 18. Jahrhunderts. War das Stiften einer Votivtafel zu diesem Zeitpunkt noch in allen Bevölkerungsschichten Brauch, erfuhr die Verwendung im 19. Jahrhunderts eine Beschränkung auf die Landbevölkerung.

164

Brauneck 1979, S. 89–94; Brückner 2010, S. 115. st

Religiöse Massenproduktion: Votive und Hinterglasbilder ▪ **227**

165 Wachsvotiv: Kröte

Wachszieherei Josef Günther
Bogen (Lkr. Straubing-Bogen, Niederbayern),
18. Jahrhundert/Anfang 19. Jahrhundert (Model)
Wachs, 11,2 x 7 x 2,6 cm
Museen der Stadt Regensburg, K 1954/11,15

Als Standfläche dient der Kröte ein konischer Wachssockel, auf dem der Schwanz des Tieres aufgebracht ist. Die Beine sind angewinkelt, seitlich abgestreckt, der Rücken ist mit Schuppen bedeckt.

Auch dieses Wachsvotiv wurde aus Originalformen der Firma Günther hergestellt.

Zum Wirkungsbereich der Kröte vgl. Kat.-Nr. 142. st

166 Votivtafel mit Kröte

Niederbayern, 1838
Mischtechnik auf Holz, 18,3 x 22 cm
Museen der Stadt Regensburg, K 1958/20,18

Inschriften: *Schachen (Pfarrkirchen), EX VOTO ANNO 1838*

Die Votivtafel zeigt vor gelb-orangefarbenem Hintergrund mittig das Gnadenbild einer stehenden Madonna mit Kind. Ihre zentrale Bedeutung wird durch die seitlichen Vorhänge betont. Das Jesuskind hält einen Apfel, Maria reicht ihm einen weiteren. Im unteren Bereich, der irdischen Sphäre, hängt rechts eine große schwarze Kröte, Hinweis auf das Anliegen der Weihe, die laut der Inschriftenkartusche 1838 stattfand. st

167 Holzvotiv: Lunge

Niederbayern
Holz, 36,7 x 10 x 7 cm
Museen der Stadt Regensburg, K 2012/53,43

Einen beträchtlichen Anteil innerhalb der Holzvotive nehmen die sogenannten »Lungln« ein, die besonders in Ober- und Niederbayern sowie dem Innviertel verbreitet waren. In der Grundform bestehen sie aus einer Lunge, an die weitere Organe angefügt waren. Geweiht wurden sie bei sämtlichen Erkrankungen innerer Organe, da zu damaligen Zeiten eine exakte Diagnose noch unmöglich war. Der Großteil der Votanten dürfte aber von der damals weitverbreiteten Tuberkulose betroffen gewesen sein. Wie bei den anderen Holzvotiven war auch die anatomisch genaue Ausführung der Lungln starken Schwankungen unterworfen. Gravierend dürfte sich in diesem Fall auch der Mangel an menschlichen Vorbildern ausgewirkt haben, so dass man stattdessen auf tierische Vorlagen zurückgriff.

Vorliegendes Exemplar weist eine farbige Fassung auf und zeigt neben der Lunge Teile der Bronchien, des Herzens und der Leber.

Andree 1904, S. 123–126; Hipp 1984, S. 102; Gockerell 2009, S. 167–174; Gockerell 1995, S. 100–101. st

168 Votivtafel: Bauernpaar mit Lunge

Bayerischer Wald, 1835
Mischtechnik auf Holz, 22,5 x 17 x 2,7 cm
Museen der Stadt Regensburg, K 1958/19,24

Inschrift: *EX VOTO 1835*

Die hochformatige Votivtafel mit aufgenageltem Rahmen stammt aus der Wallfahrtskirche Bachmeierholz bei Bad Kötzting. In der unteren Bildhälfte erscheint ein auf einem Bretterboden kniendes Bauernpaar. Die Frau trägt einen Rock mit Schürze, Bluse, Halstuch und Halsband sowie eine Haube. Ihr gegenüber, leicht zurückversetzt, erscheint ihr Ehemann in langem, blauem Rock und schwarzer Hose. Beide leiden an einer Lungenkrankheit, worauf die von ihnen präsentieren Organe schließen lassen. Heilung erhoffen sie sich von der auf einer Wolkenbank thronenden Pietà. st

169 Wachsvotiv: Augen

Wachszieherei Josef Günther
Bogen (Lkr. Straubing-Bogen, Niederbayern), 18. Jahrhundert
Wachs, 6,5 x 9,5 x 2 cm
Museen der Stadt Regensburg, K 1954/11,5

Das rote Wachsvotiv zeigt den Guss eines vollplastischen Augenpaares aus einer Originalform der Firma Günther. Die zwei Augen sind durch einen schmalen Steg verbunden und auf der Rückseite mit Kreuzen versehen. Von jedem der beiden reicht ein Wachsstrang zu einer runden Standfläche hinunter. Anlässe solcher Weihungen waren Augenkrankheiten und nachlassende Sehkraft.

Augenvotive gab es bereits in der Antike. Damals waren sie meist bei heiligen Quellen zu finden, deren heilsames Wasser zur Augenspülung im Glauben auf Genesung genutzt wurde.

Andree 1904, S. 117–118; Gockerell 2009, S. 187–189. st

167

168

Religiöse Massenproduktion: Votive und Hinterglasbilder

169

170

170 Wachsvotiv: Auge

Arzberg bei Weltenburg (Lkr. Kelheim, Niederbayern),
18. Jahrhundert
Wachs, 8,9 x 5,8 x 5 cm
Museen der Stadt Regensburg, K 2012/53,96,2

Die Votivgabe aus weißem Wachs zeigt ein einzelnes, vollplastisches Auge, das aus einem Standfuß erwächst. st

171 Eisenvotiv: Augen

Ganacker (Markt Pilsting, Lkr. Dingolfing-Landau, Niederbayern),
15./16. Jahrhundert?
Schmiedeeisen, 4,2 x 7,5 x 2,5 cm
Museen der Stadt Regensburg, K 2012/53,64,1

Das schmiedeeiserne Augenpaar besteht aus zwei Kugeln die durch Stege, Haken oder Ösen beweglich miteinander verbunden sind.

Bei einem Großteil der 1964–1966 unter Hans Herramhof durchgeführten Grabungen in Perka, Aigen und Ganacker kann von einer Entstehungszeit der Eisenvotive im 15./16. Jahrhundert ausgegangen werden. Zu den Eisenvotiven siehe auch den Beitrag zum hl. Leonhard im nächsten Abschnitt dieses Bandes.

Herramhof/Herramhof/Rademacher 1970. st

171

172 Votivtafel: hl. Ottilie

Oberpfalz, 1789
Mischtechnik auf Holz, 20,5 x 13,5 x 2,4 cm
Museen der Stadt Regensburg, K 1935/176,4

Inschrift: *EX VOTO 1789*

Das Augenpaar neben der stehenden Votantin verweist auf ihr Leiden. Hilfesuchend, mit gefalteten Händen und Rosenkranz wendet sie sich an die hl. Ottilie in Ordenstracht mit Buch und Stab, die Schutzheilige für Augenleiden.

Ottilie lebte im 7. Jahrhundert und wurde blind geboren, weshalb sie der Vater verstieß. Die Mutter rettete ihre Tochter in ein Kloster, wo sie durch die heilige Taufe von ihrer Blindheit geheilt wurde. Ein anderer Legendenstrang besagt, der hl. Erhard von Regensburg hätte ihr auf wundersame Art die Blindheit genommen. Ottilie war Begründerin zweier Klöster nahe Straßburg: Odilienberg, Ort ihrer Grablege, und Niedermünster.

Andree 1904, S. 117–119; Gockerell 2009, S. 187; Ausst.-Kat. Graz 2006, S. 19. st

173 Votivtafel: hl. Ottilie

Oberpfalz, 18. Jahrhundert
Mischtechnik auf Holz, 26,3 x 19 x 1,5 cm
Museen der Stadt Regensburg, K 1935/176,3

Inschrift: *EX VOTO*

Die Holztafel ist in Rokokoformen kunstvoll ausgeschnitten und entlang des Randes mit Rocailleformen nachgezeichnet. Der männliche, kniende Votant in bürgerlicher Kleidung betet mit einem Rosenkranz in Händen vor einer Wandnische, die mit der himmlischen Sphäre verschmilzt. Gemäß der Zeitmode trägt er einen langen Rock mit Weste, Kniehose und Schnallenschuhen sowie einen Dreispitz. Ihm gegenüber lehnt eine Kartusche mit der oben aufgeführten Inschrift. Sein flehender Blick ist aufwärts zur hl. Ottilie in Ordenstracht gerichtet, die auf einem Buch ihr Attribut, das Augenpaar, hält. Von ihr ausgehende Strahlen treffen auf die Augen des Mannes. st

Religiöse Massenproduktion: Votive und Hinterglasbilder

174

175

174 Wachsvotiv: Arm

Niederbayern/Oberpfalz, 18./19. Jahrhundert
Wachs, 18,3 x 3,6 x 3,2 cm
Museen der Stadt Regensburg, KN 1990/29

175 Votivtafel: Mariahilf

Niederbayern, 1797
Mischtechnik auf Holz, 25 x 19,5 cm
Museen der Stadt Regensburg, K 1936/11,3

Inschrift: *Gott und Maria sey lob und Danck vor die so augenscheinlige hilff wegen den rechten Knie, welches schmerzlich anna Maria wachessandterin gehabt hat 1797*

Die in Rokokoformen geschnittene Tafel zeigt links die hilfesuchende Bäuerin Anna Maria Wachessandter mit gefalteten Händen und Rosenkranz. Sie wendet sich an das auf einer Wolke thronende Mariahilf-Gnadenbild, um für die Heilung ihres erkrankten rechten Knies zu danken. Das Leiden wird zum einen durch die Beschriftung thematisiert, zum anderen durch die Darstellung eines Beines auf der rechten Seite.   st

176, 177 Hinterglastafel und Riss: Maria Hilf

Karl Joseph Ruff
Winklarn (Lkr. Schwandorf, Oberpfalz), 1851 bzw. 1874
Glas bzw. Bleistift auf Papier, 46 x 36 cm bzw. 45,5 x 37 cm (Blattmaß)
Museen der Stadt Regensburg, Dauerleihgabe des Pfarramtes Oberviechtach, LG 123,1 (Hinterglasbild)
Museen der Stadt Regensburg, G 1997/20 (Riss)

Inschriften: *O! Maria Hilf, 1851.* (Bild)
Karl Joseph Riff. Maler, Vergolder, Winklarn, den 1. September 1874 (Riss)

Die Hinterglastafel wurde für die Bleichanger-Kapelle in Oberviechtach angefertigt. Auf einem weißen Streifen entlang des unteren Bildrandes steht in Schwarz die Beschriftung zu lesen. Innerhalb eines gemalten, goldenen Rocaillerahmens, dessen Ecken je eine Rosenblüte ziert, erscheinen das Jesuskind und die Madonna in prächtigem Gewand mit Goldborte und Edelsteinen sowie einem durchsichtigen Schleier im Mariahilf-Typus. Zu dieser Darstellung existiert ein sehr ähnlicher Riss, der auf ein Formblatt gezeichnet ist. Mariahilf-Darstellungen dieses Typus basieren auf dem gleichnamigen Gemälde von Lucas Cranach d. Ä. im Innsbrucker Dom und treten in der Hinterglasmalerei häufig auf. st

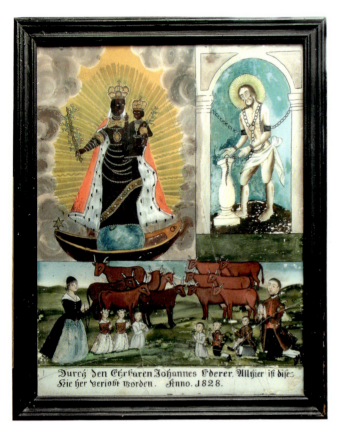

178 Hinterglasbild: Stella Maris mit Wies-Christus

Thomas Aquinus Roth
Winklarn (Lkr. Schwandorf, Oberpfalz), um 1828
Glas, Holz, 47,5 x 39,5 x 2 cm (Rahmenmaß)
Museen der Stadt Regensburg, Dauerleihgabe des
Pfarramtes Niedermurach, LG 122,1

Inschrift: *Durch den Ehrbaren Johannes Ederer. Allhier ist dieses Hie her verlobt worden. Anno. 1828.*

Das Hinterglasbild stammt aus der im 18. Jahrhundert erbauten Wieskapelle zum gegeißelten Heiland in Niedermurach, einer Miniaturkopie der Wieskirche bei Steingaden, einem der populärsten Wallfahrtsorte Bayerns.

Die linke Seite der dreigeteilten Darstellung zeigt Maria als Stella Maris in einem Boot mit dem Kind auf der Weltkugel stehend. Ihr gegenüber erscheint innerhalb einer säulengerahmten Nische der Geißelchristus. Gemäß der Tradition befinden sich im unteren Bereich die Stifter, in diesem Fall ein Bauernpaar mit ihren sechs Kindern und ihrer Rinderherde. Links kniet die Bäuerin mit Rosenkranz und ihren drei Töchtern, von denen eine durch ein Kreuz als verstorben gekennzeichnet ist. Ihr gegenüber ist in Entsprechung der Bauer mit den Söhnen abgebildet, von denen zwei mit Kreuzen versehen sind.   st

179 Hinterglastafel: Hl. Abendmahl

Karl Joseph Ruff d. Ä. (Zuschreibung)
Winklarn (Lkr. Schwandorf, Oberpfalz), erste Hälfte 19. Jahrhundert
Glas, Holz, 41 x 33,2 cm (Bildmaß), 50,5 x 41,9 x 2,4 cm (Rahmenmaß)
Museen der Stadt Regensburg, K 1954/28

Inschrift: *Institutio S.S. Eucharistiae Sacra Hoc facite in meam Commemorationen.*

Die gerahmte Hinterglastafel in originalem Weichholzrahmen zeigt das Abendmahl in einer antikisierenden Architekturkulisse, einer perspektivisch verkürzten Säulenhalle. Goldene Kapitelle und Prunkvasen sowie eine grüne Vorhangdraperie verleihen der Darstellung Monumentalität. Um die Tafel, auf der eine Schale mit einem Lamm und einem Kelch steht, sitzen Jesus, das Brot in Händen haltend, und seine Jünger. Judas ist betont anderes gestaltet: Im Gegensatz zu der beinahe fröhlich-bunten Farbgebung der Apostelkleider bewegt sich seine in Brauntönen und selbst sein Teint fällt dunkler aus.   st

180 Hinterglastafel: Jesuskind

Thomas Aquinus Roth (1766?–1841)
Raimundsreut (?; Gem. Hohenau, Lkr. Freyung-Grafenau, Niederbayern), um 1860
Glas, Holz, 25 x 31,7 x 0,9 cm
Museen der Stadt Regensburg, K 1939/51,2

Inschrift: *Hier lieg ich wie ein Kind bis ich auf steh und straf die Sünd*

Die querformatige Hinterglastafel stammt aus Waidhaus bei Eslarn in der Oberpfalz und zeigt das seitlich auf einem Kreuz liegende Christkind mit den Leidenswerkzeugen. Im Vordergrund rechts liegt die Dornenkrone, links von ihr drei Nägel. Auffällig ist die schwarz-blaugraue Farbigkeit, die an Grisaillemalerei erinnert. st

180

181, 182 Hinterglasbilder: Herz Jesu und Herz Mariä

Oberpfalz, um 1890
Glas, 55,2 x 39,5 x 2,1 cm (Herz Jesu), 55,3 x 39,4 x 2,1 cm (Herz Mariä)
Oberpfälzer Volkskundemuseum Burglengenfeld, 7421a und b

Inschriften: *IESUS, MARIA*

Die Pendants zeigen eine Herz-Jesu- und eine Herz-Mariä-Darstellung, die vermutlich für einen Herrgottswinkel geschaffen wurden. Sie stammen aus dem Brauchtumsarchiv Bayerischer und Oberpfälzer Wald Cham und stellen wohl Kopien nach Chromolithografien samt Goldrändern dar.

Der Glasgrund ist schwarz und mit einem goldenen Zierrahmen aus verschiedenen Ornamentbändern versehen. Unten mittig ist in Goldschrift die Bezeichnung *IESUS* bzw. *MARIA* angebracht.

Auf orange-blauem Fond erscheinen die beiden Hüftbilder. Jesus mit langem schwarzem Haar und Bart deutet mit dem ausgestreckten Zeigefinger seiner linken Hand auf das goldene, brennende Herz in seiner Brustgegend, das von einer Dornenkrone umwunden und von einem Kreuz bekrönt ist. Mit der anderen Hand weist er nach oben. Maria trägt in Umkehrung zu Jesus ein rotes Kleid und einen blauen Umhang sowie zudem einen weißen Schleier. Mit gesenktem Blick zeigt sie mit ihrer rechten Hand auf das brennende Herz mit Rosen. mbw/st

183 Hinterglasbild: Maria Immaculata

Niederbayern, zweite Hälfte 18. Jahrhundert
Glas, Holz, 40,8 x 28,3 cm (Bildmaß), 48,8 x 36,6 cm (Rahmenmaß)
Museen der Stadt Regensburg, HV 1316

Das Hinterglasbild zeigt eine Darstellung der Maria Immaculata (vgl. Kat.-Nr. 13) mit goldenem Nimbus. Gemäß dem Typus steht sie in gezierter, gedrehter Haltung auf der Weltkugel, die Schlange zertretend. In der rechen Hand hält sie mit spitzen Fingern ein Lilienzepter, während die linke vor die Brust gelegt ist. Mit geneigtem Kopf blickt sie zur Taube des Hl. Geistes in der rechten oberen Ecke. Der Stoff ihres Gewandes erscheint prächtig und schwer in Pariser Blau und Rot mit Goldborten und Ornamenten. Der Hintergrund wird von einem wolkigen Himmel überzogen, in der linken oberen Ecke erscheint eine goldbestickte Vorhangdraperie. st

184 Hinterglastafel: hl. Wendelin als Schäfer

Thomas Aquinus Roth (1766?–1841)
Winklarn (Lkr. Schwandorf, Oberpfalz), 1818
Glas, Holz, 43 x 33,2 cm (Bildmaß), 50,5 x 40,9 x 2,8 cm (Rahmenmaß)
Museen der Stadt Regensburg, K 1973/82

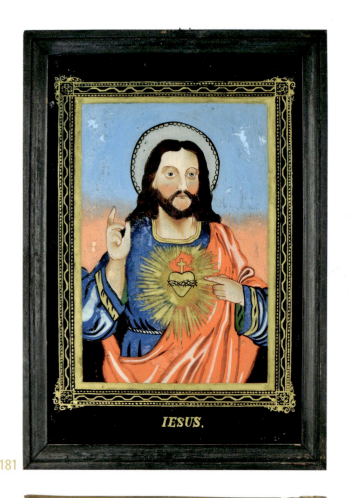

181

182

183

184

Inschrift: *Zu Ehren des Heiligen Wendelinus ist durch den Ehrbaren Johann Wolfgang Leis Bauer von hier disse Biltnus verlobt 1818.*

Die hochformatige Hinterglastafel zeigt den hl. Wendelin als Schäfer mit ziegelrotem Schultermantel, himmelblauem Überrock, schwarzer Kniehose, weißem Hemd, Strümpfen und Schuhen, den schwarzen Hut unter den Arm geklemmt. Unter dem linken Fuß liegen ein goldenes Zepter sowie eine Krone, Zeichen seiner Abstammung. Die Gestalt des Heiligen, der eine Schäferschippe hält, steht in einer baumbestandenen Hügellandschaft mit schematisierter Stadtkulisse und Strohhütte. Der Stifter kniet mit gefalteten Händen und Rosenkranz auf einer Betbank. Er trägt bäuerliche Kirchgangskleidung bestehend aus einem braunen Gehrock mit großen Silberknöpfen, schwarzer Hose und roter Weste. Vor ihm weidet seine Rinderherde, unter der sich ein schwarzes Pferd befindet. Die Rahmung der Tafel übernimmt ein profilierter Weichholzrahmen mit Eckplatten und Resten von Vergoldung. st

185 Hinterglastafel: Christus am Kreuz mit der Muttergottes, Johannes und Maria Magdalena

Haidbühl bei Lam (Lkr. Cham, Oberpfalz), um 1840
Glas, Holz, 58 x 44,4 cm (Bildmaß), 66 x 52,2 x 2 cm (Rahmenmaß)
Museen der Stadt Regensburg, K 1936/174

Das Hinterglasbild in einem glatten schwarzen Rahmen ist durch die intensive bunte Farbigkeit geprägt, die im Gegensatz zum fahlen Inkarnat der Figuren steht. Bildbestimmend ist das die gesamte Bildhöhe einnehmende Kreuz mit dem blutüberströmten Christus, hinterfangen von einem Wolkenbogen auf tiefblauem Grund. Maria Magdalena ist zu seinen Füßen mit einem Tuch in den Händen niedergesunken und umarmt den Kreuzesstamm. Auf der rechten Seite steht Johannes, den Zeigefinger seiner rechten Hand erhoben, ihm gegenüber Maria mit verschleiertem Haupt, den traurigen Blick zu ihrem Sohn erhoben. Im schematisierten Hintergrund deutet sich eine Landschaft mit Bergen an. st

186 Riss: Herz Mariä

Karl Joseph Ruff
Winklarn (Lkr. Schwandorf, Oberpfalz), 1871
Bleistift auf Papier, 43 x 34,5 cm
Museen der Stadt Regensburg, G 2014/1

Religiöse Massenproduktion: Votive und Hinterglasbilder

Signiert: *Karl Joseph Ruff. Maler, Vergolder, Anstreicher, Lacierer, Tapezierer. Winklarn den 15. September 1871*

Der hochformatige Riss mit Bleistiftnotizen zeigt das Hüftbild der hl. Maria mit Schleier um das gesenkte, sternennimbierte Haupt. Mit trauerndem Blick hält sie in ihrer rechten Hand Dornenkrone und Tuch, in ihrer linken eine Lilie. Auf ihrer Brust prangt das von einem Schwert durchbohrte flammende Herz mit einem Kranz aus Rosen. st

187 Riss: Kreuzabnahme mit Schmerzhafter Muttergottes

Karl Joseph Ruff
Winklarn (Lkr. Schwandorf, Oberpfalz), Ende 19. Jahrhundert
Bleistift auf Papier, 36,5 x 22,3 cm
Museen der Stadt Regensburg, G 2014/4

Stempel: *Carl J. Ruff, Maler*

Auf dem hochformatigen Riss ist eine Szene der Kreuzabnahme zu sehen. Vorn rechts erscheint der erschlaffte Leichnam Christi auf einem Tuch, wobei ein Engel die Handwunde küsst. Den Oberkörper des toten Sohnes stützt die sitzende, schmerzerfüllte Maria, deren Brust mit einem Schwert durchbohrt ist. Während sie ihre rechte Hand mit der Handfläche nach oben ausgestreckt, hält sie links ein Tuch. Als zweiter prominenter Punkt innerhalb der Darstellung erhebt sich auf der linken Seite das Kreuz, umgeben von Wolken und geflügelten Engelsköpfen. Am Kreuzesfuß liegt als Hinweis auf den Ort Golgatha, die Schädelstätte, ein Totenkopf mit Knochen. st

EISEN FÜR DEN KETTENLÖSER: DIE VEREHRUNG DES HL. LEONHARD IN OSTBAYERN

Der hl. Leonhard

Vom Gefangenen- zum Bauernpatron

Hans Würdinger

Er ist eine der auch heute noch sehr verehrten Heiligengestalten der katholischen Kirche und vielleicht sogar ein gutes Stück darüber hinaus: der hl. Leonhard. Er ist der »Viehpatron«, der auch als »bayerischer Herrgott« bezeichnet wurde, zumindest am Ende des 19. Jahrhunderts durch den Historiker Johann Nepomuk Sepp.[1] Allein diese Bezeichnung sagt viel über den Stellenwert der Leonhardsverehrung aus, die vor allem im bayerisch-österreichischen Raum in Blüte stand.[2] Nach einer Zeit des Niedergangs, als die Traktoren die Rösser auf dem Bauernhof ersetzten und damit das Rössersterben nicht mehr zum »Verderben« der Bauern führte, erwachte sie in den vergangenen Jahren zu neuer Blüte, wohl auch ermöglicht durch die Zunahme der Pferdehaltung und der Freizeitreiter in den diversen Reit- und Fahrvereinen. Es ist daher nicht verwunderlich, wenn an den wieder aufblühenden oder teilweise neu entstehenden Leonhardiritten weniger bäuerliche Arbeitspferde zu sehen sind als vielmehr elegante Warmblüter mit ihren ebenso eleganten Reitern.[3]

Die großen Leonhardiritte oder Leonhardifahrten wie in Bad Tölz und Inchenhofen[4], aber auch im niederbayerischen Aigen am Inn (Gemeinde Bad Füssing, Lkr. Passau) – alljährlich am 6. November, am vorhergehenden oder darauf folgenden Sonntag – haben eine sehr lange Tradition. In jüngster Zeit sind sie eine Mischung aus ländlich-bäuerlicher Frömmigkeit und viel besuchter Touristenattraktion. Gerade in der Hofmark Aigen am Inn ist das alljährlich vom Trachtenverein groß organisierte Leonhardifest mit seinen prächtig geschmückten Wagen, auf denen die Geschichte der Wallfahrt in lebenden Bildern dargestellt wird, zu einer Attraktion für die vielen Kurgäste aus dem nahen Bad Füssing[5] geworden.

Der hl. Leonhard ein typisches Beispiel dafür, wie sich auch ein Patronat im Lauf der Jahrhunderte verändert, bedingt durch Zeitumstände, aber auch durch Neudeutung von Attributen. Anfangs galt Leonhard, der »Löwenkühne«, als Schutzheiliger der Gefangenen, deutlich erkennbar auch an seinem Attribut, der Gefangenenkette, aber auch als Fürbitter und Helfer bei Geisteskrankheiten und für Gebärende, wie viele Mirakelbücher berichten.[6] Die Kette erfuhr im Lauf der Zeit eine neue Deutung als Viehkette. Erst ab dem 16. Jahrhundert hat sich das heute bekannte Patronat des hl. Leonhard als Beschützer von Hof und Vieh entwickelt.

Das Leben des Heiligen

Vieles aus dem Leben des hl. Leonhard ist fromme Legende. Die Verehrung des Heiligen machte im 11. Jahrhundert eine Aufzeichnung seiner Lebensgeschichte in der *Historia* des Benediktinermönches Ademar von Chabannes notwendig.[7] Dabei entstand folgendes Lebensbild: Leonhard wurde am Ende des 5. Jahrhunderts wohl als Sohn einer fränkischen Adelsfamilie in der Provinz Limousin im heutigen Zentralfrankreich geboren. Er stand sehr früh in enger freundschaftlicher Verbindung zum Merowingerkönig Chlodwig (456 oder 482–511), der Leonhards Taufpate wurde. Chlodwig ließ Leonhard von Remigius, dem Bischof von Reims, religiös erziehen und zum Priester weihen. Leonhard blieb jedoch nicht am Hof Chlodwigs, sondern

70 Eine alte Frau bringt am Altar der Hetzenbacher Leonhardikirche Tierfiguren aus Eisen dar. Fotografie aus einem Fahrtenbuch von Hans Herramhof, 1963

predigte den christlichen Glauben in Aquitanien.[8] Er hatte es sich auch zur Aufgabe gemacht, unschuldig Gefangenen die Freilassung zu ermöglichen. Leonhards Bemühen um die Verurteilten wurde schnell weithin bekannt.[9] Bei einem Jagdausflug des Königs Theodebert und seiner Gemahlin betete Leonhard am Lager der Königin bei der zu früh einsetzenden Geburt eines Knaben. Nach der glücklichen Geburt wollte der König Leonhard die Übernahme eines Bistums anbieten. Dieser aber verzichtete und erbat nur ein Grundstück bei Limoges, auf dem er das Kloster Noblat gründete. Dort starb Leonhard am 6. November 559.

Der Beginn der Verehrung

Bereits im 11. Jahrhundert nahm die Verehrung des Heiligen große Ausmaße an. Fränkische Missionare und vor allem auch Kreuzfahrer trugen die Lebensgeschichte und die Überlieferung seiner guten Taten aus Frankreich nach Franken, Bayern, Österreich und Italien. So ist es nicht verwunderlich, dass eine der frühesten Darstellungen des hl. Leonhard am Markusdom in Venedig zu finden ist.[10] Bald galt er als »Volksheiliger« und »Heilbringer«, bei dem unzählige Menschen »in vielerlei Sorgen und Bedrängnissen der Seele und des Leibes, in aussichtslos scheinenden Nöten bei Mensch und Tier, bei Hab und Gut in Haus und Hof« ihre Zuflucht nahmen.[11] Nach 1100 wurden Leonhard auch in Süddeutschland sehr viele Kirchen geweiht, darunter bald in Aigen am Inn.[12] In Bayern entstand auch der Brauch, dem hl. Leonhard zum Dank für die Befreiung aus der Gefangenschaft Ketten zu stiften. Ketten waren somit auch die ersten Votivgaben für seine Hilfe (Kat.-Nr. 188).[13]

Bald gab es auch zahlreiche bildliche Darstellung der Lebensgeschichte und des Wirkens des hl. Leonhard, etwa das zweite Fenster im Südschiff des Regensburger Domes, das um 1340 zum ersten Mal in Deutschland die Legende und das Leben des Heiligen vollständig darstellt, von der Gründung des Klosters in Noblat bis zum Tod Leonhards und zu den nachfolgenden Wundertaten an Gefangenen.[14]

Eiserne Gaben für den »Kettenheiligen«

Wo immer ein Bild des hl. Leonhard zu sehen ist, hält er eine Kette, oft auch mit Handschellen, in der Hand. So wurde Leonhard bald zum »Kettenheiligen« und die Leonhardskirchen wurden mit schweren und langen Ketten »umgürtet«, so die Kapelle auf dem Kalvarienberg in Bad Tölz oder auch die Kirche in Ganacker (Lkr. Dingolfing-Landau). Hinter diesen Kettenkirchen steht eine alte Kultidee, ein göttliches Wesen zu umgürten, zu umspannen und sich damit vertrauensvoll an dieses zu binden.[15] Sie sind auch Ausdruck des »kettenfesten Vertrauens« auf Leonhard als himmlischer Helfer und Lenker irdischer Geschicke. In Aigen am Inn ist das deutlich sichtbar an einem Bild der Emporenbrüstung (1717): Es zeigt den hl. Leonhard, »wie er im Himmel, durch ein breites Wolkenloch sichtbar, die beiden Enden einer schweren Kette wie lenkend und führend in seinen Händen hält. Diese lange Eisenkette aber umschließt als festes ›Binden‹, ja Hegen und Beschützen zugleich, die ganze unter ihrem Schutzpatron auf den Knien versammelte Gemeinde: den Pfarrer wie den Grundherren, die Bürgersleute und die gleichfalls mit gefalteten Händen daknienden Bauern, Männer, Frauen und Kinder.«[16] Das mit Hilfe einer Kette symbolisch vollzogene Einfrieden, Gürten und Umkreisen versinnbildlicht eine besondere Bindung und Verstärkung der schützenden Kraft des Sakralobjektes.[17] Im Kircheninnenraum wurde diese Bindung durch das Umschreiten des Kultortes, vor allem des entsprechenden Altars, ausgedrückt. So steht auch in Aigen am Inn der eigentliche Leonhardialtar frei im Kirchenraum. Er wurde dort allerdings erst 1913 errichtet, wo auch heute noch die Andacht zum hl. Leonhard gehalten wird.[18]

Aus der Gefangenenkette als Attribut des Heiligen wurde im frühen Barock die Viehkette,[19] zumal die ursprüngliche Bedeutung der Kette nicht mehr bekannt war. Fast 200 Jahre lang war Leonhard als Patron für Mensch und Vieh gleichermaßen verehrt worden, bis er sich bis um 1750 zum reinen Viehpatron entwickelte.[20] Im 17. Jahrhundert, als verheerende Viehseuchen die Haustiere und damit die Lebensgrundlage vieler Menschen zu vernichten drohten, war ein »Viehpatron« dringend vonnöten. Möglicherweise kommt der Wandel im Patronat auch durch den Übergang des Kultes aus dem Umfeld der Zisterzienser – sie hatten zum Beispiel das Kloster Fürstenfeld gegründet, wo der Heilige große Verehrung erfuhr, ebenso die Leonhardswallfahrt Inchenhofen – in die Hände der Benediktiner.[21] Dieser Wandel vom Menschen auf die Haustiere ging nicht abrupt vonstatten, sondern war fließend. Leonhard wurde als Fürbitter in außergewöhnlich vielen Anliegen angerufen, als Patron der Gefangenen,

71 Die drei Arten der »Aigener Gans«: im Vordergrund die »fauchende« und die »sitzende« (Nachbildungen nach Originalfotos), im Hintergrund die »trinkende« (vgl. Kat.-Nr. 202). Leonhardi-Museum Aigen

der Sklaven, der Verirrten, der Frauen in Geburtsnöten und bei Bitte um Kindersegen; er soll helfen bei Syphiliserkrankungen und bei Brustkrebs, er ist Beschützer der Geisteskranken, der Kanonengießer, der Minenarbeiter, aller Gewerbe, die mit Eisen und dessen Herstellung zu tun haben; er ist auch Patron der Wasserträger,[22] Beschützer aller Tiere, nicht nur des Hornviehs und der Pferde, auch der Schafe, der Hunde, der Schweine und Schwalben. In Bad Tölz verehren ihn die Metzger als Patron und er gilt als Fürbitter für die armen Seelen.[23] Leonhard wird auch den vierzehn Nothelfern zugezählt.[24]

Auffallend und typisch an der Leonhardsverehrung sind die Eisenvotivgaben, die ihm dargebracht werden. Dahinter stehen möglicherweise germanische Kultbräuche. Eisenringe als Votivgaben wurden vielfach zu Ketten zusammengeschmiedet. Wichtiger aber waren die Tierfiguren aus Eisen, die auch in Aigen am Inn geopfert wurden (Kat.-Nrn. 196–203). Im 17. und 18. Jahrhundert wurden vor allem lebende Gänse, Hähne, Hühner und Enten, aber auch Naturalien wie Butter, Wolle, Garn, Ochsen- oder Rosshäute geopfert; 1644 sind beispielsweise gleich 88 Gänse als Opfergaben nachweisbar. Allmählich aber lösten Eisenopfer die Naturalien ab. Sie symbolisieren den ganzen Viehbestand des Bauern, neben Pferd und Kuh auch Schweine, Gänse (Abb. 71) und Enten,[25] meist von den Dorfschmieden in einfachster Technik hergestellt: Flachstücke wurden eingeschnitten und die einzelnen schmalen Teile in die Formen des Tieres gebogen, zu Beinen, Kopf und Schwanz.[26]

Eisenvotive sind »Identifikationsopfer«, Nachbildungen der eigenen hilfesuchenden Person (Kat.-Nr. 189–193), eines Körperteiles, eines Werkzeugs oder eines Tieres, das als vollwertiger Ersatz der Wirklichkeit betrachtet und entsprechend dargebracht wurde. Hier verbanden sich magische und religiöse Kultelemente: »Die Wirklichkeit, mit der sich der Wunsch verbindet, wird als magische Kraft (Analogiezauber) auf die nachgebildete Opfergabe übertragen. Durch Opferung am Sakralobjekt wird das Votiv des göttlichen Segens und der göttlichen Kraft teilhaftig. Diese wirkt dann über das Opfer auf die Wirklichkeit zurück und erfüllt realiter die Erwartung oder die Bitte des hilfesuchenden Menschen.«[27] Im Lauf der Zeit hatten sich in den Leonhardskirchen so viele Eisentiere angehäuft, dass sie nicht mehr unmittelbar angefertigt wurden, sondern gegen ein Geldopfer »ausgeliehen« werden konnten.[28] Man trug entweder der Stückzahl des eigenen Viehbestandes entsprechend oder auch von jeder Gattung nur ein Exemplar dreimal um die Kirche und legte sie dann am Opferaltar wieder ab (Abb. 72–74). Bei der Vielzahl der Eisenopfer hatte man begonnen, diese vor den Kirchen zu vergraben.[29] Noch in den 1960er Jahren wurden sowohl in Aigen am Inn als auch in Ganacker Eisenopfer dargebracht.[30]

Neben aus Eisen geschmiedeten Tierfiguren wurden auch metallene menschliche Körperteile geopfert (vgl. Kat.-Nr. 194). Ein Kasten mit solchen Votivgaben steht ebenfalls in der Leonhardikirche in Aigen.[31] So wurden Arme, Beine, Augen, Ohren, Herzen, weibliche Brüste aus Eisen nachgebildet, meist geschmiedet, seltener gegossen. Eine Besonderheit stellen allerdings die großen Eisenvotive dar wie der Leonhardsnagel in Inchenhofen, ein zwei-

72 Angehäufte Eisentiere vor St. Leonhard in Ganacker. Fotografie, 1903

einhalb Zentner schwerer Eisenkegel, der von den Wallfahrern um die Kirche getragen wurde,[32] und die »Würdinger« oder »Lienel«[33], menschliche Torsi aus massivem Eisen, wie sie beispielsweise in Aigen alljährlich beim Leonhardifest auf einem eigenen Wagen mitgeführt und danach auf der Wiese hinter der Wallfahrtskirche »geschutzt« werden (Abb. 75, Kat.-Nr. 195).[34] Das Heben der »Würdinger« sollte vor Krankheit und Unheil schützen. Die Eisenfiguren gelten auch als Fruchtbarkeitssymbole, so dass vor allem Heiratslustige und Kinderlose die Eisenklötze heben wollten.[35] Allerdings gelang das Heben nur dem, der frei von schweren Sünden war. Das galt vor allem auch den jungen Bauernburschen, deren Liebesleben längst nicht immer den Moralvorstellungen von Kirche und Gesellschaft entsprach.[36]

Leonhardiwallfahrt und Leonhardifest in Aigen am Inn

Aigen am Inn gilt als der Ausgangspunkt der Leonhardsverehrung in Niederbayern. Aus dem ganzen Rott- und Inntal, seit Jahrhunderten Heimat bedeutender Pferdezucht, kamen die Wallfahrer, um den hl. Leonhard als Fürbitter anzurufen und ihm entsprechende Opfer darzubringen. Auch aus dem österreichischen Inn- und Hausruckviertel kamen die Bauern mit ihren Gebetsanliegen und nahmen die Fähre über den Inn nach Aigen. So wurde Aigen bald eine sehr wohlhabende Wallfahrt, was sich auch an der prachtvollen Ausstattung der Wallfahrtskirche zeigt.[37] Viele Adelige, Bedienstete des Hochstifts Passau, Geschäftsleute und Handwerker konnten mit den Geldern wirtschaften, die an die Leonhardikirche flossen.[38] Mit der Wallfahrt zum Viehpatron Leonhard war ein Markt, eine sogenannte Dult, verbunden, die jeweils an den »goldenen Samstagen«[39] und am Leonharditag, dem 6. November, stattfand. Im Mittelpunkt aber stand stets die Bitte um Beistand des Heiligen, die, wie bereits dargestellt, durch entsprechende Opfergaben unterstrichen wurde. Die kleinen Eisenvotive wurden auf den Altar gelegt, gesegnet und in einem Korb wieder eingesammelt. Waren nach einer Wallfahrt viele Votivtiere zusammengekommen, wurden sie von den vom Passauer Fürstbischof bestellten Zechpröpsten erneut an die nächsten Wallfahrer verkauft.[40] 1723 konnten die Zechpröpste 543 Pfund Eisen verkaufen und 157 Gulden aus dem Verkauf von Wachsbildern und Hufeisen einnehmen. Da pro Stück drei Pfennige zu bezahlen waren, ergibt das umgerechnet 188500 Votivbilder aus Wachs und Eisen.[41] Die Opferung der eisernen Votivgaben sollte die Haustiere vor Krankheit und Seuchen schützen, war aber auch Ausdruck des Dankes bei der Gesundung eines Tieres. Votivhufeisen wurden in der Größe des Hufes des erkrankten Pferdes geschmiedet und geopfert. Gegen Ende des Eisenopferkultes wurden auch Votive aus Blech geschnitten und Teile von Blechdosen dazu verwendet (Kat.-Nr. 203).[42]

Die Pferdesegnung, wie sie auch heute noch begangen wird, fand zum ersten Mal im Jahr 1894 statt. Damals sollen laut Zeitungsberichten 20000 Wallfahrer in die Hofmark gekommen sein.[43] An diese Tradition knüpft seit vielen Jahrzehnten die Leonhardidult mit ihren Fieranten und das Leonhardifest an, bei dem nicht nur Rosse und Reiter im Mittelpunkt stehen, sondern auch die Geschichte der Wallfahrt. Auf prächtig geschmückten Wagen wird die Geschichte des Ortes, die Entstehung der Wallfahrt – der Legende nach durch das Anschwemmen eines Leonhardibildes auf dem Inn –, die Errichtung der ersten Kirche durch die Burgherren von Katzenberg, das Aufblühen der Wallfahrt unter den Fürstbischöfen von Passau bis zum wohl berühmtesten Wallfah-

73 Verkauf von Eisenvotiven durch den Mesner in der »Opferkammer« in Aigen am Inn. Fotografie aus einem Fahrtenbuch von Hans Herramhof, 1966. Laut Eintrag kostete das Stück 20,– DM.

74 Eine Herde Eisentiere am Altar der Leonhardikirche in Hetzenbach. Fotografie aus einem Fahrtenbuch von Hans Herramhof, 1964

75 Die fünf Würdinger (von links): »Ranagl«, »Weiber-Lienl«, »Würdinger«, »Kolmännl« und »Gwandzerreißer«

rer, dem hl. Bruder Konrad von Parzham (1818–1894) gezeigt. Der Wagen mit dem »leibhaftigen« hl. Leonhard ist der Höhepunkt. Nach wie vor ist das Leonhardifest ein Bauernfeiertag, wenngleich es immer auf einen Sonntag gelegt wird,[44] und es zieht Reiter und vor allem auch Schaulustige an. Von vielen Gästen und Betern wird auch außerhalb des Leonhardifestes das Heiligtum, die Wallfahrtskirche St. Leonhard am Ortsrand von Aigen, besucht.

Der hl. Leonhard und seine Bedeutung heute

Leonhard »befreite« Menschen von äußeren und inneren Ketten, von Gefangenschaft, Schuld, Fesseln des Herzens und der Krankheiten körperlicher und seelischer Natur. So scheint es durchaus gerechtfertigt, wenn einmal der »Bandlöser« als ein früher Vertreter einer »Theologie der Befreiung« bezeichnet wurde.[45] Wenngleich er als Fürsprecher zum Schutz der Haustiere weitgehend an Bedeutung verloren hat, so gilt er nach wie vor als einer der bekanntesten Heiligen vor allem im bayerisch-österreichischen Raum, gerade durch die enge Verbindung mit sehr lebendigem Wallfahrtsbrauchtum. Nicht mehr der Schutz der bäuerlichen Haustiere steht im Vordergrund der Verehrung des hl. Leonhard, dafür aber die Bitte um den Segen für die Pferde, deren Zunahme in Zucht und Haltung in den vergangenen Jahren einen deutlichen Aufschwung genommen hat.

1 Sepp 1890.
2 Vgl. Aich 1928 mit dem »Leonhard der große Patron des Volkes«.
3 So entstanden in den vergangenen Jahrzehnten viele neue Leonhardiritte, etwa in Kellberg, Grongörgen (Landkreis Passau), Niedernkirchen bei Eggenfelden und Gambach, Gemeinde Postmünster (Landkreis Rottal-Inn).
4 Vgl. Neiser 1998, S. 11.
5 Das übrigens sogar die Ketten des hl. Leonhard in seinem Wappen trägt, da Aigen zur Gemeinde Bad Füssing gehört.
6 Ausst.-Kat. Regen 1990, S. 18. Geisteskranke wurden lange Zeit in Ketten gelegt, um sie ruhigzustellen. Da diese Menschen von ihrem kranken Geist körperlich und seelisch »in Ketten gefangen gehalten« wurden, brachten sie nach Heilerfolgen Ketten als Votivgaben dar, vgl Neiser 1998, S. 18.
7 Kapfhammer 1977, S. 8; Neiser 1998, S. 9.
8 Neiser 1998, S. 9.
9 Neiser 1998, S. 9.
10 Kapfhammer 1977, S. 19.
11 Kretzenbacher 1987, S. 45.
12 Bleibrunner 1977.
13 Neiser 1998, S. 11.
14 Kapfhammer 1977, S. 21; Datierung nach Hubel 1981, S. 149–150.
15 Ausst.-Kat. Regen 1990, S. 31.
16 Kretzenbacher 1987, S. 68.
17 Ausst.-Kat. Regen 1990, S. 31.
18 Wurster 1998, S. 19.
19 Ausst.-Kat. Regen 1990, S. 18.
20 Ausst.-Kat. Regen 1990, S. 18.
21 Vgl. Kapfhammer 1977, S. 34.
22 Der Legende nach musste er zum Bau seiner Mönchszelle das Wasser von weit her holen. Deshalb zog er mit einem Stab eine Furche, aus der klares Wasser sprudelte. Kapfhammer 1977, S. 38.
23 Kapfhammer 1977, S. 38–39.
24 Vgl. Kapfhammer 1977, S. 4.
25 Abb. bei Kapfhammer 1977, S. 69.
26 Neiser 1998, S. 15.
27 Ausst.-Kat. Regen 1990, S. 27.
28 Neiser 1998, S. 15.
29 Bei Grabungen in Aigen am Inn wurden 1903 u. a. Sensen, Sicheln, Ketten und Figuren gefunden. Seit 1960 wurden bei erneuten Grabungen weitere Funde zutage gefördert. Viele dieser Votivgaben sind heute im Leonhardi-Museum in Aigen ausgestellt, in dem die Geschichte der Wallfahrt ausführlich und mit vielen Exponaten dokumentiert wird.
30 Kapfhammer 1977, S. 65.
31 Wurster 1998, S. 19.
32 Neiser 1998, S. 16.
33 »Lienel« leitet sich vom Namen Leonhard ab.
34 Die »Würdinger« in Aigen sind benannt nach dem Nachbarort Würding und dem dort seit 820 ansässigen Ministerialengeschlecht (Kapfhammer 1977, S. 158). Sie haben in der Überlieferung eigene Namen bekommen: Die größte Figur, der »Männer-Lienel« oder »Würdinger«, ist 78 cm hoch und wiegt 145 kg; der »Weiber-Lienel« hat eine Höhe von 48 cm und wiegt knapp 50 kg; 36 kg schwer ist der 40 cm hohe »Raunagel«; der »Gwandzerreißer« misst 48 cm und wiegt 50 kg; das »Kolmännl« ist 50 cm hoch und wiegt 28 kg; das heute verschollene »Fatschelkind« war mit 40 cm und 6,5 kg die kleinste Gestalt. Mader 1984, S. 35; Kapfhammer 1977, S. 158.
35 Beim »Schutzen« wurden die unförmigen Eisenklötze vom Boden aufgehoben und über die Schulter des Hebenden geworfen. Ursprünglich war das Heben eines schweren Gegenstandes ein verbreiteter Übergangsritus vom Jünglings- ins Mannesalter, nach christlichen Moralvorstellungen gleichbedeutend mit dem Verlust der Keuschheit. Freiheit von sexueller »Schuld« wurde schließlich auf allgemeine Sündenreinheit ausgedehnt. S. Ausst.-Kat. Regen 1990, S. 27.
36 In jüngster Zeit hat sich das »Würdingerschutzen« zu einem für viele Schaulustige spannendem Schauspiel entwickelt. Nach einem festlichen Gottesdienst, in Aigen am Inn meist von einem höhergestellten Geistlichen aus dem Bistum Passau gefeiert, findet am Nachmittag der Umritt statt, teilweise auch mit Geistlichen hoch zu Ross, aber auch mit politischer Lokalprominenz in offenen Kutschen.
37 Wurster 1998; Bleibrunner 1977.
38 Diet 1991.
39 Diese drei Samstage nach Michaeli (29. September) waren vor allem Tage der Marienverehrung. In Aigen waren es große Beichttage, an denen bis zu 18000 Wallfahrer kamen, aber auch »goldene Tage« für die Wirtschaft.
40 Dörfler 2010, S. 3.
41 Diet 2002.
42 Dörfler 2010, S. 3. Ein aus einer Fischdose geschnittenes Votiv wird im Leonhardi-Museum in Aigen aufbewahrt.
43 Diet 2007.
44 Alljährlich berichtet die Lokalpresse von diesem Großereignis mit rund 130 Pferden und 6000–8000 Schaulustigen in den letzten Jahren, auch wenn das ursprüngliche Wallfahrtsanliegen dabei in den Hintergrund tritt.
45 Kerschbaum 2002, S. 14.

188

188 »Leonhardskette«: Kette mit Halsring

St. Leonhard, Aigen am Inn (Gem. Bad Füssing, Lkr. Passau,
Niederbayern), 17./18. Jahrhundert
Eisen, Rostschutz, Gesamtlänge 98 cm, Ø Halsring 11,6 cm
Museen der Stadt Regensburg, K 2012/53,41

Vom hochmittelalterlichen Frankreich ausgehend, verbreitete sich der Kult um den hl. Leonhard von Limoges im Alpenraum und in ganz Süddeutschland, in besonderem Maße aber in Altbayern, wo er zeitweilig sogar zur Gruppe der Nothelfer gezählt wurde. Obschon niemals offiziell heiliggesprochen, etablierte sich Leonhard gegenüber den anderen himmlischen Fürsprechern allerdings bald in einer Sonderrolle: Keinem anderen – mit Ausnahme der Gottesmutter – wurde und wird hierzulande an so vielen Orten Verehrung zuteil.

Aufgrund der Legende – zu deren frühesten bildhaften Umsetzungen ein um 1340 entstandenes Glasfenster im Regensburger Dom zählt – galt Leonhard zunächst als Schutzpatron der Verfolgten und Gefangenen, des Weiteren der Gebärenden und der Geisteskranken. Betroffene riefen den »Kettenlöser« in der Hoffnung auf Befreiung an. Als sichtbares Zeichen des Verlöbnisaktes im Fall einer realen Gefangenschaft oder auch des metaphorischen »Gefangenseins« in einer Krankheit standen Gaben in Form seines charakteristischen Attributs, einer Eisenkette. Oft wurden als Fesseln verwendbare Gegenstände wie eben Ketten, Gürtel oder auch Ringe für einige Zeit am Körper getragen, als Symbol, dass sich der Bittende dem Heiligen als Gefangener unterstellte, und bei Genesung als Votivgabe gewidmet. Als solche dienten auch aus demselben Material gefertigte Nachbildungen der eigenen Person oder einzelner Körperteile. Galt der Wirkungsbereich des Heiligen zunächst primär dem Menschen, so oblag ihm, wie entsprechende Fundstücke belegen, seit dem ausgehenden Mittelalter auch der Schutz der Haustiere, vermutlich bedingt durch die Umdeutung seines Attributs von der Gefangenen- zur Viehkette. Die Rolle als Viehpatron gewann gerade bei der bäuerlichen Bevölkerung zunehmend an Bedeutung und verlieh der Leonhardsverehrung immense Popularität. Von der Patronatsverschiebung zeugen unzählige eiserne Nachbildungen von Tieren, vor allem Rindern und Pferden, zudem Viehketten und Hufeisen, aber auch bäuerliches Gerät im Allgemeinen wie Pflugscharen, während die traditionellen, personenbezogenen Votivgaben im Lauf der Zeit weniger wurden.

Wenngleich teils auch anderen Heiligen gewidmet, gelten Eisenvotive angesichts ihres dort vorrangigen und massenhaften Gebrauchs als charakteristisches Alleinstellungsmerkmal der Leonhardsverehrung. Bei vielen der Museumsobjekte handelt es sich um Bodenfunde; die zeitliche Einordnung beruht hauptsächlich auf Schichtdatierungen sowie typologischen Vergleichen und ist deshalb immer als Näherungswert zu verstehen.

Andree 1904, S. 45–47; Brückner 2013, S. 137; Gockerell 2009, S. 179–186; Herramhof/Herramhof/Rademacher 1970; Hubel 1981, S. 149–150; Malisch 2006. kg

189 Menschliche Figuren in Orantenhaltung

a) Figur in Orantenhaltung aus Michelfeld
St. Leonhard, Michelfeld (Stadt Auerbach i. d. OPf.,
Lkr. Amberg-Sulzbach, Oberpfalz), 13./14. Jahrhundert
Eisen, Rostschutz, 17,7 x 19,4 cm
Museen der Stadt Regensburg, K 1982/5,1
b) Zwei Figuren in Orantenhaltung aus Perka
St. Leonhard, Perka (Gem. Biburg, Lkr. Kelheim, Niederbayern),
14./15. Jahrhundert
Eisen, Rostschutz, Höhe 10 und 12,1 cm
Museen der Stadt Regensburg, K 2012/53,85,1 und 2

Im Zuge einer Grabung des Bayerischen Landesamtes für Denkmalpflege bei der ehemaligen Pfarr-, nunmehrigen Friedhofskirche St. Leonhard im oberpfälzischen Michelfeld trat neben vielen anderen Eisenvotiven diese aus einem Stabeisen geschmiedete Figur zu Tage (a). Die relativ große Menschengestalt ist stehend dargestellt, mit gespreizten Beinen und weit geöffneten Armen. Im würfelförmigen Kopf, der vermutlich etwa der Dicke des Ausgangsproduktes entspricht, sind Nase und Mund durch Meißel-, die Augen durch Körnerhiebe angedeutet. Auch die Finger sowie die Zehen auf den nach vorn gebogenen Füßen sind durch Werkzeugschläge markiert. Als bildhaftes Zeichen der hilfesuchenden Person mag der bandförmig verdünnte Leib als Hinweis auf das Votationsanliegen zu deuten sein, möglicherweise litt der Stifter an einer auszehrenden Krankheit. Die seitliche Ausstreckung der Arme in der Orantenhaltung steht nicht allein für den Betenden, sondern impliziert zugleich eine in früheren Zeiten praktizierte, teils auch nackt durchgeführte Glaubensübung: die Wallfahrt mit unkomfortabel waagrecht ausgespannten Armen, gleich der Haltung Christi am Kreuz.

Die schwere, materialbedingt grobe Ausführung des Michelfelder Objektes ist charakteristisch für die älteste Gruppe der Eisenvotive. Von 1550 an wurde die dortige Leonhardikirche für fast 80 Jahre protestantisch genutzt und bereits kurz nach der Übernahme in einem reformatorischen Bildersturm bereinigt, ein Fixpunkt, der als Terminus ante quem für die Michelfelder Eisenvotive gewertet werden kann, die zumeist jedoch weit älter sein dürften. Für das hier gezeigte Exemplar ist eine Entstehungszeit im 13. oder 14. Jahrhundert anzunehmen.

Die Kreuzeshaltung wurde auch an andernorts auf Eisenvotive übertragen, wie zwei später zu datierende, kleinere Vergleichsbeispiele aus dem niederbayerischen Perka belegen (b).

Malisch 2006, bes. S. 26–27; Ausst.-Kat. Regen 1990, S. 22; Dehio 1991, S. 303–304; Andree 1904, S. 32. kg

190 Varianten menschlicher Figuren

a) Zwei betende menschliche Figuren
St. Leonhard, Ganacker (Markt Pilsting, Lkr. Dingolfing-Landau, Niederbayern)
Eisen, Rostschutz, Höhe 11,4 und 7,9 cm
Museen der Stadt Regensburg, K 2012/53,66,1 und 3

b) Menschliche Figur in Schamhaltung
St. Leonhard, Michelfeld (Stadt Auerbach i. d. OPf., Lkr. Amberg-Sulzbach, Oberpfalz), 13./14. Jahrhundert
Eisen, Rostschutz, Höhe 18 cm
Museen der Stadt Regensburg, K 1982/5,4

c) Kind (?)
St. Leonhard, Ganacker (Markt Pilsting, Lkr. Dingolfing-Landau, Niederbayern), 15./16. Jahrhundert
Eisen, Rostschutz, Höhe 7,5 cm
Museen der Stadt Regensburg, K 2012/53,118,2

d) Standfigur, betend, auf Sockel
St. Leonhard, Perka (Gem. Biburg, Lkr. Kelheim, Niederbayern), 17. Jahrhundert
Eisen, Höhe 17,5 cm
Museen der Stadt Regensburg, K 1958/23,14

Als Ausgangsprodukt für die menschlichen Eisenvotive diente meist ein längliches Werkstück unterschiedlicher Dicke, teils in Zweitverwendung eines wohl nutzlos gewordenen Gebrauchsgegenstandes. Der »Körper« wurde in der Regel flacher respektive breiter als der »Kopf« gearbeitet. Arme und Beine wurden durch Meißelhiebe markiert oder abgespalten und entsprechend des Ausdruckswunsches gebogen. Zusätzliche Werkzeugbearbeitung diente der Andeutung eines Gesichtes und von Körperdetails, etwa Finger, Zehen und Rippen, manches Mal auch als Ortsangabe des individuellen Leidens. In einigen Fällen sind die menschlichen Eisenvotive auch aus zwei oder drei Werkstücken zusammengesetzt; dabei werden die aus einem separaten, langen Eisenband gebildeten Arme als Riegel hinter dem Oberkörper vorbeigeführt und am Rücken fixiert oder als Einzelteile seitlich am Körper angeschweißt. Verschiedentlich lassen die Eisenfiguren – Mensch wie Tier – ortsspezifische Charakteristika erkennen (vgl. Kat.-Nr. 191).

Mit Abstand am häufigsten kommt die Standfigur eines nackten, aber geschlechtsneutralen Erwachsenen mit zum Gebet gefalteten Händen vor (a). Kniende, sitzende oder hockende Figuren sind dagegen äußerst selten, ebenso die Darstellung von Kindern (c). In

a

a

190

b

c

d

250 ■ Katalog

den meisten Fällen sind die Arme leicht angewinkelt nach vorn gebogen, die Hände dabei überwiegend zum Gebet gefaltet. Weiterhin können die Arme seitlich ausgestreckt sein (Kat.-Nr. 189), vor dem Unterleib zusammengeführt (b) oder schlicht seitlich am Körper gehalten werden. Die Beine stehen teils beinahe parallel, teils in gegrätschter Position. Bei einem Teil der Figuren wird ist das Geschlecht angedeutet, verschiedentlich auch deutlich ausgeformt (Kat.-Nr. 192). Bekleidung ist nur in seltenen Fällen erkennbar (Kat.-Nr. 193). Eine im Museumsbestand singuläre Erscheinung ist die auf einer dreieckigen Sockelplatte stehende, sorgfältig gearbeitete Figur, deren mächtige Oberschenkel vermutlich als Pumphose zu interpretieren sind (d). Das Objekt stammt aus St. Leonhard in Perka und gehörte dort um 1930 zu den letzten noch in der Kirche bewahrten Eisenvotiven.

Herramhof/Herramhof/Rademacher 1970, S. 2, 7; Herramhof/Rademacher 1966. kg

191 Menschliche Figuren aus Ganacker und Perka

a) Figurengruppe aus Ganacker
St. Leonhard, Ganacker (Markt Pilsting, Lkr. Dingolfing-Landau, Niederbayern), 15./16. Jahrhundert
Eisen, Rostschutz, Höhe 13–15,6 cm
Museen der Stadt Regensburg, K 2012/53,67,1–3
b) Figurengruppe aus Perka
St. Leonhard, Perka (Gem. Biburg, Lkr. Kelheim, Niederbayern), 15./16. Jahrhundert
Eisen, Rostschutz, Höhe 10,2–14,2 cm
Museen der Stadt Regensburg, K 2012/53,87,1, K 2012/53,120,1, K 2012/53,128,2 und 3

In den 1960er Jahren fanden an den Leonhardikirchen in Ganacker, Perka und Aigen Grabungen statt, im Zuge derer Tausende von Eisenobjekten ans Licht kamen. Die Stücke aus Ganacker wurden beim Aushub eines Heizungsgrabens entdeckt, während an den Kirchen von Perka und Aigen auf Initiative von Hans Herramhof gezielte Grabungen stattfanden (vgl. den Beitrag zu Hans Herramhof in diesem Band).

Die beiden Zusammenstellungen zeigen mehrere Bodenfunde aus Ganacker und Perka. Die beiden ersten Figuren in der Gruppe (a) vertreten den sogenannten »Typ Ganacker«, der angesichts augenfälliger Übereinstimmungen in Bearbeitung und Erscheinungsbild auf denselben Hersteller deutet. Insgesamt ist die Einordnung der Eisenvotive in Werkstattkreise jedoch schwierig, bedingt durch die Massenhaftigkeit und den langen Zeitraum des Vorkommens. Trotz des begrenzten Formenkanons sind vielfältige Unterschiede in der Detailgestaltung zu konstatieren.

Für die Zusammenstellung wurden Objekte ausgewählt, die sich in einem ausgesprochen guten Zustand befinden. Aufgrund der langen Zeit unter der Erde weist ein Großteil der Bodenfunde mehr oder weniger starke Korrosionsschäden auf. Abgesehen von den meist ausgeprägten Oberflächenschäden sind durch Oxidation bei vielen Eisenvotiven Teile weggebrochen, unzählige sind nur als fragmentarisches Material, das keinerlei Rückschlüsse auf die ursprüngliche Gestalt zulässt, erhalten. Die verschiedenen Oberflächenfarben und -strukturen der beiden Gruppen sind – im Versuch, die Eisenobjekte vor dem weiteren Verfall zu bewahren – unterschiedlichen Konservierungsmaßnahmen zuzuschreiben.

Herramhof/Herramhof/Rademacher 1970; Herramhof/Rademacher 1966. kg

192   a   b

192   Männliche Figur und Phallus

a) Eisenfigur, Mann
St. Leonhard, Ganacker (Markt Pilsting, Lkr. Dingolfing-Landau, Niederbayern), 15./16. Jahrhundert
Eisen, Rostschutz, Höhe 12,6 cm
Museen der Stadt Regensburg, K 2012/53,68,1
b) Phallus
St. Leonhard, Aigen am Inn (Gem. Bad Füssing, Lkr. Passau, Niederbayern), 15./16. Jahrhundert
Eisen, Rostschutz, Länge max. 7,5 cm
Privatbesitz, Regensburg

Wenngleich die menschlichen Eisenvotive im Regelfall unbekleidet sind, so wird doch nur ein Teil auch geschlechtlich charakterisiert. Hinweise finden sich beispielsweise vereinzelt in Form von V-förmig gesetzten Meißelhieben in der Leistengegend, selten noch durch einen senkrechten Hieb mittig ergänzt, der aber auch allein stehen kann (vgl. Kat.-Nr. 191a). Während der Mittelhieb vermutlich auf das weibliche Geschlecht verweist, muss die Zuordnung bei allein V-förmiger Markierung – zumal die Schräghiebe häufig keine Verbindung eingehen – offen bleiben. Unmissverständlich zum Ausdruck kommt die geschlechtliche Identität hingegen bei den Phallus-Figuren, wenngleich in stark unterschiedlicher Ausprägung. Auch die Bearbeitungstechnik kann variieren. Bei diesem Beispiel, dessen Oberflächenstruktur massive Korrosionsschäden aufweist, wurde das Genital in eine den flachen Körper durchbrechende Öffnung eingesetzt; bei aus einem Stück gearbeiteten Figuren ist an entsprechender Stelle ein Teilbereich per Meißel abgespalten und aufgebogen.

Die Darstellung dieser primären Geschlechtsspezifika ist nicht einer willkürlichen Detailverliebtheit geschuldet – neben seinen vielen anderen Patronaten galt Leonhard auch als Helfer bei Geschlechtskrankheiten. Entsprechend häufig wurde er bei Erkrankungen der Intimregion angerufen, vorwiegend aufgrund der sich seit dem ausgehenden Mittelalter epidemisch ausbreitenden Syphilis. Die entsprechend gekennzeichneten Figuren zeugen von derartigen Leiden, ebenso der hier gezeigte, isoliert ausgeformte Phallus, der als prägnantes, aber äußerst seltenes Beispiel für ein diesbezügliches Votationsanliegen zu betrachten ist.

Andree 1904, S. 109–111; Herramhof/Herramhof/Rademacher 1970, S. 7.   kg

194 Verschiedene Körperteile

a) Kopf
St. Leonhard, Ganacker (Markt Pilsting, Lkr. Dingolfing-Landau, Niederbayern),
Eisen, Rostschutz, Höhe 7,6 cm
Museen der Stadt Regensburg, K 2012/53,69,2

b) Arme
Niederbayern (Ganacker und Perka), 15./16. Jahrhundert
Eisen, Rostschutz, Länge 5,5–12 cm
Museen der Stadt Regensburg, K 2012/53,82,8, K 2012/53,90,1 und 2, K 2012/53,91,3

c) Beine
Niederbayern/Oberpfalz, 13./16. Jahrhundert
Eisen, Rostschutz, Länge 11–15 cm
Museen der Stadt Regensburg, K 1982/5,13, K 2012/53,81,3 und 6, zwei ohne Nr.

d) Hände
St. Leonhard, Perka (Lkr. Kelheim, Niederbayern),
15./16. Jahrhundert
Eisen, Rostschutz, 9,8–11,5 cm
Museen der Stadt Regensburg, K 2012/53,139,1 und 2

e) Augen
St. Leonhard, Ganacker (Markt Pilsting, Lkr. Dingolfing-Landau, Niederbayern), 15./16. Jahrhundert
Eisen, Rostschutz, Breite 3,5–7,3 cm
Museen der Stadt Regensburg, K 2012/53,64,1 und 3, K 2012/53,65,1

193 Weibliche Figur

St. Leonhard, Ganacker (Markt Pilsting, Lkr. Dingolfing-Landau, Niederbayern), 15./16. Jahrhundert
Eisen, Rostschutz, Höhe 12,3 cm
Museen der Stadt Regensburg, K 2012/53,119,2

Die Mehrheit der Figuren ist nackt dargestellt. Das seltene Beispiel einer bekleideten Gestalt bietet diese anhand der A-Linienform des Gewandes als Frau zu identifizierende Standfigur. Die Hände sind vor dem Oberkörper in Gebetshaltung zusammengeführt. Am Kopf tritt die Nase plastisch hervor, Augen und Mund sind durch Ringpunzen und Meißelhieb markiert. Der Erhaltungszustand ist insgesamt vergleichsweise gut. Bemerkenswert ist eine deutliche Eintiefung auf der linken Seite in halber Höhe des Körpers. Die eckige Form indiziert, dass hier ein gezielter Schlag gesetzt wurde, der auf den Ort der Erkrankung verweist.

kg

Neben Nachbildungen des gesamten menschlichen Körpers wurden in Konkretisierung des Votationsanliegens häufig auch Eisengegenstände in Form der erkrankten oder verletzten Körperteile gewidmet, ähnlich wie es bei Wachs- oder Silbervotiven der Fall ist. Der hier gezeigte Kopf, ein ursprünglich der Fixierung eines Fensterladens dienendes Eisenstück in Zweitverwendung, wurde vermutlich wegen Kopfschmerz oder Schwindel dargebracht und ist ein eher seltener Fund.

Wesentlich häufiger sind Extremitäten oder Teile davon – Arme, Beine oder auch Hände. Eine Verdickung im Gelenkbereich, wie bei einem der Beine zu beobachten, deutet auf dort verortete Beschwerden hin. In kleinen, kugelförmigen Eisenobjekten, die teils mit einem Stielfortsatz versehen sind, meist aber als zusammenhängende Zweiergruppe auftreten, sind Augen zu erkennen.

Andree 1904, S. 110, 114.

kg

Eisen für den Kettenlöser: Die Verehrung des hl. Leonhard in Ostbayern

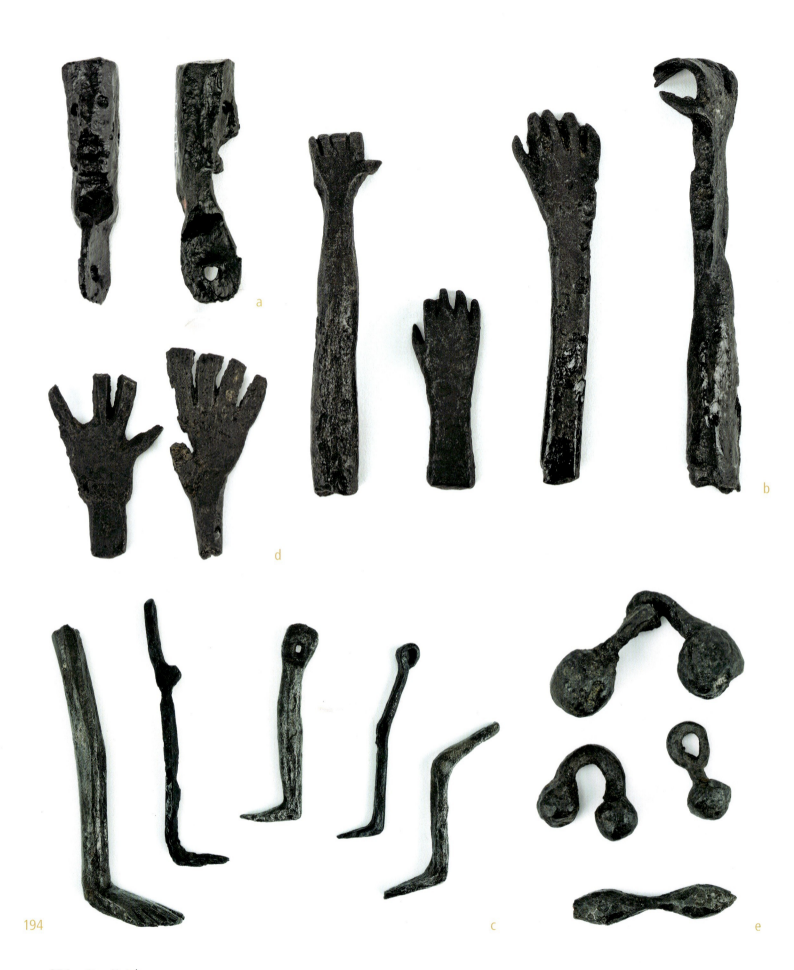

194

254 ■ Katalog

195 Leonhardsklotz, »Würdinger«

St. Leonhard, Aigen am Inn (Gem. Bad Füssing, Lkr. Passau, Niederbayern), 16. Jahrhundert
Eisen, Höhe 78 cm, 145 kg
Pfarrkirchenstiftung Aigen am Inn

Der »Würdinger« ist Teil einer Gruppe von insgesamt fünf – Anfang des 20. Jahrhunderts noch sechs – Leonhardsklötzen in Aigen am Inn. In Anbetracht der erkennbaren Rüstung handelt es sich bei der beinlosen Figur um die Darstellung eines Ritters. Vermutlich wurden die Eisenklötze im 16. Jahrhundert vom Geschlecht der »Würdinger« als Votivgaben dargebracht – die Ritteroptik des Größten jedenfalls steht mit dieser Überlieferung in Einklang.

Die Verbindung zwischen Kopf und Rumpf ist gebrochen, so dass der Eisenrecke aus zwei Teilen besteht. Dieser Schaden entstand nach der Legende im 17. Jahrhundert, als eine Rottaler Bäuerin eine kaum vorstellbare Leistung vollbrachte und den Würdinger – mit einer Gesamthöhe von knapp 80 Zentimetern und einem Gewicht von annähernd drei Zentnern – auf den Kirchturm trug und von dort hinunterwarf. Traditionell bemühen sich an Leonhardi (6. November) junge Männer, die Klötze zu »schutzen«: hochzuheben und zu werfen. Dieser Heberitus stellt als eine Art Bußübung respektive »Sündenfreiheitsbeweis« gleichermaßen Kraftakt und Gewissensprobe dar. Die übrigen vier Klötze, den »Ranagl«, den »Weiber-Lienl«, das »Kolmännl« und den »Gwandzerreißer« (Abb. 75) übertrifft der Würdinger bei weitem an Größe und Gewicht.

Auch an anderen Orten der Leonhardsverehrung gab es ähnlich große kultische Eisenobjekte, deren Masse jedoch in keinem Fall an den »Würdinger« heranreicht.

Andree 1904, S. 100–105; Ausst.-Kat. Regen 1990, S. 27–28.   kg

196 Verschiedene Tierfiguren

a) Pferd
St. Leonhard, Ganacker (Markt Pilsting, Lkr. Dingolfing-Landau, Niederbayern), 16./17. Jahrhundert
Eisen, Länge 15 cm
Museen der Stadt Regensburg, K 2012/53,77,2
b) Pferd
Oberpfalz, 17./18. Jahrhundert
Eisen, Länge 24,4 cm
Museen der Stadt Regensburg, HV 1256,2
c) Rind
Wilting (Lkr. Cham, Oberpfalz), 18./19. Jahrhundert
Eisen, Länge 16,5 cm
Museen der Stadt Regensburg, K 2012/53,37,2

195

Grabungsfunde belegen, dass dem hl. Leonhard schon im ausgehenden Spätmittelalter nicht allein auf den Menschen bezogene Votivgaben, sondern auch bereits Tierfiguren dargebracht wurden. Analog zum Prozess der Patronatsverschiebung wurden im Lauf der Zeit vermehrt Tiervotive gewidmet, eine exorbitante Zunahme ist seit dem 17. Jahrhundert zu verzeichnen – der viehhaltende Teil der

a

b

196   c

lung in Kategorien wie »dick = alt«, »dünn = jung« noch die Gegenüberstellung von »primitiver« oder »kunstfertiger« Ausarbeitung Allgemeingültigkeit besitzt. Auch der Erhaltungszustand lässt nur eingeschränkt Rückschlüsse zu, so dass gerade bei den älteren Stücken immer ein Unsicherheitsfaktor bleibt. Jedoch können die Tiervotive mit einer senkrechten Körpersilhouette und durchgesteckten Beinen, gegebenenfalls auch Gehörn oder Ohren, als jünger eingestuft werden.

Herramhof/Herramhof/Rademacher 1970, bes. S. 9–10; Herramhof/Rademacher 1966.

kg

197 Zwei Votivtiere aus dem Bayerischen Wald

a) Rind
St. Leonhard, Hetzenbach (Gem. Zell, Lkr. Cham, Oberpfalz),
18./19. Jahrhundert
Eisen, Länge 14 cm
Museen der Stadt Regensburg, HV 1354,12
b) Pferd
Vierzehn Nothelfer, Sackenried (Stadt Bad Kötzting,
Lkr. Cham, Oberpfalz), 19. Jahrhundert
Eisen, 13,5 cm
Museen der Stadt Regensburg, K 1958/23,22

Die aus dem Gebiet des Bayerischen Waldes bekannten Eisentiere entsprechen durchgängig dem späteren Formtypus mit durch eine flache Körpersilhouette gesteckten Beinen und Gehörn oder Ohren; gegenüber jenen des schwäbisch-bayerischen Hauptverbreitungsgebietes besitzen sie eigene Charakteristika. Zudem blieb die Darbringung von Eisenvotiven in diesem Gebiet nicht auf Leonhard allein beschränkt. Rudolf Kriss folgerte daraus, dass sich das Phänomen des Leonhardskultes sowie des damit verbundenen Eisenvotivbrauches im Bayerischen Wald erst mit Verzögerung durchsetzte und die Eisentiere aufgrund der begrenzten Zahl von Leonhardikirchen auch anderen Heiligen dargebracht wurden.

Ein weiteres Kerngebiet des Vorkommens von Eisenvotiven liegt in Österreich, genauer gesagt in der Steiermark und in Kärnten; auch dort sind die ehernen Gaben nicht allein an Leonhard gebunden.

Kriss/Kriss-Rettenbeck 1957; Brauneck 1979, S. 98–99; Ausst.-Kat. Regen 1990, S. 20–21.

kg

Bevölkerung nahm einen speziell für ihre Anliegen zuständigen Patron offenkundig dankbar an. Die frühere Bedeutung von Tieren ist nach heutigem Maßstab nicht messbar; gerade das Großvieh war nicht allein Nahrungsquelle, sondern zugleich wertvolle und unverzichtbare Arbeitskraft. Rinder und Pferde stellen entsprechend den Hauptanteil der Eisentiere, daneben treten verschiedentlich auch andere Spezies auf (vgl. Kat.-Nrn. 201, 202).

Die Optik der ältesten Exemplare, häufig aus einem Stück und in relativ grober Ausführung, lässt oft nur mutmaßen, welche Tierart gemeint war.

Insgesamt ist die chronologische Einordung, ebenso wie bei den menschenbezogenen Eisenvotiven, schwierig, da weder die Eintei-

256 ■ Katalog

Eisen für den Kettenlöser: Die Verehrung des hl. Leonhard in Ostbayern

198

198 Kuh und Kalb

St. Leonhard, Hetzenbach (Gem. Zell, Lkr. Cham, Oberpfalz), 18./19. Jahrhundert
Eisen, Länge 12 cm und 9,5 cm
Museen der Stadt Regensburg, HV 1354,2 und 4

Während beinahe alle Tierfiguren die Frage nach Geschlecht und Alter offen lassen, ist bei diesen beiden Exemplaren deutlich zu erkennen, dass es sich um eine Kuh und ein Kalb handelt. In beiden Fällen besteht die schematische Körpersilhouette aus Eisenblech mit eingesteckten und fixierten Beinen und Hörnern respektive Ohren. kg

199

199 Rind

St. Leonhard, Aigen am Inn (Gem. Bad Füssing, Lkr. Passau, Niederbayern), 17./19. Jahrhundert
Eisen, Länge 12,2 cm
Museen der Stadt Regensburg, K 1958/23,17

Bei diesem Rind sind neben dem Gehörn zugleich auch Ohren ausgebildet, ein Detail, das bei keinem der anderen Eisenrinder im Museumsbestand zu beobachten ist. Der breite, flache Körper ist seitlich nach unten gewölbt, die Beine sind davon abgespalten, der Schwanz ist eingerollt. kg

a

200 Eisenpferde

a) Pferd aus Ganacker
St. Leonhard, Ganacker (Markt Pilsting, Lkr. Dingolfing-Landau, Niederbayern), 17./19. Jahrhundert
Eisen, Länge 14 cm
Museen der Stadt Regensburg, K 1958/23,19
b) Pferd aus Aigen
St. Leonhard, Aigen am Inn (Gem. Bad Füssing, Lkr. Passau, Niederbayern), 17./19. Jahrhundert
Eisen, Länge 10 cm
Museen der Stadt Regensburg, K 1958/23,16

200 b

Diese beiden Beispiele für Pferdefiguren in unterschiedlicher Gestaltung stammen aus Niederbayern, wo die Leonhardsverehrung in besonderem Maße verbreitet war. Insgesamt gab es in dieser Region mehr als 40 Leonhardikirchen; in vielen davon, so auch in Aigen und Ganacker, waren noch im 20. Jahrhundert Eisenvotive vorhanden. Diese konnten sich die Wallfahrer an Leonhardi gegen ein kleines Entgelt entsprechend der Anzahl und Art des eigenen Viehbestandes entleihen und mit der Bitte um Schutz und Segen für das nächste Jahr am Altar darbringen. Ursprünglich wurden die Tiere, gefertigt vom Dorfschmied oder gekauft beim Händler, von jedem Bauern selbst mitgebracht; mit der Zeit häuften sich jedoch derartige Massen an, dass sie teilweise vergraben wurden und sich der Brauch des Entleihens einbürgerte.

Ausst.-Kat. Regen 1990, S. 20–21, 24–25; Gockerell 2009, S. 182   kg

a

201   Andere Tierarten: Schaf und Schwein

a) Schaf oder Lamm
Niederbayern, 16./17. Jahrhundert
Eisen, Länge 13 cm
Museen der Stadt Regensburg, K 1937/92
b) Schwein
St. Leonhard, Hetzenbach (Gem. Zell, Lkr. Cham, Oberpfalz),
18./19. Jahrhundert
Eisen, Länge 13 cm
Museen der Stadt Regensburg, HV 1354/15

b 201

Neben den wertvollen Rindern und Pferden, die den Großteil der Tierfiguren stellen, wurden auch andere Nutztiere dargebracht, allerdings in weitaus geringerem Umfang.

Das als Schaf oder Lamm (a) zu identifizierende Exemplar besitzt einen massiven Körper mit deutlicher, verhältnismäßig realitätsnaher Ausformung des Rumpfes und der Gliedmaßen sowie des Schwanzes. Die Extremitäten wurden angeschweißt, die Augen markiert ein Durchbruch im Schädel. Durch ein weiteres Loch im Hinterkopf sind länglich-runde, aus Eisenblech gebildete Ohren gesteckt.

Die Tiersilhouette mit Ringelschwanz (b) lässt keinen Zweifel, dass es sich hierbei um ein Schwein handelt. In den aus einem Flacheisen geschnittenen, schematischen Körper wurden durch ausgestanzte Löcher die Beine und die lappigen Ohren gesteckt und festgeschmiedet.

Andree 1904, S. 155.   kg

202

Eisen für den Kettenlöser: Die Verehrung des hl. Leonhard in Ostbayern   ■   259

202 Die »Aigener Gans«

St. Leonhard, Aigen am Inn
(Gem. Bad Füssing, Lkr. Passau, Niederbayern), 18. Jahrhundert
Eisen, Länge 7,6 cm
Museen der Stadt Regensburg, K 1958/23,18

Seltenheitswert besitzen eiserne Substitute für Geflügelarten. Dies liegt vermutlich darin begründet, dass gerade bei Kleinvieh wie Gänsen, Enten und Hühnern lange Zeit »Naturalien«, also lebende Tiere, gestiftet wurden. Eine bisher allein in Aigen aufgefundene Sonderform unter den Eisentieren ist die sogenannte »Aigener Gans«, die in insgesamt drei Varianten vorkommt (Abb. 71): die »sitzende«, bei der der Schwanz gegenüber dem Körper vertikal gedreht ist, die »fauchende«, deren Körperbewegung nach vorn die Angriffslust betont, und schließlich die »trinkende«, deren Körperlinie eine deutliche Aufwärtsbewegung zum Kopf hin aufweist. Diesem letztgenannten Typus entspricht auch das Exemplar des Museums.

Andree 1904, S. 155.   kg

203 Tierfiguren aus Eisenblech

Vierzehn Nothelfer, Sackenried (Stadt Bad Kötzting, Lkr. Cham, Oberpfalz), erste Hälfte 20. Jahrhundert
Eisenblech, Länge 12,5–14,3 cm
Museen der Stadt Regensburg, K 2012/53,36,1–3 und 6

Aus der Sackenrieder Wallfahrtskirche mit dem Patrozinium der Vierzehn Nothelfer, deren Kreis zeitweilig auch Leonhard zugezählt wurde, stammen diese Pferde- respektive Rinderfiguren. Die Huftiere sind in Seitenansicht aus dünnem Eisenblech geschnitten, die Augenlöcher wurden ausgestanzt. Zwei der Silhouetten, ehemals vielleicht auch die anderen, besitzen einen Holzsockel. Das Blech der beiden sockellosen Tiere weist plastische konzentrische Kreissegmente auf, die verraten, dass als Ausgangsmaterial der Deckel oder Boden einer großen Konservendose verwendet wurde. Besonders deutlich wird dies an einem Exemplar mit erhaltenem Aufdruck: Auf mittelblauem Grund ist in dunkelblauer Druckschrift unter anderem *HAMBURG* zu entziffern, zu erkennen sind außerdem stilisierte Wellen und ein Teil eines schematischen Fisches. Von Manfred Brauneck als »formale Verfallserscheinungen« gewertet, erfüllten diese Tierfiguren nichtsdestoweniger ihren Zweck als Votivgaben.

Brauneck 1979, S. 99.   kg

203

204 Votivtafel mit dem hl. Leonhard und Maria

Niederbayern, 1847
Mischtechnik auf Holz, 22,7 x 22,5 x 57,2 cm
Museen der Stadt Regensburg, K 1939/57,2

Inschrift. *EXVOTO 1847*

Neben den zahllosen Eisenfiguren wurden in den Leonhardikirchen auch »reguläre« Votive wie diese Tafel hinterlassen. Auf dem Gemälde erscheint Leonhard in der himmlischen Sphäre zusammen mit Maria, vor der er in Demutshaltung kniet. Das darunter auf einer Betbank kniende Ehepaar war offenkundig in Sorge nicht nur um eine Tierart, sondern um einen größeren, vielleicht sogar seinen gesamten Viehbestand, und stellte den heiligen Fürsprechern ein Pferd, drei Rinder und zwei Schafe anheim.

Wurde die Leonhardsverehrung in Bayern anfangs noch maßgeblich von den Zisterziensern gefördert, übernahmen später die Benediktiner eine tragende Rolle. Bildliche Darstellungen nachmittelalterlicher Zeit zeigen Leonhard deshalb im schwarzen Benediktinerhabit.

Malisch 2006. kg

205 Stallsegen mit dem hl. Leonhard

Göttleinsberger Kapelle bei Zachenberg (Lkr. Regen, Niederbayern), um 1850
Blech, geprägt, teils bemalt 16,4 x 11,5 cm
Museen der Stadt Regensburg, K 2013/73,31

Inschrift: *ST. LEONHART*

Vor grünem Hintergrund erscheint in der Himmelszone über einem goldfarbenen Wolkenband die Halbfigur des hl. Leonhard, der über ein Pferd und ein Rind im irdischen Bereich wacht. Wie in der Bezeichnung bereits anklingt, sollte der Stallsegen, für gewöhnlich angebracht an Tür, Wänden oder im Gebälk der Viehunterkunft, Schaden jeglicher Art von den Tieren fernhalten. Die Herkunft aus einer Kapelle lässt vermuten, dass dieses Schild als Votivgabe dargebracht wurde. kg

REGENSBURG: KATHOLISCHE FRÖMMIGKEIT IN EINER EVANGELISCHEN REICHSSTADT

Einiges über nachmittelalterliche Frömmigkeit in Regensburg

Von der Reformationszeit bis zur Aufklärung

Peter Morsbach

Als die Reichsstadt Regensburg am 15. Oktober 1542 offiziell zum Protestantismus übertrat, begründete sie diesen Schritt hauptsächlich mit dem Verlangen der Gläubigen, das Sakrament des Abendmahls unter beiderlei Gestalt zu empfangen (Abb. 77).[1] Revolutionär war diese Forderung eigentlich nicht, bedeutete sie doch eine letzte Konsequenz der ausgeprägten sakramentalen Frömmigkeit des Spätmittelalters.[2] Nicht länger waren die Menschen willens, das Messopfer nur in Form der erhobenen Hostie mitzuerleben,[3] sie wollten schmecken und sehen, »wie freundlich der Herr ist« (Ps 34,9)[4].

Von der »oberhirtlichen« zur »obrigkeitlichen« Frömmigkeit

Als weiteren Grund gab der Rat an, durch den Gottesdienst ausschließlich in der Neupfarrkirche und das Verbot jedes privaten Ritus ein Umsichgreifen besonders gefürchteter Formen reformatorischer Frömmigkeit zu verhindern, nämlich der Irrlehren der Wiedertäufer und Zwinglianer.

Die Privatmesse war die vorherrschende Gottesdienstform des späten Mittelalters, wodurch die Eucharistie ihren Gemeinschaftscharakter immer mehr einbüßte.[5] In Regensburg war es bereits in den 1520er Jahren üblich geworden, das reformatorische Abendmahl im privaten Umfeld der *abgesonderten Capellen und Burgers Häuser* zu feiern. Die offizielle Einführung der Reformation und der Zwang zur ausschließlich öffentlichen Glaubensausübung beendete die Form der privaten Mess- und Abendmahlsfeier in der eigenen Hauskapelle.[6] Das führte zur Profanierung der Hauskapellen und zum Ende der »verschiedenen Seelämter, stillen Messen und Patroziniumsfeiern«.[7]

Schon einige Jahre vorher hatte sich im Sozialsystem der Stadt eine grundlegende Änderung ergeben, die nichts mit der Reformation zu tun hatte, aber von großer Auswirkung war: die Übernahme der Armenpflege durch die Stadt mit der Gründung des Almosenamtes 1531/1532.[8] Seit dem Hochmittelalter wurde die Fürsorge für die Armen und Kranken in immer stärkerem Maße von den Bürgern im Bemühen um das eigene Seelenheil getragen (Abb. 78). In Regensburg manifestiert sich das am Übergang vom kirchlichen Spital im 12. zum bürgerlichen Spital im 13. Jahrhundert. Für das soziale Sicherungssystem und das gesellschaftliche Funktionieren einer mittelalterlichen Stadt waren die frommen bürgerlichen Stiftungen von existenzieller Bedeutung, wie hierort die Bruderhäuser des Stefan Nothangst und des Hans Kastenmayr sowie das Reiche Almosen des Hans Liskircher. Der Übergang dieser Einrichtungen in städtische Verwaltung markiert in nicht geringerem Maße als die Einführung der Reformation 1542 den Untergang der »privat« geprägten mittelalterlichen Frömmigkeit. Allerdings steht der eigenartige Gumpelzhaimer-Kelch von 1683–1685 mit seinem aufziehbaren Laufwerk in der Neupfarrkirche möglicherweise in einem Zusammenhang mit privatem

76 Prozessionsvortragekreuz mit den Schlüsseln Petri, gemäß dem Patrozinium des Regensburger Domes, die zugleich das Stadtwappen darstellen. Messing, 18. Jahrhundert, Museen der Stadt Regensburg, K 2010/13

77 Abendmahlsdarstellung. Detail aus dem Reformationsaltar, Michael Ostendorfer, 1554/55. Museen der Stadt Regensburg, HV 1430

Hausgebrauch und der Johanniswein-Minne am 24. Juni.⁹

Im protestantischen Leben der Stadt werden Akte persönlicher Frömmigkeit in erster Linie durch Stiftungen von zahlreichen *vasa sacra* für die beiden nunmehr allein gültigen Sakramente Abendmahl und Taufe fassbar, auch von Altarkreuzen, Abendmahlstafeln, Leuchtern sowie Altar- und Kanzelornaten. Stifter waren Regensburger Bürgerinnen und Bürger, Reichstagteilnehmer und deren Angehörige, die Orte der Stiftungen die vier unter städtischem Patronat stehenden Kirchen Neupfarr, Dreieinigkeit, St. Oswald und die Bruderhauskirche St. Ignatius. So verfügten die Erben des bürgerlichen Goldschmieds David Michael Busch 1748, dass der gestiftete Kelch *jeder Zeit am Johann- und Michaelis Tag* [24. Juni und 29. September, Anm. des Verf.] *in der Neuen Pfarr-Kirche bey öffentlicher Communion solle gebraucht werden.*¹⁰ Bei der Stiftung der Flußhardt'schen Taufgarnitur 1646 verfügte die Stifterin, *daß insgemein alle Kinder, arme und reiche, darinnen getauft werden sollen.*¹¹ Als Akt persönlicher Frömmigkeit ist auch die Gabe des Herzogs Ernst Albert von Sachsen-Lauenburg von 100 Reichstalern für die Vollendung des Altars der Dreieinigkeitskirche 1637 zu verstehen, dessen Wappen gebührend im Altarauszug prangt.

Prozessionen: »vrône lîcham« und Passion

Nachweislich seit 1396 gab es in Regensburg eine Fronleichnamsprozession, die von den Zünften getragen wurde. Hierbei ging es nicht nur um die Verehrung des *vrône lîcham* (mhd., »Leib des Herrn«), sondern auch um die Zurschaustellung der gesellschaftlichen Stellung der teilnehmenden Gruppierungen.¹² Die Reformation brachte schon 1524 die überkommene Fronleichnamsprozession zum Erliegen, beschränkte sie zeitweise auf den Dom und die Klöster, bis nach dem Dreißigjährigen Krieg daraus eine neue, von den Bruderschaften getragene öffentliche Prozession hervorging, die wieder durch die Stadt zog.¹³

In diesem Zusammenhang sind auch die – von der kirchlichen Obrigkeit zunehmend mit Misstrauen

78 Messe mit Armenfürsorge. Teil eines Altars, um 1480. Bayerisches Nationalmuseum München, MA 3304

beobachteten – barocken Passionsprozessionen und Passionsspiele zu erwähnen (Kat.-Nr. 213).[14] Ihr bemerkenswertestes bauliches Monument, die außerhalb der Stadt 1714–1715 von Albert Ernst Graf von Wartenberg errichtete Kalvarienbergkirche Hl. Kreuz oberhalb der Wallfahrtskirche Mariaort, ist nicht nur ein Nachbau der Scala Santa in Rom, sondern brachte das Karfreitagsgeschehen in theatralischer Weise zur Anschauung[15] – nicht ohne den Einfluss der Jesuiten,[16] die seit dem Ende des 16. Jahrhunderts in Regensburg ein Kollegium unterhielten.[17]

Marianische Frömmigkeit

Das späte Mittelalter und die Zeit nach dem Dreißigjährigen Krieg waren in Bayern Epochen einer besonders ausgeprägten Marienverehrung. In Regensburg, schon im 12. Jahrhundert ein Zentrum marianischer Theologie, zeigte sich der Wandel von der christozentrischen zur marianischen Frömmigkeit[18] in besonders krasser Weise in der Wallfahrt zur Schönen Maria und fand dann seine gemäßigten barocken Ausprägungen in der Alten Kapelle, St. Kassian, in der Maria-Läng-Kapelle und in den nahegelegenen Wallfahrtskirchen Mariaort (Kat.-Nr. 208) und Dechbetten.

Mit dem Pogrom vom 21. Februar 1519 und der daraus entstehenden Wallfahrt zur Schönen Maria brach sich in Regensburg die Marienfrömmigkeit am Ausgang des Mittelalters gewaltsam Bahn.[19] Sie führte zu einer kollektiven Hysterie, die jedoch recht schnell, im Verlauf von wenigen Jahren, wieder zum Erliegen kam. Das Zentrum bildete zunächst am Ort der zerstörten Synagoge auf dem zeitweise sogenannten Judenplatz eine Holzkapelle mit zwei Marienbildern, nämlich einem gemalten Tafelbild von Albrecht Altdorfer und der im Freien auf einer Steinsäule aufgestellten Marienfigur des Dommeisters Erhard Heydenreich.

Albrecht Altdorfers Wallfahrtsbild, das später in den Besitz des Kollegiatstiftes St. Johann kam,[20] entstand nach dem Vorbild des Gnadenbildes der Dexiokratusa in der Alten Kapelle.[21] Dort gab es die Tradition der von Kaiser Heinrich II. geschenkten Lukasmadonna, einer byzantinischen Marienikone. Wie Hubel verdeutlichte, wurde sie wohl in einem Schrank oder Schrein aufbewahrt, auf dessen Tür man in der zweiten Hälfte des 13. Jahrhunderts die Kopie des meist verborgenen Bildes malte, um sie andauernd sichtbar zu machen. Irgendwann ging das Originalbild verloren; an seine Stelle trat nun die Kopie auf der Tür. Die schon im 13. Jahrhundert belegte und viel besuchte Marienwallfahrt[22] erlebte einen Aufschwung in der zweiten Hälfte des 17. Jahrhunderts. Dafür wurde die Lukasmadonna 1693 aus dem Chorraum der Alten Kapelle in die von Giuseppe Vasallo dafür prachtvoll stuckierte Gnadenkapelle am südlichen Seitenschiff übertragen und dort feierlich zur Schau gestellt.[23]

Das von Altdorfer 1519 nach diesem verehrten Marienbild geschaffene Tafelbild der Schönen Maria hing anfangs in der hölzernen Wallfahrtskapelle, wich jedoch im gleichen Jahr einer Marienfigur des Landshuter Bildhauers Hans Leinberger. Diese wiederum war nach dem Niedergang der Wallfahrt und besonders nach der Einführung der Reformation obsolet; in gleichem Zusammenhang hat man auch das *abgöttisch steinern bildt der schönen Maria (welches Erhart Heidenreich, ein bildthauer gemacht hat)* am 14. Juni 1544 *herab- und abgetan*.[24] Schließlich gelangte die Leinberger-Figur 1747 aus dem Minoritenkloster nach St. Kassian, die Pfarrkirche der Alten Kapelle. Hier erblühte als »Revitalisierung« der Schönen Maria sogleich eine viel besuchte Wallfahrt (Kat.-Nr. 207), deren Einkünfte so reichlich flossen, dass schon zwei Jahre später eine opulente Neuausstattung der uralten Kirche möglich war. Das neue Bildprogramm nahm die Geschichte von der Entstehung der Wallfahrt durch das Pogrom von 1519 auf.[25]

Die Erinnerung an die kurzlebige Wallfahrt zur Schönen Maria war in Regensburg nie ganz erloschen. 1643 entstand als Reaktion auf die Jahrhundertfeier der Einführung der Reformation beim Augustinerchorherrenstift St. Mang in Stadtamhof eine Loretokapelle, zwar mit einem neuen Marienbild, aber mit einer dezidierten Anlehnung an die Wallfahrt von 1519.[26] Die Grundlage für diese Aktion lieferte das Dekret über die Anrufung und Verehrung der Heiligen, welches das Tridentinische Konzil auf seiner letzten Sitzung 1563 verkündete und das die Heiligen, ihre Reliquien und Bilder für verehrungswürdig erklärte.[27]

Schließlich stellte Weihbischof Ernst Albert Graf von Wartenberg 1675 in der Kapelle seines Kanonikatshofes am Domplatz (heute Pfauengasse 2) eine weitere Kopie der Schönen Maria nach deren vermeintlich tatsächlicher Körpergröße (»Länge«) auf und schuf mit der kleinen und intimen Maria-Läng-Kapelle eine bis heute viel besuchte Wallfahrts- und

Andachtsstätte (vgl. dazu den nachfolgenden Beitrag von Nikolas Wollentarski).[28]

Heilige Orte und Orte der Heiligen

Neben diesen Marienwallfahrten lebten im katholischen Regensburg weitere Heiligenkulte fort, die sich teilweise schon im frühen Mittelalter an den Gräbern bedeutender Kirchenmänner entwickelt hatten. Als Anfang aller Wallfahrtsorte in Regensburg ist die Grablege des Bistumspatrons Emmeram im gleichnamigen Kloster zu sehen, dessen Gebeine durch die karolingische Ringkrypta visuell und ideell zugänglich waren.[29] Allerdings dürfte die Krypta selbst als Ort der Verehrung im Barock kaum noch eine Rolle gespielt haben, denn ausschlaggebend für die erneute Intensivierung des Emmeramskultes war die Wiederauffindung seiner Reliquien im Jahre 1645, die 1659 im Silberschrein unter dem Hochaltar deponiert wurden.[30] Die Krypta wurde im 18. Jahrhundert mit der Stuckrahmung um den Johannesaltar im Scheitel der Krypta »zu Füßen des Märtyrers« nur spärlich modernisiert. Dem Geschichtsverständnis des Klosters entsprach indes die Inszenierung als altehrwürdiger Kultort mit der spätmittelalterlichen Grabfigur als Stiftergrab im südlichen Georgschor beim Ausgang aus der Krypta, dem wohl ursprünglichen Bestattungsort des Heiligen.[31] Die Legende vom Leben und Leiden des Bischofs Emmeram bildete bei der Neuausstattung der Klosterkirche im 17. Jahrhundert und besonders 1731–1732 anlässlich der Erhebung des Klosters in den Stand einer gefürsteten Abtei daher ein zentrales Thema.

Dem zweiten Hausheiligen des Klosters, St. Wolfgang, kam hierbei keine tragende Bedeutung zu.[32] Das ist nicht verwunderlich, denn das Zentrum der Wolfgangsverehrung im Spätmittelalter bildete nicht die Grablege in St. Emmeram, sondern die Kirche zu St. Wolfgang am Abersee.[33] In Regensburg nahm die Verehrung des Heiligen erst im frühen 17. Jahrhundert mit seiner Proklamation zum ersten Bistumspatron ihren Aufschwung.[34] Äußeres Zeugnis hierfür war die Neuausstattung des Georgschores in St. Emmeram mit drei Altären 1613–1614, der wichtigste davon natürlich der Wolfgangsaltar.[35] Der Wolfgangskult hatte mit dem Problem zu ringen, dass der Heilige, obwohl einer der am meisten verehrten in Süddeutschland, kein Patron für ein bestimmtes Anliegen war (Kat.-Nr. 206).

Unter diesem Aspekt war hingegen der hl. Erhard als Schutzpatron der Kranken, zum Tode Verurteilten und seit dem 15.–16. Jahrhundert auch der Zünfte ungleich populärer. Seine Verehrung als zweiter, später dritter Bistumspatron entfaltete sich seit dem frühen Mittelalter an seinem Grab und den hier später ausgestellten Reliquien im nördlichen Seitenschiff der Damenstiftskirche Niedermünster.[36] Bis 1729 gab es in Regensburg den alljährlichen Erhardimarkt, der sich von der Südseite des Domes über den Domfriedhof bis zum Niedermünster erstreckte. Die Erhardiverehrung in nachreformatorischer Zeit zeigt sich nicht nur an den im frühen 17. Jahrhundert entstandenen Erharditafeln im Nordchor des Niedermünsters, sondern auch an seiner revidierten Biografie, die der große Förderer der Heiligenverehrung im Bistum Regensburg, Weihbischof Ernst Albert Graf von Wartenberg, 1674 mit einer erweiterten Legendenbildung herausgab.[37]

Ornatus ecclesiasticus – die neue Pracht der alten Kirchen

Zu den Folgen des durch das Tridentinum erstarkten Katholizismus gehörte der *ornatus ecclesiasticus*, ein neuer Kirchenschmuck, wie der Titel eines Handbuches des Bistumsadministrators und Dompropstes Jakob Müller von 1591 lautet.[38] Die neue Pracht der alten Kirchen war nicht nur dem Streben nach glanzvoller geistlicher, geschichtlicher und politischer Selbstdarstellung geschuldet, sondern auch dem Verlangen der Zeit nach theatralischen »Effekten«. Recht bescheiden nimmt sich anfangs die Neuausstattung der Damenstiftskirche Niedermünster 1621–1625 unter Fürstäbtissin Anna Maria von Salis mit der Einwölbung und der Errichtung der Vorhalle aus, aber in unserem Zusammenhang ist es von besonderem Interesse, dass der Lettner des 14. Jahrhunderts nicht zerstört, sondern über dem Grab des hl. Erhard aufgestellt wurde und mit seinem Baldachin den Ort des Heiligen als altehrwürdig auszeichnete und aufwertete.[39] In welch überbordender Pracht schließlich lässt die Neuausstattung der Alten Kapelle in der zweiten Hälfte des 18. Jahrhunderts einen grandiosen Schlussakkord erklingen!

Theatrum sacrum

Nicht ohne Einfluss auf die Inszenierung des Glaubens und der Geschichte der Klöster, Stifte und Kirchen im 18. Jahrhundert war in Regensburg das

Theater der Jesuiten, das Goethe 1786 bei seinem Besuch sah – interessanterweise 13 Jahre nach der Aufhebung des Ordens! Goethe als Mensch einer sehr sinnenfreudigen Zeit verstand die Absichten der Jesuiten ganz genau, von deren Klugheit er durchaus überzeugt war:

> »Der Jesuiten Tun und Wesen hält meine Betrachtungen fest. Kirchen, Türme, Gebäude haben etwas Großes und Vollständiges in der Anlage, das allen Menschen insgeheim Ehrfurcht einflößt. Als Dekoration ist nun Gold, Silber, Metall, geschliffene Steine in solcher Pracht und Reichtum gehäuft, der die Bettler aller Stände blenden muß. Hier und da fehlt es auch nicht an etwas Abgeschmacktem, damit die Menschheit versöhnt und angezogen werde. Es ist dies überhaupt der Genius des katholischen äußeren Gottesdienstes; noch nie habe ich es aber mit soviel Verstand, Geschick und Konsequenz ausgeführt gesehen als bei den Jesuiten. Alles trifft darin überein, daß sie nicht wie andere Ordensgeistliche eine abgestumpfte Andacht fortsetzen, sondern sie, dem Geist der Zeit zuliebe, durch Prunk und Pracht wieder aufstutzen.«[40]

---

1 Warhafftiger Bericht 1542; Morsbach 1991, S. 5–6; Ausst.-Kat. Regensburg 1992, Kat.-Nr. 62 (Carolin Schmuck).
2 Noch immer grundlegend Iserloh 1961 und Moeller 1965.
3 Meyer 1963.
4 Der Wortlaut von Ps 34,9 gehört in der traditionellen Luther-Übersetzung (nicht in der der Einheitsübersetzung) zur Liturgie des evangelischen Abendmahls: »Schmecket und sehet, wie freundlich der Herr ist. Wohl dem, der auf ihn traut.«
5 Jedin 1985, S. 683–687.
6 Micus 2008, S. 3–8.
7 Micus 2008, S. 30.
8 Zum Folgenden Dirmeier/Morsbach 1994, S. 5–7.
9 Inventar Neupfarrkirche 1994, Nr. 30; Ausst.-Kat. Regensburg 1992, Kat.-Nr. 192 (Peter Germann-Bauer). Zu Definition und Gebrauch der Johanniswein-Minne Wiercinski 1964, S. 28–30. Die Segnung des Johanniswein findet nach katholischem Brauch traditionell (inzwischen auch in etlichen evangelischen Gemeinden) um den Tag des Evangelisten Johannes (27. Dezember) statt. Der Brauch des Johannisweinsegens und -trinkens am 24. Juni ist für Süddeutschland überliefert (de.academic.ru/dic.nsf/meyers/66701/Johannisweihe; letzter Zugriff 28.12.2013).
10 Inventar Neupfarrkirche 1994, Nr. 24. Der Kelch ist im Ausst.-Kat. Regensburg 1992, Kat.-Nr. 194 b (Martin Angerer), fälschlich als »Zieroldt-Kelch« abgebildet.
11 Inventar Neupfarrkirche 1994, Nr. 42; Ausst.-Kat. Regensburg 1992, Kat.-Nr. 190 (Martin Angerer).
12 So wurde im Mittelalter die Regensburger Fronleichnamsprozession von den Goldschmieden und Steinmetzen angeführt, was deren herausgehobene Stellung innerhalb der bürgerlichen, nicht-patrizischen Stadtgesellschaft verdeutlicht.
13 Zur Fronleichnamsprozession in Regensburg Güntner 1992 und Müller 1997.
14 Möckershoff 1992, S. 233–238.
15 Morsbach 1995, S. 117–118.
16 Möckershoff 1992, S. 223–224.
17 Die für Regensburg noch nicht genügend erforschten Prozessionen, die im Dom und in den Klöstern zu Heiligenfesten abgehalten wurden, bleiben in diesem Zusammenhang nicht zuletzt aus Platzgründen ebenso außer Betracht wie die Frage, welchen weiteren Einfluss die Bruderschaften und die im Zuge der Gegenreformation nach Regensburg verpflanzten Orden der Unbeschuhten Karmeliten und der Kapuziner auf das religiöse Leben hatten.
18 Hartinger 1992c, S. 41.
19 Die Wallfahrt zur Schönen Maria wurde so häufig behandelt, dass hier auf Einzelnachweise verzichtet werden kann. Grundlegend noch immer Stahl 1968. Zu den Hintergründen der Entstehung auch Morsbach 2002 und besonders Hubel 2002, S. 240–241.
20 Heute als Depositum in den Kunstsammlungen des Bistums Regensburg.
21 Der Bildtyp der Dexiokratusa zeichnet sich dadurch aus, dass Maria ihr Kind auf dem rechten Arm hält. Zum Folgenden Hubel 2002, hier S. 238–244.
22 Vgl. hierzu Staber 1973, 54-56 und Hubel 1977, S. 208–217. Zur Bedeutung des »Wunderortes« und des Marienbildes für die Wallfahrt besonders Möckershoff 1990.

23 Hubel 2002, S. 219 und Abb. S. 218.
24 München, Bayerische Staatsbibliothek, Cgm 3019 (Eines Ungenannten Chronik von Regensburg bis 1586), fol. 44.
25 Hubel 1977, S. 206–207.
26 Hubel 1977, S. 205–206.
27 Es handelt sich hierbei um die in der 25. Sitzung verabschiedete Erklärung »De invocatione, et veneratione, et reliquiis sanctorum, et sacris imaginibus«, nach Gallemart 1781, S. 578–581.
28 Hubel 1977, S. 206. S. auch den Beitrag von Nikolas Wollentarski in diesem Band.
29 Babl 1973, S. 186–203; Babl 1992.
30 Babl 1973, S. 188–190.
31 Hierzu noch immer grundlegend Schmid 1976, vgl. auch Morsbach 2010, S. 46.
32 Zur Neuausstattung der Klosterkirche 1731–1732 durch die Brüder Asam s. Greipl 1980, S. 58–77; Rupprecht 1992; Morsbach 1993, S. 22–34.
33 Zu Wolfgangskult und -verehrung hauptsächlich Möckershoff 1971; Schwaiger 1972, S. 54–60; Möckershoff 1994; Chrobak 1994.
34 Möckershoff 1971, S. 29.
35 Morsbach 1993, S. 34.
36 Koschwitz 1975; Ritter 1989, S. 124–142.
37 Ritter 1989, S. 130–132. Wartenberg ließ sich z. B. auch die Verehrung des sel. Mercherdach beim Obermünster (Ritter 1989, S. 268) angelegen sein.
38 Thümmel 2000, S. 71–75.
39 Zur Geschichte des Baldachins im Niedermünster wird 2014 unter der Leitung des Verf. ein eigenes Forschungsprojekt des Bayerischen Landesamtes für Denkmalpflege stattfinden.
40 Zit. nach Goethe 1961, S. 9–10.

Wie der Wunderheiler und Exorzist Johann Joseph Gaßner (1727–1779) den Teufel austrieb und dadurch die Gemüter seiner Zeitgenossen erhitzte

Vom Vordringen der Aufklärung und dem wankenden Glauben an die Macht des Bösen

Daniel Drascek

Im Jahre 1774 verbreitete sich wie ein Lauffeuer die Kunde von einem Exorzisten namens Johann Joseph Gaßner (1727–1779), dem es durch seine Praktiken auf wunderbare Weise gelungen sei, den Nachweis zu führen, dass die meisten scheinbar natürlichen Krankheiten letztlich doch ein Werk des Teufels seien. Diese Nachricht sorgte um so mehr für Aufsehen, als sich durch die Aufklärung auch in breiteren Schichten der Bevölkerung erste, mitunter schon recht deutliche Zweifel an der Wirkkraft des Teufels, aber auch an geweihten Gegenständen und religiösen Praktiken verbreitet hatten.

So konstatierte der Augsburger Domprediger Johann Georg Zeiler (1739–1800) im Jahre 1775, dass die kirchlichen Benediktionen binnen weniger Jahre »großen Theils aus der Mode« gekommen seien: »die altererbten Gebräuche, Wasser, Palmen, Salz, Oel, u. d. g. zu weihen, verloren beynahe völlig ihr Ansehen; und Leute, die sich derley geweyhte Dinge schon vorlängst zum Gegenstande der beißenden Satyre gewählet hatten, lachten in die hole Hand«.[1] Zeiler deutet damit eine teilweise zunehmend kritischere Haltung der Bevölkerung gegenüber der Wirkkraft des Teufels und anderen bösen Geistern an und machte für die Entwicklung namentlich aufgeklärte Publizisten und Geistliche wie den Theatinerpater Ferdinand Sterzinger (1721–1786) verantwortlich, der am 13. Oktober 1766 in der Bayerischen Akademie der Wissenschaften in München eine aufsehenerregende »Akademische Rede von dem gemeinen Vorurteile der wirkenden und tätigen Hexerei«[2] gehalten hatte. Nicht dass Sterzinger die Existenz des Teufels oder der Hexen in Abrede stellte, aber er formulierte doch sehr klare Zweifel an deren Wirkmacht und ließ anklingen, dass diese oft zu Unrecht menschliche Verfehlungen in die Schuhe geschoben werden. Vor diesem Hintergrund wird verständlich, wieso 1774 die Nachricht, dass es Gaßner gelungen sei, eine große Zahl von Patienten zu kurieren, indem er lediglich den jeweiligen Teufel ausgetrieben habe, sofort größte Aufmerksamkeit erregte und zu hitzigen Kontroversen führte, in die sich namhafte Befürworter und Kontrahenten Gaßners ebenso einmischten wie Kaiser und Papst.

79 Tod und Teufel. Detail aus einer Allegorie auf den Tod, 18. Jahrhundert. Museen der Stadt Regensburg G 1930/107,12

Johann Joseph Gaßner

Doch wer war dieser Gaßner, der vor allem in den Jahren von 1774 bis 1776 die Gemüter seiner Zeitgenossen wie kaum eine andere Person zu erregen verstand? Eine profunde biografische Skizze ist ohne weitere grundlegende Quellenarbeit immer noch kaum möglich, zu sehr ist sein Wirken durch eine Fülle polemischer Äußerungen seiner Zeitgenossen, aber auch durch die Verklärungen seiner Anhänger und Selbststilisierungen überzeichnet.[3] Geboren 1727 in Braz (Vorarlberg), muss Gaßner bald, nachdem er 1758 die nahegelegene Pfarrei Klösterle übernommen hatte, an krampfartigen Schmerzen im Kopf-, Magen- und Brustbereich gelitten haben.[4] Nachdem sich alle ärztlichen Mittel als wirkungslos erwiesen hatten und er während des Messopfers wieder einmal von heftigem Schwindel überfallen wurde, habe er sich gefragt, »ob nicht etwa der Satan der Urheber dieser Beschwerlichkeiten« sein könne und nahm deshalb »auf der Stelle sein Zutrauen zum heiligsten Namen Jesus«, wodurch sich eine schrittweise Besserung seines Leidens einstellte.[5] Seine persönlichen Erfahrungen führten dazu, dass sich Gaßner »in den berühmtesten Exorcisten bewandert zu machen« suchte und die erworbenen Kenntnisse mit großem Erfolg in seiner Pfarrgemeinde anwandte, so dass bald schon Hilfesuchende aus der Schweiz, Tirol und Schwaben nach Klösterle kamen (Abb. 80).[6] Allerdings meldeten sich auch Kritiker zu Wort, und nachdem sich der Churer Bischof zu kritischen Nachforschungen entschieden hatte, erwirkte Gaßner 1774 die Erlaubnis, die Einladungen einiger hochgestellter Persönlichkeiten aus Oberschwaben annehmen zu dürfen. Für seine Dienste forderte er, wenn man von Kost und Logis absieht, keine materiellen Gegenleistungen, erwartete wohl aber von seinen Gastgebern, dass sie ihm seine Erfolge bescheinigten und sich für ihn beim Churer und Konstanzer Bischof verwandten, die einen immer größeren Druck auf ihn ausübten. So entschied er sich, seine Pfarrei aufzugeben, und verlagerte seine Tätigkeit auf Einladung des Regensburger Bischofs Anton Ignaz von Fugger, der zugleich Fürstprobst von Ellwangen war, im November 1774 zunächst nach Ellwangen und am 8. Mai 1775 nach Regensburg, wo bis Ende Juli bereits etwa 3.000 Personen aus Böhmen, Tirol, Bayern, Österreich, Ungarn und Schwaben auf Gaßners Hilfe warteten.[7] Allein in diesen beiden Städten sollen ihn im Verlauf von neun Monaten 23.000 Patienten und ebenso viele Zuschauer aufgesucht haben.[8] Allerdings war der Wechsel von Ellwangen nach Regensburg nicht freiwillig erfolgt, sondern war notwendig geworden, nachdem sich in die Schar seiner Kritiker der Augsburger Fürstbischof Clemens Wenzeslaus von Sachsen einreihte, der eine Untersuchungskommission nach Ellwangen entsandt hatte, die »absolut nichts Übernatürliches« hatte feststellen können.[9]

Auch in Regensburg pilgerten Tausende zu Gaßner, um eine Heilung ihrer Beschwerden zu erlangen oder Augenzeugen seiner wunderbaren Fähigkeiten zu werden, auch wenn die Erfolge hier offensichtlich nicht mehr so glanzvoll ausfielen wie noch in Ellwangen (Kat.-Nr. 216). Wer nicht an einen der Wirkungsorte Gaßners reisen konnte, dem standen zahlreiche gedruckte Fallbeschreibungen zur Verfügung, bei denen es sich um Auszüge jener Protokolle handelte, die Gaßner führen ließ, häufiger jedoch um (angebliche) Augenzeugenberichte, die in ihrer knappen Form stark stilisiert wirken.[10] Doch gibt es auch ausführliche Schilderungen, bei denen nicht nur das Anliegen, sondern auch die Reaktionen der Patienten ausführlich wiedergegeben werden (Kat.-Nr. 217).

Demnach musste Gaßner zunächst durch einen Probe-Exorzismus klären, ob der Teufel der Verursacher der Krankheit ist, indem er dem jeweiligen Patienten unter Anrufung des Namens Jesu befahl, seine typischen Krankheitssymptome zuerst heftig zu erwecken und dann wieder verschwinden zu lassen, oder er dirigierte die Beschwerden von einem in ein anderes Körperteil. Gaßner erteilte seine Anweisungen häufig in lateinischer Sprache, mitunter auch nur in Gedanken, wobei sich zum Erstaunen der des Lateins zumeist unkundigen Patienten und Zuschauer in der Regel die gewünschten Phänomene einstellten. So befahl er einer Patientin in Regensburg, zunächst den Kreuzpartikel, den er um den Hals trug, zu küssen und erteilte ihr daraufhin die Befehle:

> »Inclinationem facias S. Cruci: Mach vor dem H. Kreuz eine Verbeugung. Es geschah. [...] Nunc fiat pulsus febrilis: Der Puls soll itzt fieberhaft werden. Es geschah. – Nunc fiat pulsus intermittens. Der Puls soll unterbrochen werden. Nach dem vierten Schlag wurde der Puls intermittens. [...] Der Herr Medikus sagte, er könne es eidlich betheuren, daß sich der Puls also befunden haben, wie der Exorzist in lateinischer Sprache befohlen hatte.«[11]

Ähnlich verfuhr er bei einer Patientin in Sulzbach, wo er seinem Publikum spielerisch zu demonstrieren

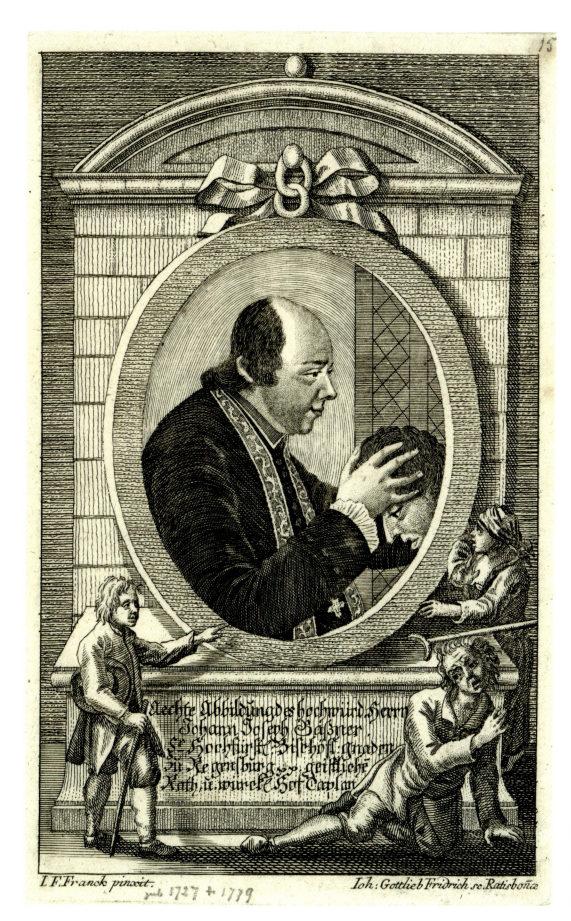

80 Porträt des Johann Joseph Gaßner. Kupferstich, um 1775. Museen der Stadt Regensburg, G 1931/58,1

Wie der Wunderheiler und Exorzist Johann Joseph Gaßner (1727–1779) den Teufel austrieb

suchte, welche Macht er über Dämonen und Menschen besitze. So befahl er der Patientin zu schlafen.

> »Sie schlief alsogleich ein. Ducas maledicte Daemon hanc creaturam per hoc cubile. – Sie stund schnell auf; gieng in dem Zimmer herum; stellte sich in einen entfernten Winkel, und schlief noch immer. [...] Herr Dechant [Gaßner] schrie sie mit lauter Stimme an, und befliß sich recht ihre Phantasie zu stören, aber umsonst; sie stund und schlief eines Schlafes. Oseculeris manuma, precipio in nomine Jesu. – Sie hub die Hände auf, ergriff ihren Schurz, und stopfte sich damit das Maul zu. [...] Sie bequemte sich endlich mit einem lauten Kuß die Hand hochgedachten Herrn Dechants zu verehren.«[12]

Glaubte Gaßner, das Vorhandensein eines Dämons mittels Probe-Exorzismus festgestellt zu haben, konnte er an die Beschwörung des Teufels gehen. Im Fall der Susanne Silberlin von Vilseck (Kreis Amberg-Sulzbach), die einen Kropf besaß, ging er dabei folgendermaßen vor:

> »Darnach machte der Herr geistliche Rath [Gaßner] das heilige Kreuzzeichen über den Kropf, und sprach: Alle Winde und Ausdehnung, die du verfluchter Teufel in diesem Halse verursachet hast, sollen augenblicklich daraus fortweichen. Ich befehle es durch die Kraft des allerheiligsten namens Jesu, in Name Gottes des Vaters u. der Kropf verschwand sichtbarlich. Sie gieng nach erhaltener Instruktion, wie sie sich täglich den Hals mit dem heiligen Kreuz im Namen Jesu bezeichnen solle, mit dem Segen, Gott benedeyend davon.«[13]

Eine ausführliche Schilderung der von Gaßner besonders sorgfältig vorgenommenen Heilprozedur bei einem Grafen von Sulzbach publizierte dessen Leibarzt Doktor Bernhard Joseph Schleis von Löwenfeld (1731–1800). Bevor der Graf Gaßner um Hilfe für seine Gehbeschwerden und sonstigen Leiden bat, hatte er sich zusammen mit seiner Frau und seinem Leibarzt in Ellwangen Gaßners Wirken angesehen.[14] Beeindruckt von dem Gesehenen, lud der Graf Gaßner an den Sulzbacher Hof ein, wo am 20. September 1775 die Kur begann.

> »Herr Gaßner finge an denen Fingern an Gelenke vor Gelenke eines nach dem andern anzuziehen und zu biegen. - Herr Graf lernte nach und nach die Schmerzen zu vertreiben [...] [Gaßner] legte die Stol auf dessen Haupt, sprechend: Du verfluchter Teufel du höllische Bestie [...] Herr Graf ware nach Ausspruch dieser Worten von allen Schmerzen befreyet, gienge ohne Krücken, ohne Stock, ohne alle Beyhülf, wiewohlen noch furchtsam das Zimmer zweymal auf und ab [...]. Den anderen Tag als den 21sten Sept. erschiene vorgmeldter Herr Graf [...] der Schmerz hätte zwar den gestrigen Abend sowohl als diesen Morgen bald in diesen bald in jenen Junkturen sich gemeldet, er hätte solchen aber nach und nach allezeit gebändiget [...] geschwinder ohne Furcht soll er gehen und nur dem Teufel befehlen, daß er mit aller Hinderniß weiche. – Er gienge mit schnellen Schritten, als ihn ein gählinger Schmerz im Kreuz im fernern Fortgehen hinderte – Er soll den Schmerzen mit großmüthiger Verachtung schnell fortjagen. Schon ware aller Schmerz gewichen.«[15]

Solche publizierten wunderbaren Heilungserfolge waren ein begehrter Lesestoff, der neben den mündlich kolportierten Berichten von Augenzeugen zur Popularität Gaßners rasch beitrug.

Gaßners exorzistische Praktiken

Wer sich intensiver mit Gaßners Vorstellungen auseinandersetzen wollte, für den hatte er 1774 einen »Nutzlichen Unterricht wieder [sic!] den Teufel zu streitten«[16] publiziert, der zahlreiche Auflagen erreichte.[17] Dieser »Unterricht« gliederte sich in drei Teile: »1. Kann der Teufel dem Leibe des Menschen schaden? 2. Welchem am mehresten? 3. Wie ist zu helfen?« Demnach sei der Satan für den Menschen »der ärgste und schlimmste Feind«, der schon Eva listig zum Genuss der verbotenen Frucht verführt habe.[18] Der Satan fechte den Menschen an Leib und Seele durch die »Eingebung sündhafter Gedanken« an, indem er »dem Menschen einen Lust zu dem Bösen, und Verbothenen, und einen Unlust zu dem Guten« mache.[19] Aber der Teufel könne eben nicht nur die Seele, sondern auch den Leib »mit Krankheiten und leiblichen Uebeln« angreifen, zumal dann, wenn er zu starken Widerstand der Seele spüre. Typisch sei dabei, dass es dem Teufel gelinge, seine Anfechtungen als natürliche Krankheiten zu tarnen, weshalb ein Versagen der Ärzte ein untrüglicher Hinweis darauf sei, dass der Satan die Finger im Spiel habe.[20] Zudem sei es besonders tückisch, dass es der Teufel verstehe, alle Arten von Krankheiten, seien es physische oder »eingebildete«, zu evozieren.[21] Deshalb verwarf Gaßner die Vorstellung, dass »alle Krankheiten natürlich« seien, war aber auch nicht der Meinung, »alles Unnatürliche komme von Zauber= und Hexerey her«.[22] Dabei unterschied Gaßner zwischen Angefochtenen, Verzauberten und Besessenen.[23] Wobei er jene, die an der Existenz von Teufel, Hexen oder Zauberern zweifelten, auf die Bibel verwies und zugleich an die vielen Menschen erinnerte, die Richter »haben verbrennen und hinrichten lassen«.[24] Letztlich bekomme der Teufel erst durch die Sünden die Macht, den Menschen zu schaden, wobei er den Umkehrschluss, dass jeder Kranke sündhaft gewesen sei, ausdrücklich verneinte. »Im Gegentheile ist der Teufel den Frommen mehr gehäßig, als den Sündhaften, weil diese seinen Willen ohne das erfüllen.«[25]

Habe man den Teufel als Krankheitsverursacher entdeckt, könne man, so Gaßner, an die Therapie gehen. Dabei solle der »Patient einen festen Glauben und ein festes Vertrauen auf Gott, und den heiligsten Namen Jesu haben« (Kat.-Nr. 218).[26] Mit dem Befehl »Vade Satana, geh hinweg Satan« würden die Anfechtungen aufhören, notfalls sei dieser Befehl »mit desto festerm Glauben« zu wiederholen.[27] Abschließend empfahl Gaßner als universelle Kurzformel: »Ich befehle dir, höllischer Geist, und deinem Anhange, durch die Kraft des allerheiligsten Namens Jesu, daß du alsbald mit der Anfechtung N. N. von meinem Leibe, und (wenn die Anfechtung an der Seele ist) von meiner Seele fort weichest, im Namen Gottes des Va†ters, und des Soh†nes, und des heiligen Gei†stes. Amen.«[28] Solche Formeln scheinen sehr beliebt gewesen zu sein, denn sie wurden als gedruckte Gebetszettel unter Gaßners Namen vertrieben.

Scharlatan oder Wunderheiler?

Handelt es sich bei Gaßner, wie seine Kritiker mutmaßten, schlicht um einen Betrüger oder aber, wie viele seiner Patienten und Zuschauer behaupteten, um einen Wundermann? Gaßner selbst verwehrte sich massiv gegen jeglichen Betrugsvorwurf, aber auch gegen die Vorstellung, dass er Wunder wirke. Er selbst betrachtete sich lediglich als Exorzist, der durch starken Glauben an Gott die Befähigung besitze, den Satan durch Aussprache des Namens Jesu bekämpfen zu können. Publizistisch löste Gaßner eine heftige Kontroverse aus, bei der sich sowohl seine Gegner als auch Befürworter nichts schenkten. So meinte der Sulzbacher Arzt Bernhard Joseph Schleis von Löwenfeld: »Auf eine Luge gehöret eine Maulschelle – Würde mir aber nicht die Hand aufschwellen, wenn ich alle diejenige, welche ihre irreligiose Zungen bey Zusammenschmierung einer ungearteten Schmähschrift über Gaßners Aufenthalt und Wesen in Sulzbach aus ehrabschneidischen

81 Grabstein von Johann Joseph Gaßner in Pondorf

Lippen gewelztet haben, mit dieser Münz bezahlen sollte?«[29] Für den aufgeklärten Publizisten Christian Friedrich Daniel Schubart (1739–1791) blieb Gaßner jedoch ein »Charletan«, auf den seine leichtgläubigen Mitbürger hereinfielen. Enttäuscht klagte Schubart darüber, wie »tief ist unser Jahrhundert herabgesunken«, da man sich »Mährlein von Gaßnern und seinen Teufeln vorerzählen« lässt.[30] Der prominente Züricher Theologe Johann Kaspar Lavater (1741–1801) forderte in einem Schreiben vom 26. März 1775 jedoch Gaßners Kritiker Johann Salomo Semler (1725–1791) in Halle auf, ernsthaft zu untersuchen, ob dieser Exorzist ein Betrüger sei oder nicht.[31] Zur Enttäuschung von Gaßners aufgeklärten Kritikern fügte Lavater noch hinzu: »Ich gestehe aufrichtig, daß ich für meine Person Gründe genug zu haben glaube, Gaßner für aufrichtig, und seine Wunder Krafft für ächt zu halten.«[32] Obwohl die meisten Zeitgenossen nicht ernsthaft an Gaßner zweifelten, lastete dennoch der Betrugsvorwurf über ihm. Die größte Schwierigkeit bestand für Gaßners Kritiker darin, dass sich der angenommene Betrug nicht ohne weiteres erhärten ließ und es allen Anstrengungen zum Trotz nicht gelang, eine überzeugende natürliche Erklärung für die von Gaßner evozierten Phänomene zu liefern. Heute werden die Heilungsberichte dahingehend interpretiert, dass Gaßner psychologisch geschickt vorgegangen ist und eine ungewöhnlich starke suggestive Kraft besessen habe, mit der er Patienten in einen hypnotischen Schlaf zu versetzen und teilweise auch zu therapieren verstand.[33]

Dabei fehlte es nicht an Anstrengungen, das Phänomen Gaßner zu ergründen. Der bayerische Kurfürst Max III. Joseph entsandte am 27. August 1775 eigens eine hochkarätige vierköpfige Untersuchungskommission aus dem Kreis der Ingolstädter Professoren nach Regensburg, die zu folgendem Ergebnis gelangte:

> »Wenigstens durch zwölf ganze Stunden waren wir Zuschauer und beobachteten alles aufs genaueste; keine Gattung der Prüfung unterliessen wir. Wir waren besonders auf alle Reden, auf alle Gebärden, auf alle Handlungen und Bewegungen des Exorzisten aufmerksam. Wir konnten aber nichts weniger als ein Merkmal eines Taschenspielers, eines Quacksalbers oder eines Betrügers an dem ehrwürdigen Manne beobachten. Vielmehr waren wir aus allen Umständen überzeugt, daß der verehrungswürdige Priester ein frommer, tugendhafter und allen Betrugs unfähiger Mann sei, der nichts anderes denkt, nichts anderes sucht, als alles, was er tut, durch die Kraft des heiligsten Namens Jesu zu wirken. Übrigens hatten wir alle […] die Gewissheit, dass weder eine elektrische noch magnetische Kraft bei diesen Wirkungen einen Einfluß haben könne.«[34]

Dieses Ergebnis verlieh Gaßners Anhängern Auftrieb, wenn auch nicht lang. Denn Kaiser Joseph II. hatte aus Wien zwei Ärzte inkognito nach Regensburg entsandt, die keine unnatürlichen Heilerfolge feststellen konnten, weshalb der Kaiser den Regensburger Bischof anwies, Gaßner aus der Reichsstadt zu entfernen. So zog Gaßner im September 1775 zunächst nach Sulzbach, wo er weiterhin zahlreiche Kuren vornahm, bevor er vom Regensburger Bischof die Pfarrei Pondorf (Kirchroth, Kreis Straubing-Bogen) mit zugehörigem Dekanat übertragen bekam. Dass Gaßner in Pondorf seine exorzistischen Kuren drastisch einschränkte, lag nicht an mangelnder Nachfrage oder einem nachlassenden Eifer des Exorzisten, sondern an einem von Papst Pius VI. erlassenen Breve vom 20. April 1776. Darin wies das katholische Oberhaupt Gaßner an, zukünftig nur noch streng nach dem römischen Rituale zu exorzieren, dies sollte er jedoch nicht mehr so öffentlich und so häufig tun.[35] Gaßner fügte sich der päpstlichen Anordnung und widmete sich fortan seiner Pfarrei, wo er 1779 starb (Abb. 81).

Zwar war die publizistische Kontroverse um Gaßner im Jahre 1776 zunächst einmal abgeflaut, doch genossen seine Ansichten über seinen Tod hinaus großes Ansehen und so flammten auch die Debatten um Gaßner im ausgehenden 18. Jahrhundert immer wieder auf. Denn im Streit um Gaßner polarisierte sich der Konflikt um die obrigkeitlich verordneten religiösen Aufklärungsreformen und die Aberglaubensdiskussionen der Zeit.[36] Die geistlichen und weltlichen Obrigkeiten unterbanden mit rationalen Argumenten rigoros populäre Frömmigkeitsformen, in deren Zuge beispielsweise mehrtägige Wallfahrten verboten, Passionsspiele abgeschafft und das Aufstellen von Krippen in Kirchen untersagt worden war. Dies hatte in der Bevölkerung für große Unruhe gesorgt. Sicher unterlag die religiöse Kultur auch schon in früheren Jahrhunderten laufenden Veränderungen.[37] Im späten 18. Jahrhundert wurden diese Prozesse jedoch immer stärker publizistisch begleitet. In dieser Situation kam den Aufklärungskritikern die Popularität Gaßners wie gerufen. So meinte der Augsburger Domprediger Aloys Merz,

»fürwahr schien wieder nöthig, daß Zeichen geschehen«, die die Macht Gottes und Wirkkraft des Teufels den Menschen sichtbar vor Augen führen.[38] So spiegeln sich in der Kontroverse um Gaßner tiefgreifende Veränderungen im Selbstverständnis einer bis dahin in städtischen und ländlichen Bevölkerungskreisen kaum hinterfragten barocken Frömmigkeitskultur und damit auch im Umgang mit Krankheit und Heilung bis hin zu grundlegenden Fragen der Daseinsverständnisses. Die Diskussionen um Gaßner trugen letztlich mit dazu bei, dass die breite Bevölkerung verstärkt mit aufklärerischen Gedanken in Berührung kam, so dass viele der barocken, mitunter geradezu spielerischen Frömmigkeitspraktiken nicht mehr unreflektiert vonstattengingen. Aber es scheint auch, dass viele Menschen nun umso intensiver an hergebrachten religiösen Glaubenspraktiken festhielten. Die einfache Bevölkerung sah sich nun zunehmend mit dem Verdikt konfrontiert, dumm und unaufgeklärt zu sein. Frömmigkeitspraktiken, die noch vor wenigen Generationen von allen Bevölkerungsschichten praktiziert worden sind, führten nun, um eine Formulierung des Volkskundlers Christoph Daxelmüller aufzugreifen, zur Konstruktion des dummen und abergläubischen Volkes.[39] An der Wende vom 18. zum 19. Jahrhundert spiegelt sich im aufsehenerregenden Wirken Gaßners eine Welt im Umbruch, für die der Historiker Reinhart Koselleck den Begriff der »Sattelzeit« zwischen Früher Neuzeit und anbrechende Moderne geprägt hat.[40]

1 Zeiler 1775, S. 18.
2 Vgl. Sterzinger 1766.
3 Vgl. Hanauer 1964; Hanauer 1985; Müller 1986; Freytag 1996; Midelfort 2005.
4 Vgl. Wer war Gassner 1788, S. 5–6.
5 Wer war Gassner 1788, S. 8.
6 Vgl. Wer war Gassner 1788, S. 10.
7 Vgl. Reisach 1775, S. 20.
8 Vgl. Grundsätze 1788, S. 41–42.
9 Gulielminetti 1911, S. 525–526.
10 Vgl. z. B. Sartori 1775; Verzeichniß 1779; Höchst verwunderlich 1788.
11 Extrakt aus dem Regensburger Protokoll 1788, S. 109–110.
12 Verzeichniß 1788, S. 158–159.
13 Verzeichniß 1788, S. 223–224.
14 Vgl. Schleis 1788, S. 65.
15 Schleis 1776, S. 19–27.
16 Gaßner 1788.
17 Vgl. Reisach 1775, S. 21–22.
18 Gaßner 1788, S. 12.
19 Gaßner 1788, S. 14.
20 Gaßner 1788, S. 19.
21 Gaßner 1788, S. 22.
22 Vgl. Gaßner 1788, S. 23–24.
23 Vgl. Gaßner 1788, S. 24.
24 Gaßner 1788, S. 27.
25 Gaßner 1788, S. 35.
26 Gaßner 1788, S. 47.
27 Vgl. Gaßner 1788, S. 56.
28 Gaßner 1788, S. 64.
29 Schleis 1776, S. 3.
30 Schubart 1775, S. 283 (04.05.1775).
31 Semler 1775, S. 2.
32 Semler 1775, S. 3.
33 Vgl. Burkhard 2000, S. 19–34.
34 Zit. nach Grundsätze 1788, S. 55–57.
35 Zit. nach Wer war Gassner 1788, S. 24.
36 Vgl. Drascek 1998, S. 25–44.
37 Vgl. Hartinger 1985a, S 142–157; Hartinger 1992b.
38 Merz 1774, S. 16.
39 Vgl. Daxelmüller 1996, S. 60–80.
40 Vgl. Koselleck 1972, S. XV.

Die Votivwand in der Maria-Läng-Kapelle

Moderne Frömmigkeit im Schatten des Domes

Nikolas Wollentarski

Die Maria-Läng-Kapelle, auch als St. Salvator in Emmaus bekannt, ist ein eher unscheinbares Sakralgebäude in unmittelbarer Nähe zum Regensburger Dom. Sie wurde vom Regensburger Domherren und späteren Weihbischof Albert Ernst Graf von Wartenburg erbaut, der im Jahre 1675 damit eine baufällige Hauskapelle ersetzte. Die Kapelle diente nicht nur als Repräsentationsobjekt des Domherren, sondern legt darüber hinaus Zeugnis über die gegenreformatorischen Bestrebungen in der überwiegend protestantischen Bürgerschaft Regensburgs ab.[1] Ihr gebräuchlicher Name wird zurückgeführt auf eine Holzskulptur nach dem Typ der Schönen Maria, in deren Inneren sich eine Urkunde über die vermutete, wahre Körpergröße (»Länge«) der Muttergottes befinden soll. Diese wurde anscheinend im Jahre 1798 durch das jetzige Gnadenbild einer lebensgroßen Madonna ersetzt.[2] Über die Jahrhunderte hinweg war die Kapelle im Privatbesitz und wurde erst im Juli 1986 vom Dompfarramt zurückgekauft.[3] Im Gegensatz zu vielen anderen privaten Hauskapellen in Regensburg blieb der sakrale Charakter des Raumes, der auch für die Öffentlichkeit zugänglich war, erhalten. Die Maria-Läng-Kapelle stellt einen Mikrokosmos dar, in dem sich verschiedene Ausprägungen religiösen Lebens vorfinden lassen, die in ihrem jeweiligen zeitlichen Bezug zu verstehen sind. So dient die Kapelle für viele Gläubige als Ort der schnellen Andacht, aber eben auch als einer, zu dem sie mit ihren Nöten und Ängsten kommen und diese in einem rituellen Ausdruck kommunizieren können. Hierfür lassen sich vielerlei Beispiele finden. In der Kapelle befindet sich unter anderem eine Votivtafel aus dem Jahre 1649, verlobt von einer *Margareta Veyrer* deren *Techterleyn Elisabetha* eine Krankheit durchstanden hatte (Abb. 83). Woher diese Tafel stammt und wie sie ihren Weg in die Kapelle fand, lässt sich letztendlich nicht hinreichend klären; wahrscheinlich befand sie sich jedoch, zusammen mit anderen Votivtafeln, Hinterglasbildern und Silbervotiven, in der privaten Sammlung einer Vorbesitzerin des Hauses und hängt nun mit diesen gemeinsam an der Nordwand der Maria-Läng-Kapelle. Um sie herum befindet sich ein mehr oder weniger chaotisches Konglomerat aus »zeitgenössisch-gegenwärtigen Zuwendungsstücken«[4], das über die Zeit in den Raum hineingewachsen zu sein scheint.[5] An der sogenannten »Votivwand«[6] bringen Besucher seit Jahrzehnten – das früheste belegte Datum ist der 23. März 1956 – unterschiedlichste schriftliche, bildliche, aber auch figürliche Artefakte an (Abb. 84). Doch erinnern die dort angebrachten Stücke nur mehr in Einzelfällen an die darüber hängenden Votivtafeln. Betrachtet man die Andachtsbildchen, Blätter, Postkarten und Zettel, dann findet man aber auch immer wieder ähnliche Schicksale wie das der Margareta Veyrer. So bittet beispielsweise eine Frau auf einem nur 8,6 x 14,1 cm großen, mit Kugelschreiber beschriebenen Zettel um Hilfe für ihre an Krebs erkrankte Tochter.

Angesichts der gravierenden Unterschiede zwischen den Materialien und dem betriebenen Auf-

82   Andachtsbild Maria Läng (Detail, vgl. Kat.-Nr. 220)

83 Votivtafel aus der Maria-Läng-Kapelle. 1649

wand könnte man leicht die Fehler der Frömmigkeitsforschung vergangener Tage wiederholen und diese modernen Formen der Anheimstellung als Verfallsprodukte eines traditionellen Votivbrauches oder sogar als defizitären Aberglauben interpretieren. Besser aber begegnet man dem Phänomen unvoreingenommen und versucht, den unmittelbaren Kontext zu erschließen. Die 2010 bei einer Untersuchung vorgefundenen 462 Gegenstände lassen sich in objekthafte (12,3 %), textliche (45,9 %) und bildliche (41,6 %) Artefakte aufteilen. Angesichts dessen, dass bei vielen der bildhaften Objekten auch schriftliche Äußerungen inbegriffen sind, kann von einem klaren Übergewicht des Literalen gesprochen werden. Hauptsächlich sind es sogar handschriftlich angefertigte Texte. Das Gros der Objekthaften stellen vor allem Wachsfiguren.

Bei genauerer Betrachtung des Inhalts der zurückgelassenen Textstücke, lassen sich thematische Schwerpunkte ausmachen: Den größten Anteil machen die Themen Krankheit und Gesundheit aus (27,7 %), gefolgt von Liebe und Partnerschaft (14,6 %) und dem Themenkreis Schule, Beruf und Finanzen (10,3 %). Bei mindestens 60 % Prozent der Inschriften lässt sich eine Bitte herauslesen, die aber nicht immer ausformuliert ist. Dem steht ein Anteil von 17,3 % eines mehr oder weniger explizierten Dankes gegenüber. Das erinnert zunächst an die klassische Form des Votivaktes, doch lässt sich nur bei einem sehr geringen Anteil, nämlich bei neun Stück (2,3 %), ein Verlöbnis – immerhin das namensgebende Kernmoment des Votivbrauches – nachweisen. Auch wenn es sich bei der Votivwand in der Maria-Läng-Kapelle also um eine fortgeschrittene

Mutation des Votivbrauches handeln sollte, die vielleicht eine Art Sammelbecken verschiedenster Formen von Andacht darstellt, so machen gerade die thematischen Überschneidungen auf einen allgemeinen Zusammenhang aufmerksam. Die Gläubigen, die sich mit ihren Nöten zumeist an Maria, oft an Gott, selten auch an andere Heilige wenden, finden an diesem Ort etwas vor, das sich im europäischen Raum so sonst nur an Wallfahrtsstätten antreffen lässt und das im nur wenige Meter entfernten Dom unmöglich erscheint. Der vorhergehende Privatbesitz an der Kapelle könnte ein Grund für die Toleranz gegenüber diesem Phänomen sein. Warum es entstanden ist, wird dadurch nicht erklärt. Es mag die Initiative eines Besuchers gewesen sein, der sich beim Betrachten der Votivtafeln dazu inspirieren ließ, seiner Bitte oder seinem Dank einen exponierteren Platz zu suchen als in dem ebenfalls bereitliegenden Anliegenbuch. Das aber ist reine Spekulation.

Fest steht, das hier Spuren eines ritualisierten Verhaltens vorgehalten werden, die nicht abhängig von einer durchdeklinierten Ritualvorgabe oder kirchlichen Vorschriften sind und damit in gewisser Weise das widerspiegeln, was man früher als »Volksfrömmigkeit« bezeichnet hatte und heutzutage wohl unter dem Begriff der »popularen Religiosität« gefasst würde. Die Materialien sowie die Form der Darbringung sind mehr oder weniger selbstbestimmt, das Anbringen an der Wand erfolgt zumeist persönlich und in einem individuellen Rahmen. Die Objekte werden entweder durch eine direkte Inspiration in der Kapelle, sozusagen ad hoc, dargebracht, oder sie unterliegen einer planmäßigen rituellen Durchführung. Für Ersteres spricht beispielsweise der hohe Anteil der Postkarten mit dem Gnadenbild der Maria Läng-Kapelle (9,3 %), die in der Kapelle ausliegen und so das Material für spontane Äußerungen liefern. Für Letzteres sprechen einige Zeichnungen, Fotokopien oder Collagen, die einen höheren Aufwand und eine gewisse Planung voraussetzen. Warum die Menschen diese oder jene Form und Materialien wählen, darauf gibt die Votivwand ebenso wenig eine Antwort wie auf die Frage, was sie sich von der Darbringung selbst erwarten. Ist es die Hoffnung auf Hoffnung oder auf ein – sei es auch noch so kleines – Wunder?

Nicht jedes Stück scheint aus einer Situation der Verzweiflung heraus geboren zu sein, doch liegen nahezu allen Schriftstücken persönliche Schicksale zugrunde, die in irgendeiner Art danach drängten, sich an diesem Ort zu manifestieren. Man kann davon ausgehen, dass in dem Akt der Darbringung eine psychologische Funktion wurzelt, die sich auf den Zustand des Verfassers auswirkt: Er setzt sich handelnd – nicht nur in Gedanken – mit seiner Situation auseinander. Oft ist in den Texten eine vorangegangene Selbstreflexion erkennbar und auch bei der Bitte für andere Menschen offenbaren sich – mindestens rudimentär – die emotionalen Verbindungen zu diesen. Was genau wie wirkt ist im Einzelnen nicht nachzuvollziehen, die Bestätigungsmechanismen aber sind vielfältig. Einerseits ist bei einem nicht unbeachtlichen Teil der Devotionalien (11,3 %) die Bekanntgabe einer zuteilgewordenen Hilfe explizit (»Maria hat geholfen«) und andererseits hat das Bedürfnis nach sichtbarer Anbringung einen interessanten Nebeneffekt: Die Emotionen, die in einigen Objekten zum Tragen kommen, betreffen nämlich nicht nur den Verfasser selbst. Sie werden zu einem Zeichen für einen spezifischen Umgang, zu einem Bewältigungsversuch, der zusammen mit den anderen Objekten ein überindividuelles Referenzsystem bildet, auf das sich motivierte Gläubige beziehen können. Die Votivwand wird so zu einem Ort der Kommunikation, nicht nur mit der als übernatürlich geglaubten Sphäre des Heiligen, sondern auch mit den Besuchern der Maria-Läng-Kapelle. Diese können wiederum Anteil an den Sorgen der Menschen nehmen, die an dieser Stelle objektiviert wurden. Die Votivwand als Ganzes stellt ein religiöses Angebot dar, das sich aus dem Wechselspiel der individuellen Objekte ergeben hat und implizit zur Nachahmung auffordert.

In der räumlichen Gebundenheit der Maria-Läng-Kapelle bildet sich so eine Gemeinschaft von Gläubigen, die, obwohl sie sich vielleicht nie begegnet sind, ihre Sorgen und darüber vermittelt auch einen nicht unbedeutenden Aspekt ihres Glaubens mitteilen. Der Brückenschlag von der Vergangenheit in die Gegenwart lässt sich eben nicht in der objektiven Gestalt der Gegenstände nachvollziehen, sondern liegt vielmehr in den handlungsmotivierenden inneren Zuständen, die sich den individuellen zeitgeschichtlichen Umständen entsprechende Transportmittel suchen.

Abstrahiert man so von den Materialien, dann finden sich ganz offensichtliche Gemeinsamkeiten zwischen den beiden oben erwähnten Frauen, deren Leben doch mehr als 350 Jahre auseinander liegen. Beide sind Mütter, die sich in einer von Unsicherheit bestimmten Situation um ihre Töchter sorgen und die mit der Situation sowie ihren Gefühlen zu-

84 Nordwand der Maria-Läng-Kapelle

85 Detail der Nordwand der Maria-Läng-Kapelle

rechtkommen müssen. Beide nehmen dabei ein religiös-kulturelles Handlungsangebot auf, setzen es individuell um und hinterlassen jeweils eine interpretierbare Spur dieser Handlung. Diese Spuren verweisen dabei auf ein gemeinsames und noch immer ungebrochenes Bedürfnis nach rituell-religiösen Mitteln zur Bewältigung existenzieller Nöte. Die Maria-Läng-Kapelle und ihre Votivwand geben diesem Bedürfnis einen Ort und einen kollektiven Ausdruck.

---

1 Vgl. Prosser 2006.
2 Bauer 1997, S. 98.
3 Vgl. BZAR, Pfarrakten Regensburg, Sig. 35.
4 Prosser 2006, S. 41.
5 Michael Prosser hat 2001 155 Objekte und 2006 203 Objekte gezählt. Bei einer eigenen Untersuchung 2010 fanden sich bereits 462 Objekte.
6 Vgl. Prosser 2006.

206

207

206 Der hl. Wolfgang

Andreas Geyer
Regensburg, um 1720
Kupferstich auf Papier, 29 x 19 cm (Blattmaß)
Museen der Stadt Regensburg, G 1930/83

Die Gebeine des hl. Wolfgang ruhen zwar heute in der 1052 geweihten Wolfgangskrypta der Kirche St. Emmeram in Regensburg, Zentren seiner Verehrung waren aber vorwiegend das in Österreich liegende Kloster Mondsee und die Kirche am Wolfgangssee. Die Regensburger Grablege war weit weniger von Pilgern frequentiert, wobei im Barock eine Zunahme zu verzeichnen ist, zumal der hl. Wolfgang auch zum Patron des Bistums Regensburg erhoben wurde.

Wie vorliegendes Blatt eindrucksvoll verdeutlicht, war Wolfgang ein vielverehrter Schutzpatron für viele Bereiche.

Die Grafik besteht aus einem architektonisch angelegten Rahmengerüst, in das eine zentrale große sowie acht kleine Rollwerkkartuschen und die Wappenschilde des heiligen Bischofs und seiner Eltern, bezeichnet mit *Insignis S. WOLFGANGI Episcopalia.* und *Insignia, S. WOLFGANGI, Parentum.*, eingebunden sind. Jede Darstellung wird durch Spruchbänder erläutert. Die acht kleinen Szenen skizzieren den Wirkungsbereich des Schutzes des hl. Wolfgang: *S. WOLFGANG. Wendet ab Unfruchtbarkeit u: Mißgeburten*, *S. WOLFGANG. errettet aus Wassrgefahr*, *S. WOLFGANG löscht grosse Feüers-Brünst*, *S. WOLFGANG. treibet Teüffel aus.*, *S. WOLFGANG. erlediget die Gefangene.*, *S. WOLFGANG. erhaltet vor Ungewitter*, *S, WOLFGANG, erwecket die Todte*, *S. WOLFGANG, ein allgemeiner Nohthelffer.*

Im Zentrum wird eine lokale, legendenhafte Begebenheit verbildlicht, welche die Vision Herzog Heinrichs IV. (995–1004, 1009–1017), Schüler und Schützling des hl. Wolfgangs, zeigt. Während seines Gebetes am Grab des Heiligen erschien ihm dieser und hieß ihn, an die Wand neben seinem Grab zu sehen, wo die Worte »post sex« erschienen. Heinrich, von Schrecken ergriffen, nahm an, nach Ablauf von sechs Tagen sterben zu müssen. Das prophezeite Ereignis trat aber erst nach sechs Jahren ein, als er, als Heinrich II., zum Römischen Kaiser (1014–1024), einer anderen Legendenversion zufolge zum Römisch-Deutschen König (1002–1024) gekrönt wurde. Die Darstellung basiert auf dem Blatt des Wolfgangsaltars im südlichen Seitenschiff von St. Emmeram, das Johannes Selpelius 1658 malte. Als Schauplatz wird der Ort vor dem um 1350/60 geschaffenen Hochgrab des hl. Wolfgang mit dem charakteristischen Gittergehäuse gewählt. Vor diesem kniet Herzog Heinrich im Hermelinmantel mit gefalteten Händen auf einer Gebetsbank. Zwei Pagen im Hintergrund halten eine Krone. Vor ihm erscheint die strahlende Vision des Heiligen mit Bischofsstab, Mitra und Kirchenmodell. Mit seiner Linken weist er auf die maßgeblichen Worte *POST SEX*.

Bauer 1997, S. 781–784; Dehio 2008, S. 521–538.   st

207 Votivtafel mit der Schönen Maria von Regensburg

Oberpfalz, 1756
Öl auf Nadelholz, 29,6 x 24,7 x 2,6 cm
Leihgabe Privatbesitz, Regensburg

Inschrift: *EX VOTO. Maria Francisca Spirckhin 1756.*
Rückseitig mit Bleistift: *S. Cassian Rgbg*

Die in sehr feiner Maltechnik ausgeführte Votivtafel zeigt im oberen Bereich die von einer Wolkenaureole umfangene Halbfigur der Schönen Maria von Regensburg. Das Jesuskind hält einen Vogel in der Hand, links steht ein Blumenkandelaber. Von dem Gnadenbild ausgehend treffen Strahlen auf die Votantin hernieder, die in Schlafkleidung mit gefalteten Händen und Rosenkranz in einem Kastenbett liegt. Die Rokokokartusche in der rechten unteren Ecke trägt die Beschriftung.

Bei dem Gnadenbild handelt es sich um die circa 95 cm hohe Holzfigur der Schönen Maria im Typus der Lukasmadonna vom Landshuter Bildhauer Hans Leinberger aus dem frühen 16. Jahrhundert. Das Kind entstand hingegen erst im 18. Jahrhundert. Ursprünglich wurde sie als Ersatz für Albrecht Altdorfers Marienbild für die Wallfahrtskapelle Zur Schönen Maria auf dem heutigen Neupfarrplatz angefertigt. Am 13. August 1747 wurde die Figur aus dem Minoritenkloster nach St. Kassian transferiert, was die Marienwallfahrt reaktivierte und ab 1749 auch zu einer Neugestaltung dieser Kirche führte. Die Wandmalereien in ihrem südlichen Seitenschiff nehmen die Thematik der Wallfahrt zur Schönen Maria auf, so dass das Gnadenbild 1864 nach seiner Restaurierung auf dem dortigen Seitenaltar aufgestellt wurde.

Dehio 2008, S. 563.   st

208 Votivtafel mit dem Gnadenbild von Mariaort

Oberpfalz, 1708
Öl auf Nadelholz, 22,2 x 20,8 x 2,9 cm
Leihgabe Privatbesitz, Regensburg

Inschrift: *EX VOTO. 17. G.F.A.D: 08*

Die Votivtafel ist mit feinen, zarten Pinselstrichen gemalt. Oben rechts erscheint auf Wolken das Mariaorter Gnadenbild, eine Maria mit Kind und Zepter, majestätisch auf dem legendären Wacholderzweig stehend. Der Votant kniet diagonal entgegengesetzt in der linken unteren Ecke. Er trägt bürgerliche Kleidung, bestehend aus

208

einem roten Rock und Jabot, und hält einen wertvoll aussehenden Rosenkranz. Strahlen zwischen ihm und dem Gnadenbild schaffen eine bildliche Verbindung zwischen Hilfesuchendem und Hilfegewährender.

Im Mittelgrund erstreckt sich eine weitläufige, schematische Flusslandschaft, die vermutlich die Gegend um Mariaort mit dem Zusammenfluss von Naab und Donau andeuten soll.

Das marianische Gnadenbild von Mariaort nahe Regensburg soll der Legende nach im 8. Jahrhundert, Zeit der oströmischen Bilderstürme, bei Konstantinopel ins Meer geworfen worden und auf einer Wacholderstaude bis Mariaort geschwommen sein. Heute existieren zwei Gnadenbilder, eines aus Holz, das andere aus Stein, wohl ehemals im Außenbereich angebracht, beide aus der Zeit um 1400. Des Weiteren sollen Engel selbst das Baumaterial für den Kapellenbau herangetragen haben, der 1352 das erste Mal schriftlich fassbar ist. An der Außenseite an der Sakristei gibt es noch heute einen Kragstein mit dem Wacholderstrauch.

An der Chorwand der heutigen, unter Verwendung des spätgotischen Chores zwischen 1774 und 1776 erbauten Kirche illustrieren Votivtafeln die Wallfahrt, die auch zum jetzigen Zeitpunkt noch zahlreiche Besucher anlockt. Die Deckenmalereien von Matthias Schiffer nehmen ebenfalls Bezug auf die Legende. Da die Wallfahrt besonders im 17. und 18. Jahrhundert wahre Pilgermassen anzog, errichtete man als weiteres Wallfahrtszentrum in unmittelbarer Nähe die Kalvarienbergkirche.

Dehio 2008, S. 313.   st

209 Votivtafel der Anna Maria Schmidt

Graß (Regensburg, Oberpfalz), 1685
Mischtechnik auf Holz, 39,5 x 30,5 x 3,1 cm
Standort: Kirche St. Michael, Regensburg-Graß

Inschrift: *Gott dem Allmechtigen Zu Lob Ehr und danckh. dann auch Zu Ehren des heiligen erz Engel Michael. hab ich Anna Maria des Erbaren Johann Michael Schmidt. Jägers Zu grass ehliche haußfrau. dieße Tafel machen lassen weillen mein noch nit 5: iähriges töchterlein justina. den 2: October 1685 in dem negst S: Michael Capelenn. stehenden Tieffen prunen. Zweimall nach ein ander hin undter gefallen. und gleich woll Ohne verletzung von mür und Maria Alkhouerin. herauß ge Zogen wordten.*

Das Bild stammt aus einer unter dem Patrozinium des Erzengels Michael stehenden Kirche in Regensburg-Graß, einem 1977 eingemeindeten Ortsteil im Stadtsüden. Als neben dem Ringgraben einziges Relikt einer im Dreißigjährigen Krieg zerstörten Burganlage geht das 1689 teilweise erneuerte Bauwerk im Kern auf die ehemalige Schlosskapelle des 14. Jahrhunderts zurück. Ursprünglich befand sich die Burg im Besitz des Regensburger Patriziergeschlechts Löbel, ging aber im 15. Jahrhundert an den Deutschherrenorden über.

Detailreich schildert die szenische Darstellung den im Text näher erläuterten Vorfall, anlässlich dessen Anna Maria Schmidt den Erzengel und Kirchenpatron St. Michael angerufen hatte. Mit himmlischer Hilfe und irdischer Unterstützung durch eine Bekannte gelang es der verzweifelten Mutter, ihre kleine Tochter Justina, die zweimal hintereinander in den Brunnenschacht gefallen war, aus selbigem zu bergen. Trotz des wiederholten Absturzes war das Kind unverletzt geblieben. Vor der Kirche verstreut liegen einige Äste; vielleicht hatte die Hausfrau gerade Brennmaterial geholt und ließ dieses angesichts des Unglücks erschrocken zu Boden fallen.

In einem überweltlichen Wolkenrahmen wacht der Erzengel Michael über die Rettungsaktion. Der gerüstete Seelenwäger hält Flammenschwert und Waage, welche auf die im Jüngsten Gericht kommende Entscheidung über das jenseitige Leben verweist. In der unteren Schale befindet sich eine Seele, die jedoch offenbar schwerer wiegt als das im Pendant sitzende kleine schwarze Teufelchen.

Bauer 1997, S. 620–62; Dehio 1991, S. 534. kg

210 Eisstoß bei Tegernheim

Tegernheim (Lkr. Regensburg, Oberpfalz), 1784
Mischtechnik auf Leinwand, 66 x 87 x 3,8 cm
Museen der Stadt Regensburg, K 1984/10

Inschrift (schlechter Zustand): *Im Jahre 1[...]9 den 1. Hornung zu Nachts um zwajer hat der aufgethaute Eiß [...] Tegernheim bis auf wenige Häuser überschwemm[...] – Im Jahre 1784, den 29. Hornung [...] in grösten Schr[...] und Schutz und Hilf Ihrer gnadenvollen Jungfräulichen Mutter [...] Leben erhalten wurden.*

Für die Menschen in Regensburg und den an der Donau anrainenden Orten war und ist die Lage am Fluss nicht immer von Vorteil. Jahr für Jahr kehrt die Gefahr von Hochwasser und Überschwemmungen wieder; in harten Wintern mit extremer Kälte kann es durch Eisgang zu einem sogenannten Eisstoß kommen, ein gewaltiges Naturschauspiel, bei dem sich Eisschollen in großer Menge verkanten und auftürmen – massive Rückstauungen des Fließwassers sind häufig die Folge. An zwei derartige Ereignisse, die heute wesentlich seltener sind als in früheren Zeiten, erinnert diese relativ große Votivtafel aus Tegernheim, die vermutlich von der Ortsgemeinschaft gestiftet wurde. Das mittlere Drittel des Bildes füllt die enorm angeschwollene, Treibgut unterschiedlichster Art mit sich führende Donau, die weite Teile der Ortschaft Tegernheim überflutet hat. Auch Kirche und Friedhof blieben davon nicht verschont. Im Hintergrund sind

210

die auf sicherer Höhe gelegene Salvatorkirche und die Burg von Donaustauf zu erkennen. Während sich zum ersten genannten Ereignis aufgrund der unleserlichen Jahreszahl keine Aussage treffen lässt, gab es am 28./29. Februar 1784 tatsächlich einen verheerenden Eisgang in Regensburg, dessen Beschreibung der Kupferstecher und Verleger Johannes Mayr in Text und Bild veröffentlichte.

Bauer 1997, S. 722. kg

211 Zwei Aufsätze für Prozessionsfahnenstangen

David Michael Busch
Regensburg (Oberpfalz), um 1720
Silber, getrieben, teils vergoldet,
26,6 x 11 x 3 cm; 25,5 x 11 x 3 cm (mit Dorn)
Museen der Stadt Regensburg, K 1969/3 und 4

Die meisterlich gearbeiteten, als Pendants angelegten Goldschmiedearbeiten mit Maria als Schmerzensmutter und dem hl. Johannes Nepomuk dienten einst als Aufsätze für Fahnenstangen zum rituellen Gebrauch, wie sie bei Prozessionen als Begleitung des Vortragekreuzes (vgl. Abb. 80) zum Einsatz kamen. Ob die Bekrönungen bei jedwedem religiös motiviertem Umgang Verwendung fanden oder einer bestimmten Prozession zuzuordnen sind, muss offen bleiben. Feierliche Umzüge unterschiedlicher Art und Funktion, untermalt mit Gebet und Gesang, spielen im katholischen Jahreslauf seit jeher eine wichtige Rolle. Meist mit bestimmten Kirchenfesten verbunden, können sie beispielsweise dem Mitführen und Vorzeigen eines verehrungswürdigen Gegenstandes dienen wie dem Allerheiligsten, der Hostie, in der bekannten Fronleichnamsprozession, oder auch der Nachahmung eines bedeutsamen heilsgeschichtlichen Geschehens, wie etwa in der gerade im Barock auch in Regensburg äußerst populären, mancherorts noch heute begangenen Karfreitagsprozession (Kat.-Nr. 213). In Bittprozessionen dagegen steht ein bestimmtes Anliegen der Gläubigen im Vordergrund, etwa in den sogenannten Flurumgängen die Segnung der Felder.

Die Organisation von Prozessionen, aber auch Wallfahrten und kirchlichen Festen im Allgemeinen oblag in der Zeit des Barock den meist an bestimmte Kirchen, Klöster oder Stifte gebundenen Bruderschaften, die sich als Pfleger und Bewahrer christlicher Traditionen verstanden. Der Ursprung dieser kirchlich autorisierten

211

Körperschaften lag vermutlich in den zunächst klosterinternen Gebetsverbrüderungen des Frühmittelalters. Von der Amtskirche gefördert, entstanden – in Bayern nachweislich seit dem Spätmittelalter – eigenständige, auch Laien offenstehende Körperschaften, die sich dem Gebet für die Verstorbenen widmeten. Darüber hinaus kamen ihnen bald auch vielfältige soziokulturelle Aufgaben zu, etwa als Unterstützer in der Gemeindearbeit oder in der Übernahme karitativer Projekte. Der zentrale Aspekt des religiösen Totengedenkens aber blieb, unabhängig von der Vielfalt ihrer Ausprägungen und der Fokussierung auf bestimmte Aufgabenbereiche, stets die Kernaufgabe aller Bruderschaften. Im Namen der früh aufkommenden Allerseelenbruderschaften klingt dieser Zweck deutlich an; so wurde 1517 beispielsweise auch in Mariaort nächst Regensburg, wo bereits im 14. Jahrhundert acht Bruderschaften existierten, ein Verbund »zu Hilf und Trost aller christgläubigen Seelen« (zitiert nach Bauer 1997, S. 775) gegründet. Das Patronat der unterschiedlichen Gemeinschaften konnte sowohl in einem Heiligen als auch in einer Heilstatsache bestehen. Die unzähligen Marienbruderschaften etwa bezogen sich auf verschiedene Marienfeste oder Gnadenbilder, andere stattdessen beispielsweise auf den Rosenkranz. Nach einem durch die Reformation bedingten Rückgang gelangte das Bruderschaftswesen im Zuge der Barockfrömmigkeit in den katholisch gebliebenen und rekatholisierten Gebieten zur abermaligen Blüte, es kam zu zahlreichen Neugründungen. Die kritische Haltung der aufklärerischen Zeit gegenüber der gelebten Frömmigkeit und auch den Inszenierungen der Bruderschaften führte seit Beginn des 19. Jahrhunderts zum Rückgang der Aktivitäten, in vielen, aber bei weitem nicht allen Fällen auch zur Auflösung – auch heute noch bestehen zahlreiche Bruderschaften.

Bauer 1997, S. 775; Pötzl o. J. kg

212

212 Aufsatz einer Prozessionsfahnenstange

Oberpfalz oder Niederbayern, 18. Jahrhundert
Eisen, bemalt, 21 x 16,2 cm (ohne Dorn),
25,8 x 16,2 cm (mit Halterung)
Museen der Stadt Regensburg, K 1931/147,4

Als Bekrönung einer Fahnenstange kam auch dieser Aufsatz im Zuge einer Prozession oder Wallfahrt zur Verwendung. Das unedle Basismaterial ist beidseitig durch eine vollständige Bemalung mit figürlichen Darstellungen in floraler Rahmung verdeckt. Dabei greift die Gestaltung des gepinselten Rahmens mit zweierlei Blumensatz die geschnittene Zierform des Metallrandes auf. Auf der Vorderseite erscheint Maria in der Gestalt der auf die unbefleckte Empfängnis verweisenden Immaculata (vgl. Kat.-Nr. 13). Die beiden auf der Rückseite gezeigten Personen sind sehr wahrscheinlich als die Eltern Mariens, Anna und Joachim, zu identifizieren. Demnach könnte der Aufsatz von einer Marianischen Bruderschaft stammen, die konkret möglicherweise unter dem Patronat der Unbefleckten Empfängnis Mariä stand. kg

213 Ein Ausgespannter, ein Kreuzschlepper und ein Geißler

Leonhard Bleyer (1758–1825)
Regensburg (Oberpfalz), 1802
Aquarell, Beschriftung in Tinte,
16,4 x 10,5 cm; 16,4 x 20,7 cm; 16,4 x 20,8 cm
Museen der Stadt Regensburg, G 1931/122,220–222

Inschriften: *Ein Ausgespanter* (in Bleistift nummeriert 63)
Ein Kreuz Schleper (in Bleistift nummeriert 64)
Ein Geissler (in Bleistift nummeriert 65)

Schon seit dem Mittelalter wurde das Ende der Fastenzeit in vielen bayerischen Orten, so auch in Regensburg, mit feierlichen Passionsprozessionen und Passionsspielen begangen, in denen kostümierte Akteure das Leiden und Sterben Christi nachahmten. Im Barock, einer Epoche, die Theatralik und die Freude an der Inszenierung zum Zeitgeist erhob, entwickelten diese Karfreitagsereignisse eine beträchtliche, oft nicht kirchenkonforme Eigendynamik, die schließlich zu ihrer Bekämpfung führte.

Die Karfreitagsprozessionen folgten im Grunde immer dem gleichen Schema, mit allerorts ähnlicher Kleidung und ähnlichen Funktionen. Die meisten Teilnehmer gingen zu Fuß, in gewissen Abständen waren, von Kreuzschleppern und Geißlern begleitet, Bühnenträger oder Wagen eingesetzt, auf denen Szenen der Passion nachgespielt wurden. Die Bleyer'schen Zeichnungen porträtieren einige Gestalten, wie sie nach rückseitiger Notiz auf den Blättern noch 1802 bei der Regensburger Karfreitagsprozession auftraten – eine fragliche Zeitangabe, galt diese doch, zusammen mit dem Passionsspiel, der *Charfreitagscomödie*, bereits im ausgehenden 18. Jahrhundert als erloschen. Die drei Abgebildeten tragen alle ein langes, in der Taille gerafftes Gewand aus blauem Stoff mit einer kopfverhüllenden, zur Brust hin spitz zulaufenden Kapuze, die lediglich Augenlöcher aufweist. Der »Ausgespannte« hält seine Arme mit Hilfe einer durch die Ärmel gesteckten Latte waagrecht; eine unbequeme Haltung in Nachahmung der Körperhaltung Christi am Kreuz, in der früher auch Wallfahrten absolviert wurden. Der »Kreuzschlepper« hingegen fühlt persönlich die Leiden Christi beim Tragen des schweren hölzernen Kreuzes nach. Aus heutiger Sicht extrem erscheint die Gestalt des »Geißlers«, der in der Tradition des mittelalterlichen Flagellantentums steht und an sich selbst eine schmerzhafte Prozedur in Anlehnung

Regensburg: katholische Frömmigkeit in einer evangelischen Reichsstadt ■ 291

214

an die Geißelung Christi vollzieht: Mit einer Geißel aus mehreren Stricken, deren Enden mit Metallsplittern gespickt sind, fügt er sich Verletzungen am Rücken zu – im Gewand wurde hier eigens eine Aussparung eingearbeitet. Um den Blutverlust gering zu halten, schließt ein Begleiter tiefere Wunden sogleich mit Feuer. Zeitweise waren die Geißler überaus zahlreich vertreten, so sollen es 1669 beinahe 230 gewesen sein.

Der evangelischen Stadtobrigkeit missfiel das bunte katholische Treiben in den Straßen der Reichsstadt aus erklärlichen Gründen – mit Eisenketten versuchte man beispielsweise 1618/19 den Zug zu stoppen. Vergebens, die Teilnehmer schlüpften unter den Ketten durch. Wie in vielen anderen Bereichen der Frömmigkeitspraxis bedeutete die Zeit der Aufklärung, die sich in wiederholten oberhirtlichen Verboten äußerte, auch das Ende von Karfreitagsprozession und Passionsspielen.

Bauer 1997, S. 723–725; Mettenleiter 1866, S. 244–248; Gumpelzhaimer 1830–1838, Bd. 2 (1837), S. 1070.   kg

214   Zwei Leuchter mit figürlichen Motiven

Oberpfalz oder Niederbayern, um 1780
Eisenblech mit Haken aus Schmiedeeisen, bemalt, je 13 x 14 cm
Museen der Stadt Regensburg, K 2006/7,3,1 und 2

Sowohl die Vorder- als auch auf die bei regulärem Gebrauch nicht offen sichtbare Rückseite dieser beiden Kerzenhalter zieren figürlichen Malereien. Auf den Schauseiten erscheinen der hl. Josef mit Jesuskind und Lilie sowie eine weitere Person, offensichtlich ein König mit Bierkrug(?), der demnach möglicherweise als Gambrinus zu identifizieren wäre, der als Erfinder des Bierbrauens gilt. Rückseitig ist jeweils eine arme Seele im Fegefeuer abgebildet. Ihre Darstellung in Kombination mit dem hl. Josef, dem Patron der Sterbenden, legt die Vermutung nahe, dass sich die Leuchter ursprünglich im Besitz einer Armenseelenbruderschaft befanden, deren vorrangige Aufgabe das gemeinschaftliche Gebet für das Seelenheil der Verstorbenen war. Die Mitgliedschaft in einer solchen Gebetsgemeinschaft war sicher nicht purem Altruismus geschuldet: Nach dem eigenen Ableben waren Gebete für das persönliche Seelenheil garantiert.   kg

215   Gaßner bei der Heilung eines Besessenen

Josef Wagner
Augsburg, Ende 18. Jahrhundert
Kupferstich auf Papier, 21,2 x 13,9 cm (Blattmaß)
Museen der Stadt Regensburg, G 1930/26

Inschrift: *P.R.D. IOAN. IOSEPHUS GASSNER Rev.mi et Cels.mi S.R.I. Principis Episc. Ratisb. ac Praec. Elvac. &.&. Cons. Eccl.us et Sacell.us aul.*
Signiert: *J. M. Söckler sculp., Jos. Waagus exc. Augustae Vind.*

Die hochrechteckige, allseitig beschnittene Druckgrafik zeigt Johann Joseph Gaßner (1727–1779) bei der Heilung eines Besessenen. Das Bild ist in einen ovalen Barockrahmen mit Eichenlaubgirlanden und zentralem Christusmonogramm einbeschrieben, der auf einem architektonischen Sockel mit Kartusche und Inschrift steht. Gaßner sitzt auf der linken Seite hinter einem Tisch, auf dem Kreuz, Buch und zwei Briefchen angeordnet sind. Die rechte Hand legt er dabei auf den Kopf eines vor ihm knienden alten Mannes mit Krücken, der mit gefalteten Händen und gesenktem Haupt den Blick auf das Schriftstück vor ihm richtet. Auf diesem stehen die Worte: *IHS Ich befehle im Namen JESU einem jeden Teüfel in=*.   st

215 216 217

216 Gaßner bei der Heilung eines Besessenen

Johann Martin Will (1727–1806)
Augsburg, Ende 18. Jahrhundert
Kupferstich auf Papier, 31,1 x 21,3 cm (Blattmaß)
Museen der Stadt Regensburg, G 1930/25

Inschrift: *Abbildung des Wohlehrwürdigen Herrn Johann Joseph Gassners der Gottesgelahrtheit und des geistlichen Rechts Candidaten frey resignirten Pfarrers im Klösterle, Sr. Hochfürstl. gnaden des Hochwürdigsten Herrn Bischoffen zu Regenspurg und gefürsteten Probsten zu Ellwangen dermaligen Hofcaplan.*
Signiert: *Joh. Mart. Will excud. Aug. Vind.*

Die Grafik zeigt den Theologen und Exorzisten Johann Joseph Gaßner während einer Teufelsaustreibung, überfangen von einem zentralen Christusmonogramm. Die Szene findet in einem Innenraum mit Fenster statt, vor dem ein dominantes Kruzifix steht. Gaßner selbst sitzt im Zentrum des Geschehens. Mit zum Segensgestus erhobener Hand legt er einem vor ihm knienden jungen Mann in Gehrock und mit Rosenkranz die andere Hand mit Kruzifix auf. Dem Akt der Austreibung wohnen feingekleidete Schaulustige der gehobenen Gesellschaft bei. Einer der männlichen Zuschauer blickt durch ein Monokel interessiert auf eine kranke Frau im Vordergrund. Mit weit aufgerissenen Augen und geballten Fäusten liegt sie zusammengesunken in den Armen eines sie stützenden Mannes. st

217 Gaßner bei der Heilung eines Besessenen

Oberpfalz, Ende 18. Jahrhundert
Kupferstich auf Papier, 16 x 12 cm (Blattmaß)
Museen der Stadt Regensburg, G 1983/69

Inschrift: *Abbildung des wohlerwürdigen Herrn Johann Joseph Gaßners der Gottes Gelehrtheit und des geistlichen Rechts Candidaten Pfarrer im Klösterle*

Innerhalb eines architektonischen, von Laubkränzen gesäumten Rahmens mit Inschriftensockel erscheint Gaßner im Zuge einer Austreibung. Dominant über der Szene prangt das umstrahlte Christusmonogramm. Die drei dargestellten Personen befinden sich in unterschiedlichen Stadien der Heilung. Während der als Brustbild mit geschlossenen Augen erscheinende Mann im Vordergrund offensichtlich noch der Erlösung von den Dämonen harrt, entweichen diese einer Frau auf der linken Seite bereits in Form einer Rauchschwade durch den Mund. Gaßner selbst befindet sich mitten im Austreibungsprozess und legt einem Mann die Hand mit Kreuz auf den Kopf. st

218 Gaßner bei der Heilung eines Besessenen

Oberpfalz, Ende 18. Jahrhundert
Radierung auf Papier, koloriert, 17 x 19,9 cm (Blattmaß)
Museen der Stadt Regensburg, G 1983/67

Inschrift: *Das wohlerwürdigen Herrn Johanni: Joseph Gassners der Gottesgelehrtheit und des geistlichen Rechts Candidaten, Seeleifrigen Pfarrern in Klösterle*
Rückseitig, mit Stempel des Archivs des Stadtrates Regensburg: *Augsburg, zu finden bey Johann Georg Bullmann in der Fugeren 45. 1775.*

Die Doppelseite zeigt links einen kolorierten Kupferstich, rechts eine Textseite mit IHS-Monogramm und der Überschrift *Wider die Anfechtungen der Hölle zu streiten*. Die Seite selbst ist mit *Des wohlehrw. Herrn Johann Joseph Gaßners, seeleifriger Pfarrers im Klösterle* bezeichnet. Inhaltlich scheint es sich um den Beginn der Formel zu handeln, die Besessene bei einer Austreibung vorlesen müssen: *Ich befehle im Namen Jesu einem jeden teufel insonderheit, und allen insgesammt, daß ihr von meinem Leibe und der Seele sollet fortweichen mit allen Anfechtungen, und inskünftige keine Gewalt mehr haben, mich weder an der Seele noch am Leibe zu belästigen; denn ich will stehen in dem Schutze Gottes, und des heiligsten Namens Jesu. Wer ist wie Gott? Heilig, heilig, heilig ist er, den ich über alles liebe, weil er das höchste Gut: an den ich glaube, daß er mir helfen kann, weil er allmächtig: auf den ich hoffe, daß er mir helfen wolle, weil er unendlich guetig und barmherzig: mir helfen wird; weilen er es versprochen, und in seinem Versprechen unendlich getreu und wahrhaft […].*

Als Schauplatz dient ein Wohnraum mit einem Butzenscheibenfenster und Bücherregal im Hintergrund. Auf einem Tisch sind die zur Austreibung benötigten Utensilien aufgereiht: Standkruzifix, Rosenkranz und Bücher. Gaßner sitzt auf einem Lehnstuhl, während ein Mann vor ihm kniet und seinen Kopf im Schoß des Geistlichen vergräbt. Dieser hat seine Stola über ihn gelegt und drückt seitlich die Hände gegen den Kopf des Besessenen. st

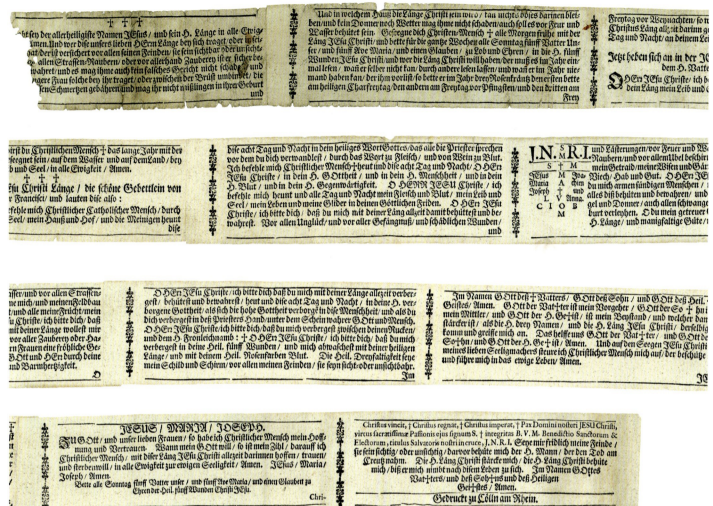

219 Gebetsstreifen »Wahre Länge Christi«

Süddeutschland, 18. Jahrhundert
Kupferstich auf Papier, 5,7 x 151,5 cm (Objektmaß)
Museen der Stadt Regensburg, G 2013/44

Der lange, aufgerollte Papierstreifen, bestehend aus fünf aneinandergeklebten einzelnen Zetteln, ist über und über mit Gebeten und Formeln bedruckt. Er ist nicht vollständig erhalten, wie der unregelmäßig abgerissene Rand des Streifenanfangs zeigt. Bis auf dieses Papierstück sind zudem auch alle Einzelteile zweispaltig bedruckt. Da die erste erhaltene Spalte die zentralen und den Objektsinn beschreibenden Worte *Länge Christi* beinhaltet, ist davon auszugehen, dass der verlorene Teil in Art einer Titelseite gestaltet war. Aufgrund von Vergleichsbeispielen wäre die Abbildung eines Kruzifixes möglich. Ausgehend von den Maßen der übrigen Segmente, die je 34 cm lang sind, kann auf eine ursprüngliche Gesamtlänge von ca. 170 cm geschlossen werden, was der Reduzierung der Länge Christi im 18. Jahrhundert von rund 200 cm auf ca. 161 cm in gewisser Weise entsprechen würde (schriftliche Quellen bereits des 7. Jahrhunderts überliefern Maße von über 200 cm.). Gebetsstreifen nach Art des vorliegenden wurden im 18. Jahrhundert verboten. Der Kult um die Wahre Länge Christi kam während der Kreuzzüge und Pilgerwallfahrten ins Heilige Land im 15. Jahrhundert auf. Damals begannen die Wallfahrer, das Hl. Grab zu vermessen, um auf die Körpergröße Christi schließen zu können und sich so ein intensiveres, meditativeres Nachfühlen seiner Leiden zu ermöglichen. Hierzu benutzte sie Schnüre, Bänder oder Kordeln aus unterschiedlichen Materialien, die sie mit nach Hause nahmen, teilweise mit Gebeten versehen ließen und sie als Schutz- und Heilmittel mit sich führten oder an Kirchenwände übertrugen.

Ausst.-Kat. Schwäbisch Gmünd 2008; Kriss-Rettenbeck 1963, S. 41–42.

st

220 Andachtsbild Maria Läng

Johann Bichtel (1784–1857)
Regensburg, 1815
Kupferstich auf Papier, 14,5 x 8,2 cm (Blattmaß)
Museen der Stadt Regensburg, G 1991/133,2

Inschrift: *Wahre Abbildung der Mutter Gottes in der Länge, zu Regensburg. Diese Größe von Scheitel bis zur Fußsolle vier und zwanzig mal verlängert ist die wahre Größe der Mutter Gottes*
Signiert: Joh Bichtel. sculp

Das Regensburger Gnadenbild von Maria Läng (Ende 18. Jahrhundert) befindet sich auf diesem Andachtsbild in einem profilierten rundbogigen, teilweise eingezogenen Rahmen mit Blattauflagen. Der innerste Rahmen wird von Rosen und Lilien gebildet. Im Zentrum erscheint die stehende, jugendliche Maria mit langem Gewand, Schleier und Zepter. Auf ihrer Brust prangt das Herz Mariens, ihr Oberkörper und Haupt werden von Strahlen umfangen. Die echte, lebensgroße Figur mit hölzernem Kopf und Händen trägt ein mit Rosen besticktes, weißes Kleid und befindet sich heute auf dem Altar der 1675 erbauten Maria-Läng-Kapelle in Regensburg. Das ursprüngliche, hölzerne Gnadenbild im Typus der Schönen Maria von circa 1675 ist heute an der Kapellenostwand zu sehen und wurde ebenfalls seit jeher aufgrund der wahren Größe, auch wenn es lediglich rund 130 cm misst, verehrt.

Ein beliebtes Thema innerhalb des christlichen Brauchtums bilden die sogenannten Wahren oder Heiligen Längen. Diese halfen, einer bestimmten heiligen Person näher zu kommen, sich ihrem Schutz und ihrer Heilswirkung zu unterstellen. Dazu nutzte man vorwiegend Papier- oder Textilstreifen in den entsprechenden Längenmaßen. Grundlage konnten unterschiedliche Heilige, Gnadenbilder sowie Christus und Maria bilden, Körperteile von diesen oder aber auch Objekte, zum Beispiel verehrte Kreuze, die Geißelsäule, die Wundmale und der Gürtel Mariens. Diese zurechtgeschnittenen Längen wurden oft mit Gebeten, Bitten, Beschwörungen oder Verheißungen versehen und vom Besitzer zum Schutz vor Bedrohungen aller Art am Körper getragen. Der Kult um die Heilige Längen nahm ausartende Maße an, so dass es im 18. Jahrhundert zu drastischen Verboten kam.

Die übliche Länge für Maria betrug im Barock ca. 140 cm.

Bauer 1997, S. 96–97; Brauneck 1979, S. 285; Kriss-Rettenbeck 1963, S. 41–42; Dehio 2008, S. 575–578; Ausst.-Kat. Schwäbisch Gmünd 2008.　　　　　　　　　　　　　　　　　　st

DER THEOLOGISCHE HINTERGRUND

Die Heiligung des Alltags

Andachtsgegenstände zwischen Dogma und Aberglaube

Wolfgang Neiser

Es gehört zu den sinnlichen Erfahrungen und lebendigen Erinnerungen an meine Kindheit, beim Verlassen der Wohnung meiner Oma von ihr auf der Stirn mit Weihwasser das Kreuzzeichen zu empfangen. Begleitet vom »Im Namen des Vaters …« durfte ich mich auf den Weg machen. Mit diesem kleinen Gestus hat meine Oma kaum ein tiefgreifendes theologisches Verständnis verbunden, geschweige denn eine eingehendere Reflexion ihres Handelns. Es war ihr aus ihrer Frömmigkeit und ihrem Glauben erwachsen. Ihr ging es eher um ein Sich-bewusst-Machen, dass der Tag, der Weg und das Ankommen unter dem Namen, vielleicht unter dem Schutz des dreifaltigen Gottes stehen soll. Das geweihte Wasser, das Zeichen und das Berühren der Stirn, manchmal auch des Mundes und der Stirn, mit dem Sprechen der Gebetsformel ließen ihren Glauben spürbar und erfahrbar werden. Das kleine Ritual bettete die religiöse Handlung in ihren und meinen Alltag ein und schaffte einen konkreten Bezug zu einfachen banalen Ereignissen wie dem Verlassen der Wohnung. Die Zeichenhandlung setzt zum Verständnis den Glauben an Christus voraus. In seinem Vollzug soll der Gebrauch des Weihwassers und des Kreuzzeichens das Leben aus dem Glauben heraus deuten und gestalten.[1] Eine ähnliche in den Alltag einbezogene religiöse Handlung zeigt das Foto von Barbara Winkler, die im Beisein ihres Mannes Josef gerade dabei ist mit dem Messer drei Kreuzzeichen auf den frischen Laib Brot zu zeichnen, bevor sie ihn aufschneidet (Abb. 21).

Die Frömmigkeitshandlung des Ehepaares vollzieht sich unter dem Herrgottswinkel der Stube. Neben dem Kreuz, das mit einem kleinen Palmbuschen geschmückt ist, hängen ein Herz-Jesu- und ein Herz-Mariä-Bild. Auf einem Brettchen unter dem Kreuz stehen ein weiteres Andachtsbild, das Maria mit Kind zeigt, und zwei gefüllte Blumenvasen. Dabei bleibt die Handlung, die auf dem Foto zu sehen ist, seltsamerweise ambivalent. Der Augenblick, den das Bild einfängt, kann sich auch auf den ersten Schnitt beziehen, den Barbara macht und damit das Brot in zwei Hälften teilt. In der von der katholischen Kirche geförderten Heiligung des Alltags durch den Gläubigen, sei es durch kleine Zeichen und kurze Gebete, auch innerhalb einer intensiv gepflegten Marienfrömmigkeit, steht die Anrufung des dreifaltigen Gottes und Jesu Christi im Mittelpunkt.[2] Die bildliche Darstellung einer religiösen Handlung[3] und des damit verbundenen Glaubensinhaltes steht im Spannungsfeld zwischen theologischer Aussage, die dem Credo verpflichtet ist, Frömmigkeit, die auf der Spiritualität des Gläubigen basiert, und künstlerischer Ausgestaltung der Darstellung. In diesem Spannungsfeld ist dessen Mitte im Christentum durch den Glauben an Jesus Christus bzw. die Trinität und durch die mit ihm verbundene biblische und ekklesiologische Heilsgeschichte bis zur Wiederkunft des erhöhten Christus definitiv besetzt.[4] Diese Bestimmung setzt dem Religiösen und den damit verbundenen Frömmigkeitsakten eine Darstellungsgrenze, die aus theologischer Sicht eine missverständliche Deutung nicht zulässt.[5] Der Vollzug des Kreuzzeichens mit der trinitarischen Formel und der Berührungsgeste thematisiert in seinem Inhalt den Glauben an die Dreifaltigkeit und steht im Dienst einer Vertiefung dieser Glaubensaussage. Ist der Alltag vom Glauben an den dreifal-

86 Andachtsbild mit der Hl. Dreifaltigkeit. Museen der Stadt Regensburg, G 1972/1,822

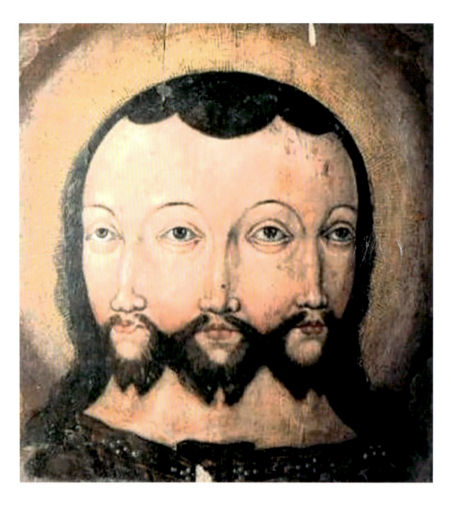

87 Jerónimo Vallejo Cósida, Dreigesicht. Um 1570. S. María de la Caridad, Tulebras

tigen Gott in theologisch korrekter Weise durchdrungen, bleibt die Möglichkeit einer magischen Vorstellung des Kreuzzeichens als Schutz- und Abwehrformel ausgeschlossen.[6]

Andachtsbilder

In der Frömmigkeitspraxis der Gläubigen dienen Andachtsbilder der Anleitung zum Gebet – Vertiefung der Glaubenspraxis und der Glaubensinhalte – und der Nachfolge Christi nach dem Vorbild der dargestellten Person. Dazu heißt es in der Anrufung Gottes der jeweiligen Segensgebete für ein Christus-, Marien- oder Heiligenbild[7]:

»Gib, dass wir Christus immer vor Augen haben, seinem Beispiel folgen und ihm ähnlicher werden, bis wir ihn von Angesicht zu Angesicht schauen dürfen, der mit dir lebt und herrscht in alle Ewigkeit. Segne dieses Bild, das uns daran erinnert, dass Maria die Mutter Christi, auch unsere Mutter ist, die wir in jeder Not anrufen dürfen. Gib, dass wir wie Maria deinem Sohn nachfolgen und zur ewigen Gemeinschaft mit ihm gelangen.«[8]

Die Vorstellung der Trinität als drei göttliche Personen, die eine Einheit sind, ist dabei maßgeblich. Die Verbildlichung dieses Glaubensinhaltes führte jedoch zu Darstellungen, die das Verständnis der Trinität in Widerspruch zum Credo setzten. Am deutlichsten wird dies in der Darstellung der Hl. Dreifaltigkeit als Dreigesicht.

Nachdem das zweite allgemeine Konzil zu Konstantinopel 381 das Mysterium der Wesensgleichheit von Gottvater, Sohn und Hl. Geist zum Dogma erhoben hatte, entwickelte sich in der bildlichen Darstellung der Dreifaltigkeit mit einer Zeitverzögerung von einem halben Jahrtausend das Motiv eines dreiköpfigen Gottes, das später zur Dreigesichtigkeit umgebildet wurde. Im 14. Jahrhundert nahm die Verbreitung dieses Motivs zu. In der italienischen Renaissance wird die Darstellung beinahe üblich. Donatello verwendet sie im Tabernakelgiebel der Thomasgruppe von Orsanmichele in Florenz genauso wie Fra Bartolommeo in der Pala dei Soderini, die sich heute in den Uffizien befindet. Die Kritik an dieser Darstellungsweise war bereits durch den Florentiner Bischof Antonino Pierozzi (1389–1459) laut geworden. Dennoch entwickelte sich das Motiv zum Andachtsbild (Abb. 87). In der Kombination mit einer Differenzierung der drei göttlichen Personen als schematisches Beziehungsdreieck gestaltete es Jerónimo Vallejo Cósida um 1570 für das Zisterzienserinnenkloster S. Maria de la Caridad im spanischen Tulebras zu einem katechetischen Meditationsbild um (Abb. 88). Knapp 60 Jahre später wird das Motiv des Dreigesichtes durch Papst Urban VIII. 1628 als unwürdige Darstellung verboten.[9] Ein Hinterglasbild (Kat.-Nr. 3) aus dem Sammlungsbestand der Museen der Stadt Regensburg zeigt, dass das Andachtsbild in der Volksfrömmigkeit, trotz einer erneuten Missbilligung durch Papst Benedikt XIV. im Jahr 1745,[10] gegenwärtig bleibt. In der Übersetzung des Mysteriums der Trinität ins Bild steht der Künstler vor der Schwierigkeit, das zeitlose Sein der drei Personen der Gottheit zu veranschaulichen. Entscheidet sich der Künstler für eine Betonung der Dreiheit unter Beibehaltung der Einheit und der Wesensgleichheit, so läuft er Gefahr, den Boden des dogmatisch Vertretbaren zu verlassen. Es entsteht auf der Ebene des Sichtbaren eine irritierende anatomische Anomalie, beinahe ein »Monstrum«. Ein Oberleib mit einem dreigesichtigen Kopf, der mit drei Mündern und drei Nasen sowie drei eigenständigen Kinnpartien und über vier Augen durch den Betrachter ausdifferenziert werden kann.¹¹ Das Andachtsbild zeigt das Antlitz des dreifaltigen Gottes in der Duplizierung des Gesichtes Jesu in streng linearer Komposition. Ein Blick in diese dreigesichtige Einheit mit den vier Augen vermittelt Allgegenwärtigkeit für immer und überall in höchstem Maße.¹² Die Darstellung orientiert sich an der »Regel des Christomorphismus«, sich in der Darstellung der Trinität an »das Bild des Mensch gewordenen Gottes zu halten«¹³. Dabei hält sich der Künstler in seiner numerischen Differenzierung an die Vorstellung, dass es zwischen den Personen keinen Unterschied gibt. Gleichzeitig führt dies zu einer tiefgreifenden Vermenschlichung Gottvaters und der Person des Hl. Geistes. Dieser künstlerische Darstellungsprozess der übermäßigen Vermenschlichung, der die Regel des Christomorphismus weit übertritt, setzt das Mysterium Gottes herab und verschleiert es, indem er entscheidend zu diversen psychologischen Analogien beiträgt, die in der Vorstellung der Gläubigen Gott zu einem, »der alles sieht«, werden lassen.¹⁴

Amulette und Sakramentalien

Zu den Ausdruckformen des Glaubens gehört die Verwendung von religiösen Zeichen und Gegenständen, die der Gläubige am Körper trägt, in seinem Heim aufstellt oder an bestimmten Stellen deponiert. Diese Frömmigkeitsform ist in ihrer Deutung auf einer funktionalen Ebene zunächst ambivalent. Der Umgang mit gesegneten Gegenständen kann sowohl als Ausdruck der Heiligung des Alltags als auch als eine magische Handlung verstanden werden. Segnungen und der Gebrauch von »geweihten« Gegenständen sind als Vergegenwärtigung des Glaubens Zeichen des Heiles und bedingen in ihrem Gebrauch den Glauben des Handelnden. Diese Beziehung, der das Glaubensbekenntnis des Einzelnen vorausgeht, schließt ein magisches Verständnis aus.¹⁵ Die geweihten Andachtsgegenstände stehen im Dienst einer gläubigen Durchdringung des Alltags. Als solche sind sie in ihrem Gebrauch einer glaubensgestaltenden Funktion als Amulett und als eine auf den Alltag einwirkende Kraft enthoben.

»Ein Amulett wird um seiner Gestalt, weniger des Stoffes wegen, für unheilabwehrend und glücksbringend gehalten. Es wird mehr offen als verborgen angehängt getragen und auch an der Behausung oder am Fahrzeug befestigt. Von einer sakramentalen Funktion im Fall des Glaubens an eine Vereinigung der Kraft des Amuletts mit jener des Trägers zu sprechen geht nicht an, da das kirchliche Denken, dem der Ausdruck entstammt, keine ›Einverleibung‹ der durch die Gnade Christi, das Gebet der Kirche und ihren Symbolwert heilvollen gegenständlichen Sakramentalien kennt. […] Zahlreich sind die christlich-kirchlichen Analoga zum Amulett, die zugleich dessen Überwindung sein wollen (weil als Sakramentalien in ihrer Wirkung auf dem Segen der Kirche beruhend und die religiöse Einstellung des Trägers anregend, aber keine dinglichmagische Eigenmacht besitzend), wenn freilich sie nach Art von Amuletten missbraucht werden können: Agnus Dei, Skapulier, Medaille, Rosenkranz, Andachtsbild (an einem Gnadenbild berührt oder mit einer kleinen Reliquie versehen), Kreuze. Wenn gedruckte Segen an Körper, Wiege, Stall befestigt werden, […] gerät ein Sakramentale wieder in den Bereich des Aberglaubens.«¹⁶

Die Verwendung von Edelsteinen oder Halbedelsteinen wie Bergkristallen (Kat.-Nrn. 109, 110) als Amulette bezieht sich sowohl auf die Gestalt als auch auf die Beschaffenheit und Erscheinungsform

88 Jerónimo Vallejo Cósida, Dreifaltigkeit. Um 1570. S. María de la Caridad, Tulebras

89 Lederetui mit Reliquien und Devotionalien. 18. Jahrhundert. Museen der Stadt Regensburg, K 2002/17

des Materials. Der in Leder gefasste Bergkristallanhänger symbolisiert, das luzide Material der trigonal-trapezoederförmigen Quarznadel berücksichtigend, die Reinheit und die Unberührtheit sowie die Klarheit des Wortes Gottes und der Jungfräulichkeit Mariens. In seiner Schutz- und Heilfunktion wird der Bergkristall gegen Pest und Epilepsie, aber auch gegen Hals- und Brustleiden verwendet.[17] Entscheidend dabei sind die Vorstellungen, dass sich die Kraft des Edelsteins auf den Träger überträgt oder durch dessen Gegenwart sich die mit ihm verbundene Wirkung zugunsten des Trägers auswirkt. Das Material als symbolischer Bedeutungsträger wird in einem Prozess der Bedeutungsübertragung auf den Menschen transferiert, ohne dabei den Gegenstand zu verändern. Die Gegebenheit und Gegenwart des Materials spricht in diesem Prozess für sich. Die Klarheit des Quarzes und die spitze Form des Kristalls verbinden Schutz- und Abwehrfunktion mit der religiösen Vorstellung der Reinheit.

Dem Amulett als symbolisch-allegorischer Bedeutungsträger, der seine Wirksamkeit und gegenwärtige Wirkung auf den Träger transferiert, stehen die kirchlichen Sakramentalien und damit verbundenen Devotionalien gegenüber. »Sakramentalien sind Dinge oder Handlungen, die die Kirche in einer gewissen Nachahmung der Sakramente zu verwenden pflegt, um aufgrund ihres Gebetes vor allem geistliche Wirkungen zu erlangen.«[18] Die durch eine Benediktion »geweihten« Andachtsgegenstände werden in ihrer Verwendung zur sinnbildlichen Erscheinung, des nichtsichtbaren Segenszuspruches. Das Reliquiar (Kat.-Nr. 106) oder das Medaillon (Kat.-Nr. 108) dienen der Erinnerung und der Vergegenwärtigung des Segens, den der Gläubige empfangen hat. Die Gestaltung des Anhängers, die Auswahl des Materials, der Reliquien oder des Heiligenbildes stehen im Dienst dieser Memorial- und Repräsentationsfunktion. Der so gefertigte Gegenstand wird durch den Vorgang der Anfertigung oder des Gebrauches im Unterschied zum Amulett nicht zum Träger des Segens. Er kann keine ihm einverleibte Kraft durch den Umgang mit ihr auf den Gläubigen übertragen.[19]

Andachtsgegenstände als Sinnbilder des Glaubens

Die Heiligung des Alltags im Gebrauch von Andachtsgegenständen und durch den Vollzug von Frömmigkeitshandlungen als stummes Zeichen oder / und gesprochenes Gebet ist an die gläubige Person gebunden. Dieses Handeln, dem der Glaube an den dreifaltigen Gott vorausgeht, verweist in seiner Intention als Gottesverehrung über das konkret Sichtbare der Devotionale hinaus. Eine rein funktionale Betrachtung des Gegenstandes ohne die dazugehörige Gebetshandlung lässt die Mehrdimensionalität der Gottesverehrung in den Hintergrund treten. Dass diese Verbindung von Andachtsbild und gläubiger Hinwendung an Gott auch einer inhaltlichen Gefährdung ausgesetzt sein kann, macht die Darstellung der dreigesichtigen Trinität und die mögliche Verwendung von »wirkmächtigen« Gegenständen als Amulette im Alltag der Gläubigen deutlich (Abb. 89). Andachtsbild und Andachtsgegenstand als vorverweisende Offenheit auf eine religiöse Sprachhandlung hin bilden die Basis, durch die sich der Mensch in der Verehrung Gottes überschreitet.[20] Die Verehrung vollzieht sich in einem transzendentalen Ineinander der Darstellungs-, Wahrnehmungs- und Sprechakte. Lösen sich die Gegenstände, durch die sich der Mensch auf Gott ausrichtet, aus dieser Glaubensverbindung oder werden ihre Bedeutung und Funktion zugunsten einer gegenstandsbezogenen Wirklichkeitsdeutung auf die Materialität transferiert, so überschreitet das religiöse Bild in der Darstellung von Glaubensinhalten und in seinem Gebrauch die Grenze einer christlichen Heiligung des Alltags in Richtung Aberglauben.

1 Vgl. Benediktionale 1996, S. 13.
2 Vgl. Benediktionale 1996, S. 12.
3 Vgl. Neiser 2012, S. 256–258.
4 Vgl. Stoellger 2012, S. 178–215 und Bœspflug 2013, S. 29–38.
5 Vgl. im Gegensatz dazu die theologiekritische Position von Hans Belting (Belting 2004, S. 11).
6 »Was dem Wesen der Segnung entspricht, möge erhalten und gefördert werden. Was jedoch Anlaß zu Missverständnissen oder zum Aberglauben gibt, sollt verbessert oder durch Besseres ersetzt werden.« Benediktionale 1996, S. 15.
7 »Allmächtiger, ewiger Gott, wir preisen dich in deinen Heiligen. Ihr Leben ist uns ein Vorbild, ihre Fürbitte erwirkt uns Hilfe, in ihrer Gemeinschaft erwarten wir das Erbe der Kinder Gottes. Segne dieses Bild (diese Statue) des (der) Heiligen N. Gib, dass wir ihn (sie) nicht nur vor diesem Bild anrufen, sondern ihn (sie) auch nachahmen und so treue Zeugen deiner Wahrheit und Liebe werden. Blicke auf sein (ihr) heiliges Leben und Sterben und gewähre uns auf seine (ihre) Fürsprache Hilfe und Schutz. Darum bitten wir durch Christus, unseren Herrn.« Benediktionale 1996, S. 212.
8 Benediktionale 1996, S. 205.
9 Vgl. Art. Dreifaltigkeit, in: LCI 1968–1976, Bd. 1, Sp. 525–537, hier Sp. 528 (Wolfgang Braunfels) und Art. Drei Gesichter, Drei Köpfe, in: LCI 1968–1976, Bd. 1, Sp. 538–539 (Herbert Schade), hier Sp. 538.
10 Vgl. Bœspflug 2013, S. 44–46.
11 Das Motiv taucht sowohl bei antiken Götterbildern als auch in der Zeit der Christianisierung der nordeuropäischen Völker auf. Es symbolisiert dabei eine alles überschauende Gottheit; vgl. Kirfel 1948, S. 13.
12 Vgl. Ausst.-Kat. Neuhofen a. d. Ybbs und Sankt Pölten 1996, S. 313, Objekt-Nr. 10.4.14 (Ernestine Hutter).
13 Bœspflug 2013, S. 36.
14 Vgl. Bœspflug 2013, S. 39.
15 Benediktionale 1996, S. 14.
16 Art. Amulett, in: LThK 1957–1968, Bd. 1 (Sonderausgabe 1986), Sp. 462–464 (Mathilde Hain).
17 Zur Ausbildung der symbolisch-allegorischen Bedeutung der Edelsteine nutzte man im Mittelalter die antike Überlieferung die Kenntnisse und Meinungen der klassischen Lithologie zu Farbe und Aussehen, physikalischen und chemischen Eigenschaften, Entstehung und Gewinnung der Edelsteine. Vgl. Material 2010, S. 65.
18 Art. Sakramentalie, in: LThK 1957–1968, Bd. 9 (Sonderausgabe 1986), Sp. 233–236 (Magnus Löhrer).
19 »Wenn die Kirche segnet, handelt sie im Auftrag des auferstandenen Herrn und in der Kraft seines Geistes, den er ihr als bleibenden Beistand verliehen hat. Sie preist Gott für seine Gaben. Sie ruft seinen Segen auf die Menschen herab und auf das, was sie schaffen und was ihnen dient. So bezeugen auch die Segnungen der Kirche die liebende Sorge Gottes um den Menschen und seine Welt.« Benediktionale 1996, S. 14.
20 Vgl. Neiser 2012, S. 258.

DIE REGENSBURGER SAMMLUNG

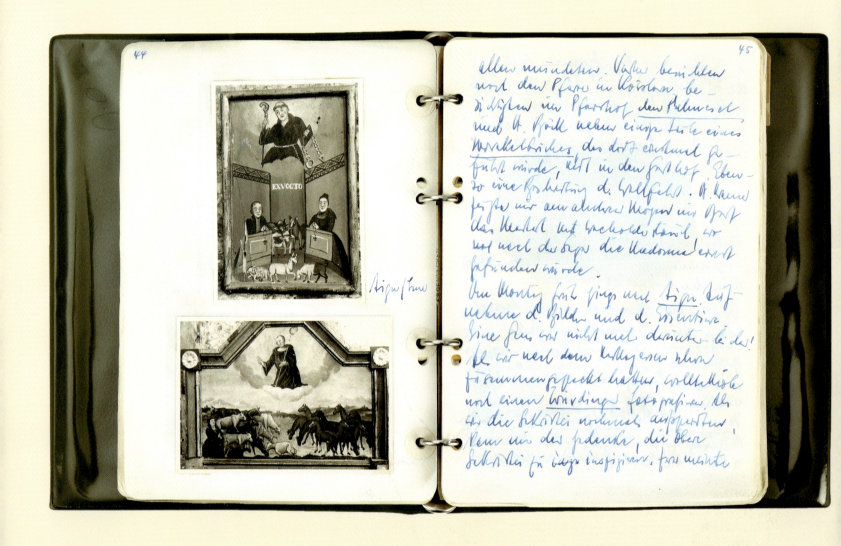

allen mindestens. Vater besuchten noch den Pfarrer in Kösslan besichtigten im Pfarrhof den Palmesel und H. Pöckh neben einige Seite eines Mirakelbüches das dort entdeckt gefunden wurde, jetzt in dem Pfarrhof. Ebenso eine Beschreibung d. Wallfahrt. H. Kunz zeigte mir am anderen Morgen im Ort das Marterl mit Wacholderstamm, wo und wo die Madonna erst gefunden wurde.

Den Montag früh ging uns fing an, daß einige d. Bilder und d. Inventare. Sine qua non nicht mehr darunter la der. Als wir nach dem Mittagessen schon zusammengepackt hatten, wollte Köcke noch einmal Würdinger fotografieren. Als wir die Sakristei nochmals aufsperrten, kam uns der Gedanke, die Ober-Sakristei zu began inspizieren, kam mochte

Hans Herramhof (1923–2012)

Von der Lust und Last des Sammelns[1]

Karin Geiger und Sabine Tausch

Ein Großteil der in diesem Band vorgestellten Objekte befand sich, bevor sie in die Museen der Stadt Regensburg gelangten,[2] in den Händen von Privatpersonen – Sammlern religiöser Volkskunst, die deren Wert schon für sich entdeckten, als diese, sowohl von Experten als auch Laien noch als volkstümelnde Handwerksware ohne jeglichen ästhetischen Anspruch verurteilt, von den Vorbesitzern entsprechend als minderwertig oder gar wertlos verkauft, verschenkt oder einfach weggeworfen wurde.

Die bis in die 1970er Jahre offenkundig noch fehlende Wertschätzung der Erzeugnisse religiöser Volkskunst als kulturhistorische Dokumente machte es den frühen Sammlern, zu denen beispielsweise auch Rudolf Kriss zählte,[3] entsprechend leicht, Neues in ihren Besitz zu bringen und so eine Vielzahl an Objekten unterschiedlichster Herkunft zusammenzutragen. Mag dies aus heutiger Sicht auch kaum mehr vorstellbar sein, so gibt es aus juristischer Sicht daran doch nichts zu beanstanden.

Zweifelsohne gibt es eine Reihe von Kritikpunkten, die gegen jegliche private Sammelleidenschaft in der hier erwähnten Form sprechen, nichtsdestoweniger ist zu konstatieren, dass dadurch auch unzählige Objekte für die Nachwelt bewahrt wurden, die sonst nicht überdauert hätten.

Viele der privat gehorteten Schätze gelangen zu irgendeinem Zeitpunkt in öffentliche Sammlungen, im besten Fall als vollständiges Konvolut. Anders bei Hans Herramhof, dessen bis 1975 erworbene Objekte im Nachlass von der Erbengemeinschaft zur Auktion freigegeben wurde. In der Konsequenz wurde eine über Jahrzehnte gewachsene, kulturhistorisch wertvolle und viele tausend Objekte umfassende Sammlung aufgelöst.[4] Teile davon konnten die Museen der Stadt Regensburg in der Versteigerung erwerben, die nach Auktionsende verbleibenden Objekte wurden dem Museum von den Erben als Schenkung überlassen.[5]

Biographische Notizen

Hans Herramhof (Abb. 91), 1923 in Regensburg geboren, legte im April 1942 das Notabitur am lokalen Neuen Gymnasium ab und wurde noch im selben Monat zum Wehrdienst eingezogen. Seine erste Station als Flakhelfer war Komotau, ein Landkreis in Böhmen, der sich damals unter deutscher Besetzung befand. 1945 geriet Hans Herramhof in französische Gefangenschaft, wo er als Minenentschärfer tätig war. Im Juli 1947 verzeichnen die Regensburger Behörden seine Rückkehr in die Heimatstadt.

Um möglichst zügig den väterlichen Kohlenhandelsbetrieb übernehmen zu können, schrieb er sich zum Wintersemester 1947/48 an der Philosophisch-Theologischen Hochschule in Regensburg zum Studium ein, wo er Kenntnisse in den Bereichen Jura, Volkswirtschaft und Wirtschaftswesen erwarb. Parallel hierzu wurde ihm aufgrund seiner Lehre im Kohlengroßhandel bei Albert Herramhof im Oktober 1948 der Kaufmannsgehilfenbrief ausgestellt. Das Abschlusszeugnis der Hochschule datiert im Wintersemester 1948/49. Obwohl er über großes Talent für das Zeichnen verfügte und sein Traumberuf Zeichenlehrer gewesen wäre, verfolgte er dahingehend nie Berufspläne.

90 Fahrtenbuch von Hans Herramhof, 1963/64

91 Hans Herramhof beim Betrachten einer Christusfigur

92 Handzettel mit minutiöser Planung einer Besichtigungsfahrt

Ursprung der Sammelleidenschaft

Die Faszination des Sammelns weckte in Hans Herramhof seine Schwiegermutter, eine passionierte Grafiksammlerin. Inspiriert durch ihre Tätigkeit suchte er nach einem noch relativ unberührten Gebiet, auf das er seine Ambitionen im Rahmen der zur Verfügung stehenden finanziellen Möglichkeiten konzentrieren konnte.

Laut Brigitte Herramhof führte eher ein Zufall zur Entstehung einer der größten Privatsammlungen religiöser Volkskunst – sein Sohn Peter sagte, es hätten stattdessen »auch Gemälde von Egon Schiele sein können«, denn auch Grafiken dieses Künstlers wurden Hans Herramhof damals angeboten. Allerdings fehlte ihm der Mentor, der ihn zum Kauf ermutigt hätte.

1952 erwarb der Autodidakt mit der Skulptur einer Anna Selbdritt das erste Stück seiner umfangreichen Sammlung. Bald entwickelte sich das anfängliche Hobby zu einer Passion und Lebensaufgabe, an der er bis zu seinem Tod festhielt.

Da bald nach der ersten Erwerbung seine vier Kinder zur Welt kamen, konzentrierte sich Hans Herramhof aufgrund der finanziellen Situation zunächst auf das Sammeln von Andachtsbildern, die damals noch in großer Auswahl und zu niedrigen Anschaffungskosten zu bekommen waren. Währenddessen steigerte sich das Interesse an religiöser Volkskunst durch Inspirationsquellen in Form der wissenschaftlichen Arbeiten von Richard Andree, Marie Andree-Eysn und Rudolf Kriss immer weiter, doch manifestierten sich die Einflüsse der ersten beiden eher als theoretischer Hintergrund, während Rudolf Kriss zum eigentlichen Mentor avancierte, durch den Hans Herramhof die Volkskunde im wahrsten Sinne in der Praxis »erfuhr«. So wählte er Kriss' Werk »Volkskundliches aus altbayrischen Gnadenstätten. Beiträge zur Geographie des Wallfahrtsbrauchtums«[6] als persönliches Hand- und Fahrtenbuch. Mit dieser Vorlage besuchte er in Begleitung seiner Frau jeden dort aufgeführten Ort in der Hoffnung auf weitere »Schätze« und um seine Kenntnisse zu erweitern (Abb. 92). So blieb es nicht aus, dass er und Kriss sich auch persönlich begegneten. Infolge eines Besuches in Kriss' Heimatort Berchtesgaden nahm das Ehepaar Herramhof um 1960/65 an Inventarfahrten teil, die im Auftrag des Bayerischen Landesamtes für Denkmalpflege unternommen wurden. Es ergaben sich so unter anderem Kontakte zu Sigismund Kramer, Walter Hartinger, Adolf Eichenseer und Gislind Ritz. 1963 begann Brigitte Herramhof zusammen mit Eichenseer und Ritz in München Volkskunde zu studieren. Aufgrund ihres Engagements fragte das Bayerische Landesamt für Denkmalpflege beim Ehepaar Herramhof um dessen Mitarbeit an.

Sammlung und Sammler: Schwerpunkte – Impetus – Intention

Die Objektauswahl für die Sammlung basierte nicht allein auf ästhetischen Gesichtspunkten, sondern vornehmlich auf Vollständigkeit und Seltenheitswert, der beispielsweise bei Holzlungen und Tonkopfurnen zu verzeichnen ist. Innerhalb der Objektgruppen wollte Hans Herramhof das vielfältige Spektrum abdecken, das die religiöse Volkskunst bot. Bis 1975 wurden die meisten Stücke erworben, danach hatte er sich durch seine intensive Sammlungstätigkeit und umfassenden Kenntnisse auf diesem Gebiet einen gewissen Namen gemacht, so dass sich das Sammeln zu einer Art Selbstläufer entwickelte und Händler sowie andere Sammler auf ihn zukamen und ihm Stücke anboten.

Dennoch gab es Sammlungsschwerpunkte. Waren es nach den Andachtsbildern sowohl Votivtafeln als auch Eisenvotive, kristallisierten sich schließlich die Leonhardswallfahrten als der Bereich mit dem größten Potential und einem konkreten Alleinstellungsmerkmal heraus, wobei das grundsätzliche Interesse weiterhin breit gefächert blieb. Hans Herramhof setzte nun alles daran, die größte Eisenvotiv-Sammlung aufzubauen.

Im Zuge der »Kriss-Fahrten« entstand der Gedanke, gezielte Grabungen bei Leonhardikirchen zu tätigen, wofür er die Unterstützung des Landesamtes für Denkmalpflege gewinnen konnte (Abb. 93). Die Inventarisierung sowie die grabungstechnische und wissenschaftliche Aufbereitung geschahen unter maßgeblicher Mithilfe Brigitte Herramhofs und des Restaurators Heinz Rademacher.[7] Die Grabungen waren als einige der ersten nach Richtlinien für vor- und frühgeschichtliche Untersuchungen durchgeführt worden. Allesamt waren sowohl mit dem Bayerischen Landesamt für Denkmalpflege als auch mit den örtlichen Geistlichen abgesprochen und genehmigt. Sooft er konnte, wohnte Hans Herramhof neben seiner normalen Arbeit den Grabungen bei. Die Nachbereitung geschah in eigens im Haus eingerichteten Räumlichkeiten im Keller. In diese begab er sich in jeder freien Minute, konservierte, zeichnete, fotografierte und inventarisierte die Objekte. Als Ergebnis sehen wir heute eine einzigartige Sammlung an Eisenvotiven mit der herausragenden Eigenschaft, dass die Provenienz eines jeden Exponats gesichert und vermerkt ist.

Seine große Naturverbundenheit schaffte Hans Herramhof den nötigen Ausgleich zu seiner Sammlungstätigkeit. Er wanderte viel und hielt sich Reptilien wie Feuersalamander oder Kröten, da ihn ihre Darstellungen auf volkskundlichen Objekten offenbar besonders fesselten. Auch gab es eine sogenannte Kitschecke im Haus, wo allerlei Tand und Reisemitbringsel gesammelt und aufgestellt wurden (Abb. 94).

Herramhofs Persönlichkeit, geprägt von ambitionierter und eifriger, teilweise übersteigerter Sammelfreude, trieb ihn an, sich immer wieder auf die Suche nach neuen Objekten zu begeben. Auch verwehrte er sich dagegen, Stücke in ein Museum zu geben, da er die dortige Aufbewahrung als unsachgemäß betrachtete und glaubte, dass sie im Depot auf Nimmerwiedersehen verschwinden und somit nicht mehr zugänglich sein würden. In dieser Hinsicht unterschied er sich von Oskar von Zaborsky-Wahlstätten

93 Hans Herramhof bei Grabungsarbeiten in Aigen am Inn, 1966

94 Die sogenannte »Kitschecke« im Hause Herramhof

– mit dem er neben Josef Johann Ludwig, einem weiteren Sammler und Kunsthändler, regen Kontakt unterhielt –, der Teile seiner Sammlung an die Museen der Stadt Regensburg gab.

Herramhofs Ziel hingegen war es, Interessierten einen unmittelbaren Objektkontakt zu ermöglichen. So kamen viele Leute in sein Haus, um die Sammlung zu bewundern: »Jeder, der fragte, durfte sie sehen«. »In seiner Sammlung sitzend, konnte er stundenlang die Geschichten eines jeden einzelnen Objekts erzählen«, berichtet Peter Herramhof.[8] Testamentarisch war geregelt, dass alle bis 1975 erworbenen Objekte an die Kinder übergehen sollten. Aus ebendiesem Sammlungsabschnitt stammen auch alle hier aufgeführten Objekte.

Familie

Herramhof war Sammler durch und durch. Der kaum rational fassbaren Faszination des Sammelns, Besitzens und Bewahrens erlegen, verschrieb er sich dieser Leidenschaft mit Leib und Seele. In seinem Beruf war er technischen Neuerungen immer aufgeschlossen – garantierte ein florierendes Geschäft doch nicht nur die Versorgung seiner Familie, sondern auch Ankäufe jeglicher Art.

Nach Feierabend und an den Wochenenden jedoch widmete er sich weniger dem familiären Miteinander als vielmehr seinem Steckenpferd und zog sich zu diesem Zweck in den Keller zurück. Sein Sohn Peter bezeichnet ihn dennoch als liebenswürdigen Vater, auch wenn er im Laufe des Erwachsenwerdens immer weiter in die emotionale Ferne rückte. Die Kinder wurden, trotz der Überpräsenz der volkskundlichen Objekte an wahrhaft allen Ecken und Enden, nicht in die Sammlungstätigkeit miteinbezogen. Der Vater war zu sehr von der Thematik eingenommen, so dass er nicht die Zeit fand, sie den Kindern näherzubringen. Vielmehr wurden sie auf Distanz gehalten, um die Dinge keiner Gefahr auszusetzen. Im täglichen Leben war für alle Familienmitglieder die Sammlung allgegenwärtig. Die Wohnung glich an manchen Stellen einer Wallfahrts-

95 Arrangement von Sammlungsobjekten im Wohnbereich

kapelle, bei der jeder Zentimeter voller Votivgaben hing. Selbst in Schubladen und Schränken waren die volkskundlichen Objekte zu finden (Abb. 98). Sein Sohn bringt dies auf den Punkt: »Andere Kinder hatten gewöhnliche Mobiles, wir hatten ›Lüngerl‹ und Holzbeine über dem Bett hängen«.[9] Er war sich bewusst, dass eine Sammlung immer nur für den Sammler wichtig war.

Die Dokumentation der Sammlung – Fahrtenbücher und Inventarisierung

Nicht nur die Sammlung von Hans Herramhof beeindruckt durch die Fülle der Objekte, sondern auch die damit in Zusammenhang stehende schriftliche Dokumentation, die seit 2012 in der Staatlichen Bibliothek Regensburg verwahrt wird und circa sechs Regalmeter füllt.[10]

Seine Fahrten und sonstigen Unternehmungen dokumentierte Herramhof von Beginn an in insgesamt 35 penibel geführten Fahrtenbüchern der Jahre 1957–1974, 1985, 1986, 1990–2011, zunächst handschriftlich, später maschinengeschrieben. Hierzu gibt es ein separates, alphabetisches Orts- und Sachregister. In den tagebuchartigen Ausführungen erfasste Herramhof nicht nur grundlegende Informationen, sondern auch viel objektbezogenes Hintergrundwissen wie Provenienzen und Fundumstände, aber auch anekdotenhafte Begebenheiten sowie kleine Einblicke in das private Sammlerleben. Ausgeschmückt wurde das Ganze durch zahlreiche Fotografien, Zeitungsausschnitte, Postkarten, Broschüren und Briefe (Abb. 90). Die akribischen Aufzeichnungen dienten zunächst wohl seiner eigenen Erinnerung und Erbauung – als eine Art Album –, waren möglicherweise aber auch mit von der Absicht getragen, gewissermaßen einen Beleg zu schaffen, um sich gegen eventuelle Fremdansprüche und Vorwürfe abzusichern.

Der zweite Teil seines schriftlichen Nachlasses besteht aus ebenso akkurat geführten Inventaren, geführt nach Objektgruppen bzw. Fundorten bei den Eisenvotiven, im Umfang von 56 gehefteten

Bänden. Jedes der bis 1975 eingegangenen Objekte erhielt in dieser Reihe ein eigenes Blatt, meist mit Foto, Maßen, Datierung, Beschreibung und Inventarnummer, die auch sorgfältigst auf die Gegenstände aufgetragen wurde. Aufgrund der Masse an Objekten und des damit verbundenen enormen Zeitaufwandes beschäftigte Herramhof hierzu zeitweise sogar eine studentische Hilfskraft, die darüber hinaus auch die zeichnerische Dokumentation erledigte.

Nur selten findet man so präzise dokumentierte Privatsammlungen wie die von Hans Herramhof. Sie stellt daher eine wertvolle Quelle für weitere Forschungen dar.

---

1 Ein Großteil der Informationen für den folgenden Aufsatz stammen aus persönlichen Gesprächen mit seiner ersten Ehefrau Brigitte und seinem Sohn Peter Herramhof, denen die Autorinnen an dieser Stelle herzlich danken.
2 In Form von Geschenken zu Lebzeiten, beispielsweise der umfangreiche Votivtafelbestand des Jahres 1958, der von Oskar von Zaborsky unentgeltlich überlassen wurde, als Nachlass oder auf dem Umweg über den Kunstmarkt wie im Fall Hans Herramhof. Der Bestand der Museen der Stadt Regensburg ist beileibe kein Einzelfall, auch andere bedeutende museale Sammlungen religiöser Volkskunst, etwa die des Germanischen Nationalmuseums Nürnberg oder des Bayerischen Nationalmuseums München, generierten ihre Bestände über den Erwerb aus zweiter oder dritter Hand.
3 Rudolf Kriss war der wohl bedeutendste Sammler religiöser Volkskunst. Sein einzigartiger Nachlass ging an das Bayerische Nationalmuseum über, ein repräsentativer Querschnitt ist als Dauerausstellung in Schloss Asbach zu sehen.
4 Die in der Staatlichen Bibliothek Regensburg aufgegangene Dokumentation Hans Herramhofs gibt Aufschluss, was ehemals in der Sammlung vorhanden war. Auch die umfangreiche Bibliothek ging in den Verkauf.
5 Die Auktionsware ist unter der Inventarnummer K 2012/53 mit Unternummern, die Schenkung unter K 2013/73 mit Unternummern im Bestand der Museen der Stadt Regensburg erfasst.
6 Kriss 1930b.
7 Vgl. hierzu folgenden Publikationen: Herramhof/Herramhof/Rademacher 1970; Herramhof/Rademacher 1966; Herramhof 1980.
8 Peter Herramhof im persönlichen Gespräch, 21.01.2014.
9 Peter Herramhof im persönlichen Gespräch, 13.11.2013.
10 Der Nachlass ist in der Staatlichen Bibliothek Regensburg unter Akzessionsnummer 12-1864 erfasst und besteht aus einer Schachtel sowie 130 Faszikel. Die Signatur ist stets mit der übergeordneten Bezeichnung »Sammlung Herramhof« versehen.

ANHANG

Literatur

Aich 1928
Johann Albert Aich, Leonhard, der große Patron des Volkes (Kleine historische Monographien 14, Reihe 1, Heiligenleben), Wien 1928

Aka 1993
Christine Aka, Tot und vergessen? Sterbebilder als Zeugnis katholischen Totengedenkens, Detmold 1993

Aka 1994
Christine Aka, Frommes Wohnen. Innere Welten und ihre äußeren Manifestationen in katholischen Haushalten des Sauerlandes, in: Stefan Baumeier/Christoph Köck (Hrsg.), Sauerland. Facetten einer Kulturregion (Schriften des Westfälischen Freilichtmuseums Detmold, Landesmuseum für Volkskunde 12), Detmold 1994, S. 142–168

Aka 1995
Christine Aka, Jesuskind und Weihnachtsmann. Das Krippenmuseum Telgte, hrsg. von der Museum Heimathaus Münsterland GmbH, Telgte 1995

Aka 1997a
Christine Aka, Einmal den Hl. Vater zu sehen … Frauen auf Pilgerreise nach Rom, in: Ruth E. Mohrmann (Hrsg.), Individuum und Frömmigkeit. Volkskundliche Studien zum 19. und 20. Jahrhundert, Münster 1997, S. 65–91

Aka 1997b
Christine Aka, Kreuz und Frauenleben. Zu einem katholischen Rollenbild des 19. Jahrhunderts, in: Jahrbuch für Volkskunde, N. F. 20 (1997), S. 91–105

Aka 1997c
Christine Aka, Wegwerfen tabu? Zeichen katholischer Sinnwelten im Säkularisierungsprozess, in: Rolf Wilhelm Brednich/Heinz Schmitt (Hrsg.), Symbole. Zur Bedeutung der Zeichen in der Kultur (30. Deutscher Volkskundekongreß in Karlsruhe vom 25. bis 29. September 1995), Münster/New York u. a. 1997, S. 427–434

Aka 2003
Christine Aka, Nicht nur sonntags. Vom Leben mit den Glauben 1880–1960. Alltagsgeschichte in Bildern, hrsg. von der Volkskundlichen Kommission für Westfalen, Münster 2003

Aka 2006
Christine Aka, Heilige Orte am Straßenrand. Sinnsuche, Krisenritual und neue Spiritualität, in: Jahrbuch für Europäische Ethnologie, 3. F. 1 (2006), Paderborn 2006, S. 9–28

Albrecht 1998
Dieter Albrecht, Maximilian I. von Bayern 1573–1651, München 1998

Altmann 1715
Vincentius Altmann, Dreyfache Verehrung der Allerseeligsten Jungfrauen Und Mutter Gottes Mariä […], Regenspurg 1715

Amereller 1965
Almut Amereller, Votiv-Bilder. Volkskunst als Dokument menschlicher Hilfsbedürftigkeit, dargestellt am Beispiel der Votiv-Bilder des Klosters Andechs, München 1965

Andree 1904
Richard Andree, Votive und Weihegaben des Katholischen Volkes in Süddeutschland. Ein Beitrag zur Volkskunde, Braunschweig 1904

Angenendt 1994
Arnold Angenendt, Heilige und Reliquien. Die Geschichte ihres Kultes vom frühen Christentum bis zur Gegenwart, München 1994

Angerer 1995
Martin Angerer (Hrsg.), Regensburg im Mittelalter. Katalog der Abteilung Mittelalter im Museum der Stadt Regensburg, Regensburg 1995

Arx [ca. 1976]
Walter von Arx, Das Sakrament der Krankensalbung (Feiern des Glaubens 3), Freiburg/Schweiz o. J. [ca. 1976]

Assion 1968
Peter Assion, Das Krötenvotiv in Franken. Ein Beitrag zur Phänomenologie des fränkischen Votivbrauchtums, in: Bayerisches Jahrbuch für Volkskunde 1968, S. 65–79

Auktion Herramhof 2012
Versteigerungshaus Hugo Ruef (Hrsg.), Auktionskatalog zur Sammlung Hans Herramhof, 534. Auktion, München, 24.09.2012

Ausst.-Kat. Asbach u. a. 2004
Grenzenlos. Geschichte der Menschen am Inn (Katalog zur ersten bayerisch-oberösterreichischen Landesausstellung 2004; Kloster Asbach, Oberhausmuseum Passau, Stift Reichersberg, Schärding), hrsg. von Egon Boshof u. a., Regensburg 2004

Ausst.-Kat. Bern 1964
Ex Voto (Ausstellung Bern, Kunsthalle, 03.07.–06.09.1964), Bern 1964

Ausst.-Kat. Bogenberg 2004
Der Bogenberg. 900 Jahre Marienheiligtum, Begleitheft zur Sonderausstellung, hrsg. vom Kreis- und Heimatmuseum auf dem Bogenberg, Bogen 2004

Ausst.-Kat. Burghausen u. a. 2012
Verbündet, verfeindet, verschwägert. Bayern und Österreich (Bayerisch-Oberösterreichische Landesausstellung, 27.04.–04.11.2012; Burghausen, Braunau, Mattighofen), hrsg. von Elisabeth Vavra, Stuttgart 2012

Ausst.-Kat. Burglengenfeld 1992
Bauernsilber, Silberglas. Böhmisches Modeglas des 19. Jahrhunderts (Ausstellung Burglengenfeld, Oberpfälzer Volkskundemuseum, 12.06.–26.07.1992), hrsg. von Werner Endres, Burglengenfeld 1992

Ausst.-Kat. Eichstätt 2006
Bild gewordene Andacht. Klosterarbeiten des 18. und 19. Jahrhunderts (Ausstellung Eichstätt, Domschatz- und Diözesanmuseum, 2006), Red. Claudia Grund, Eichstätt, 2006

Ausst.-Kat. Freising 2003
Madonna. Das Bild der Muttergottes (Ausstellung Freising, Diözesanmuseum, 10.05.–14.09.2003), hrsg. von Sylvia Hahn (Kataloge und Schriften, Diözesanmuseum für Christliche Kunst des Erzbistums München und Freising 32), Lindenberg im Allgäu 2003

Ausst.-Kat. Graz 2006
Heilsam. Volksmedizin zwischen Erfahrung und Glauben (Ausstellung Graz, Volksmuseum am Landesmuseum Joanneum, 05.05.–29.10.2006), hrsg. von Eva Kreissl/Roswitha Orac-Stipperger/Jutta Trafoier, Graz 2006

Ausst.-Kat. Landshut 1999
Maria allerorten. Die Muttergottes mit dem geneigten Haupt, 1699–1999. Das Gnadenbild der Ursulinen zu Landshut – altbayerische Marienfrömmigkeit im 18. Jahrhundert (Ausstellung Landshut, Museen der Stadt Landshut, Spitalkirche Heiliggeist, 20.11.1999–05.03.2000), hrsg. von Franz Niehoff (Schriften aus den Museen der Stadt Landshut 5), Landshut 1999

Ausst.-Kat. Mexico City 1968
Votivtafeln – ex voto. Ein Beitrag der Bundesrepublik Deutschland zu der internationalen Volkskunstausstellung aus Anlass der Olympiade in Mexiko 1968, hrsg. von Lothar Pretzell, Oplanden 1968

Ausst.-Kat. München 1980
Wittelsbach und Bayern. 6 Bde. (Ausstellung Landshut und München), hrsg. v. Hubert Glaser, Bd. III.2: Krone und Verfassung. König Max I. Joseph und der neue Staat (Ausstellung München, Völkerkundemuseum, 11.06.–05.10.1980), München/Zürich 1980

Ausst.-Kat. München 1984
Wallfahrt kennt keine Grenzen. Themen zu einer Ausstellung des Bayerischen Nationalmuseums und des Adalbert Stifter Vereins, München (Ausstellung München, Bayerisches Nationalmuseum, 28.06.–07.10.1984), hrsg. von Lenz Kriss-Rettenbeck/Gerda Möhler, München/Zürich 1984

Ausst.-Kat. Neuhofen a. d. Ybbs und Sankt Pölten 1996
Ostarrîchi – Österreich 996–1996. Menschen, Mythen, Meilensteine (Ausstellung Neuhofen a. d. Ybbs und Sankt Pölten, 1996), hrsg. von Ernst Bruckmüller/Peter Urbanitsch (Katalog des Niederösterreichischen Landesmuseums, N. F. 388), Horn 1996

Ausst.-Kat. Oberschönenfeld 1990
Klosterarbeiten aus Schwaben (Ausstellung Schwäbisches Volkskundemuseum Oberschönenfeld, Sonderausstellung »Andacht und Arbeit«. Klosterarbeiten aus Schwaben, 02.06.–04.11.1990; Schriftenreihe der Museen des Bezirks Schwaben 5), hrsg. von Gislind M. Ritz/Werner Schiedermair, Gessertshausen 1990

Ausst.-Kat. Passau 1975
Passavia sacra. Alte Kunst und Frömmigkeit in Passau (Ausstellung Passau, Studienkirche St. Michael, 19.04.–14.09.1975), hrsg. von Franz Mader, Passau 1975

Ausst.-Kat. Regen 1990
»Oh bayerischer Herrgott hilf«. Bäuerliche Nöte im Spiegel des Eisenvotiv-Kultes (Niederbayerisches Landwirtschaftsmuseum Regen/Bayerischer Wald, Begleitheft zur Sonderausstellung, 14.12.1990–22.09.1991), hrsg. vom Niederbayerischen Landwirtschaftsmuseum, Text: Dr. Helmut Bitsch (Schriften

des Niederbayerischen Landwirtschaftsmuseums 4), Regen 1991

Ausst.-Kat. Regensburg 1984
… Das Werk der fleissigen Bienen. Geformtes Wachs aus einer alten Lebzelterei (Ausstellung Regensburg, Diözesanmuseum, 30.11.1984–03.02.1985), hrsg. von Barbara Möckershoff-Goy (Kunstsammlungen des Bistums Regensburg, Kataloge und Schriften 2; Großer Kunstführer 124), München/Zürich 1984

Ausst.-Kat. Regensburg 1992
1542–1992. 450 Jahre Evangelische Kirche in Regensburg (Regensburg, Museum der Stadt Regensburg, 15.10.1992–19.01.1993), hrsg. vom Museum der Stadt Regensburg, Regensburg 1992

Ausst.-Kat. Regensburg 2003
1803. Wende in Europas Mitte. Vom feudalen zum bürgerlichen Zeitalter (Ausstellung Regensburg, Historisches Museum, 29.05.–24.08.2003), hrsg. von Peter Schmid/Klemens Unger, Regensburg 2003

Ausst.-Kat. Schwäbisch Gmünd 2008
Das Heilige Grab, das Heilige Kreuz und die Wahre Länge Christi (Ausstellung Schwäbisch Gmünd, Museum im Prediger, 22.11.2007–18.05.2008), Red. Gabriele Holthius (Katalogreihe Museum im Prediger 35), Schwäbisch Gmünd 2008

Ausst.-Kat. Straubing 1983
Heiliggeistkugeln aus dem Bayerischen Wald (Ausstellung Straubing, Gäubodenmuseum, 08.06.–04.09.1983), hrsg. von Johannes Prammer/Siegfried Seidl, Straubing 1983

Ausst.-Kat. Würzburg 1983
Hinterglasbilder aus unterfränkischen Sammlungen. Zur Sonderausstellung des Mainfränkischen Museums Würzburg (25.02.–01.05.1983), hrsg. von Wolfgang Brückner/Hanswernfried Muth/Hans-Peter Trenschel (Mainfränkische Hefte 79), Würzburg 1983

Ausst.-Kat. Zwiesel 2008
»Bauernsilber« – Silberglas – Versilbertes Glas (Ausstellung Zwiesel, Waldmuseum, 19.04.2008–31.03.2009), hrsg. von Werner Endres, Zwiesel 2008

Babl 1973
Karl Babl, Emmeram von Regensburg, Legende und Kult (Thurn und Taxis-Studien 8), Kallmünz 1973

Babl 1992
Karl Babl, Emmeramskult, in: St. Emmeram in Regensburg. Geschichte, Kunst, Denkmalpflege (Beiträge des Regensburger Herbstsymposions vom 15. bis 24. November 1991, zugl. Thurn und Taxis-Studien 18), Kallmünz 1992, S. 71–79

Bächtold-Stäubli/Hoffmann-Krayer 1927–1942 (1987)
Hanns Bächtold-Stäubli/Eduard Hoffmann-Krayer (Hrsg.), Handwörterbuch des deutschen Aberglaubens, 10 Bde., Berlin 1927–1942 (Nachdruck Berlin 1987)

Baer 1976
Frank Baer, Votivtafel-Geschichten. Votivtafeln erzählen von Räubern und Kriegen, von Feuersbrünsten und Kindsnöten, Verkehrsunfällen und von wunderbarer Hilfe, Rosenheim 1976

Bauer 1997
Karl Bauer, Regensburg. Kunst und Kultur und Sittengeschichte, 5., erw. und verb. Aufl., Regensburg 1997

Bauernfeind 1993
Günther Bauernfeind (Bearb.), Wallfahrtsmuseum Neukirchen b. Hl. Blut (Neukirchner Bilderbogen 6), Furth im Wald 1993

Bauernfeind 1997
Günther Bauernfeind, Wallfahrtsmuseum Neukirchen b. Hl. Blut, München 1997

Baumann 1951
Ernst Baumann, Die Bestandsaufnahme der Votivbilder und Votivgaben der Schweiz, in: Schweizerisches Archiv für Volkskunde 47 (1951), S. 17–27

Baumann 1988
Ludwig Baumann, Das Gnadenbild auf der Flucht, in: Beiträge zur Geschichte im Landkreis Cham 5 (1988), S. 119–133

Baumann 2010
Ludwig Baumann, Weltweit verbreitet. Das Gnadenbild Neukirchen b. Hl. Blut, Straubing 2010

Baumann 1978
Mathilde Baumann, Neukirchen b. Hl. Blut. Markt und Wallfahrt am Hohenbogen, Grafenau 1978

Baumer 1965
Iso Baumer, Die Votivtafeln und Votivgaben von Disentis, in: Schweizerisches Archiv für Volkskunde 61 (1965), S. 153–176

Baumer 1977
Iso Baumer, Wallfahrt und Handlungsspiel. Ein Beitrag zum Verständnis religiösen Handelns, Bern 1977

Baumgartner 1979
Jakob Baumgartner (Hrsg.), Wiederentdeckung der Volksreligiosität, Regensburg 1979

Baumgartner 1963
Konrad Baumgartner, Die Seelsorge im Bistum Passau zwischen barocker Tradition, Aufklärung und Restauration, St. Ottilien 1963

Baumgartner 1994
Konrad Baumgartner, Wallfahrt und Frömmigkeit heute, in: Schwaiger/Mai 1994, S. 48–57

Bausinger 1970
Hermann Bausinger, Adventskranz. Ein methodisches Beispiel, in: Württembergisches Jahrbuch für Volkskunde 1970, S. 9–31

Bausinger/Brückner 1969
Hermann Bausinger/Wolfgang Brückner (Hrsg.), Kontinuität? Geschichtlichkeit und Dauer als volkskundliches Problem. Festschrift für Hans Moser, Berlin 1969

Beck 2011
Rainer Beck, Mäuselmacher oder die Imagination des Bösen. Ein Hexenprozess 1715–1723, München 2011

Behringer 1987
Wolfgang Behringer, Hexenverfolgungen in Bayern. Volksmagie, Glaubenseifer und Staatsräson in der Frühen Neuzeit, München 1987

Behringer 1988
Wolfgang Behringer, Mit dem Feuer vom Leben zum Tod. Hexengesetzgebung in Bayern, München 1988

Beinert 2008
Wolfgang Beinert, Das Dogma von der Güte Gottes. Die Unbefleckte Empfängnis Mariens, in: Pastoralblatt für die Diözesen Aachen, Berlin u. a. 60 (2008), S. 131–138

Beitl 1973
Klaus Beitl, Votivbilder. Zeugnisse einer alten Volkskunst, Salzburg 1973

Belting 2004
Hans Belting, Bild und Kult. Eine Geschichte des Bildes vor dem Zeitalter der Kunst, München ⁶2004

Benediktionale 1996
Benediktionale. Studienausgabe für die katholischen Bistümer des deutschen Sprachgebietes, erarbeitet von der internationalen Arbeitsgemeinschaft der liturgischen Kommissionen im deutschen Sprachgebiet, hrsg. von den Liturgischen Instituten Salzburg, Trier und Zürich, Freiburg i. Br. u. a. 1996

Berlinger 1955
Rudolf Berlinger, Die Weihnachtskrippe, München 1955

Bichler 2009
Albert Bichler, Freunde im Himmel, München 2009

Bleibrunner 1951
Hans Bleibrunner, Der Einfluß der Kirche auf die niederbayerische Kulturlandschaft, in: Mitteilungen der geographischen Gesellschaft in München 36 (1951), S. 7–191

Bleibrunner 1962
Hans Bleibrunner (Bearb.), Der Bogenberg. Ein altes Heiligtum in Niederbayern, hrsg. vom Landkreis Bogen, Bogen 1962

Bleibrunner 1975
Hans Bleibrunner, Unsere Liebe Frau vom Bogenberg, Bogen 1975

Bleibrunner 1977
Hans Bleibrunner, St. Leonhard Aigen am Inn, Aigen 1977

Blessing 1986
Werner K. Blessing, Reform, Restauration, Rezession. Kirchenreligion und Volksfrömmigkeit zwischen Aufklärung und Industrialisierung, in: Wolfgang Schieder (Hrsg.), Volksreligiosität in der modernen Sozialgeschichte, Göttingen 1986, S. 97–122

Blind 1902
Edmund Blind, Gynäkologisch interessante Ex-Votos. Eine historisch-ethnologische Studie, in: Globus 82 (1902), S. 69–74

Böcher 1970
Otto Böcher, Dämonenfurcht und Dämonenabwehr. Ein Beitrag zur Vorgeschichte der christlichen Taufe, Stuttgart 1970

Böck/Kramer 1962
Robert Böck/Karl-S. Kramer, [Bestandsaufnahme der Votivgaben in Kößlarn.] Bayerische Landesstelle für Volkskunde, München 1962 (Manuskript im Pfarrbüro Kößlarn)

Bœspflug 2013
François Bœspflug, Der Gott der Maler und Bildhauer. Die Inkarnation des Unsichtbaren, Freiburg i. Br. 2013

Böhne 1959
Clemens Böhne, Zur Herstellungstechnik der Eisenvotive, in: Bayerisches Jahrbuch für Volkskunde 1959, S. 41–46

Brauneck 1979
Manfred Brauneck, Religiöse Volkskunst. Votivgaben – Andachtsbilder – Hinterglas – Rosenkranz – Amulette, Köln ²1979

Brittinger 1938
Anita Brittinger, Die bayerische Verwaltung und das volksfromme Brauchtum im Zeitalter der Aufklärung, phil. Diss. München 1938

Bronner 2012
Franz Xaver Bronner, Ein Mönchsleben aus der empfindsamen Zeit, Altenmünster 2012

Brückner 1963
Wolfgang Brückner, Volkstümliche Denkstrukturen und hochschichtliches Weltbild im Votivwesen, in: Schweizerisches Archiv für Volkskunde 59 (1963), S. 186–203

Brückner 1976
Wolfgang Brückner, Hinterglasmalerei. Sonderdruck aus Keysers Kunst- und Antiquitätenbuch, Bd. 3, München/Würzburg 1976

Brückner 1978
Wolfgang Brückner, Erneuerung als selektive Tradition. Kontinuitätsfragen im 16. und 17. Jahrhundert aus dem Bereich der konfessionellen Kultur, in: Wolfgang

Harms (Hrsg.), Der Übergang zur Neuzeit und die Wirkung von Tradition, Göttingen 1978, S. 55–78

Brückner 1984
Wolfgang Brückner, Fußwallfahrt heute, Frömmigkeitsformen im sozialen Wandel der letzten hundert Jahre, in: Ausst.-Kat. München 1984, S. 101–113

Brückner 1993
Wolfgang Brückner, Zu den modernen Konstrukten »Volksfrömmigkeit« und »Aberglauben«, in: Jahrbuch für Volkskunde 16 (1993), S. 215–222

Brückner 1997 (2000)
Wolfgang Brückner, Probleme der Frömmigkeitsforschung. Religiöse Volkskunde im öffentlichen Bewusstsein am Beispielfeld Lexikon, in: Günter Dippold/Klaus Reder/Ulrich Wirtz (Hrsg.), Verbindendes. Studien zu Ehren von Reinhard Worschech, Würzburg 1997, S. 19–37; zit. nach Wiederabdruck in: Volkskunde als historische Kulturwissenschaft. Gesammelte Schriften von Wolfgang Brückner, Bd. 10, Würzburg 2000, S. 75–92

Brückner 2000
Wolfgang Brückner, Frömmigkeit und Konfession. Verstehensprobleme, Denkformen, Lebenspraxen, Würzburg 2000

Brückner 2001
Wolfgang Brückner, Geschichte und Geschichten. Weltvermittlung durch narrative Verständigung, Würzburg 2001 (Bd. 11 der gesammelten kleineren Schriften, dort besonders Abschnitt B)

Brückner 2010
Wolfgang Brückner, Die Sprache der christlichen Bilder (Kulturgeschichtliche Spaziergänge im Germanischen Nationalmuseum 12), Nürnberg 2010

Brückner 2013
Wolfgang Brückner, Bilddenken. Mensch und Magie oder Missverständnisse der Moderne (Beiträge zur Volkskultur in Nordwestdeutschland 122), Münster 2013

Brückner/Korff/Scharfe 1986
Wolfgang Brückner/Gottfried Korff/Martin Scharfe, Volksfrömmigkeitsforschung, Würzburg 1986

Burgstaller 1970
Ernst Burgstaller, Das Allerseelenbrot, Linz 1970

Burkhard 2000
Peter Burkhard, Hypnotische Selbstkontrolle. Die wirksame Psychotherapie des Teufelsbanners Johann Joseph Gassner um 1775, in: Hypnose und Kognition 17 (2000), S. 19–34

Chrobak 1994
Werner Chrobak, Blütezeiten der Wolfgangsverehrung, in: Schwaiger/Mai 1994, S. 37–47

Creux 1980
René Creux, Ex Voto. Die Bilderwelt des Volkes. Brauchtum und Glaube, Frauenfeld 1980

Daxelmüller 1993
Christoph Daxelmüller, Zauberpraktiken. Eine Ideengeschichte der Magie, Zürich 1993

Daxelmüller 1994
Christoph Daxelmüller, Volksfrömmigkeit im Reformationszeitalter – Epochenschwelle oder Kontinuität (am Beispiel Regensburgs), in: Hans Schwarz (Hrsg.), Reformation und Reichsstadt. Protestantisches Leben in Regensburg (Schriftenreihe der Universität Regensburg, N. F. 20), Regensburg 1994, S. 100–133

Daxelmüller 1996
Christoph Daxelmüller, Die Erfindung des zaubernden Volkes, in: Jahrbuch für Volkskunde, N. F. 19 (1996), S. 60–80

Deggendorf 1993
»Die Gnad«. Tatsachen und Legende (Deggendorfer Museumshefte 1), hrsg. von der Stadt Deggendorf, Deggendorf 1993

Dehio 1991
Georg Dehio, Handbuch der Deutschen Kunstdenkmäler. Bayern V, Regensburg und die Oberpfalz, bearb. von Jolanda Drexler-Herold, neu bearb. Aufl., München/Berlin 1991

Dehio 2008
Georg Dehio, Handbuch der Deutschen Kunstdenkmäler. Bayern II, Niederbayern, bearb. von Michael Brix, München/Berlin ²2008

Deneke 1965
Bernward Deneke, Zeugnisse religiösen Volksglaubens. Aus der Sammlung Erwin Richter (Bildhefte des Germanischen Nationalmuseums 2), Nürnberg 1965

Deneke 1977
Bernward Deneke, Volkstümlicher Schmuck aus Nordwestdeutschland, Cloppenburg 1977

Deneke 1979
Bernward Deneke, Volkskunst. Führer durch die volkskundlichen Sammlungen. Germanisches Nationalmuseum, Nürnberg, München 1979

Denzinger/Hünermann 1999
Heinrich Denzinger/Peter Hünermann, Enchiridion symbolorum, definitionum et declarationum de rebus fidei et morum. Kompendium der Glaubensbekenntnisse und kirchlichen Lehrentscheidungen, Freiburg i. Br. ³⁸1999

Diet 1991
Lorenz Diet, »123 genß, 91 stuckh an hanner, henner und ändten«, in: Passauer Neue Presse, 19.10.1991

Diet 2002
Lorenz Diet, Eiserne Viehopfer für den heiligen Leonhard, in: Passauer Neue Presse, 30.10.2002

Diet 2007
Lorenz Diet, Wenn acht Gasthäuser und sieben Geistliche zu wenig sind, in: Passauer Neue Presse, 26.10.2007

Dinzelbacher 2007
Peter Dinzelbacher (Hrsg.), Handbuch der Religionsgeschichte im deutschsprachigen Raum, Bd. 5: 1750–1900, hrsg. von Michael Pammer, Paderborn 2007

Dinzelbacher/Bauer 1990
Peter Dinzelbacher/Dieter R. Bauer (Hrsg.), Volksreligion im hohen und späten Mittelalter, Paderborn 1990

Dirmeier/Morsbach 1994
Arthur Dirmeier/Peter Morsbach, Spitäler in Regensburg. Krankheit, Not und Alter im Spiegel der Fürsorgeeinrichtungen und Krankenhäuser einer Reichsstadt (Großer Kunstführer 192), Regensburg 1994

Dörfler 2010
Dieter Dörfler, Wie der Leonhardiritt nach Bayern kam, in: Chiemgau-Blätter. Unterhaltungsbeilage zum Traunsteiner Tagblatt, Nr. 45, 06.11.2010, S. 1–5

Drascek 1998
Daniel Drascek, Der Papstbesuch in Wien und Augsburg 1782. Zum Wandel spätbarocker Alltags- und Frömmigkeitskultur unter dem Einfluß süddeutscher Gegenaufklärer, in: Burkhart Lauterbach/Christoph Köck (Hrsg.), Volkskundliche Fallstudien. Profile empirischer Kulturforschung heute (Münchner Beiträge zur Volkskunde 22), Münster u. a. 1998, S. 25–44

Drost 2009a
Ludger Drost, Barocke Altarausstattung und Gnadenbildinszenierung in der Wallfahrtskirche, in: kunstreich-wehrhaft-gnadenvoll. Wallfahrtsgeschichte und Sakralkunst in der Kirchenburg Kößlarn (Kultur im Landkreis Passau 14), Passau 2009, S. 31–52

Drost 2009b
Ludger Drost, Kößlarn. Katholische Pfarr- und Wallfahrtskirche, Passau 2009

Drost 2009c
Ludger Drost (Bearb.), kunstreich – wehrhaft – gnadenvoll. Wallfahrtsgeschichte und Sakralkunst in der Kirchenburg Kößlarn (Kultur im Landkreis Passau 14), Passau 2009

Duden 2013
Duden, Bd. 1, 26., völlig neu bearb. und erw. Aufl., Berlin u. a. 2013

Dülmen 1990–1994
Richard van Dülmen, Kultur und Alltag in der frühen Neuzeit, 3 Bde., München 1990–1994

Dünninger 1984
Hans Dünninger, Wahres Abbild. Bildwallfahrt und Gnadenbild, in: Ausst.-Kat. München 1984, S. 274–283

Dünninger/Schemmel 1980
Josef Dünninger/Bernhard Schemmel, Bildstöcke in Franken, Konstanz 1980

Eckart 2011
Wolfgang U. Eckart, Illustrierte Geschichte der Medizin. Von der Französischen Revolution bis zur Gegenwart, Berlin/Heidelberg ²2011

Eckert 1957
Georg Eckert, Zum Votivwesen in Nordwest-Sardinien, in: Zeitschrift für Ethnologie 82 (1957), S. 261–266

Eder 1992
Manfred Eder, Die »Deggendorfer Gnad«. Entstehung und Entwicklung einer Hostienwallfahrt im Kontext von Theologie und Geschichte (Kataloge des Stadtmuseums Deggendorf 9; zugl. Diss. Univ. Regensburg, 1991), Deggendorf 1992

Eder 1994
Manfred Eder, Eucharistische Kirchen und Wallfahrten im Bistum Regensburg, in: Schwaiger/Mai 1994, S. 97–172

Egginger 2011
Josef Egginger, Griesbach i. Rottal. Der ehemalige Landkreis (Historisches Ortsnamenbuch von Bayern, Niederbayern 1), München 2011

Eichendorf 1996
100 Jahre Pfarrei Eichendorf, Festschrift hrsg. im Jubiläumsjahr 1996 vom Pfarramt Eichendorf, Eichendorf 1996

Erffa 1956
Wolfram von Erffa, Wehrkirchen in Oberfranken (Die Plassenburg 11), Kulmbach 1956

Ernst 2008
Wolfgang Ernst, Oberpfälzischer Heilzauber. Spruch und Ritus in der volkstümlichen Verbaltherapie der Sammlung Schönwerth im 19. Jahrhundert, Coburg 2008

Fähnrich 1988
Harald Fähnrich, Totenbretter in der nördlichen Oberpfalz. Ein Brauch im Wald, Tirschenreuth 1988

Fendl 1993
Elisabeth Fendl, Hinterglasbilder – Wie und für wen sie gemacht sind, in: Hinterglasbilder des Nationalmuseums Prag und des Museums Eger. Hinterglasbilder aus dem Egerland (Begleitheft zur Sonderausstellung »Hinterglasbilder des Nationalmuseums Prag und des Museums Eger« im Egerland-Museum Marktredwitz, 09.12.1993–30.01.1994), hrsg. von Elisabeth Fendl (Schriftenreihe des Egerland-Museums Marktredwitz 6), Marktredwitz 1993, S. 9–12

Flachenecker 1994
Helmut Flachenecker, Die Griesstettener Wallfahrt zum Hl. Martin und zu den Elenden Heiligen, in: Schwaiger/Mai 1994, S. 238–268

Franz 1908 (1960)
Adolph Franz, Die kirchlichen Benediktionen im Mittelalter, 2 Bde., Freiburg i. Br. 1909 (Reprint Graz 1960)

Freitag 1991
Werner Freitag, Volks- und Elitenfrömmigkeit in der Frühen Neuzeit. Marienwallfahrten im Fürstbistum Münster, Paderborn 1991

Freytag 1996
Nils Freytag, Exorzismus und Wunderglaube im 18. Jahrhundert. Reaktionen auf die Teufelsbanner und Wunderheiler J. J. Gassner und A. Knoerzer, in: Regionales Prisma der Vergangenheit. Perspektiven der modernen Regionalgeschichte (Saarland Bibliothek 11), St. Ingbert 1996, S. 89–105

Freytag/Hosang 1930–1932
Rudolf Freytag, Aus der sogenannten guten alten Zeit. Kleine Geschichten aus Regensburgs Vergangenheit von Karl Sebastian Hosang. Mitgeteilt von Dr. Freytag, 2 Bde., Regensburg 1930–1932

Friedl 2009
Inge Friedl, Heilwissen in alter Zeit. Bäuerliche Heiltraditionen, 2009, Wien/Köln/Weimar

Friesen 2001
Ilse E. Friesen, The female Crucifix. Images of St. Wilgefortis since the Middle Ages, Waterloo 2001

Gallemart 1781
Jean Gallemart, Sacrosanctum Concilium Tridentinum additis declarationibus cardinalium ..., Augsburg 1781

Ganzer 1994
Klaus Ganzer, Das Konzil von Trient und die Volksfrömmigkeit, in: Hansgeorg Molitor/Herbert Smolinsky (Hrsg.), Volksfrömmigkeit in der Frühen Neuzeit, Münster 1994, S. 17–26

Gaßner 1788
Johann Joseph Gaßner, Des Hochwürdigen und Hochgelehrten Herrn Johann Joseph Gaßners, der Gottesgelahrtheit und des geistlichen Rechts Candidaten, freyresignirten Pfarrers zu Klösterl, nun Hofkaplan, und geistl. Raths Sr. Hochfürstl. Gnaden des Bischofs von Regensburg, Probstes und Herrn zu Ellwang u. Weise wider den Teufel zu streiten: durch Beantwortung der Fragen. I. Kann der Teufel dem Leibe des Menschen schaden? II. Welchen am mehresten? III. Wie ist zu helfen?, Augsburg ^{12}1788 (1. Aufl. 1774)

Gebhard 1972
Torsten Gebhard, Zur Geschichte des Wallfahrtswesens in der Oberpfalz, in: Verhandlungen des Historischen Vereins für Oberpfalz und Regensburg 112 (1972), S. 311–324

Gegenfurtner 1977
Wilhelm Gegenfurtner, Jesuiten in der Oberpfalz. Ihr Wirken und ihr Beitrag zur Rekatholisierung in den oberpfälzischen Landen (1621–1650), in: Beiträge zur Geschichte des Bistums Regensburg 11 (1977), S. 71–220

Gehrmann 2011
Rolf Gehrmann, Säuglingssterblichkeit in Deutschland im 19. Jahrhundert, in: Zeitschrift für Bevölkerungswissenschaft 36 (2011), S. 807–838

Geramb 1913
Viktor von Geramb, Bäuerliche Votive und Weihegaben in Steiermark und Kärnten, in: Blätter zur Geschichte und Heimatkunde der Alpenländer 93 (1913), S. 384

Geschicht-Beschreibung 1751
Geschicht-Beschreibung Von Der Wunder-würckenden Marianischen Bildnuß zu Neukirchen, Beym H. Blut genannt [...], Sultzbach 1751

Ginzburg 1980
Carlo Ginzburg, Die Benendanti. Feldkulte und Hexenwesen im 16. und 17. Jahrhundert, Frankfurt/M. 1980

Gockerell 1993
Nina Gockerell, »Sie durchstachen mich mit mancherlei Waffen ...«, in: Ingolf Bauer (Hrsg.), Frömmigkeit. Formen, Geschichte, Verhalten, Zeugnisse. Lenz Kriss-Rettenbeck zum 70. Geburtstag (Bayerisches Nationalmuseum, Forschungshefte 13), München 1993, S. 161–194

Gockerell 1995
Nina Gockerell, Bilder und Zeichen der Frömmigkeit. Sammlung Rudolf Kriss, München 1995

Gockerell 2009
Nina Gockerell, Glaube und Bild. Sammlung Rudolf Kriss, Salzweg 2009

Goethe 1961
Johann Wolfgang von Goethe, Italienische Reise (Berliner Ausgabe, Bd. 14: Poetische Werke, Autobiographische Schriften 2), Berlin 1961

Götz v. Olenhusen 1995
Irmtraud Götz v. Olenhusen (Hrsg.), Wunderbare Erscheinungen. Frauen und katholische Frömmigkeit im 19. und 20. Jahrhundert, Paderborn 1995

Greipl 1980
Egon Johannes Greipl, Abt und Fürst. Leben und Leistung des Reichsprälaten Johann Baptist Kraus von St. Emmeram zu Regensburg (1700–1762), Regensburg 1980

Gribl 1987
Albrecht A. Gribl, Volksfrömmigkeit – Begriff, Ansätze, Gegenstand, in: Edgar Harvolk (Hrsg.), Wege der Volkskunde in Bayern. Ein Handbuch, München/Würzburg 1987, S. 293–333

Gröber 1929
Karl Gröber, Votivgaben auf alten Bilder, in: Bayerischer Heimatschutz 25 (1929), S. 113–118

Grundsätze 1788
Hat man die Grundsätze und das ganze gassnerische System nicht mehr, als genug geprüft? Dem Herrn Fragsteller, ob die der Landesfürsten über die gassnerischen Kuren gleichgültig seyn können; dem Herrn Professor Schlötzer zu Göttingen; dem schwärmerischen deutschen Zuschauer, und anderen Antigassnern decidirt. Im Jahre 1786, Augsburg 1788

Güntner 1992
Johann Güntner, Die Fronleichnamsprozession in Regensburg (Bischöfliches Zentralarchiv und Bischöfliche Zentralbibliothek Regensburg, Kataloge und Schriften 8), München/Zürich 1992

Gulielminetti 1911
Anton Gulielminetti, Klemens Wenzeslaus, der letzte Fürstbischof von Augsburg, und die religiöse Reformbewegung, in: Archiv für Geschichte des Hochstifts Augsburg, Bd. 1, Dillingen a. D. 1911, S. 493–598

Gumpelzhaimer 1830–1838
Christian Gottlieb Gumpelzhaimer, Regensburg's Geschichte, Sagen und Merkwürdigkeiten von den ältesten bis auf die neuesten Zeiten, 4 Bde., Regensburg 1830–1838

Guth 1990
Klaus Guth, Konfessionsgeschichte in Franken 1555–1955. Politik – Religion – Kultur, Bamberg 1990

Hackelsperger-Rötzer 1978
Klara Hackelsperger-Rötzer, Die Sonnleitnerin, Regensburg ³1978

Haimerl 1984
Robert Haimerl, Die Hinterglasmalerei in Furth i. Wald und die Malerfamilie Hauser, in: Die Oberpfalz 72 (1984), Heft 1, S. 1–7

Haller 1973
Reinhard Haller, Volkstümliche Hinterglasbilder in Verlassenschaftsinventaren des 18. Jahrhunderts, in: Verhandlungen des historischen Vereins für Niederbayern 99 (1973), S. 52–63

Haller 1975
Reinhard Haller, Historische Glashütten in den Bodenmaiser Wäldern, Grafenau 1975

Haller 1980
Reinhard Haller, Armenseelentaferl. Hinterglasbilder aus Bayern, Österreich und Böhmen, Grafenau 1980

Haller 1982
Reinhard Haller, Herrgotten und Heilige, Volkstümliche Schnitzkunst in der Oberpfalz, Regensburg 1982

Haller 1990
Reinhard Haller, Totenbretter. Brauchdenkmäler in Niederbayern und der Oberpfalz. Neue Funde zu einem alten Thema, Grafenau 1990

Hanauer 1964
Joseph Hanauer, Gaßner, Johann Joseph, in: Neue Deutsche Biographie, Bd. 6, Berlin 1964, S. 84–85

Hanauer 1985
Joseph Hanauer, Der Teufelsbanner und Wunderheiler Johann Joseph Gaßner (1727–1779), in: Beiträge zur Geschichte des Bistums Regensburg 19 (1985), S. 303–345

Hansmann/Kriss-Rettenbeck 1966
Liselotte Hansmann/Lenz Kriss-Rettenbeck, Amulett und Talisman, München 1966

Harmening 1979
Dieter Harmening, Superstitio. Überlieferungs- und theoriegeschichtliche Untersuchungen zur kirchlich-theologischen Aberglaubensliteratur des Mittelalters, Berlin 1979

Hartinger 1971
Walter Hartinger, Die Wallfahrt Neukirchen bei Heilig Blut. Volkskundliche Untersuchung einer Gnadenstätte an der bayerisch-böhmischen Grenze, in: Beiträge zur Geschichte des Bistums Regensburg 5 (1971), S. 23–240

Hartinger 1979
Walter Hartinger, ... denen Gott genad! Totenbrauchtum und Armen-Seelen-Glaube in der Oberpfalz, Regensburg 1979

Hartinger 1984
Walter Hartinger, Maria Hilf ob Passau. Entstehung und Verbreitung einer volkstümlichen Wallfahrt und Andachtsform, in: Ausst.-Kat. München 1984, S. 284–299

Hartinger 1985a
Walter Hartinger, Kirchliche Frühaufklärung in Ostbayern. Maßnahmen gegen Wallfahrten und geistliche Spiele in den Bistümern Passau und Regensburg am Beginn des 18. Jahrhunderts, in: Ostbairische Grenzmarken 27 (1985), S. 142–157

Hartinger 1985b
Walter Hartinger, Mariahilf ob Passau. Volkskundliche Untersuchung der Passauer Wallfahrt und der Mariahilf-Verehrung im deutschsprachigen Raum (Neue Veröffentlichung des Instituts für Ostbairische Heimatforschung der Universität Passau 43), Passau 1985

Hartinger 1989
Walter Hartinger, Zur Geschichte des Wallfahrtswesens im Bistum Regensburg, in: 1250 Jahre Kunst und Kultur im Bistum Regensburg. Berichte und Forschungen, München 1989, S. 229–243

Hartinger 1990a
Walter Hartinger, »... nichts anders als eine zertrunckene Bierandacht ...« Das Verbot der geistlichen

Schauspiele im Bistum Passau, in: Dieter Harmening/Erich Wimmer (Hrsg.), Volkskultur – Geschichte – Region. Festschrift für Wolfgang Brückner zum 60. Geburtstag, Würzburg 1990, S. 395–419

Hartinger 1990b
Walter Hartinger, Totenbretter im Bayerischen Wald und Böhmerwald. Überlegungen zu ihrer Entstehung und Funktion, in: Ostbairische Grenzmarken 32 (1990), S. 123–138

Hartinger 1992a
Walter Hartinger, Kirchliche und staatliche Wallfahrtsverbote in Altbayern, in: Winfried Becker/Werner Chrobak (Hrsg.), Staat – Kultur - Politik. Geschichte Bayerns und des Katholizismus. Festschrift zum 65. Geburtstag von Dieter Albrecht, Kallmünz 1992, S. 119–136

Hartinger 1992b
Walter Hartinger, Religion und Brauch, Darmstadt 1992

Hartinger 1992c
Walter Hartinger, Volksfrömmigkeit in und um Regensburg am Vorabend der Reformation, in: Ausst.-Kat. Regensburg 1992, S. 41–49

Hartinger 1993a
Walter Hartinger, Patrizische Frömmigkeit – aufgrund von Testamenten der Reichsstadt Regensburg im 14. Jahrhundert, in: Frömmigkeit. Formen, Geschichte, Verhalten, Zeugnisse. Lenz Kriss-Rettenbeck zum 70. Geburtstag, München 1993, S. 45–72

Hartinger 1993b
Walter Hartinger, Sossau – das bayerische Loreto, in: Werner Chrobak u. a. (Bearb.), 850 Jahre Prämonstratenserabtei Windberg (Bischöfliches Zentralarchiv und Bischöfliche Zentralbibliothek Regensburg, Kataloge und Schriften 9), München/Zürich 1993, S. 134–153

Hartinger 2002
Walter Hartinger, Die Konfessionalisierung des Alltags in Bayern unter Maximilian I., in: Zeitschrift für bayerische Landesgeschichte 65 (2002), S. 123–156

Hartinger 2003
Walter Hartinger, Aspekte der Marienverehrung in Bayern, in: Ausst.-Kat. Freising 2003, S. 27–32

Hartinger 2010
Walter Hartinger, Aberglaubens-Mission der Jesuiten und Kapuziner im Bayerischen Wald 1642, in: Tobias Appl/Georg Köglmeier (Hrsg.), Regensburg, Bayern und das Reich. Festschrift für Peter Schmid zum 65. Geburtstag, Regensburg 2010, S. 479–498

Harvolk 1976/77
Edgar Harvolk, Szenische Ölbergandachten in Bayern, in: Bayerisches Jahrbuch für Volkskunde 1976/77, S. 69–87

Harvolk 1979
Edgar Harvolk, Votivtafeln. Bildzeugnisse von Hilfsbedürftigkeit und Gottvertrauen, München 1979

Harvolk 1983/84
Edgar Harvolk, Nachtrag zu Szenische Ölbergandachten in Bayern, in: Bayerisches Jahrbuch für Volkskunde 1983/84, S. 181–182

Hausberger 1989
Karl Hausberger, Geschichte des Bistums Regensburg, 2 Bde., Regensburg 1989

Hausberger 2004
Karl Hausberger, Das Bistum Regensburg. Seine Geschichte, Regensburg 2004

Hecht 1997
Christian Hecht, Katholische Bildertheologie im Zeitalter von Gegenreformation und Barock, Berlin 1997

Hecht 2012
Winfried Hecht, Himmlische Hilf. Votivbilder vom oberen Neckar und der oberen Donau, Lindenberg im Allgäu 2012

Helm 1993
Winfried Helm, Obrigkeit und Volk. Herrschaft im frühneuzeitlichen Alltag Niederbayerns, untersucht anhand archivalischer Quellen, Passau 1993

Helml 1996
Stefan Helml, Franzosen gegen Österreicher in Bayern 1796, Amberg 1996

Hemmauer 1731
P. Aemilian Hemmauer, Historischer Entwurff Der im Jahr tausend siben hundert ein und dreyssig tausend-jährigen Obern Alten Aich Oder Kurtze Zeit-Schrifften deß Löbl. Uralt- und Exempter Bayrischen Benedictiner Congregation sub Tit. SS. Angelorum Custodum Einverleibten Stifft und Closters Ober-Alt-Aich In Unterland Bayrn, Bistumb Regenspurg, gelegen ..., Straubing 1731

Henkel 2004
Georg Henkel, Rhetorik und Inszenierung des Heiligen. Eine kulturgeschichtliche Untersuchung zu barocken Gnadenbildern in Predigt und Festkultur des 18. Jahrhunderts (Kunst- und Kulturwissenschaftliche Forschungen 3), Weimar 2004

Herramhof 1980
Brigitte Herramhof, S. Leonardus [vilerlay gedenckwürdige Wunderzaichen, so Gott der Almechtig durch mittel und fürbitt S. Leonhards bey seinem Gotteshaus zu Inchenhofen gewürckt hatt]; Inchenhofen, das Mirakelbuch von 1593, in: Beiträge zur Oberpfalzforschung 4 (1980), S. 51–120

Herramhof/Herramhof/Rademacher 1970
Brigitte Herramhof/Hans Herramhof/Heinz K. Rademacher, Die Ausgrabungen bei St. Leonhard und St. Michael in Perka. Beiträge zur Typologie und Chronologie des Eisenopferbrauchtums (Beiträge zur Volkstumsforschung, Volksglaube Europas 2), München 1970

Herramhof/Rademacher 1966
Brigitte Herramhof/Heinz K. Rademacher, Eisenopfer. Die Bodenfunde 1963 von St. Leonhard in Ganacker, in: Beiträge zur Oberpfalzforschung 2 (1966), S. 61–76 mit 34 Tafeln

Hersche 2006
Peter Hersche, Muße und Verschwendung. Europäische Gesellschaft und Kultur im Barockzeitalter, 2 Bde., Freiburg i. Br. 2006

Hersche 2013
Peter Hersche, Agrarische Religiosität. Landbevölkerung und traditioneller Katholizismus in der voralpinen Schweiz 1945–1960, Baden 2013

Hilmer 2013
Irmgard Hilmer, Gipfeltreffen Tausender Gläubiger. Wallfahrt auf den heiligen Berg, in: Straubinger Tagblatt, 03.05.2013

Hipp 1984
Hans Hipp, Votivgaben. Heilung durch Glauben, Erklärung der Votivgaben der Wachszieherei Hipp durch die Mirakelbücher von Niederscheyern, Pfaffenhofen 1984

Hipp 2010
Hans Hipp, 400 Jahre Lebzelter, Konditoren und Wachszieher in Pfaffenhofen a. d. Ilm. Geschichte des Lebzelterhauses mit Handwerk und Brauchtum, heutiges Café Hipp (Heimatkundliche Schriftenreihe des Landkreises Pfaffenhofen a. d. Ilm, D' Hopfakirm 42), Pfaffenhofen a. d. Ilm 2010

Höchst verwunderlich 1788
Höchst verwunderlich, und eben so authentisirte Kuren, die der hochwürdige Herr Johann Joseph Gassner, ehemaliger Pfarrer zu Klösterle, und hernach geistlicher Rath Sr. hochfürstl. Gnaden Probsts zu Ellwang und Bischofs zu Regensburg durch die Kraft des heiligsten Namens Jesu zu Wolfegg und Seflingen, zu Ellwang, Regensburg und Sulzbach gemacht hat, Augsburg 1788

Höck 1963
Alfred Höck, Frühe Wachsvotive am Elisabethengrab in Marburg/Lahn. Ein Beitrag zum Alter geformten Wachses nach Mirakelprotokollen, in: Zeitschrift für Volkskunde 59 (1963), S. 59–72

Höfler 1891/94
Max Höfler, Votivgaben beim St. Leonhards-Kult in Oberbayern, in: Beiträge zur Anthropologie und Urgeschichte Bayerns 9 (1891), S. 109–136; 11 (1894), S. 45–89

Hofbauer 1986
Amanda Hofbauer, Inventarisierung und Auswertung der Votivbilder in Kösslarn, Niederbayern, Zulassungsarbeit Regensburg 1986 (Manuskript im Pfarrbüro Kößlarn)

Holz 1932
Alfons Holz, Der Bogenberg und seine Wallfahrt, in: Der Bayerwald 30 (1932), S. 149–152, 161–168, 173–182

Hubel 1977
Achim Hubel, Die »Schöne Maria« von Regensburg. Wallfahrten – Gnadenbilder – Ikonographie, in: Paul Mai (Hrsg.), 850 Jahre Kollegiatstift zu den heiligen Johannes Baptist und Johannes Evangelist in Regensburg 1127–1977, München/Zürich 1977, S. 199–237

Hubel 1981
Achim Hubel, Die Glasmalereien des Regensburger Domes, München/Zürich 1981

Hubel 2002
Achim Hubel, Das Gnadenbild der Alten Kapelle, in: Werner Schiedermair (Hrsg.), Die Alte Kapelle in Regensburg, Regensburg 2002, S. 219–244

Huber 1930a
Josef Huber, Baugeschichte der Wallfahrts- und Pfarrkirche Kößlarn. Sonderdruck aus: Ostbairische Grenzmarken 19 (1930), H. 8–11.

Huber 1930b
Josef Huber, Die gotische Silbermadonna zu Kößlarn, in: Ostbairische Grenzmarken 19 (1930), S. 110–112

Huber 2007
Alfons Huber, Marienwallfahrtskirche Sossau, Regensburg 2007

Huber/Hofbauer/Schiermeier 1992
Josef Huber/Amanda Hofbauer/Hans Schiermeier, Pfarr- und Wallfahrtskirche Kößlarn (Schnell, Kunstführer 813), München/Zürich ⁴1992

Hueber 1671
Fortunat Hueber, Zeitiger Granat-apfel der allerscheinbaristen Wunderzierden [...], München 1671

Husty 2013
Ludwig Husty, Überraschungen am Heiligen Berg Niederbayerns. Mittelalter am Bogenberg, in: Das Archäologische Jahr in Bayern 2013 (2014), S. 114–116

Ibrahim 2013
Raymond Ibrahim, Armenischer Genozid: 16 christliche Mädchen lebend ans Kreuz genagelt, in: EuropeNews, 25.04.2013 (http://europenews.dk/de/node/66999, letzter Zugriff 05.12.2013). Auszug aus: Raymond Ibrahim, The Forgotten Genocide: Why It Matters Today, 24.04.2013 (http://www.raymondibrahim.com/islam/the-forgotten-genocide-why-it-matters-today/, letzter Zugriff 05.12.2013)

Imhof 1981
Arthur E. Imhof, Unterschiedliche Säuglingssterblichkeiten in Deutschland. 18.–20. Jahrhundert – Warum?, in: Zeitschrift für Bevölkerungswissenschaft 7 (1981), S. 343–382

Imhof 1984
Arthur E. Imhof, Normen gegen die Angst des Sterbens, in: Rudolf Lenz (Hrsg.), Leichenpredigten als Quelle historischer Wissenschaften, Bd. 3 (Drittes Marburger Personalschriftensymposion. Forschungsgegenstand Leichenpredigten. Eine internationale Fachkonferenz der Deutschen Forschungsgemeinschaft), Marburg 1984, S. 271–285

Imhof 1988
Arthur E. Imhof, Lebenszeit. Vom aufgeschobenen Tod und von der Kunst des Lebens, München 1988

Imhof 1998
Arthur E. Imhof, Das prekäre Leben. Leben, Not und Sterben auf Votivtafeln, Stuttgart/Leipzig 1998

Inventar Neupfarrkirche 1994
Evang.-Luth. Neupfarrkirche. Dokumentation des mobilen Inventars. Bearb. von Peter Morsbach, 1994

Iserloh 1961
Erwin Iserloh, Die Kirchenfrömmigkeit in der »imitatio Christi«, in: Jean Daniélou/Herbert Vorgrimler (Hrsg.), Sentire Ecclesiam. Hugo Rahner zum 60. Geburtstag, Freiburg i. Br. u. a. 1961, S. 251–267

Jaritz 2010
Günter Jaritz (Hrsg.), Rote Listen gefährdeter Tiere Österreichs: Alte Haustierrassen. Schweine, Rinder, Schafe, Ziegen, Pferde, Esel, Hunde, Geflügel, Fische, Bienen (Grüne Reihe des Lebensministeriums 14/4), Wien u. a. 2010

Jedin 1985
Hubert Jedin (Hrsg.), Handbuch der Kirchengeschichte, Bd. III/2. Die mittelalterliche Kirche: Vom kirchlichen Hochmittelalter bis zum Vorabend der Reformation, Freiburg i. Br. u. a. 1985

Kaiser 1989
Sebastian Kaiser, Die Wallfahrt Kößlarn. Volkskundliche Untersuchung des religiösen Lebens einer Gnadenstätte zwischen Spätmittelalter und Gegenwart (Passauer Studien zur Volkskunde 1), Passau 1989

Kapfhammer 1977
Günther Kapfhammer, St. Leonhard zu Ehren. Vom Patron der Pferde, von Wundern und Verehrung, von Leonhardifahrten und Kettenkirchen, Rosenheim 1977

Keller 1991
Hiltgart L. Keller, Reclams Lexikon der Heiligen und biblischen Gestalten, Stuttgart ⁷1991

Kerkhoff-Hader 2012
Bärbel Kerkhoff-Hader (Hrsg.), Andacht und Erinnerung. Gegenstand – Symbol – Handlung, Bamberg 2012

Kerschbaum 2002
Roland Kerschbaum, Leonhard von Noblac. Wundersames über den Patron für Tier und Mensch, Salzburg 2002

Kerschensteiner 2001
Franz Kerschensteiner, Wallfahrtskirche Griesstetten (Schnell, Kunstführer 743), 3., neu bearb. Aufl., Regensburg 2001

Kiefl 1819
Augustin Kiefl, Der Bogenberg berühmt als Graffschaft und Wallfahrt geschichtlich nachgewiesen, Passau 1819

Kirfel 1948
Willibald Kirfel, Die dreiköpfige Gottheit. Archäologisch-ethnologischer Streifzug durch die Ikonographie der Religionen, Bonn 1948

Kloke 1997
Ines Elisabeth Kloke, Säuglingssterblichkeit in Deutschland im 18. und 19. Jahrhundert am Beispiel von sechs ländlichen Regionen. Motto: »Kommts Abendroth, ists Kindlein toth«, Diss. FU Berlin 1997 (http://www.diss.fu-berlin.de/diss/receive/FUDISS_thesis_000000000023, letzter Zugriff 06.02.2014)

König 1939/40
Maria Angela König, Weihegaben an Unsere Liebe Frau von Altötting, 2 Bde., München 1939/40

Kogler 1966
Nikolaus Christian Kogler, Votivbilder aus dem östlichen Nordtirol, Innsbruck 1966

Koschwitz 1975
Gisela Koschwitz, Der heilige Bischof Erhard von Regensburg. Legende – Kult – Ikonographie (Studien und Mitteilungen zur Geschichte des Benediktinerordens und seiner Zweige 86), Ottobeuren 1975

Koselleck 1972
Reinhart Koselleck, Einleitung, in: Otto Brunner/Werner Conze/Reinhart Koselleck (Hrsg.), Geschichtliche Grundbegriffe. Historisches Lexikon zur politisch-sozialen Sprache in Deutschland, Bd. 1, Stuttgart 1972, S. XIII–XXVII

Kramer 1951
Karl-Sigismund Kramer, Die Mirakelbücher der Wallfahrt Grafrath, in: Bayerisches Jahrbuch für Volkskunde 1951, S. 80–102

Krausen 1958
Edgar Krausen, Votivbilder und Weihegaben in Münchener Kirchen, in: Bayerisches Jahrbuch für Volkskunde 1958, S. 74–84

Krenner 2000
Martin Krenner, Die Bedeutung von Schankrecht und Brauwesen für die Marktgemeinde Kößlarn seit 1364, Facharbeit Wilhelm-Diess-Gymnasium Pocking 2000 (Manuskript im Pfarrarchiv Kößlarn)

Kretzenbacher 1954
Leopold Kretzenbacher, Die Ketten um die Leonhardskirchen im Ostalpenraum: Kulturhistorische Beiträge zur Frage der Gürtung von Kultobjekten in der religiösen Volkskultur Europas, in: Kultur und Volk. Festschrift für Gustav Gugitz, Wien 1954, S. 165–202

Kretzenbacher 1987
Leopold Kretzenbacher, Die Verehrung des hl. Leonhard in Europa, in: Georg Neureiter (Hrsg.), 550 Jahre St. Leonhard 1433–1983. Weg – Wahrheit – Leben, Tamsweg 1987, S. 45–68

Kriss 1927
Rudolf Kriss, Votivgaben beim heiligen Koloman, in: Bayerischer Heimatschutz 23 (1927), S. 35–42

Kriss 1929
Rudolf Kriss, Das Gebärmuttervotiv. Ein Beitrag zur Volkskunde nebst einer Einleitung über Arten und Bedeutung der deutschen Opfergebräuche der Gegenwart, Augsburg 1929

Kriss 1930a
Rudolf Kriss, Die Opferkröte, in: Bayerischer Heimatschutz 26 (1930), S. 107–108

Kriss 1930b
Rudolf Kriss, Volkskundliches aus altbayrischen Gnadenstätten. Beiträge zu einer Geographie des Wallfahrtsbrauchtums, Augsburg 1930

Kriss 1931a
Rudolf Kriss, Formenreihen bei hölzernen Organvotiven, in: Bayerischer Heimatschutz 27 (1931), S. 93–96

Kriss 1931b
Rudolf Kriss, Votive und Weihegaben des italienischen Volkes, in: Zeitschrift für Volkskunde 2 (1931), S. 249–271

Kriss 1934
Rudolf Kriss, Technik und Altersbestimmung der eisernen Opfergaben, in: Jahrbuch für historische Volkskunde 3/4 (1934), S. 277–289

Kriss 1951
Rudolf Kriss, Die Muttergottes von Bogenberg und ihre Nachbildungen, in: Bayerisches Jahrbuch für Volkskunde 1951, S. 59–61

Kriss 1953–1956
Rudolf Kriss, Die Volkskunde der Altbayrischen Gnadenstätten, 3 Bde., München-Pasing 1953–1956

Kriss/Kriss-Rettenbeck 1957
Rudolf Kriss/Lenz Kriss-Rettenbeck, Eisenopfer. Das Eisenopfer in Brauchtum und Geschichte (Beiträge zur Volkstumsforschung, Volksglaube Europas 1), München 1957

Kriss-Rettenbeck 1952
Lenz Kriss-Rettenbeck, Zur Phänomenologie des Votivbrauchtums, in Bayerisches Jahrbuch für Volkskunde 1952, S. 75–78

Kriss-Rettenbeck 1954
Lenz Kriss-Rettenbeck, Heilige Gestalten im Votivbild, in: Kultur und Volk. Festschrift für Gustav Gugitz, Wien 1954, S. 333–359

Kriss-Rettenbeck 1955a
Lenz Kriss-Rettenbeck, Feige. Wort – Gebärde – Amulett. Ein volkskundlicher Beitrag zur Amulettforschung, München-Pasing 1955

Kriss-Rettenbeck 1955b
Lenz Kriss-Rettenbeck, Das Kranzvotiv, in: Bayerisches Jahrbuch für Volkskunde 1955, S. 93–102

Kriss-Rettenbeck 1958
Lenz Kriss-Rettenbeck, Das Votivbild, München 1958

Kriss-Rettenbeck 1963
Lenz Kriss-Rettenbeck, Bilder und Zeichen religiösen Volksglaubens, München 1963

Kriss-Rettenbeck 1971a
Lenz Kriss-Rettenbeck, Bilder und Zeichen religiösen Volksglaubens, München ²1971

Kriss-Rettenbeck 1971b
Lenz Kriss-Rettenbeck, Ex Voto. Zeichen, Bild und Abbild im christlichen Votivbrauchtum, München ²1971

Kriss-Rettenbeck 1978
Lenz Kriss-Rettenbeck, Zum Problem der religiösen Magie, in: Leander Petzold (Hrsg.), Magie und Religion. Beiträge zu einer Theorie der Magie, Darmstadt 1978, S. 390–403

Kürzeder 1996
Christoph Kürzeder, »Ich sehe dich in tausend Bildern«. Marienbilder und ihre Verehrung (Museum im Herzogschloß Straubing, Zweigmuseum des Bayerischen Nationalmuseums. MPZ-Themenhefte zur Volkskunde), München 1996

Kunstdenkmäler 1929
Die Kunstdenkmäler von Niederbayern, Bezirksamt Griesbach (Die Kunstdenkmäler von Bayern, Regierungsbezirk Niederbayern 21), bearb. von Anton Eckart, München 1929 (Nachdruck München/Wien 1981)

Kunze 1982
Michael Kunze, Wege ins Feuer. Vom Leben und Sterben in der Zeit des Hexenwahns, München 1982

Lang 1992
Georg Lang, Über 150 Jahre Hinterglasmalerei in Winklarn. »Öhl- und Zim[m]ermaler, Vergolder, Anstreicher, Lakirer, Tapezirer und Glas-Maler«, in: Jahresband zur Kultur und Geschichte im Landkreis Schwandorf 3 (1992), S. 31–45

Lanzinner 2001
Maximilian Lanzinner, Konfessionelles Zeitalter. 1555–1518, in: Bruno Gebhardt (Hrsg.), Handbuch der deutschen Geschichte, Bd. 10, Stuttgart ¹⁰2001, S. 3–203

LCI 1968–1976
Lexikon der christlichen Ikonographie, Rom u. a. 1968–1976

Le Goff 1991
Jacques Le Goff, Die Geburt des Fegefeuers. Vom Wandel des Weltbildes im Mittelalter, München ²1991

Lechner 1981
Gregor Martin Lechner OSB, Maria Gravida. Zum Schwangerschaftsmotiv in der Bildenden Kunst, München/Zürich 1981

Lechner 1994
Gregor Martin Lechner OSB, Zur ikonografischen Provenienz der Bogenberger Gnadenmutter, in: Schwaiger/Mai 1994, S. 269–281

Lechner 1999
Gregor Martin Lechner OSB, Das Bogenberger Gnadenbild »Maria in der Hoffnung«, in: Ausst.-Kat. Landshut 1999, S. 113–122

Lischke 1991
Claudia Lischke, Leben und Wirtschaften auf den Höfen im Bayerischen Wald. Volkskundliche Untersuchung anhand von Verlassenschaftsinventaren aus dem 18. Jahrhundert, Passau 1991

Löffler/Ruppert 2006
Bernhard Löffler/Karsten Ruppert (Hrsg.), Religiöse Prägung und politische Ordnung in der Neuzeit. Festschrift für Winfried Becker zum 65. Geburtstag, Köln 2006

LThK 1957–1968
Josef Höfer/Karl Rahner (Hrsg.), Lexikon für Theologie und Kirche, begr. von Michael Buchberger, 14 Bde., Freiburg i. Br. u. a. ²1957–1968

Luther 1980
Gisela Luther, Sinnlichkeit und Heilserwartung. Lucas Cranachs Mariahilfbild und dessen Rezeption im kleinen Andachtsbild und Bildvotiv, Univ.-Diss. Marburg [1978] 1980

Mader 1984
Franz Mader, Wallfahrten im Bistum Passau, München/Zürich 1984

Mai 1994
Paul Mai, Klöster im Bistum Regensburg und ihre »Hauswallfahrten«, in: Schwaiger/Mai 1994, S. 58–83

Malisch 2006
Kurt Malisch, Bauernherrgott – Kettenheiliger – Viehpatron. Die Verehrung des Heiligen in Bayern, in: France – Bayern. Bayern und Frankreich, Wege und Begegnungen. 1000 Jahre bayerisch-französische Beziehungen (Begleitband zur Ausstellung München, Bayerisches Hauptstaatsarchiv, 21.02.–17.04.2006 und Paris, Hôtel de Soubise, 10.05.–07.08.2006), hrsg. von Mathias Auclair/Gerhard Hetzer, Waakirchen 2006, S. 25–28

Material 2010
Lexikon des künstlerischen Materials. Werkstoffe der modernen Kunst von Abfall bis Zinn, hrsg. von Monika Wagner/Dietmar Rübel/Sebastian Hackenschmidt (Beck'sche Reihe 1497), 2., durchges. Aufl., München 2010

Matt 1976
Hans von Matt, Votivkunst in Nidwalden, Stans 1976

Mayer 2011
Sebastian Mayer, Denkmalpflegerischer Erhebungsbogen zur Dorferneuerungsplanung Kößlarn, Winhöring 2011

Merz 1774
[Aloys Merz], Joseph Gaßners, Pfarrers zu Clösterl, Antwort auf die Anmerkungen, welche in dem Münchnerischen Intelligenzblatt vom 12. Nov. wider seine Gründe und Weise zu exorciren, wie auch von der deutschen Chronik, und andern Zeitungsschreibern gemacht worden, Augsburg 1774

Mettenleiter 1866
Dominicus Mettenleiter, Musikgeschichte der Stadt Regensburg, Regensburg 1866

Metzl 2010
Klaus Metzl (Hrsg.), Handbuch des Bistums Passau, Passau 2010

Meyer 1963
Hans Bernhard Meyer, Die Elevation im deutschen Mittelalter und bei Luther. Eine Untersuchung zur Liturgie- und Frömmigkeitsgeschichte des späten Mittelalters, in: Zeitschrift für Katholische Theologie 85 (1963), S. 162–217

Michal 2009
Barbara Michal, Museumsführer Kreismuseum Bogenberg, Bogen 2009

Michal 2012
Barbara Michal (Bearb.), Gäu, Wald, Fluss. Geschichte(n) aus dem Landkreis Straubing-Bogen seit 1800, hrsg. vom Landkreis Straubing-Bogen, Straubing 2012

Micus 2008
Rosa Micus, Mittelalterliche Hauskapellen in Regensburg, Regensburg 2008

Midelfort 2005
H. C. Erik Midelfort, Exorcism and Enlightenment. Johann Joseph Gassner and the Demons of Eighteenth-Century Germany, New Haven/London 2005

Mitterwieser 1933
Alois Mitterwieser, Beim Votivbildner, in: Bayerischer Heimatschutz 29 (1933), S. 77–78

Möckershoff 1971
Barbara Möckershoff, St. Wolfgang »ein allgemeiner Nothelfer«, in: St. Wolfgang. 1000 Jahre Bischof von Regensburg. Darstellung und Verehrung (Regensburg, Kapitelhaus, 21.10.–19.11.1971), Regensburg 1971, S. 21–32

Möckershoff 1990
Barbara Möckershoff, Martin Luther und die »Schöne Maria« zu Regensburg, in: Paul Mai (Hrsg.), St. Johann in Regensburg. Vom Augustinerchorherrenstift zum Kollegiatstift (Bischöfliches Zentralarchiv und Bischöfliche Zentralbibliothek Regensburg, Kataloge und Schriften 5), München/Zürich 1990, S. 227–231

Möckershoff 1992
Barbara Möckershoff, Passionsprozession und Passionsspiel im Bistum Regensburg im Spätbarock, in: Beiträge zur Geschichte des Bistums Regensburg 26, Kallmünz 1992, S. 221–238

Möckershoff 1994
Barbara Möckershoff, Der hl. Wolfgang in der Volksfrömmigkeit, in: Liturgie zur Zeit des hl. Wolfgang – Der hl. Wolfgang in der Kleinkunst (Bischöfliches Zentralarchiv und Bischöfliche Zentralbibliothek Regensburg, Kataloge und Schriften 10, zugl. Ausstellung Regensburg, Bischöfliche Zentralbibliothek, 17.06.–16.09.1994), Regensburg 1994, S. 55–68

Möckershoff-Goy 1972
Barbara Möckershoff-Goy, Die Wallfahrt auf dem Büchlberg bei Kemnath/Fuhrn, in: Verhandlungen des Historischen Vereins für Oberpfalz und Regensburg 112 (1972), S. 205–310 und Abb. 16

Moeller 1965
Bernd Moeller, Frömmigkeit in Deutschland um 1500, in: Archiv für Reformationsgeschichte 56 (1965), S. 5–30

Morsbach 1991
Peter Morsbach, Evangelische Kirchen in Regensburg (Großer Kunstführer 176), München/Zürich 1991

Morsbach 1993
Peter Morsbach, St. Emmeram zu Regensburg. Ehem. Benediktiner-Abteikirche (Großer Kunstführer 187), München/Regensburg 1993

Morsbach 1995
Peter Morsbach, Kunst in Regensburg, Regensburg 1995

Morsbach 2002
Peter Morsbach, »Es war schier jedermann toll«. Fragen zur Entstehung der Kapelle zur schönen Maria auf dem »Judenplatz«, in: Martin Dallmeier/Hermann Hage/Hermann Reidel (Hrsg.), Der Neupfarrplatz. Brennpunkt – Zeugnis – Denkmal (Beiträge des Regensburger Herbstsymposion zur Kunstgeschichte und Denkmalpflege vom 18. bis 21. November 1999), Regensburg 2002, S. 41–49

Morsbach 2010
Peter Morsbach, Die figürlichen Hochgräber der Gotik, in: Eugen Trapp (Red.), Tod in Regensburg. Kunst und Kultur um Sterben und Tod (Beiträge des 23. Regensburger Herbstsymposions für Kunst, Geschichte und Denkmalpflege vom 21. bis 23. November 2008), Regensburg 2010, S. 41–52

Morsbach/Spitta 2006
Peter Morsbach/Wilkin Spitta, Wallfahrtskirchen in Niederbayern, Regensburg 2006

Moser 1986
Dietz-Rüdiger Moser, Fastnacht – Fasching – Karneval. Das Fest der »Verkehrten Welt«, Graz 1986

Moser 1992
Dietz-Rüdiger Moser (Hrsg.), Glaube im Abseits. Beiträge zur Erforschung des Aberglaubens, Darmstadt 1992

Moser 1993
Dietz-Rüdiger Moser, Bräuche und Feste im christlichen Jahreslauf. Brauchformen der Gegenwart in kulturgeschichtlichen Zusammenhängen, Graz 1993

Moser 1985
Hans Moser, Volksbräuche im geschichtlichen Wandel. Ergebnisse aus 50 Jahren volkskundlicher Quellenforschung, München 1985

Muchembled 1982
Robert Muchembled, Kultur des Volkes – Kultur der Eliten. Die Geschichte einer erfolgreichen Verdrängung, Stuttgart 1982

Müller 1983
Heidi Müller, Erhaltung und Wiederherstellung körperlicher Gesundheit in der traditionellen Gesellschaft – an Hand der Votivtafelsammlung des Museums für Deutsche Volkskunde Berlin, in: Arthur E. Imhof (Hrsg.), Der Mensch und sein Körper, München 1983, S. 157–178

Müller 1997
Manfred Müller, Weihrauch, Birkenbaum und Bratwürstl. 600 Jahre große Fronleichnamsprozession in Regensburg, in: Regensburger Almanach 30 (1997), S. 83–87

Müller 1986
Siegfried Müller, Drei »Wunderheiler« aus dem Vorarlberger Oberland. Pfarrer Johann Joseph Gaßner, Dr. Johann Josef Schoder, Hermann Dörn (Schriftenreihe der Rheticusgesellschaft 20), Feldkirch 1986

Münsterer 1983
Hanns Otto Münsterer, Amulettkreuze und Kreuzamulette. Studien zur religiösen Volkskunde, Regensburg 1983

Neiser 1998
Birgit Neiser, Leonhardi. Der Tag des bayerischen Herrgotts, Dachau 1998

Neiser 2012
Wolfgang Neiser, Religion als Bild – Wortbilder und Bildworte, in: Christoph Dohmen/Christoph Wagner (Hrsg.), Religion als Bild, Bild als Religion. Beiträge einer internationalen Tagung (Regensburger Studien zur Kunstgeschichte 15), Regensburg 2012, S. 245–258

Neueder 1990
Hans Neueder, Bogener Bildergeschichten, Bd. 1, Straubing 1990

Neueder 1995
Hans Neueder, Bogener Bildergeschichten, Bd. 2, Straubing 1990

Neueder 2004a
Hans Neueder, Der Bogenberg in Niederbayern. 900 Jahre Marienheiligtum, Straubing 2004

Neueder 2004b
Hans Neueder, 400jähriges Mirakelbuch ausgewertet, Teil I und II, in: Straubinger Tagblatt, 13. und 16.12.2004

Neueder 2010
Hans Neueder, Von Wundertaten und Heilungen, in: Straubinger Tagblatt, 05.05.2010

Neueder 2012a
Hans Neueder, Oberaltaich. Geschichte eines bedeutenden bayerischen Benediktinerklosters, Regensburg 2012

Neueder 2012b
Hans Neueder, Die Wallfahrtsorte und die sakrale Kulturlandschaft des Landkreises Straubing-Bogen, in: Michal 2012, S. 119–127

Neueder 2014
Hans Neueder, Ein bayerisches Urkloster auf dem Bogenberg? Interpretationen zu den Ausgrabungsergebnissen am Bogenberg aus der Sicht des Historikers, in: Ludwig Husty/Karl Schmotz (Hrsg.), Vorträge des 32. Niederbayerischen Archäologentages, Rahden/Westf. 2014 (in Vorb.)

Ott 1961
Gabriel Maria Ott, Das Bürgertum der geistlichen Residenzstadt Passau in der Zeit des Barock und der Aufklärung. Eine Studie zur Geschichte des Bürgertums, Passau 1961

Parizek 1791
Alex Parizek, Katholisches Gebet- und Erbauungsbuch für Frauenzimmer, ganz nach den Verhältnissen ihres Geschlechts eingerichtet, Prag/Leipzig 1791

Pezzl 1784 (1973)
Johann Pezzl, Reise durch den Baierischen Kreis mit vielen Zusätzen und Berichtigungen, Salzburg/Leipzig 1784 (Faksimileausgabe München 1973)

Pichler 1872
Franz S. Pichler, Eiserne Votivgaben, in: Berichte und Mittheilungen des Alterthums-Vereines zu Wien 12 (1872), S. 44–51

Pieske 1988
Christa Pieske, Bilder für Jedermann. Wandbilddrucke 1840–1940 (Schriften des Museums für Deutsche Volkskunde, Berlin 15), Berlin 1988

Pilger 2013
8000 Pilger auf Bogenberg (Red.), in: Süddeutsche Zeitung, 02.05.2013

Ploetz 1998
Karl Julius Ploetz (Hrsg.), Der große Ploetz. Die Daten-Enzyklopädie der Weltgeschichte. Daten, Fakten, Zusammenhänge, 32., neu bearb. Aufl., Frankfurt/M. 1998

Pötzl o. J.
Walter Pötzl, Bruderschaften, in: Historisches Lexikon Bayerns, http://www.historisches-lexikon-bayerns.de/artikel/artikel_45221 (letzter Zugriff 15.04.2013)

Pötzl 1984
Walter Pötzl, Santa-Casa-Kult in Loreto und in Bayern, in: Ausst.-Kat. München 1984, S. 368–382

Pötzl 1994
Walter Pötzl, Kirchengeschichte und Volksfrömmigkeit, Augsburg 1994

Pötzl 1996
Walter Pötzl, Kreuze, Bildstöcke und Feldkapellen, Augsburg 1996

Pötzl 1999
Walter Pötzl, Volksfrömmigkeit, in: Walter Brandmüller (Hrsg.), Handbuch der Bayerischen Kirchengeschichte, Bd. 1, St. Ottilien 1999, S. 809–844

Preen 1901
Hugo von Preen, Opferung aus Thonkopfurnen in Haselbach bei Braunau am Inn und in Taubenbach, in: Mitteilungen der Anthropologischen Gesellschaft in Wien 31 (1901), S. 52–61

Preen 1906
Hugo von Preen, Eine Wallfahrtswanderung im oberen Innviertel mit Berücksichtigung der Löffelopferung, in: Mitteilungen aus dem Verein der Königlichen Sammlung für deutsche Volkskunde 2, 4 (1906), S. 169–186

Prosser 2006
Michael Prosser, Die Votivwand der Kapelle St. Salvator in Emmaus in Regensburg, in: Bayerische Blätter für Volkskunde 2006, S. 35–44

Rätsch/Guhr 1989
Christian Rätsch/Andreas Guhr, Lexikon der Zaubersteine, Graz 1989.

Ragaller 1995
Sabine Ragaller, Die Holzkirchener Kerzenwallfahrt nach Bogenberg, Holzkirchen 1995

Randa 1873
Hippolyt Randa, Denkwürdigkeiten aus dem westlichen Böhmerwald und ausführliche Geschichte des Marianischen Wallfahrtsortes zu Neukirchen bei heilig Blut, am Böhmerwald, in Niederbayern, Taus 1873

RDK
Reallexikon zur deutschen Kunstgeschichte, hrsg. v. Otto Schmitt (Bd. 3–4: beg. v. O. Schmitt, fortgeführt v. Ernst Gall/Ludwig Heinrich Heydenreich; Bd. 5: beg. v. O. Schmitt, fortgeführt v. E. Gall/L. H. Heydenreich/Hans Martin von Erffa, hrsg. v. L. H. Heydenreich/Karl August Wirth; Bd. 6: beg. v. O. Schmitt, fortgeführt v. E. Gall/L. H. Heydenreich/H. M. von Erffa/K.-A. Wirth, hrsg. v. Zentralinstitut für Kunstgeschichte München; Bd. 7ff.: hrsg. v. Zentralinstitut für Kunstgeschichte München], Bd. 1ff., Stuttgart [von Bd. 6 an: München] 1937ff.

Regensburger Protokoll 1788
Extrakt aus dem Regensburger Protokoll von den dort im Jahre 1775 erfolgten gassnerischen Kuren, Augsburg 1788

Regler 1679
P. Balthasar Regler, Azwinischer Bogen. Jn Ritter-Streitt vnd Frewden-Spiel bewehrt … Das ist Ursprung vnd altes Herkom[m]en, deß weitberühmten Gnaden-Bildes Mariae Heimbsuchung auff dem Bogen-Berg …, Straubing 1679

Reichhart/Neueder 1987
Rudolf Reichhart/Hans Neueder (Bearb.), Heimatbuch der Stadt Bogen, mit einem Nachdruck der Schrift »Heimatkundliches zur Geschichte des Marktes Bogen« von Richard Seefried, 1948/60, hrsg. von der Stadt Bogen, 2., überarb. Aufl., Bogen 1987

Reidel/Huber 1998
Hermann Reidel/Alfons Huber, Straubing St. Jakob (Schnell, Kirchenführer 870), Regensburg ⁸1998

Reinhard 1995
Wolfgang Reinhard, Was ist katholische Konfessionalisierung?, in: Wolfgang Reinhard/Heinz Schilling (Hrsg.), Die katholische Konfessionalisierung, Heidelberg 1995, S. 419–455

Reisach 1775
[C. R. Reisach], Politische Frage ob ein weislich regierender Landesfürst über die Gaßnerischen Kuren ohne Nachtheil seiner Unterthanen, noch länger gleichgültig seyn kann?, o. O. 1775

Richter 1951a
Erwin Richter, Neues über Votivhämmer, in: Der Zwiebelturm 5 (1951), S. 108–110

Richter 1951b
Erwin Richter, Kopfwehvotive, in: Österreichische Zeitschrift für Volkskunde 1951, S. 45–55

Richter 1959
Erwin Richter, Vom Eisenopfer im allgemeinen, von eisernen Votivkröten in Württemberg im besonderen, in: Deutsche Gaue 51 (1959), S. 20

Ringlstetter 2000
Eduard Ringlstetter, Chronik des Benefiziums Haader, Bd. 2, Geiselhöring 2000

Ritter 1989
Emmeram H. Ritter, Zeugen des Glaubens. Heilige, Selige und Diener Gottes im Bistum Regensburg, Regensburg 1989

Ritz 1954a
Gislind M. Ritz, Der Votivfund von St. Corona-Altenkirchen, in: Bayerisches Jahrbuch für Volkskunde 1954, S. 123–136

Ritz 1962
Gislind Ritz, Der Rosenkranz, München 1962

Ritz 1972
Gislind Ritz, Hinterglasmalerei. Geschichte – Erscheinung – Technik, München 1972

Ritz 1981
Gislind M. Ritz, Die lebensgroßen angekleideten Kinder-Wachsvotive in Franken (Beiträge zur Volkstumsforschung, Volksglaube Europas 3), Volkach 1981

Ritz 1928
Josef Maria Ritz, Eisenvotive als Volkskunst, in: ders. (Hrsg.), Festschrift für Marie Andree-Eysn. Beiträge zur Volks- und Völkerkunde, München 1928, S. 44–48

Ritz 1954b
Josef Maria Ritz, Mittelalterliche Eisenvotive in Franken, in: Kultur und Volk. Beiträge zur Volkskunde aus Österreich, Bayern und der Schweiz, Festschrift für Gustav Gugitz (Veröffentlichungen des Österreichischen Museums für Volkskunde 5), Wien 1954, S. 381–391

Ritz/Ritz 1977
Josef Maria Ritz/Gislind M. Ritz, Alte bemalte Bauernmöbel. Geschichte und Erscheinung, Technik und Pflege, München ⁹1977

Röttger 1929
Bernhard Hermann Röttger, Bogenberg, in: Die Kunstdenkmäler von Niederbayern, Bezirksamt Bogen (Die Kunstdenkmäler von Bayern, Regierungsbezirk Niederbayern 20), bearb. von Bernhard Hermann Röttger, München 1929 (Nachdruck München/Wien 1982), S. 40–86

Royt 1995
Jan Royt, Das Prager Jesuskind in Sancta Maria de Victoria (Schnell, Kunstführer 2173), Regensburg 1995

Rupprecht 1992
Bernhard Rupprecht, Die Umgestaltung des Innenraums von St. Emmeram im 18. Jahrhundert, in: St. Emmeram in Regensburg. Geschichte, Kunst, Denkmalpflege (Beiträge des Regensburger Herbstsymposions vom 15. bis 24. November 1991, zugl. Thurn und Taxis-Studien 18), Kallmünz 1992, S. 225–234

Sartori 1775
[Joseph von Sartori], Sendschreiben des Herrn H. R. von --- an den Herrn H. R. --- Mitglied der churbayrischen Akademie in München über einige von dem Herrn Gaßner, Pfarrer in Klösterle, während seines Aufenthalts in Ellwangen unternommene Operationen, o. O. ²1775 (1. Aufl. 1774)

Schäfer 2000
Werner Schäfer, Schwangere Frau und Himmelskönigin. Gedanken zum Gnadenbild auf dem Bogenberg, in: Der Bayerwald, Heft 4 (2000), S. 1–11 und 34 (www.bayerischer-wald-verein.de [letzter Zugriff 20.04.2004])

Scharfe 1968
Martin Scharfe, Evangelische Andachtsbilder. Studien zu Intention und Funktion des Bildes in der Frömmigkeitsgeschichte vornehmlich des schwäbischen Raumes, Stuttgart 1968

Scharfe/Schenda/Schwedt 1967
Martin Scharfe/Rudolf Schenda/Herbert Schwedt, Volksfrömmigkeit. Bildzeugnisse aus Vergangenheit und Gegenwart, Stuttgart 1967

Scheffczyk 2000
Leo Scheffczyk, Maria Assumpta – im Licht des Erlösungsgeheimnisses, in: Mariologisches Jahrbuch 4 (2000), S. 45–70

Scheffczyk 2003
Leo Scheffczyk, Maria. Mutter und Gefährtin Christi, Augsburg 2003

Schilling 1988
Heinz Schilling, Aufbruch und Krise. Deutschland 1517–1640, Berlin 1988

Schleis 1776
[Bernhard Joseph Schleis von Löwenfeld], Beyträge zu Gaßners Aufenthalt und Wesen in Sulzbach 1776, Sulzbach 1776

Schleis 1788
Bernhard Jos[eph] Schleis [von Löwenfeld], Doktors und churfürstl. Pfalz- und Sulzbachischen Raths und Leibarztes, auch Kaiserlichen Pfalz und Hofgrafs u. Zweifelsfragen an Tit. Herrn Doct. Samuel Semmler, zu Halle über die Sammlungen deren gaßnerischen Geister-Beschwörungen, Augsburg 1788 (1. Aufl. 1776)

Schmid 1976
Alois Schmid, Die Herrschergräber in St. Emmeram zu Regensburg, in: Deutsches Archiv für Erforschung des Mittelalter 32 (1976), S. 333–369

Schmidt 1993
Dieter Schmidt, Das Englmarisuchen und Berichte vom seligen Englmar, Nürnberg 1993

Schmidt 1948
Leopold Schmidt, Das deutsche Votivbild. Erscheinung und Geschichte eines Volkskunstwerks, in: Handbuch der Geisteswissenschaften 2 (1948), S. 103–126

Schmidt 1966a
Leopold Schmidt, Volksglaube und Volksbrauch. Gestalten, Gebilde, Gebärden, Berlin 1966

Schmidt 1966b
Leopold Schmidt, Wachsopfer. Zur Geschichte der Darbringung geformten Wachses im Mittelalter, in: Schmidt 1966a, S. 228–239

Schmidt 1972
Leopold Schmidt, Hinterglas. Zeugnisse einer alten Hauskunst, Salzburg 1972 (ungek. Ausg. München 1979)

Schmidt 1893
Maximilian Schmidt, Hančička, das Chodenmädchen, Berlin 1893

Schnürer/Ritz 1934
Gustav Schnürer/Joseph Maria Ritz, Sankt Kümmernis und Volto Santo. Studien und Bilder (Forschungen zur Volkskunde 13/15), Düsseldorf 1934

Schormann 1981
Gerhard Schormann, Hexenprozesse in Deutschland, Göttingen 1981

Schrems 1929
Karl Schrems, Die religiöse Volks- und Jugendunterweisung in der Diözese Regensburg vom Ausgang des 15. Jahrhunderts bis gegen Ende des 18. Jahrhunderts. Ein Beitrag zur Geschichte der Katechese, Regensburg 1929

Schubart 1775
Christ[ian] Fried[rich] Daniel Schubart (Hrsg.), Deutsche Chronik auf das Jahr 1775, Ulm/Augsburg 1775

Schuster 1973
Raimund Schuster, Auf Glas gemalt. Hinterglasmalerei aus Winklarn, Regensburg 1973

Schuster 1975a
Raimund Schuster, Auf Glas gemalt. Hinterglasmalerei aus Winklarn (Regensburger Kostbarkeiten), Regensburg ²1975

Schuster 1975b
Raimund Schuster, Wallfahrtsmotive im Hinterglasbild des Bayerischen und Oberpfälzer Waldes, in: Der Bayerwald 67 (1975), S. 200–212

Schuster 1979
Raimund Schuster, Hinterglasbilder und Risse aus dem Bayerischen Wald und anschließendem Böhmerwald, in: Der Storchenturm. Geschichtsblätter für die Landkreise Dingolfing, Landau und Vilsbiburg 1979, Sonderheft 3: Hinterglas Bilder und Risse, hrsg. von Fritz Markmiller, S. 1–15

Schuster 1984
Raimund Schuster, Das Raimundsreuter Hinterglasbild. Geschichte der Raimundsreuter Hinterglasmalerei und ihres Einflußgebietes, Grafenau 1984

Schwaiger 1972
Georg Schwaiger, Der heilige Bischof Wolfgang von Regensburg (971–994). Geschichte, Legende und Verehrung, in: Georg Schwaiger/Josef Staber (Hrsg.), Regensburg und Böhmen. Festschrift zur Tausendjahrfeier des Regierungsantrittes Bischof Wolfgangs von Regensburg und der Errichtung des Bistums Prag (Beiträge zur Geschichte des Bistums Regensburg 6), Regensburg 1972, S. 39–60

Schwaiger 1994
Georg Schwaiger, Bischof Wolfgang von Regensburg (ca. 924–994). Geschichte, Legende und Verehrung, in: Schwaiger/Mai 1994, S. 7–36

Schwaiger/Mai 1994
Georg Schwaiger/Paul Mai (Hrsg.), Wallfahrten im Bistum Regensburg. Zur Tausendjahrfeier des Todes des hl. Bischofs Wolfgang (Beiträge zur Geschichte des Bistums Regensburg 28), Regensburg 1994

Schweizer-Vüllers 1997
Regine Schweizer-Vüllers, Die Heilige am Kreuz. Studien zum weiblichen Gottesbild im späten Mittelalter und in der Barockzeit, Bern u. a. 1997

Semler 1775
Johann Salomo Semler (Hrsg.), Sammlungen von Briefen und Aufsätzen über die Gaßnerischen und Schöpferischen Geisterbeschwörungen. Mit eigenen vielen Anmerkungen, Bd. 1, Frankfurt 1775

Sepp 1876
Johann Nepomuk Sepp, Altbayerischer Sagenschatz zur Bereicherung der indogermanischen Mythologie, München 1876

Sepp 1890
Johann Nepomuk Sepp, Die Religion der alten Deutschen und ihr Fortbestand in Volkssagen, Aufzügen und Festgebräuchen bis zur Gegenwart mit durchgehender Religionsvergleichung, München 1890

Siemons 2002
Stefan Siemons, Frömmigkeit im Wandel. Veränderungen in den Formen der Volksfrömmigkeit durch Aufklärung und Säkularisation. Eine Untersuchung zu den Eigenheiten in der Reichsstadt Augsburg und ihrem schwäbischen Umland, Augsburg 2002

Sigl 1640
Roman Sigl, Unser liebe Fraw zum H. Bluet bey Newkirchen vor dem Obern Böhemer Waldt, Straubing 1640

Smith 2009
Jeffrey Chipps Smith, Die Silbermadonna mit Kind von Kößlarn. Ein Meisterwerk der Spätgotik, in: Drost 2009c, S. 67–72

Spindler 1965–1975
Max Spindler (Hrsg.), Handbuch der bayerischen Geschichte, 4 Bde., München 1966–1975

Staber 1955
Josef Staber, Volksfrömmigkeit und Wallfahrtswesen des Spätmittelalters im Bistum Freising, München 1955

Staber 1973
Josef Staber, Religionsgeschichtliche Bemerkungen zum Ursprung der Marienwallfahrten im Bistum Regensburg, in: Beiträge zur Geschichte des Bistums Regensburg 7 (1973), S. 41–61

Stahl 1968
Gerlinde Stahl, Die Wallfahrt zur Schönen Maria in Regensburg, in: Beiträge zur Geschichte des Bistums Regensburg 2 (1968), S. 35–282

Sterzinger 1766
Ferdinand Sterzinger, Akademische Rede von dem gemeinen Vorurtheile der wirkenden und thätigen Hexerey, welche an Sr. Churfürstl. Durchleucht in Baiern, u. u. höchsterfreulichen Namensfeste abgelesen worden. Den 13 October 1766, München 1766

Stoellger 2012
Philipp Stoellger, Das heilige Bild als Artefakt. Die Latenz in der Produktion von Präsenz, in: Christoph Dohmen/Christoph Wagner (Hrsg.), Religion als Bild, Bild als Religion. Beiträge einer internationalen Tagung (Regensburger Studien zur Kunstgeschichte 15), Regensburg 2012, S. 178–215

Strauss/Strauss 1987
Heidemarie Strauss/Peter Strauss, Heilige Quellen zwischen Donau, Lech und Salzach, München 1987

Theopold 1978
Wilhelm Theopold, Votivmalerei und Medizin. Kulturgeschichte und Heilkunst im Spiegel der Votivmalerei, München 1978

Theopold 1981
Wilhelm Theopold, Das Kind in der Votivmalerei, München 1981

Theopold 1988
Wilhelm Theopold, Mirakel. Heilung zwischen Wissenschaft und Glaube, München 1988

Thümmel 2000
Konstanze Thümmel, Der ORNATVS ECCLESIASTICVS / KirchenGeschmuck von Jacob Müller. Untersuchungen zu einem Handbuch über nachtri-

dentinische Kirchenausstattungen in der Diözese Regensburg, in: Kunstgeschichtliche Arbeiten zum Bistum Regensburg (Beiträge zur Geschichte des Bistums Regensburg, Beiheft 10), Regensburg 2000, S. 57–228

TRE 1993–2006
Gerhard Müller u. a. (Hrsg.), Theologische Realenzyklopädie, Studienausgabe, 36 Bde. in drei Teilen, Berlin 1993–2006

Treiber 2001
Angela Treiber, »Volkstümlich ist in der Wurzel das Gegenteil von populär«. Kulturelle Deutungsmuster im deutschen Protestantismus des frühen 20. Jahrhunderts, in: Zeitschrift für Volkskunde 97 (2001), S. 49–66

Treiber 2004
Angela Treiber, Populäre Religiosität in der Industrie- und Informationsgesellschaft. Heil und Heilung durch Steine, in: Heinrich Leonhard Cox (Hrsg.): Aspekte »Religiöser« Kultur (Rheinisches Jahrbuch für Volkskunde 35), Bonn 2004, S. 305–338

Utz 1967
Hans Utz, Die Votivbilder in der Wallfahrtskirche Sossau, in: Jahrbuch des Historischen Vereins für Straubing 69 (1967), S. 59–99

Utz 1989
Hans J. Utz, Wallfahrten im Bistum Regensburg, neu bearb. von Karl Tyroller, 2., überarb. und erw. Aufl., München/Zürich 1989

Verzeichniß 1779
Verzeichniß der merkwürdigsten Operationen, welche im Jahre 1775 zu Sulzbach, sowohl an dem Hofe und in Gegenwart Ihro Hochfürstlichen Durchleucht [...] durch die wirkende Kraft des heiligsten Namens Jesus geschehen sind. Nebst einem Anhang einiger dergleichen wunderbaren Begebenheiten in Ellwangen den 21. Oct. 1777, Frankfurt/Hanau/Leipzig 1779

Verzeichniß 1788
Verzeichniß der merkwürdigsten Operationen, die im Jahre 1775 zu Sulzbach an dem Hofe und in Gegenwart der durchlauchtigsten Frau Pfalzgräfin und anderer Personen vom ersten Rang in der St. Leonhardskapelle von dem hochw. Herrn Johann Joseph Gassner, Sr. Hochfürstl. Gnaden Bischofe zu Regensburg, und gefürsteten Probste zu Ellwang, geistl. Rath, Dechant und Pfarrer zu Bondorf, durch die Kraft des heiligsten Namens Jesu geschehen sind, Augsburg 1788

Walker 1993
Barbara G. Walker, Das Geheimnis der Frauen, Frankfurt/M. 1993

Walter 1969
Sepp Walter, Eisenopfer aus der Steiermark, in: Festschrift 150 Jahre Joanneum 1811–1961, Graz 1969, S. 377–385

Warburg 1992
Aby Warburg, Bildniskunst und florentinisches Bürgertum (1902), in: ders., Ausgewählte Schriften und Würdigungen, hrsg. von Dieter Wuttke, Baden-Baden ³1992, S. 65–102

Warhafftiger Bericht 1542
Warhafftiger Bericht, Eines Ehrbaren Cammerers und Raths der Stadt Regenspurg / warum und aus was für Ursachen sie des Herrn Abendmahl / nach der Einsetzung Christi / bey ihnen fürgenommen und aufgericht / auch mit was Form / Weise und Ordnung das selbige gehalten wird. Gedruckt zu Regenspurg / durch Hansen Khol / am zehenden Tag Octobris, Anno 1542

Weber-Kellermann 1978
Ingeborg Weber-Kellermann, Das Weihnachtsfest. Eine Kultur- und Sozialgeschichte der Weihnachtszeit, Luzern 1978

Wellenhofer 1984
Michael Wellenhofer (Bearb.), Der Landkreis Straubing-Bogen. Der neue Landkreis Straubing-Bogen stellt sich vor, hrsg. vom Landkreis Straubing-Bogen, Straubing 1984

Wer war Gassner 1788
Wer war Herr Johann Joseph Gassner? Augsburg 1788

Wiebel-Fanderl 1982
Oliva Wiebel-Fanderl, Die Wallfahrt Altötting. Kultformen und Wallfahrtsleben im 19. Jahrhundert (Neue Veröffentlichungen des Instituts für Ostbairische Heimatforschung der Universität Passau 41), Passau 1982

Wiebel-Fanderl 1984
Oliva Wiebel-Fanderl, Die Verehrung der Altöttinger Muttergottes, in: Ausst.-Kat. München 1984, S. 499–512

Wiebel-Fanderl 1993
Oliva Wiebel-Fanderl, Religion als Heimat? Zur lebensgeschichtlichen Bedeutung katholischer Glaubenstraditionen, Wien 1993

Wiercinski 1964
Dorothea Wiercinski, Minne. Herkunft und Anwendungsschichten eines Wortes (Niederdeutsche Studien 11, hrsg. von William Foerste), Köln/Graz 1964

Wolf 2014
Dorothea Wolf, Ein Kloster für drei Patres und einen Bruder, in: Straubinger Tagblatt, 14.01.2014

Wormer 1988
Eberhard J. Wormer, Alltag und Lebenszyklus der Oberpfälzer im 19. Jahrhundert. Rekonstruktion ländlichen Lebens nach den Physikatsberichten der Landgerichtsärzte 1858–1861 (Miscellanea Bavarica Monacensia 114), München 1988

Würdinger 1874/75
Joseph Würdinger, Die Gesichtsurne von Sct. Coloman bei Lebenau an der Salzach, in: Oberbayerisches Archiv für vaterländische Geschichte 34 (1874/75), S. 335–340

Wundlechner 1997
Manfred Wundlechner, Katholische Benefiziums- und Wallfahrtskirche »Unsere Liebe Frau von Haader«, Steyr 1997

Wurster 1998
Herbert W. Wurster, Aigen am Inn. Wallfahrtskirche St. Leonhard und kath. Pfarrkirche St. Stephan (Peda-Kunstführer 440), Passau 1998

Wurster/Loibl 2000
Herbert W. Wurster/Richard Loibl (Hrsg.), Apokalypse. Zwischen Himmel und Hölle, Regensburg 2000

Zaborsky-Wahlstätten 1955
Oskar von Zaborsky-Wahlstätten, Votivtafeln als Werke der Volkskunst. Beispiele aus Niederbayern, in: Bayerisches Jahrbuch für Volkskunde 1955, S. 86–92

Zaborsky-Wahlstätten 1979
Oskar von Zaborsky-Wahlstätten, Die Tracht in Niederbayern. Gäuboden, Unteres Rott- und Vilstal (Eine Trachtenkunde 1), München ²1979

Zänker 1989
Jürgen Zänker, Crucifixae. Frauen am Kreuz, Berlin 1989

Zeiler 1775
[Johann Georg Zeiler], Die Sympathie, ein Universalmittel wider alle Teufeleyen, zum Behufe der neuen Philosophie, und der alten Religion, Sterzingen im Tyrol ²1775

Ziegler 1997
Walter Ziegler, Altgläubige Territorien im Konfessionalisierungsprozess, in: Anton Schindling/Walter Ziegler (Hrsg.), Die Territorien des Reichs im Zeitalter der Reformation und Konfessionalisierung. Land und Konfession 1500–1650, Münster 1997, S. 67–90

Zue 1999
Gerold Zue, Nicht immer braute sich in Kößlarn Gutes zusammen, in: Passauer Neue Presse, Ausgabe Griesbach, 13.03.1999

Archivalien

Amberg, Staatsarchiv (StAAM)
Landgericht älterer Ordnung, Nr. 1468: Vermessungsamt Hemau und Konzessions- und Heimatakten, Liquidationsprotokolle und Katasterpläne 1832

Bogenberg, Pfarrarchiv
Fotoalbum Fany Bauer
Kopie des Restaurierungsberichtes zum Gnadenbild, Bayerisches Landesamt für Denkmalpflege München (Torsten Gebhard), 22.01.1955

Kößlarn, Pfarrarchiv
Ordner: »Turmuhr, Glocken«
Wallfahrtslibell 1448

Landshut, Staatsarchiv (StALA)
Rep. 160, V 4, F 744

München, Bayerische Staatsbibliothek (BSB)
Cgm 3019 (Eines Ungenannten Chronik von Regensburg bis 1586)
Clm 1325 (Haeser, Vitus: Viti Hoeseri abbatis Annales Oberaltacenses ab a. 1614–1630)

München, Bayerisches Hauptstaatsarchiv (BayHStA)
GL Mitterfels, Fasz. 2458/79
Kurbayern, Äußeres Archiv 929f.

Neukirchen b. Hl. Blut., Pfarrarchiv
»Liber memorabilium«. Abschrift
Kircheninventarium von 1657

Passau, Archiv des Bistums
OA N. 789

Regensburg, Bischöfliches Zentralarchiv (BZAR)
Pfarrakten Kemnath bei Fuhrn (vor 1946), Nr. 15: Wallfahrtskirche Büchlberg 1746
Pfarreiakt Kemnath/Fuhrn, Nr. 7: Wallfahrtskirche Büchlberg (Bausachen)
Pfarrakten Regensburg, Sig. 35

Regensburg, Bischöfliches Zentralarchiv (BZAR), Ordinariatsarchiv
I. 740/3f.: M. Huetter: Miracula unser lieben Frawen zu dem H. Bluet bey Neukhürchen betr. (1611)
Visitationsprotokoll von 1590

Regensburg, Staatliche Bibliothek
Akzessionsnummer 12-1864

Autoren

Prof. Dr. Christine Aka, geb. 1962. Studium der Volkskunde, Mittleren und Neueren Geschichte, Ur- und Frühgeschichte. Promotion zum Thema »Tod und vergessen? Sterbebilder als Zeugnis katholischen Totengedenkens«. Volontariat beim Stadtmuseum Münster, wissenschaftliche Mitarbeiterin im Museum Heimathaus Münsterland/Krippenmuseum Telgte, zahlreiche Ausstellungs- und Forschungsprojekte in Westfalen-Lippe. 2006 Habilitation in Münster; Professurvertretungen in Regensburg, Münster, Bonn und Mainz. Forschungsschwerpunkte: Alltagsgeschichte und volkskundliche Frömmigkeitsforschung.

Günther Bauernfeind M. A., geb. 1959. Studium der Volkskunde und Germanistik. Als Mitarbeiter am Kultur- und Museumsreferat des Landkreises Cham u. a. für die fachliche Leitung des Wallfahrtsmuseums Neukirchen b. Hl. Blut und des Pfingstritt-Museums Bad Kötzting zuständig.

Dr. Margit Berwing-Wittl, geb. 1956. Studium der Volkskunde, Soziologie und Pädagogik in Kiel; Promotion 1981. Volontariat im Württembergischen Landesmuseum Stuttgart. Anschließend Konzeption und Einrichtung des Oberpfälzer Volkskundemuseums Burglengenfeld, dessen Leiterin sie seit 1987 ist. 1985–1997 Kreiskulturreferentin beim Landratsamt Schwandorf. Forschungsschwerpunkte in der Stadt- und Regionalgeschichte. Mitglied im Vorstand des Oberpfälzer Kulturbundes e. V.

Prof. Dr. Daniel Drascek, geb. 1959. Studium der Volkskunde, Geschichte und Politik an der Universität Freiburg. Akademischer Rat und Assistent an der Ludwig-Maximilians-Universität München. Nach der Habilitation Privatdozent in München und Professurvertretungen. Seit 2002 Lehrstuhlinhaber für Vergleichende Kulturwissenschaft an der Universität Regensburg. Leiter des Instituts für Volkskunde bei der Bayerischen Akademie der Wissenschaften. Forschungsschwerpunkte u. a.: Theorien und Methoden des Kulturvergleichs, Traditionswandel, Modernisierungsprozesse, Bild- und Zeitkulturen sowie Erzählforschung.

Dr. Ludger Drost, geb. 1966. Studium der Kunstgeschichte, Denkmalpflege, Geschichte sowie katholischen Theologie in Bamberg und Passau. Freiberuflich tätig bei verschiedenen Ausstellungsprojekten des Passauer Oberhausmuseums. Mitkonzeption des Wallfahrtsmuseums/Neue Schatzkammer Altötting. Konzeption von Ausstellung und Themenweg zum 450-jährigen Reformationsjubiläum in Ortenburg. Aufbau und Leitung des Kirchenmuseums Kößlarn. Projektbeauftragter des EU-Projektes »Barocke Kunst und Kultur im Donauraum«. Forschungsschwerpunkte: barocke Architektur (v. a. in Passau), Klosterbaukunst, Plastik des 20. Jahrhunderts.

Karin Geiger M. A., geb. 1976. Studium der Kunstgeschichte, Geschichte und Klassischen Archäologie in Regensburg. Laufendes Dissertationsprojekt über den Architekten Friedrich Niedermayer (1856–1942). 2004–2011 Registrarische und archivarische Tätigkeit in einer radiologischen Praxis. 2011 projektgebundene Wissenschaftliche Mitarbeit am Staatsarchiv Landshut. Seit 2008 Tätigkeit bei den Museen der Stadt Regensburg, Abteilung Kunst- und Kulturgeschichte.

Prof. Dr. Walter Hartinger, geb. 1940. Studium der Fächer Deutsch, Geschichte und Geografie sowie Volkskunde an den Universitäten Erlangen-Nürnberg, Würzburg, München und Kiel für das Lehramt an Gymnasien. Promotion in Kiel 1970. Tätigkeit als Studienrat an Gymnasien in München und Regensburg sowie als Akademischer Rat an der Universität Regensburg 1966–1980, von 1980 bis 2006 als Ordinarius für Volkskunde/Europäische Ethnologie an der Universität Passau. Mitglied der Kommission für Bayerische Landesgeschichte der Bayerischen Akademie der Wissenschaften seit 1995. Forschungsschwerpunkte im Bereich der religiösen, rechtlichen und musikalischen Volkskunde.

Dr. Frank Matthias Kammel, geb. 1961. Studium der Kunstwissenschaft, Klassischen Archäologie, Kulturtheorie/Ästhetik an der Humboldt-Universität zu Berlin. Wissenschaftlicher Angestellter an der Skulpturensammlung der Staatlichen Museen zu Berlin (ab 1991 Staatliche Museen zu Berlin – Preußischer Kulturbesitz). Seit 1995 Leiter der Sammlungen Skulptur bis 1800 und Bauteile sowie des Programmbereiches Sonderausstellungen am Germanischen Nationalmuseum Nürnberg. Forschungsschwerpunkte im Bereich der spätmittelalterlichen Bildhauerkunst, der Sepulkralskulptur des Mittelalters und der Frühen Neuzeit, der Skulptur des späten 18. Jahrhunderts sowie weiterer kulturgeschichtlicher Themen, etwa die Kultur des Schlittenfahrens.

Annette Kurella, Dipl.-Rest., geb. 1958. Leiterin der Restaurierungswerkstätte der Museen der Stadt Regensburg, erwarb ihr Diplom an der Hochschule für Bildende Künste Dresden. Mitglied im Leitungsteam der Fachgruppe Polychrome Bildwerke im Verband der Restauratoren e. V.

Barbara Michal M. A., geb. 1961. Studium der Volkskunde und Kunstgeschichte an den Universitäten Regensburg und Marburg. Leiterin des Kreismuseums Bogenberg. Forschungsschwerpunkte im Bereich der religiösen Volkskunde, Fotografie-, Architektur- und Medizingeschichte sowie in der Sach- und Bildforschung in Ostbayern und im Landkreis Straubing-Bogen.

Prälat Alois Möstl, geb. 1948. Theologiestudium in Regensburg 1967–1973 und an der Gregoriana in Rom 1969–70. Priesterweihe 1973 im Dom zu Regensburg, Kaplan in Waldmünchen und Roding. Pfarrer in Bogen an der Donau 1981–1992, zugleich Dekan des Dekanates Bogenberg. Seit 1992 Pfarrer in St. Wolfgang, Regensburg, und Dekan des Dekanates Regensburg. Sekretär des Priesterrates der Diözese, Regionaldekan der Region Regensburg. 2006 zum Prälaten ernannt. Erster Träger des Brunnenpreises von Regensburg-Kumpfmühl.

Prof. Dr. Peter Morsbach, geb. 1956. Studium der Kunstgeschichte, Klassischen Archäologie und Denkmalpflege in Regensburg, Freiburg und Bamberg. Publizist, Kunsthistoriker und Gutachter für städtebauliche Denkmalpflege. 1986–2004 Lehrbeauftragter für Kunstgeschichte und Denkmalpflege an der Uni Bamberg, seit 2011 Honorarprofessor für Denkmalpflege und Kunst- und Architekturgeschichte an der Ostbayerischen Technischen Hochschule Regensburg. 1. Vorsitzender der Vereinigung Freunde der Altstadt Regensburg e. V. Zahlreiche Publikationen zur bayerischen und süddeutschen Kunstgeschichte. 1998 Kulturförderpreis der Stadt Regensburg.

Wolfgang Neiser, Dipl.-Theol., geb. 1969. Studium der Theologie, Philosophie und Kunstgeschichte in Regensburg und Erfurt. Promotion im Fach Kunstgeschichte zum Thema »Audition in der florentinischen und römischen Renaissancemalerei«. 2008–2011 wissenschaftlicher Mitarbeiter am Lehrstuhl für Kunstgeschichte der Universität Regensburg. Volontariat am Historischen Museum, Regensburg. Seit 2012 wissenschaftlicher Mitarbeiter bei den Museen der Stadt Regensburg. Forschungsschwerpunkte: Bildmedien Immerwährender Reichstag und Regensburg im 16. Jahrhundert.

Prof. Dr. Thomas Raff, geb. 1947. Studium der Kunstgeschichte, Klassischen Archäologie und Volkskunde in München und Rom. 1980 Promotion; Tätigkeiten als Redakteur (Reallexikon zur Deutschen Kunstgeschichte), Lehrbeauftragter (Ludwig-Maximilians-Universität) und Assistent (Lehrstuhl für Kunstgeschichte der Universität Augsburg). 1991 Habilitation (»Die Sprache der Materialien. Anleitung zu einer Ikonologie der Werkstoffe«). 1993–1996 Lehrstuhlvertretung in Augsburg; bis 2010 Lehrtätigkeit als apl. Professor ebendort. Zusätzliche Tätigkeit als Kurator. Forschungsschwerpunkte: Materialikonologie, die Künstler Thomas Theodor Heine und Franz von Stuck sowie die Zeitschrift »Simplicissimus«. Vorsitzender des Bayerischen Kunstgewerbe-Vereins München und des Heimatvereins Dießen am Ammersee.

Sabine Tausch M. A., geb. 1982. Studium der Kunstgeschichte und Klassischen Archäologie an der Universität Regensburg. Laufendes Dissertationsprojekt über die Bau- und Ausstattungsgeschichte des Klosters St. Jakobus in Ensdorf von 1693 bis zur Gegenwart. 2010–2012 wissenschaftliche Hilfskraft am Lehrstuhl für Kunstgeschichte der Universität Regensburg für das Forschungsprojekt »Gebäude im Welterbe« am Stadtarchiv Regensburg. Seit 2008 Inventarisatorin bei den Museen der Stadt Regensburg, Abteilung Kunst- und Kulturgeschichte, sowie seit 2012 Mitarbeiterin im Architekturbüro C. Setz, Regensburg.

Dr. Ulrike Wörner, geb. 1945. Studium Germanistik und Geschichte in München und Würzburg. Nach einem Auslandsjahr am Goethe-Institut in Helsinki/Finnland Tätigkeit im Lehramt. 1986–1990 für die Partei »Die Grünen« Mitglied des Bayerischen Landtags (kulturpolitischer Ausschuss). Zweitstudium der Vergleichenden Kulturwissenschaft an der Universität Regensburg. Forschungsschwerpunkte im Bereich der Kulturgeschichte und in der Bildforschung zu Frauen- und Genderthemen.

Nikolas R. Wollentarski M. A., geb. 1982. Studium der Philosophie und Vergleichende Kulturwissenschaften in Regensburg, Abschluss zum Magister Artium 2012.

Msgr. Dr. Hans Würdinger, geb. 1954. Studium der Kath. Theologie in Passau und Fribourg/Schweiz. 1980 Priesterweihe in Passau. 1982–1987 wissenschaftlicher Assistent am Lehrstuhl für Kirchengeschichte an der Universität Passau. 1987 Promotion zum Dr. theol. Seit 1994 Pfarrer in Neuhaus am Inn, Vornbach und Mittich. 2002–2007 Chefredakteur des Passauer Bistumsblatts. 2005 Ehrenmitglied des P.E.N. Oberösterreich. 2009 päpstlicher Ehrenkaplan.

Katalogtexte

Günther Bauernfeind M. A. (gb), Dr. Margit Berwing-Wittl (mbw), Dr. Ludger Drost (ld), Karin Geiger M. A. (kg), Barbara Michal M. A. (bm), Sabine Tausch M. A. (st), Dr. Ulrike Wörner (uw)

Bildnachweis

Leonhardi-Museum Aigen am Inn: Abb. 71, 75, Kat.-Nr. 195
Leonhardi-Museum Aigen am Inn, Repro: Abb. 72
Bischöfliche Administration der Kapellenstiftung, Altötting: Abb. 37
Archiv des Autors: Abb. 87, 88
Dionys Asenkerschbaumer, Kellberg: Abb. 33, 45, 46, 50
Stadtmuseum Bad Tölz, Ursula Summerer: Abb. 14
Kreismuseum Bogenberg: Abb. 35, 36, 38, Kat.-Nr. 125, 126, 128, 129, 131
bpk – Bildagentur für Kunst, Kultur und Geschichte/Arthur Grimm: Abb. 2
Daniel Drascek, Regensburg: Abb. 81
Ludger Drost, Kößlarn: Abb. 47, Kat.-Nr. 133, 134
Stefanie Friedrich: Abb. 91

Buchdruckerei Hartmannsgruber, Bogen: Abb. 39, 43
Tamara Helmbrecht, Steinach: Abb. 49
Bruno Mooser, Straubing: Abb. 34
Bayerische Staatsbibliothek München: Abb. 13
Wallfahrtsmuseum Neukirchen b. Hl. Blut: Abb. 52, 56–58
Wallfahrtsmuseum Neukirchen b. Hl. Blut, Günther Bauernfeind: Abb. 53–55
Oberpfälzer Freilandmuseum Neusath-Perschen: Abb. 21
Oberpfälzer Freilandmuseum Neusath-Perschen, Repro Domscheit, Abb. 25
Oberpfälzer Freilandmuseum Neusath-Perschen, Repro Michael Preischl, Museen der Stadt Regensburg, Abb. 26

Germanisches Nationalmuseum, Nürnberg, Monika Runge: Abb. 17
Privat: Abb. 92, 94, 95
Museen der Stadt Regensburg, Annette Kurella: Abb. 67, 68
Staatliche Bibliothek Regensburg, Nachlass Herramhof, Repro Peter Ferstl, Stadt Regensburg: Abb. 70, 73, 74, 93
Georg Thuringer, Passau: Abb. 44, 48, Kat.-Nrn. 135, 136
Schnürer/Ritz 1934, Tafel 36, Abb. 81, 82: Abb. 12
Peter Schwarz, Straubing: Abb. 42
Nikolas Wollentarski, Regensburg: Abb. 83–85

Alle übrigen Abb.: Michael Preischl, Museen der Stadt Regensburg

Leihgeber

- Kath. Pfarrkirchenstiftung Aigen a. Inn,
- Kreismuseum Bogenberg,
- Pfarrei Bogenberg,
- Oberpfälzer Volkskundemuseum Burglengenfeld,
- Pfarrkirchenstiftung Kößlarn,
- Wallfahrtsmuseum Neukirchen b. Hl. Blut,
- Oberpfälzer Freilandmuseum Neusath-Perschen,
- Klemens Unger, Regensburg.

Dank

Die Museen der Stadt Regensburg danken allen, die zur Ausstellung und zum Katalog beigetragen haben:
- Dr. Birgit Angerer, Oberpfälzer Freilandmuseum Neusath-Perschen
- Günther Bauernfeind M. A., Neukirchen b. Hl. Blut
- Dr. Margit Berwing-Wittl, Oberpfälzer Volkskundemuseum Burglengenfeld
- Christian Binder M. A., Nationalpark Bayerischer Wald, Leitung Besucherzentrum Hans-Eisenmann-Haus,
- Alois Brunner M. A., Kunstreferat der Diözese Passau
- Lorenz Burger M. A., Oberpfälzer Freilandmuseum Neusath-Perschen
- Prof. Dr. Daniel Drascek, Lehrstuhl für Vergleichende Kulturwissenschaft, Universität Regensburg,
- Josef Freund, Leonhardi-Museum Aigen,
- Maria Geiger, Neumarkt i. d. OPf.
- Markus Guentner, jl prozess, laemmel & guentner gbr, Regensburg,
- Brigitte und Peter Herramhof, Regensburg,
- Elisabeth B. Hinterstocker M. A. und Ursula Summerer, Stadtmuseum Bad Tölz
- Pfarrer Alfons Kaufmann, Pfarramt Oberviechtach,
- Kirchenpfleger Jakob Kiener, Pfarramt Niedermurach,
- Dr. Christoph Kürzeder und Anna-Laura de la Iglesia y Nikolaus, Diözesanmuseum Freising
- Thorsten Latta und Stefanie Stühler, Bischöfliche Administration der Kapellenstiftung, Haus Papst Benedikt XVI. – Neue Schatzkammer und Wallfahrtsmuseum, Altötting,
- Kirchenpfleger Willi Lindner, Kößlarn,
- Pater Adam Litwin MS, Pfarramt Sammarei,
- Barbara Michal M. A., Kreismuseum Bogenberg,
- Pfarrer Joseph Oliparambil, Pfarramt Aigen,
- Benita Osterholt M. A., Regensburg,
- Pater Ryszard Szwajca, Pfarrei Bogenberg,
- Dr. Matthias Weniger, Bayerisches Nationalmuseum München,
- Pfarrer Gottfried Werndle, Kößlarn
- sowie allen Autorinnen und Autoren.